Kopoti Raksti, Volume 5...

Janis Poruks

Nabu Public Domain Reprints:

You are holding a reproduction of an original work published before 1923 that is in the public domain in the United States of America, and possibly other countries. You may freely copy and distribute this work as no entity (individual or corporate) has a copyright on the body of the work. This book may contain prior copyright references, and library stamps (as most of these works were scanned from library copies). These have been scanned and retained as part of the historical artifact.

This book may have occasional imperfections such as missing or blurred pages, poor pictures, errant marks, etc. that were either part of the original artifact, or were introduced by the scanning process. We believe this work is culturally important, and despite the imperfections, have elected to bring it back into print as part of our continuing commitment to the preservation of printed works worldwide. We appreciate your understanding of the imperfections in the preservation process, and hope you enjoy this valuable book.

PORUKU JAHŅA KOPOTI RAKSTI

PEEKTAIS SEHJUMS
SIŅMEJUMI . . . . .
G. Schķiltera »
AUTORA ĢIŅMETNE . .
J. Rosentala »
WAHKS . . . . . »
J. Segnera »

Grahmatu apgahdneeziba
« »Saiktis» Rīgā 1908. »

H. Hempeļa un beedru
grahmatu drukatawa
Rīgā, Waļņu eelā Nr. 7

483279

LIRISKEE DSEJOLI 9 — SILISANA SIRDSDEDSE 97 — DAUGAWA 147 — BRUHKLENAJU WAIRAGS 161 — WEZAIS MUSIKANTS 187 — TRAGEDIJA 213 — SIMTS RUBLU 223 — NEPRASCHA 241 — PASUDU-SCHAIS DEHLS 259 — DSIMTAS PLAISA 269 — ODSCHINKAS PURWS 277 — SCHAUSMU NAKTS 285 KOKGRAUSIS 295 — AIS MUHSCHIBAS 309 — LEELĀ MIHLESTIBA 317 — MELNAIS BALTAIS 323 — ZIHRAS PEHZ ZIHRĀM 331 — NEMIRSTIGEE 345 — JDEALI 351 — TSCHUHSKAS 358 — BRIHNUMS 368 — MIHLESTIBA DABĀ UN DSEJĀ 377 — SCHEK-SPIRS WAJ GETE 393 " " " " " " " " " "

Es tewi peespeedīschu...

Es tewi peespeedīschu
Pamasam, pamasam
Tā domāt un just,
Kā es juhtu.

Tu mani lahdesi,
Bet pamasam, pamasam
Tu mani klausīsi
Un manus zeļus eesi.

Es tewi peespeedīschu
Schos neekus atstaht,
Pamasam mehs wirsīsimees
Us pasaules malu —

Un eelehksim muhschibas
Tumschīsasajā besdibeni.

Poruka raksti V.

Rihts.

Kur tagad wakars, tur lai eededi fwezi,
Lai ufſchķir wezo, beefo grahmatu;
Tee jauni taps, kas iraid wezi,
Un jaunais teiks: es wehl par jauniņu.
Tur beeſâ grahmatâ ir wiſi wahrdi,
Kas atkal jaunus wahrdus radit ſpehj,
Tur luhgumi un lahſti ſaiſtiti ir kopâ,
Tur ſehkla, ko lai jaunâ dſihwê ſehj.
Ar' tehwi, tehwu tehwi domaja un juta,
Bet zeribu uf behrneem lika,
Tad baldijàs no pehrkoņa un juta,
Kad elektribu aiſkahra, tee rokas kopâ lika.
Zik laimigs bija tas, kas laiſt prata,
Uf behrſa tahſs kas burtu ſihmeja,
Kas nedariſa wis pehz ſawa prahta,
Bet ideału kluſàm mihleja.
Kas ir tas ideals? tà wezits praſa,
Es ſinu! maſais pazeſ roziņu —
Kà aſ'ras norit rihta raſa —
No elkſchņa weztehws greeſch tam loziņu.
Scheit iraid rihts! lai ſkaſa gaņa dſeeſma
Teiz Debeſs Tehwa godibu;
Kà ſwehtums iſpluhſt gaiſmas leeſma.

Preekſch dſihweem leeſmo muhſchigs rihts,
Un muhſchigs wakars ſaunam draud;
Saſſch walŗags Kriſtus kruſtam wihts,
Mans meeſigais to redſ un raud.

10

Nahz sirdi, pawasars...

Nahz sirdi, pawasars,
Nahz mani jaunu dari:
Sisit tahles druhmainàs,
Karst sejâ saules stari.

Wiss aiseet nesatwerts,
Kà mahsi pasuhd deenas,
Kà lahità stingusdias
Stahw mahjas bahlàs seenas.

Wiss aiseet, nesapraits,
Wiss nahk ar sweschàm dseesmàm,
Un pascham kaislibâs,
Sirds ildeg silàm leesmàm.

Nu gaidi, gaidi tu —
Wehl nahks ar prastu gaitu
Taws jaunais dsihwes welds
Un apraks wezo maitu!

Ak, mihlà muskiba!
Wiss atkal buhs, kà bijis;
Un genijs weltigi
Ir tewi sabaidijis.

Luhk, atkal pawasars,
Luhk, salo wezàs mirtes;
Kur grehkus nomaigat —
Stahw melnas tehwu pirtes.

Nahz sirdi, pawasars — —

Sila galā puķe seed...

Sila galā puķe seed,
Nesinu, kā to sauz,
No malu malām taureni
To skatīt brauz.
Kā sahrti balts zekulits,
Us salas galwas mirdz
Tai seeds pee kapa akmena,
Tur aprakta sauna sirds.
Ja zilweks schai weetai
Tuwu nahk,
Tad dsitas skumjas
To pahrklaht sahk.
Tad sils kā schausmās
Gremdets dus,
Un putnini, bailigi,
Stehpuschees klus:
Lihdī zilweks ir projam,
Wiss gawilet sahk,
Pee saunās sirds puķes
Dabas behrns nahk.

12

Brihnuma lahīts.

Wisi wiņu juht:
Mihlestibu, —
Kà sahpes, kà laime
Twer wiņa muhs.
Aiseet wiņa —
Wiss paleek tukšchs.
Tik kruhtis˙ estā
Kà neprahtā,
Un naktis paleek
Gars nomodā.
Sirds nihkst un mirst
Tew nesinā,
Un apkahrt wiss
Grimst tumsibā.
Un kad atgreeschas
Mihlestiba —
Wiss lihgsmojas
Tew dwehselē. —
Kas esi tu —
Mihlestiba?
Saīds brihnuma lahīts, —
Un nahwes un dsihwibas stahīts.

Romans.

Skumjās saspeestas lūpas
Mani biļdinaja,
Diwas behdu azis
Mani ziļdinaja.
Un laimigs es jutos —
Bes gala, bes mehra —
Un kad semei seedons nahza,
Skumjās lūpas smaidit sahza.
Behdu azis raudsijos —
Tā kā silôs debeschôs.

Bes mana usmaniba
Peegreesa wiņai zitus, —
Tee wiņu aplideja!
Un skumjas aisslidoja
No wiņas lūpām
Ar sahstu pahr mums.

Tad nahza preeki, lihgsmiba
Wiņai, un man druhma nakts.

Wiņa mani pahrdsihwoja,
Bes es neesmu miris;
Es dsihwoju un gaidu
Us skumju lūpām,
Us behdu azim.

Wiņa ari pahrdsihwos
Sawu auschigo saimi,
Sawu lihgsmibu, preekus —
Un tad es wiņu wedischu
Zaur sasi-melneem kapa wahrteem
Us jauno tehwu semi. —

14

Ilgahja dwehsele.

Ilgahja dwehsele pastalgatees
Pa salo semes pagalmu,
Satika Spehku, tas wehrgus dsina
Suhrâ duhmainâ darbâ.
Peeplaka dwehsele pee sehtas malas,
Palozijàs kà smilga wehjâ.
Spehks tàs swelzeena neatnehma;
Wehrgi klepoja smagi, smagi;
Nokaunejusees dwehsele sarka.
Sihle speedía schubura galâ:
»Klanees, dwehsele pasemigà!
Spehks, tu waldi wehrgu baru!«
Apsehdàs dwehsele grahwja malâ,
Puhtàs un gaidija kahrotâ goda.
Atgreesàs wakarâ Spehks ar wehrgeem,
Dwehsele semu us zelcem slihka.
Samina dwehseli Spehks ar wehrgeem.
Sihle dseedaja schubura galâ:
»Mantas kahriba, goda kahriba!
Lihschana un semolchanàs —
Nabagu dwehselu weenigà doma!
Mihdit kahjàm salo semi
Spehka weenigais preeks!«

Darbs.

Darbs ir muhſu likfenis.

Manas pehdejàs dieeſmas
Par roſèm, par mihleſtibu
Ir iſſkanejuſchas!
Un kwehpinajamàs ſahles
Uſ altara, dailes templi,
Ir iſgarojuſchas!
Nomodu karſè ſaule,
Un behrns ſauz pehz maiſes!
Kà duhmi ſapņi klihſt
Un iſput gaiſôs.
Wingrinatees, kahjas,
Attirpſtat, rokas!
Darbs preekſchà, kà kalns,
Aiſ muguras truhkums un ſahpes.

Schoriht, kad ſelta ſaule lehza,
Kad preeſchu galſ ſahrti twihka,
Es no mihleſtibas rokàm
Atſwabinajos.
Schoriht, kad mehneſis nobahleſis
Aiſ padebeſchu kalneem ſlehpàs,
Es ſawu mahmuliņu
Atſtahju raudam.
Augſtak par ſauli un mehneſi,
Augſtak par mirdſoſcheem ſwaigſchņu pulkeem,
Augſtak par mahtes mihleſtibu
Pazeļas pateeſiba.
Ruhgta ir maiſe, ruhgtas ir aſaru lahſes,
Ruhgti ir ļauſchu wahrdi,
Bet wehl ruhgtaka, nekà zilwezes ſchults,
Iraid pateeſiba.

16

Us scho ruhgto, nikno pateestbu,
Kura us darbu kà glahbiau rahda,
Es gribu staigat.

Kà nahwes eeroz's, zirwis rokà sib.
Spehks wiṉu algas deht zilà.
Zik darbs ir smags, ta nesina debefs sild,
Ta smaida, bet seme weeglas deenas grib.
Un nabadsinsch rokpelnis wehlas
No smagà darba watà tikt —
Un weenreis rokas klehpi likt,
Kà kungs, kam mahjas, sehtas zehlas.
Bet dodat winam seita daudi,
Un eekahrtojat wiṉa dsihwi,
Winsch darbu alsmirsis; un gars
Tam agri nomirs; darbibà
Tik atdsihwojas faules stars.
Kaut nesustu tad ideals,
Kad maks ir pilns un nesalkit eeksdas,
Kad ķermens silti apgehrbees
Un behrneem fonds nes augtu augtus!
Kaut tuklais brahlis sihdsetu
Tad leesajam pee darba gruhtà,
Tad nesaime drihi issustu,
Ja laimigam sirds buhtu kruhtis.
Bet darbs ir muhsu liktenis,
Tas wehrdsibà wed goda wihru,
Un schķelmi dara bagatu,
Sefts dara wiṉa grehku tihru.
Kur darba alga atrasees,
Kad pchd'jais zilweks ees pahr semi,
Kad nebuhs seltam wehrtibas,
Kad drebès sirds preeksch salsnas teesas?

Ai, glahbinsch darbs, zik niknis tu,
Zik samaitata tawa daba!

Tik weenu labu darbu man
Juhs rahdat, un es laimigs kluhſchu!
Ar aſ'nim pilna wehſture,
Smird netihriba wiſôs kaktôs!
Un tukſchi leelas tagadne:
Darbs, darbs! bet aiins rit no pirkſteem!
Kaut ſuſtu darbs ar aſaràm,
Kaut dalitos tas taiſni wiſeem,
Kaut pateeſiba atſihtos,
Zik tumſcha ta un ſchauſmu pilna!
Dahrgs ir draugs, wehl dahrgaka
Ir draudſene, kas mihlè rotas,
Un dahrgi makſà laba ſirds,
Bet wehders dahrgaks ir par wiſu.
Ka wiſa tas naw aprijis?
Tas praſa, ruhz un atkal praſa,
Tas praſa ſwehram, zilwekam,
Un nabadſinſch aiſ auſs lai kaſa!
Juhs, welni! juhs es eenihſtu,
Bet netaiſni mans naids ir zehlees!
Darbs iraid muhſu liktenis,
Tas welnus radija un elli.

Darbs preekſchà tà kà klinſchu kalns,
Pee kahjàm tumſchi, ſchauri wahrti!
Nu peklè eekſchà, wehrdſibà,
Pats Peſtitajs tur eekſchà gahjis!
Darbs iraid muhſu liktenis,
Weens neſkaidraks par otru zehlees!
Par wiſu ſaule paſmaida,
Schī debeſs karītà ironija!

Uſ balta padebeſchà, dſihwi pahrzeetuſe,
Mana mahmuliŋa raud!
Dehls nupat peklè nokahpa.
Aud, mahmiŋ, ſweedru autu aud!

18

Renesanse.

Reiz pasaule bij warena,
Un saule leela lehza;
Tad pehrkons milschus baidija,
Un meschā lahzis rehza.
Us eseru breedis gahja diert,
Un praulēs wilki kauza;
Us kalna wirsaitis taureja,
Us zihņu latwjus sauza.
To laiku dehļi sen semē truhd,
Sen meschi un sili ir lihsti;
Un nu us klajeem tihrumeem
Tu, tagadnes zilweks, swihsti!
Nu sakis meschu waldineeks,
Schur tur wehl stirna lehkà;
Un weentuligais zelineeks
Skumst druhmajā dabas ehkā.
Kas pirmatnejs, pamasam suhd un plok
Sem kulturas stipràs rokas,
Tàs aisstahwji kalnus zel un rok,
Sem problemeem zeļi lokas.
Gan apstahkļi mainas, gan dabā daudsi suhd,

Kas zitreiſ godibā mita,
Tak zilweka dſihwe muhſcham grib buht
Kà ſahkumā, negroſita.
Gan drahnas, gan apawu zitu tas nes,
Bet ſirſchu zeli tee paſchi,
Eet behdas, muhſchigàs beedrenes
Tam lihdſi uſ kapu knaſchi.
Tahds pats ir jaunibas mihklainais gars,
Kà ſenatnē, mekleſoſchs laimi,
Tahds pats ir dſihwes pawakars,
Tee paſchi nahkotnes giaimi.
Schķeet: nahkotne mahna jau muhſchigi
To wiſu, kas dſihwiba ſauzas!
«Uſ preekſchu! uſ preekſchu! reiſ laimigi
Juhs buhſat!» lai darbotees trauzas.
Tik laimes deht kultura raḑita,
Tik winas deht meſchus lihda;
Uſ augſcheenu azs kluwa wadita
No gara, kas eſoſcho nihda.
Sche ſemes wirſū, kur ſwehri miht,
Naw laimei mihtne lemta,
Kà ideals wina ſtarp ſwaiginêm ſpihd,
Prom eſoſcham wina ir nemta.
Ar' latwis par laimi ſen ſapnojis,
Par mihleſtibu un daili;
Tas behrnu behrneem ir dſihwojis
Ar ruhpêm un ſirſnigu baili.
No jauna atdſimſt jaunibas gars,
Ji puteķleem augſchup tas zelas,
Uſ laimi trauzas jauneklu bars,
Lihdſi neſpehks tam wirſū ſwelas.
Bet zeriba newihſt, kaut nokaſitu wiſs,
Kas ſato wirs ſemes laukeem.
Sauz dwehſeles ſpehzigais imperatiws:
«Jums, laikeem, reiſ jatop ir jaukeem!»
Kur tagad, kà jaunibas mihklas, wehl gaiſt,

20

Kad maiſes naids ar tàm karo,
Tam nahkotnê ſahrtam un daiſam buhs kriſt,
Lai żehlajo baru tas baro!
Ta jaunibas mihkla — kas mihleſtiba,
Ko aiſſpreedums, ſkaudiba waſà,
Reiſ dſihwe ſeedès, un brihweſtiba
Nahks ſeedoni mihligajà.
Tàs jaunibas mihklas — kas ideali,
Ko ſkuhpſta ſapņi un dſeja,
Reiſ dſihwei buhs teeſchi wajadſigi,
Un ſkaidra kļuhs dabas ſeja.
Reiſ wareni, laimigi laiki nahks,
Un naids buhs aiſmirſta teika;
Un ſpehzigas dailes paſauli mahks;
Sauks jauniba: «Laime, ſweika!»

Seedonis 1905.

I.

Nakts tumśa eju — bailes juśt:
Wisapkahrt ehnu tehli kuśt;
Bił tila, tahtu gailis dźeed.
Reiś jauniba, es atminos,
Kad es ar mihło zerejos,
Es tumśa baiłu nejutu,
Es nebijos: es mihleju.
Wai tam, kas tumśa bailes juht;
Tas newar zehls un leels wairs buht,
Kas iśtruhkitas, kad gailis dźeed.
Bi, jauniba! Kur eśi tu?
Br tewi tumśa paliktu:
Kà nośłehpums, nakts śeł un śeed.

II.

Kur eju, tur śateeku
Sawu maśiʀo,
Silu rudśpuķu kroniti galwińa,
Raibo biśmariti roziʀa.
No manis pabehgot
Un kluśam śchuśchinot,
Ta śchķelmigi paśchķeelè.
Kaut kas neiśbehgams,
Kaut kas neiśprotams
Ir wiʀas tehls man dwehśelè.
Top śaiśtits zilweks pee śawejeem,
Nekas naw mihłaks par mihłajeem:
Wiśur man preekśchà maśiʀà,
Sils puķu kronits śai galwińa.

22

III.

Schogad ſkahbas ir wiſas ogas,
Un kuhtra ir mihleſtiba!
Wiņa nenahza lihdſ
Maneem ſchiglajeem gadeem.
Zitkahrt ſahrtā ſemenite
Ui mehles waj likuſa,
Tagad ta ſahja kà bruhkleniteꜙ,
Gandrihſ waj iſſplahwu.
Tagad tabakas duhms
Mans ſaldakais twaiks!
Karſts ir waſaras laiks,
Un zilweks top druhms!
Meiteni iſmainiſu pret pihpiti,
Par ſpitſchkām atdewu knihpiti.
Tahds, luhk, ir diihwes danzis:
Ak, es laimigais Anzis!

IV.

Kad krehſla kriht, nahk bahlais Jlgas dehls —
No ſemes gala, ſchurpu ſkumjas nes,
Eet wiņam preti paſaules warones.
Zilweku ſirdis, tās paſaules warones,
Ar Jlgas dehlu eet karot tās,
Bet, lauſtas, tam wiſas padodas.

Juhras malā Laimes puķe triht,
Tās ſeedu Leetuwens kahri ſuhz,
'Un ſmagi nopuhtſchas ſemes kruhts.

V.

Karſti putekſi ſeedu aztiņas grauſch;
Noguruſchi taureņi ahbelu ſarōs ſnauſch,

Karsti un smagi elsch apses wehji.
Tà dega un karsa reis manim prahts un domas,
Plezi swihda sem smagàs zeļa somas,
Preekśch zilwezes sirds pukiteja spehji.
Karstee putekļi dsists, kad wakars nahks,
Un siltàs wehsmas aukstums mahks;
Tas dabas likums: pretekļus radit.
Bet nelaime, kas mani alasch speeda,
Ta neatlihst mainu, no pukes seeda,
No gaisa, no uhdens ta nahk mani wadit.
Ne laimes putekļa nedod ne seedons, ne seema
Manim; ta pate deg un salst; no katra zeema
Us mani raugas nelaipnis skats.
Laimes nebij, kur seema ledû sala,
Laimes nebij, kur seedonis putekļus mala,
Un wisam eenaidneeks es kļuwis pats. —

24

Karmenites dseesmas.

1. Luhgschana.

Mans Tehtit, debels godibâ,
Wed wisus Tawâ skaidribâ!
Lai ar' tas brihtinsch skaidris kluhst,
Kad sirds ali sahpèm beidsot luhst.

2. Kas manim prahtâ stahw.

Man prahtâ balta puķite,
Es gribu sinat, kur ta zehlàs!
Pee winas bite medu smehlàs.
Man prahtâ balta puķite,
Ta dahrsâ seedeja no rihta,
Pret wakaru ta, pluhkta, wihta.
Man prahtâ balta puķite,
Un sirsnina man sahp par winu;
Ai, grehks tad wiht ir wainadsinu!

3. Lullina, una, tita un minka.

Ej peles ķert, minka! lez laktâ tita!
Jau pulksitens wakaram aitonus sita!
Un Edis lai schigli laukâ skrej:
Tahds una, kas kosch, lai nu tumsâ rej!
Ar lullinu kopâ es gultinâ tschutschu;
Wehl mihlajai maminai weenu butschu,
Tad tà kà duhmi nahk reibinoschs meedsinsch.
Un sapnitī lido balts, balts sneedsinsch.
Pa sneegu breen una, minka un tita,
Kà pasakâ Lulla teek pawadita.

Jau atkal wiltigee seedi.

Jau atkal wiltigee seedi
Ji kahju pameſſa leen,
Jau muſka putnini
Atkal ſchurpu ſkreen.

Seedonis atkal kà ſchihds
Dingejas, lai mihlet ſahk,
Atkal dſejneeks ar dſejoſeem,
Noſarzis, redakzijā naſik.

Atkal mihlā paſaule
Newainibas lomu ſpehlè,
Atkal daba nelaimei
Smaididama laimi wehlè.

26

Pa feedu un fmilgu juhru.

Pa feedu un fmilgu juhru
Mehs, eekarfufchi, breenam,
Zilajam weeglu runu,
Sundegas pluhzam un feenam.

Kà paradifē wifs dfihwibā fchalz
Un fillt, lai fpehkà buhtu:
Brauz fehnām debeftiņfch balts,
Lai deenas augftibā kļuhtu.

Debefs un faule ar padebefcheem,
Seme ar feedeem kļahjas; —
Wifs kà fwehtkôs ifpufchkots, —
Un mans gars pee tewis ftahjas.

Es ilgas tew sirdi zehlu.

Es ilgas tew sirdi zehlu
Un lihdsi pats ilgojos,
Es mihloju tawu sehlu,
To aptwert wehlejos.

Tee skuhpsti un glahsti no tewis,
Tee bija wiltigi;
Tàs bija wiltus ilgas,
Kas pilda pasauli.

Ko es ar rofi darifchu —?

Ko es ar rofi darifchu,
Ko tu pee kruhts man fpraud?
Ja peeminai to paturu,
Sirds manim fahp un ruud.

Tad labak man uf kameefcheem
Tu wari kruftu zelt;
Kà rofe firdi fahpina,
Tà war tik tfchuhfka dielt.

Atzeribâ.

Ak, manas wezàs mihleftibas dlejas,
Juhs luhdfatees, ka laudis par jums fmejas!
Waj finat: man ar' fmeekli nahk,
Kad eemihlejees zilweks raudat fahk.
Nu fahkufchees ir ziti laiki;
Un ideali augufchi tik flaiki,
Ka mana roka nefneedf to,
Un daba kluhft par wiswareno.
Un waj dabai par to dala,
Kam dfeefmas taifit ir wala?

Ja, behrns, labak mihlè, nekà lafi mihleftibas dfejas!
Tik drofchi mihlè, lai ar' par tewi fmejas.

Kaifliba.

Kad wiꞃa uſ pławu nahks, waiꞃagus wiht,
Tad es to ſakerſchu
Un karíti ſkuħpſtiſchu.
Ja wiꞃa ſauks: «ej prom, es ſewis negribu!
Tad es tai waiꞃadiiꞃu noꞃemſchu,
To, ſmeedamees, es ſamihſchu:
Jo wiꞃa manu meeru aiſweda,
Ta manu dſihwi maitaja;
Ak, wiꞃa, wiꞃa! Kapehz ſkaiſta ta?
Kà eꞃgelis no deeweem gleſnota.
Ak, laiſchat mani, wiꞃu eekahrot
Es gribu! Dſihwiba ir neeks
Beſ wiꞃas azim, wiꞃas waigeem ſahrteem;
Preekſch wiꞃas mirt man preeks,
Eet waj zaur pekles wahrteem!
Jeſ atlaiſchat! Jau winas kluſà dieeſma ſkan;
Es ſinu, wiꞃas dehl ir bojà jaeet man.

Trihs roses ...

Trihs roses auga pee mana loga,
Un katrai pumpurs kà sahrta poga.
Ar rihta sauli tee wehràs un plauka,
Kà preezas wehsmas puhta no lauka.

Es zelos, pa rihta rasu breenu,
Un zelôs leezees, skuhpitu to weenu.
Ta otra saka: «Tu mihlè wiru —
Un samin sai lapu wairadsiru?»

To otru es glaudu: tu paija esi!
Ta treschà prasa: «Waj blahîmu nesi?
Man sirsniņa sahp, es naktis raudu:
Mais putniņsch laupija manim snaudu!»

Es leezos pee treschàs, to nobutschot maigi,
Ta nodreb, sai nobahl sahrtee waigi.
Es wiņas sihschu drahniņas raisu
Mais putniņsch brehz un lido pa gaisu ...

32

Swaigines.

Newis zilweks ir, kas teizams,
Wiꞑa tumſchà dſihwe ſauna.
Zilweze, lai weza — jauna,
Maldas, grehko, kluhp bei kauna.
Newis ſemes truhdeem ſlawa
Nahkas; waroꞑi ir mahꞑi,
Kureem mahte ſeme tawa;
Kauleem pilni wiꞑas ſlahꞑi.
Newis tawa mihleſtiba,
Zilweks, ir, kas dſeeſmas pelna,
Tawa kaiſſà ahrprahtiba
Nahk no paſchmihlibas welna.
Swaigines, ſwaigines, jums es dſeedu,
Tik pehz jums man roka ſneedſas;
Sawas dwehſ'les dſejas ſeedu
Semei atdot gars man leedſas.
Swaigines, ſwaigines, juhſu mirdſà
Rahdas augito garu dſihwe,
Weeglà, ſilà debeſs ſpirdſà
Juhſàm, domàm plehſchas brihwe.

Muhſu laiki.

Katris eedomajas,
Neweens nedomà;
Wiſi juhteligi,
Neweens nejuht.
Katris kritiſè,
Pats neka neraſcho:
Un kas wehl raſcho,
Tas raſcho neekus.
Duhmainà kabakà
Duhſcha teek radita,
Gaiſchà pusdeenà
Zilweki apſmeeti.
Wiſi eet, wiſi ir tiſli;
Wiſi redſi, wiſi ir akli!
Spitaligee ir tee ſchkihſtakee!
Tàs, luhk, ir lihmes,
Ka praweetim janahk.

Kas wiſu muhſu galwâs perinas:
Ir eenaidneeks! ir domas:
Kà to uſwaret!
Eenaidneeks, eenaidneeks:
Un jau ir muhſu brahlis,
Tas jau ir muhſu lihdſzeetejs!
Kalti teek eerotſchi,
Mehle teek wingrota:
Jakriht ir nihſitajam
Brahlim — zilwekam.

Eenaidneeka aſinis pehz uſwaras dſert, —
Wehſtures augſtakà pakahpe . . .
Proſit! warenà zilweze!

34

Rudens.

I.

Debefs tahlumā
Gulbji aillaidās,
Ilgi azis man
Pehz teem fuhkojās.

Melnas wahrnas kehrz
Klawās farkanās,
Sudrabbalodifchi
Jumtā fametas.

Sudrabbalodifchi,
Ka juhs gaideet wehl?
Waj no fehtas jums
Aiflidot ir fchehl?

Dahriā wihtufe
Laimes puke fen,
Wezā ahbele
Wehjā tfchihkft un ften.

II.

Pee Daugawas wiŗich —
Pee Gaujas ftahw wiŗa,
Kur abi tee paliks?
Ta Deewa fiŗa.

Ko weenoja feedons,
To rudens fchkihra;
Bij juhtas jaunawas,
Un prahts bija wihra.

Ar juhtàm lihdi afaràm
Tu, nabadfe, teezi;
Ar prahtu lihdi kapam
Tu, wihrs, zefus leezi.

Pee Gaujas, pee Daugawas
Wehjfch birdina lapas,
Kà fmiltis pee kapa —
Stahw juhras kahpas.

III.

Aifbridàs faulite — noflihdeja
Debefs malà;
Ifira zeriba fahrti-fatà!
Nu ftahwu es zefa malà.

Noeets ir tahlais lihku-lotfchu zelfch,
Nu ftahwu pee juhras un fkatos:
Tur falti kaift bahlofchs fahrtuminfch,
Kur faule nobrauza uguns ratôs.

Saulei pakal es gahju
No behrnibas;
Pehz gaifmas es teezos
No jaunibas.

Ir welti pehz faules fneegtees,
Ir welti jaunibà filt:
Sirds rudeni mihlet fahk leegtees,
Un zeribas tewi fahk wilt.

Eets, daudi ir eets pa pafaules zefu,
Nu faule juhrà nogrima,
Tai lihdfi mana dfihwiba, —
Ui nahwes tekas es kahju zefu.

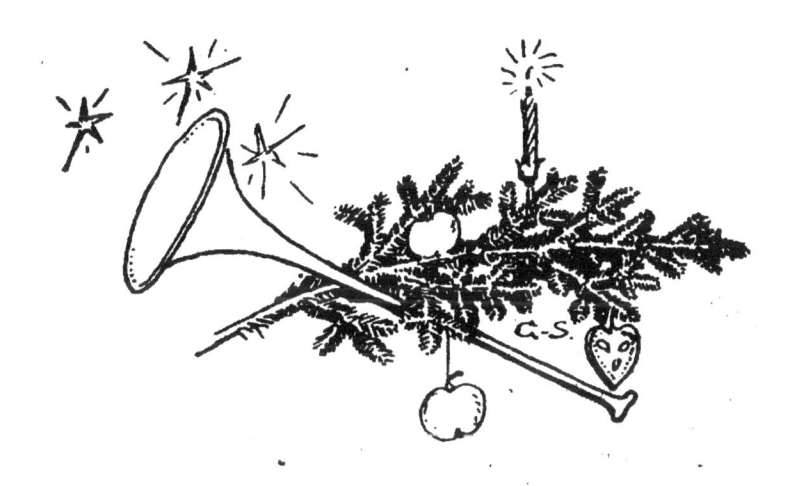

Eglite.

Mirdi swezites, tàs drihti dseest.
Kuhp greeftòs smarschigi twaiki.
Un kruhtis siltas juhtas breest.

Kà preeka swaigines logôs mirdi,
Nahk atminà Betlemes laiki,
Un klusi gawilè matàs sirds.

Ais sneega klajotnèm, tumschs kur sils,
Tur masa eglite sala;
Nu deg ta silti, un gaiss top sils.

Mirdi swezites, tàs drihti dseest;
Bet gaismai nawa gala,
Ta nahza, tik brihdi mums lihdii zeest.

Diſhwe uu politika.

Politika mahza:
Skaldi un waldi!
Weens tà darit ſahza,
Un, luhk, tee bija maldi!
Saſkaldija, nu bija diwi,
Tad trihs, tad tſchetri un peezi!
Wiſi nu karo ſihwi:
Luhko, kà galà teezi!
Tas pats wihrs
Murdu upē lika.
Skaidribà duhnas tika,
Murds ilgi palika tihrs.
Neweena liwtina neķehràs;
Beidſot tatſchu kas eetwehràs —
Kaut kas ſpurains un meins —
Un tas bija pats welns!

Laikmeta modree.

Laikmeta modree,
Nahkotnes gudree
Nu wifâs malâs few flawu zef.
Un nefiprotamee
Konferwatiwee
Leed fawâs alâs, tâm akmenus preekfchâ wef.
Kur paliks tauta?
No behrnu auta
Reif millis zels galwu
Un fneegs teem balwu,
Kas tagad to mahna!
Ko tagad ta gahna
Un ufluhko ar neewu,
Drihf warbuht flawès un teiks!
Laiks tagadnes melus we'ks,
Un taudis reif godinâs Deewu!

Paralelas.

Domu ſibeɴi
Reti kahdu ķer;
Runas pehrkoɴi
Tuhkitoſchus twer.

Kà ſehnes aug juhtas
Un iſmeekſch kà bekas;
Zilweks walâ laiſch pekas,
Kad domas top gruhtas.
Ja, draugi! juſt un puhletees to iirunat,
Kleegt un raudat
Ir maſu behrnu darbs!
Bet domat, domat, domat
Un ſtrahdat, ſtrahdat, ſtrahdat —
Ir wihru zihniɴſch ſkarbs.

Tu praſi, ko pahrneſu.

Tu praſi, ko pahrneſu, mahmulīt,
No sweſchuma peeminai mahjās?
Sirds ſahp, wiſs ko es mantojis,
Ir nogurums rokās un kahjās.

Un kabatā ſaſchnaugts walgs mutautiņſch,
Tas aſarās alaſch mirzis,
Un kaltuſi maiſes garoſa,
Par pehdejo graſi ko pirzis.

Tumſchs ſapnis manā pagahtnē dus;
Dſiļſch kluſums jums ſehtā walda;
Skaļſch jaunības ſauzeens pamoſtas,
Kad ſehdu pee wezā galda.

Diejols.

Kad tu man, dailā, preti ſkumīti,
Taws gars ir manu ſapratis,
Man ſchķeet, ka mihleſtibas leeſmās
Tu buhtu dedſams upuris.

Mehs ſadegſim ſchais ſwehtās leeſmās,
Ji pelneem jauna dſihwe ſels,
Un brihniſchķigu newainibu
Ji wainibas Deews gaiſmā zels.

Atdsimschana.

Sen dsihwe jau ir gruhtneezibâ,
Jel atdsimsti tu, dsihwiba!
Ar siipreem wihreem mihlinajas
Sen weteligâ brihwiba.

Man schkeet, ka atkal nahkamiba,
Muhs pahrsteigs jauneem pilsoneem,
Un peedsims mûsi raudulischi
No spehzigajeem waroneem ...

Nekas netihk.

Nekas netihk! netihri mehlfch,
Plankumains — balinats
Ir femes nepaſtahwigais waigs!
Smiltis wiRai azis graufch,
Kalnôs weltja fchalkas gaufch.
Wifs kà fkumjàm darinats.
Nekas netihk! Kà apreebufees
Ir pafcham firds. Kà ifdeguſi
Ir twihkſtofchà dwehfele.
Netihk nemaſ! netihri mehlfch
Ir femes dubļainais waigs.
Wehl tikai reibona fapnis
Pee befdibena malas ir maigs. —

Pee ſlimnizas loga.

Kur dſiłâs debeſs dſelmês meers,
No ſemes ruhpèm tahlu dus,
Kur ſwaigſnes ſwehtâs aſarâs
Mirdſ, eeraugot muhs zeetejus;
Kur beſgalība trokſchņus beidſ,
Lai ſadſirdetos kluſâs ſird's,
Kur ſaſkaņâ un laimibâ
Wiſs brihniſchķīgi laipni mirdſ, —
Turp labpraht raugas mana azs,
Kad kruhtis ſwehſchas ſahpes juht,
Tur augſtôs meera dſihwokłôs
Es wehlos buht.

Weentuliba.

1.

Kà diehrwe es gribu ſtehptees
No tauſchu zeemeem un mahjàm,
No pilſehtàm un gludeneem zeļeem,
Pa kureem tek melu diihwe
Kà iſſaizis aſinsſuns.
Tur mana fata morgana
Zeļ ſapnainas marmora pilis,
Un draudſiba iſſihkſt un iſput,
Kad upurus wiŋai praſa.
Tur mihleſtibai noſeed puķes,
Pirms ſarma kriht dſimtenes leſâs.
Kà diehrwe, prom, augſti lidot
Un klaigat pehz jaunas ſemes,
Kur ſiltaki ſpihd ſaule,
Kur ſaſaki ſeſ lauki,
Kur zilweki reti ſtaigà, —
Sirds wehlas aiſſidot proſam.

Waj eſi tu diehrwei tuwojees?
Waj winu tà redſej's kà ſwirbuli
Skrejam un auſchajamees,
Tauku barojamees
No zitu ſweedru augleem?
Kà wahrnu waj kraukli redſeji
Tu diehrwi, kas ſchehli klaigà?
Tu neaptwer diihwes gudribas,
Wiŋas ſwehtàs weentulibas,
Tu zilweka behrns, tu ſwirbulu kaiminſch.

46

II.

Kad weentulibā af'ras reetās,
Sirds, laimes gaididama, zeetās:
Wehl nerunā, wehl nesaki —
Zaur ko tu zeetejs paliki!
Sirds laimes gaidīja, ta nahza,
Kà klusa dseesma, swaigschnu spilgā,
Kà mahte, luhgschanu kas mahja,
Ta waigu skahra skuhpstā ilgā.
Ak, weentulibas dseesma swehtā,
Balss nosmok, tewi dseedot baram;
Tu wehits, no ziteem nedsirdetā,
Ej, godu dodi Augstam garam.

Dianas medības.

Es nahku jau gadôs, kur mihlet ir kauns,
Kur mati top sirmi un luhpas saltas,
Kļuhst bahlidseltenas rokas baltàs.
Un pats es sirdī kļuwis sen launs.
Bet tu klauwè pee wahrteem katru deenu,
Tu mani mozi wehl arweenu!

Es sinu, kas ir labs un zehls,
Es esmu mihlestibas dehls!
Bet eenaida tehws es sen jau kļuwu,
Un sawam behrnam es palikschu tuwu.
Kapehz tad tu wehl us mani nahz?
Kapehz tu, burwe, mani mahz?
Mihlestiba! tu, saunakais weins!
Taws dehls ir kļuwis dwehselē meins.
Wezs, sagrausts zitkahrt staltais stahws,
Pats skatos spogulī: sihrais ahws!
Bet tu biji un paleezi muhscham jauna,
Tu drihkstī mihlet, lihdsī pasaule irs —
Un swaigsnes tumsas dselmēs birs,
Lihdsī wiseem peetiks no laba un sauna.
Sen manas laizigi mehrotas baudas
Us Weneras altara pahrleesmoja,
Pahr pelneem puhsch tukscha wehja gaudas.
Sirds sawu muhschu jau pahrdsihwoja.
Kam, Daila, tu mani wehl mozi,
Ar graziju, smeedamàs, rihksti lozi,
Lai mani, Weneras wehrgu, schaustu,
Lai es atstahtu sawa dsihwokļa graustu
Un eetu daisuma slahpes zeest,
No gaisa zehlas formas greest,

48

Kas paſcha rokâs iſput kà twani,
Un paſauſes augſtumôs ſkan ſmeeklu ſwani.
Tam muhſchigs lahſts ſem kahjàm klahts,
Tam ahrâ, aiſ dſihwes, dſihwo prahts,
Kas mihleſtibaſ pahrdewis ſewi;
Zik ſiteenu tu, deewe, man dewi?
Tu, ſatans, neſkaiti ehrkſchḳus un dadſchus,
Teem walnageem kar tu piſnus wadſchus,
Kas peeri man durſtīja aſinainu.
Zik gleſnu mihleſtibas ainu
Tew neeſmu tehlojis kaiſligu garu!
Kà jaunibâ kalpoju tew es ar ſparu
Un dſeedaju ſkali: ai, mihleſtiba!
Bet tawâ buhtê tik neſchehliba.
Waj atzerees, kà reiſ mihlejàs gani,
Kad birſês ſwanila ſeedona ſwani
Un roſchainâ gaiſmâ debeſs twihka,
Pee ganmeitas kruhts gans, aiſgrahbts, ſlihka,
Tad nahzi tu un kritiku dewi:
«Es tagad paaugſtinaſchu tewi:
Preekſch tewis ganmeita ir par praſtu!
Nahz! atſtahj tu ſeedoſcho eewu kraſtu!»
Es atſtahju baltàs awis weenas
Un gahju pee ſtahwàs klinſchu ſeenas!
Tur augſchâ tu rahdiji daiļu tehlu:
«Tas tewim jaapkampj agri waj wehlu!»
Un kad es, iſglihtots, augſchâ biju
Un kahrigi ſalto gaiſu riju,
Tehls manâ preekſchâ bahſa un nihka
Un mira, ſihdī manâs rokâs tas ſlihka.
Kà ſtudents es jaunawu mihleju karſti;
Tu ſauzi: «Pehz tukſcha ſkuḳa tu twarſti!
Kahp augſtaki! luhk, tur piſs tik ſtalta,
Tur mahjo prinzeſe ſahrti balta!
Tai ſmarſcho klehpis no roſêm ſwaigàm
Un ſaldums pluhſt no azìm maigàm,

Tai rokās pukes aiſ ſkaudibas wihſt,
Aiſ pilnibas kruhtis waj puſchu plihſt!»
Ar ilgano tehraudu puhķi es kahwu
Un rokas ap prinzeſes kaklu ſkahwu.
Par weenu nakti es pahrdewu wiſu
Un prinzeſes baudās drebedams dſiſu.
«Prom neſat mironi! zik bahla tam ſeja!»
Tu ſauzi, «lai eeſahkas deja!»
Un balets pahr manu ſihķi trauzās,
Aiſ apnikas tawas uſazis rauzās.
Pee wahrteem, ſkrandās, ubags ſala,
Tas biju es, ſagrauſts un wilts beſ gala.
Pils ſuni laiſija manas bruhzes,
Kad tumſchajā naktī brehza puhzes.
Un ahrprahts man peeri ſmagi ſpeeda,
Un plezōs ſahpes kà milleni breeda.
Pils parkā oſolōs ſchalza auka:
«Tu nabags! taws ideals Olimpa mauka!»
Tad zehlos es waidedams, ſtreipuloju
Es tumſā pahr klintim un dſili kritu,
Uſ akmeņeem ſejā galwu ſitu
Un ģihbā migu, pirms aſiņoju.
Kad pamodos, ſtahjuſēs bija auka,
Un lehna wehſma puhta no lauka,
Zaur apſchu galotnēm mehneſs ſpraudās,
Un kluſu mana mute gaudās.
Tad es kà muhſchibu zehlu galwu,
To ſmagako, ko jebkad eſmu zehlis,
Un ſemi es jutu weeglu kà ſpalwu,
Ji kuras biju es ſmagumu ſmehlis.
Un manas wahrgās Lazara rokas
Uſ ſalauſteem zeleem zilaja mokas,
Un ſchķirſtija ſkrandas, kà grahmatas lapas,
Kas muhſchibu mirkuſchas aſarās ſlapas.
Bet peepeſchi taure eekleedſās ſkaſi
Aiſ ſtrauta, kur mirdſeja bahliſati

50

Ofchi, wirs miklenèm feedofchas eewas:
Uf maura fanahza baltas feewas.
Tàm brunas mirdfeja fudrabainas,
Es alfmirfu fawas degofchàs wainas.
«Ta Diana tiklà,» es fchfupftu riju,
Wifs aifrauts un pahrnemts no brihnuma biju.
Bet galwa no jauna gihboni twihka
Un nefpehziga uf akmeneem flihka.

Nu finu es, kas fkaifts un zehfs!
Kad eet pahr femi wakars wehfs,
Tad mahtei tu loku un bultas nefi:
Tu tikfàs Dianas meita efi.
Tew fchkihita rafa pee kahjàm mirdf,
Un kaiffibas nepafihit tawa firds.
Bet medit un nokaut nabaga fwehru
Tu proti; mehnefs kad bahlo femi,
Pee fila efera breedis eet dfert,
Tas nepaguhit kahjas uf krafta fpert,
Tu, beffuhtigà, tam dfihwibu nemi.
Es, noflehpees, Dianas medibàs fkatos!
Jums, pawadonèm, pukes matôs;
Un baltas drahnas krokàs, tekof,
Wif fkrejofchàm jaunawàm; azij fekof
Naw fpehjams Dianas grazijai baltai
Un winas fejai fkaifti faltai.
Kad wehja funi tai apkahrt kauz,
Tad ahrprahts mani if flehptuwes fauz.
Es, drebedams, peekalnè ftahwu un fkatos:
Jums fkaiftakas fwaigines wifo matôs,
Nekà tur augfchà, pee debefs fpahrèm,
Kur faichkelti mahkoni fkumit pahr ahrèm.
Es tewi redfu beedrenu barà,
Tu mahtei Dianai pahraka efi,

Tu winas loku un bultas nesi.
Un wiss es padots tawā warā.
Kad kurti oschnā tew zelgalus baltos,
Tu ussmaidi teem, ar bultu tos peri,
Tad atpuhtā kruhtis pahr loku sweri
Un raugees esera wilnôs saltôs.
Turp alasch pehz meera wehrās mans skats,
Bet uhdena lakt es negribu pats:
Es wehlos mirt no rokas dailas
Un satimt kā breedis sem debess kailas.
Kas Wenerai jaunibā kalpojis sehti,
Kā wehrgs, un tad smeekleem atlaists par brihwu,
Nu skata Dianas meitu diihwu,
Tam diihwibas likumi naw wairs swehti.
Tas graisits un gabalôs rausits tapt wehlas,
Kā ahrprahtigs slagelants, preeku juht sahpês,
Tā juhtu es baudu daisuma slahpês,
Kad salti smaida medneezes zehlas.
«Juhs, deewes, rauget us tasinibas mehru:
Un nokaujat ari manu swehru!
Man kruhtis winsch plosas un aknas grausch
Un garos nagus zaur sirdi sprausch!»
Tad weena puhsch tauri, un kurti elsch garām;
Bet Dianas medneetschu dailajam baram
Naw laika, nabaga zilweka wehrot:
Winsch deeweetes solu nespehj mehrot.
Kā stirnas tās aisisteldias kalnam pahri
Un atstahj mani, liktena bahri.

Schodeen, kad wina atkal nahza,
Dianas ragana schkihsta, stalta,
Maigi ar mani runat sahza,
Duhrē sakneebās roka man salta.
«Dianas melta, kam mozi tu mani?

52

Neesmu Dianas preesters es tiklais!
Turp es doschos, kur sauni un gani
Klausas, ko mahza Dionīs miklais.
Esmu Weneras brihwlaistais kalps,
Sawwatneeks stahpês un atkets pret gribu.
Rahdijis Adama zehlako ribu,
Amors mani nospeesch kà alps.
«Bahrda ir sirma, mihlet ir kauns!»
Tà man Dianas wehsmas puhta;
Bet man ausi tschukiteja sauns:
«Brangà Dafne ir atkal gruhta!»
Luhk, schee kontraiti! jods ar jums!
Kur buhtu no pretrunàm patwehrums?
Redseju, tewi medibâs staltu,
Mehnescha sudrabâ skaistu un baltu.
Redseju, kà tu sandalu ahwi,
Wiκnakti maurâ satistlâ,
Dsirdeju, kà tu spreedi nahwi
Swehreem, kurl walstojàs silâ,
Kuru asinis karst un wahras,
Kuru suhpas pehz suhpàm kahras.
Mana swehra juhs neaisskàt,
To breesmigako juhs meerâ likàt!
Kruhtis man neswehrs sen gadeem mahjo,
Nobeidi pamasam meesu wahjo.
Par Dianas preesteri, schausmas kas juht,
Manim patikàs wiκnakti buht.
Kad tu maiga un daila nahzi,
Kad tu kà sapnis mani mahzi,
Nu es zereju: swehru tu kausi,
Kas man sirdi plehsch un posta;
Mana leesa sihdi asinim kosta:
Tiklas bustu man kruhtis schausi!

Wiκa salti, salti smehja:
«Tu, draugs, runà kà no wehja!

53

Tawai īrdij naw mehra:
Swehrene jau brehz pehz īwehra.
To kaut deeweetei truhkīt īpehka.
Ej uī īwehreem, teem naw grehka!»

Uī rokàm gaīwa īmagī īlihka,
Smagas, īaltas aī'ras rīta.
Sīrīchu īwehra upurs krīta:
Pehdigà zerība īchauīmàs nihka.
Weīti nahza Dianas Daīla,
Weīti newaīnība kaīla, —
Ari ta top beīdīot grehks!
Wīīam pahri bradà īpehks.

Ikdeeniba, schaipus un winpus tàs.

Saplositas sirdis ilgi wahrgit un nihkst,
Pehz weena weeniga belsahpju azumirkla tàs twihkst;
Un zitas dsihwo muhschigàs preeku baudàs
Un belsuhtigi klausas wahrgo smilkstôs un gaudâs.

«Tu nedrihksti domat, tew wajaga klausit,»
Tà bahrga balss no augscheenes sauz.
Ak, augstà balss, es klausijis esmu arweenu,
Wehl patlaban es katru waru zeenu,
Bet mana sirdsapsina, ta brehz un kauz!

Kas tahtumâ miht,
Tee daschreis raksteem un runàm us tewi kriht
Un pateestibu grosa un loka,
Tewi sahpina un moka,
Bet wiswairak, wissahpigaki eewaino tee,
Kas ir patschu laudis — tee wistuwakee,
Labi draugi un radi,
Tee tewi wairak posta, nekà neraschas gadi.

Sem weenas leelas zepures: sem silàs debess
Deews palika wisu zilwezi,
Lai wiRd weenprahtiba walditu,
Lai kopigi laudis labu daritu;
Bet katris zilwezinsch sew zepuriti
Passcham taisija,
Tahdu smuku, glihtu nakts miziti

55

Sew galwā uzbahja.
Un gudrineeki ar laiku uzgahja:
Ka sem leelās zepures war krahpt un wilt un rauft,
Sem mafās — smaidīt, azim mirkschkinat un snauft.

Kā kaltufchi fchagarī grab,
Tā laufchu runa manī ailfkar:
Bes ihftenibas, bes fpirgtuma.
Kā farkans rihts pehz fchaufmu nakts,
Tā afino mana zeriba
Us nabago zilwezi.

Ikweenam kruhtis akmens karst —
Kad wafara, un seemā falst, —
Sirds teiku walīti wahrgst.
Ikweenam fchkidrums azīs reet,
Ikkatris eespehj raudat, smeet,
Tik teikās ihstās as'ras mirdz.

Wifs fagrofīts, wifs famelots,
Wifs glufchi aplam rakfturots!
Kas wesels bij, to talfa slimu,
Par gudru dehwē nesehdsigu!
Tā wifs ftahw neweetā un nihkst!
Un laimigs tas, kas ifnihkt drihkst!

56

Krusts silā.

Sila widū, uf smilšchu kopas,
Stahw wezs, saplaisajis krusts.
Ja prasitu, kas aprakts tur,
Tew atbild: kahds, kas nolahdets.

Pa sila teku zelineeks gahja,
Kas pasaulē daudz bija maldijees;
To zehsi mehrki skubinaja:
«No ikdeenibas atraisees!
Ej, meklē ihsto pateesibu,
Ej, meklē diihwes skaidribu!»
Ar ismekletu swehtswinibu
Winsch pehla diihwes nihzibu.
Pats wilts bes gala, zitus wihlis,
Winsch grehku zelus atstahja;
Kas wainigs? tā winsch prasija,
Ka zilweks ir tahds neeku-mihlis?
Sen wareja tas skaists jau buht
Un dailēs deewu laurus guht!

Winsch sila widū apstahjas,
Kur augstais koka krusts ir zelts,
Un noguris tas apsehschas.
Wehl saule mirdzeja kā selts,
Bet wakars jau is tahles nahza,
Un gani lopus mahjup laida;
No aisejoschās deenas smaida,
Kā aisgrahbts, balods duhdot sahza.
Pret krustu zelineeks galwu speeda
Un muhscha sahpes kruhtis zeeta,

Sem kruſta muhſcham diihwes weeta
Ir tam, kam liktens juhtas ſpeeda.
Daudſ juta gurdais zelineeks,
Kad tas wehl jauns un ſpehzigs bija,
Kam ſeedons kluwa ſweſchineeks,
Kad jaunawa to peemahnija.
No mihleſtibas eeſahkas
Wiſs nemeers, naids pret ſemes garu,
Un mihleſtibā nobeidſas
Mums dwehſele zaur nahwes waru.
Kruſts palizis wehl ſilajā,
Kur illee puſkſtenini ſwana;
Un gahjeji ſirdi ſehras mana
Un trauzas laukā plaſchajā.
Schis zelineeks wairs nebaidijās
No illa druhma, nedſ no ſehrām,
Winſch bailēs aiſeet nemanijās
No nolahdeto garu ſferām.
Kur zits, kas meſchā apmaldijees,
Aiſ ſchauſmām «Deews Kungs ſargā» min,
Tur winſch ſew meera weetu ſin,
Kas tauſchu widū pahrbaudijees.
Pirms krehſlā ſlaikās preedes miga,
Tam meega mahte azis ſlehdſa;
Drihſ gaiſma ſlehpſchus projam behdſa,
Un ſeme kluſu tumſā ſtiga.

No ſapna iſbeedets winſch pamodās
Ap pusnakti; pee debeſs ſwaigſchnu mirdſa
Aiſ beſgalibas ſkumji kwehloſa.
Winſch ſahpēs aiſrauts luhkojās
Wisapkahrt; tumſchs, ko nakts tam tehloſa,
Tik pusnakts wehſma uſpluhda kā ſpirdſa,
Tad karitums galwu atkal dedſinaja,

58

Un sapna atmiņas tam kaulus drebinaja.
Te peepeschi, kà semes trihzê, kapu zehla, —
Tad, likàs, atkal dsili grima tas;
Ji semes klehpja nahza smagas nopuhtas,
Un sibschri staipijàs no krusta tehla.
Ais schausmàm zellneeks us augschu wehràs,
Us krusta ugunigi wahrdi spihdeja:
»Sche aprakta ir swehta pateesiba,
Ko semes behrni nihda, sahdeja!
Sche gremdeta ir mihlestiba,
Ko zilweze, kà akla, nahweja!«
Schee uguns wahrdi skaņàm dega,
Kà kaujà sobeni tee schķinda,
Kà deenà apgaismojàs preeschu rinda,
Ko pirmak slehpa tumsas sega.
»Tu, augstà pateesiba, semes klehpi dusi?
Tu aprakta, ko meklesu es dsihwu?
Es tizeju: ka dsirdeschu reis tawu runu brihwu,
Nu redsu, muhschibai tu klusi!«
Winsch salima, us suhnu kapa krita,
Un garu issaida, kur zeriba tam suda wisa;
Us krusta ugunigee wahrdi dsisa
Un tahlu, sila malà, pulkstens weenu sita.

Talants.

Laba diihwe, laba redfe,
Kruhts godkahribas dedfe,
Tas ir pamats talantam;
Ja tas itudet, itrahdat prot,
Paraugus few ifmantot,
Tad tam ronas gods un flawa,
Mahja, matie, feewa fawa.

Genijs.

Mas sinat un daudſ juſt —
Tas dſihwi raibu dara;
Daudſ sinat un mas juſt —
Ta leelā dſihwes wara;
Bet kurſch daudſ sina un juht
Un darbā alaſch grib buht,
Tam ir kas no deewu gara.

Ar sudraba skruhwèm.

Ar sudraba skruhwèm, ar selta naglàm
Pee semes leetàm mani peenagloja,
Ar maidu baudàm, ar saldeem wahrdeem
Apmahnija manu garu.

Truhks manas rokas, truhks manas kahjas
No selta naglàm, no sudraba skruhwèm,
Pahrspehs baudas un pahrkleegs dseesmas,
Atjehdsees nomodà mahnitais gars.

No pasaules krusta norausees meesas,
No semes leetàm brihwesees gars!
Nahks deena un stunda, kur selta naglas
Es dsihschu jums sirdis, warisesi!

Wairak newaru, wairak neſpehju.

Wairak newaru, wairak neſpehju
Juſt un zeeſt.
Wairak newaru —
Jau dwehſele dieeſt.
Jau dieeſt mana deena,
Sirds paleek weena, weena —
Paleek un ſaitingſt ſauna,
Ruhgta uſ muhſchigo duſu ſaiſas;
Pehdejà meeſas zihpſtiṅa watà raiſas
 No ſemàs diihwes kauna.
Wehl mehginatu, wehl eetu —
Luhgt, draudet, lai nenoſpeeſtu
Tumſa pateeſibas; lai wiſu par labu greeſtu
Diihwibas gars; manu duſas weetu
Jau kapratſchi, ſmeedamees rok.
Salitoſchu gaiſu tweru, kruhts ſmok, ſmok.

Wehſture.

Wiſs nahk no jauna,
Kas eet un ſuhd:
Wiſs uſſels reiſ,
Kas mirſt un truhd.
Wiſs peezelſees,
Kas kapâ dus –
Un atjaunos laikus
Senajus. –

Ak, kà galwu fpeefch.

Ak, kà galwu fpeefch!
Kà nafcheem firdi greefch;
Nefinu, kas ir, —
If kà garu no meefàm fchķir.
Speefch galwu doma, kurp eet?
Waj raudat par wifu, waj fmeet?
Redfu, nekur naw labi;
Gars, meefa! — eefim finihkt abi!

Wakars.

Neka tu nenes, ne meega, ne meera,
Tik sahpju atmiņas, pusnomoda sapņus;
Eet gulet bei zeribàm — bei gala mirt —
Un newaret sahkt un newaret beigt — — —
Tur augschâ, kur debesi esam teiz,
Mirdi swaigsnes kà demantu dsihsles;
Daudsi sweizeenu no jaunibas
Tàs suhta no muhschigàs augstibas
Un mudina ifteikt schīs semes spihsles.
Tur augschâ, kur reis es gribeju braukt,
Baltswahrkôs tehrpts, no kerubeem welts,
Deg mana pirmà skaidriba.
Tai mana sirds bij nolemta.
Nu sirds no tumsas apņemta.
Tur swaigsnes stars wairs neeespihd,
Ta nemihl wairs, ta nihd un nihd — —
Tur muhschiga, muhschiga nakts.

Pa nakti us meeru.

Pa nakti us meeru,
Pa sumsu us kapus!
No nemeera deenas,
No weltigas gaismas!
Apstahjees luhkojos:
Pahr pureem plihwo maldu leesmas.
Un schausmiga weentuliba
Starp semi un debesi walda.
Naw brahļu, naw radu un draugu,
Par sewi sahp katram sirds;
Un augschā, kur zeredams raugu,
Swaigsne katra par sewi mirdz.
Ir labi weentulibā spihdet,
Man jaeet, weentulibā dsist!
Us preekschu, waj atpakaļ —
Weenalga — — — —

Nakts.

Pa behrnibas taziņu gahju —
Zaur filu us fapņu mahju,
Kuru reis staltu zehlu.
Tur nonahzu, weentulis, wehlu;
Jau schausmas pa tumsu klihda.
Nakts drahnas — no melna sihda —
Tschaukstēja; wiņa nahza
Pa kalneem, pa lejām, bikla,
Asaru swaigīnēm matōs,
Wisdiļtako tumsu skatōs; —
Kaisla, bet salti mikla
Ta semi waldit sahza.

Us suhnaiņa akmeņa es raudaju:
Ne nahkuse, ne suduse
Man laime bija:
Eewainota peedsimuse,
Sirds dsihwē nesadsija.
Ne! to wehl wairak schķehla
Dsihwes sahpju asmens dsiti,
Tschuhskas to, sprindsigi, tihdamās, dsehla,
Un sahpes dega dsiti, dsiti!
Us suhnainā akmeņa es raudaju.
Kad as'ras wairs nelija, es kungsteju —
«Mans Deews» — es klusi waideju,
«Kapehz tu mani atstahjis esi?»

«To smago nastu, ko tu nesi,
Es tewim labpraht atņemschu
Un tawas sahpes remdeschu!»
Balts eņģelis, kà skuķe maigs —
Man weegli, lehni peeskahrās,
Pee mana karsta wiņa waigs,

68

Un wiŗa mute nopuhtās:
"Weens ir, kas tawu sirdi sina,
Wiŗśch kahju tew us semes zehla,
Bij lihdzeetigs preekśch tawa tehla,
Kad pasaule to kahjām mina.
Bet tas ass nahwes juhŗas miht,
Kas tewis spehtu atpestit.
Ņahz, nahwes nossehpumu śchķist,
Ņahz, tumsas besdibeni dsist!
Ņakts tewi mihlē; wiŗā sust
Un weltās deenas tahtu sust —
Ir laime tam, kam zitas naw,
Kam af'ras issihkuśchas jau!"
"Ne, ne!" es sauzu, "laid tu mani!
Aiz kalneem atskan rihta swani!
No tahlās behrnibas tee skan
Un laimi atkal sola man!"
Un, tausitdams, pa tumsu es gahju
Us sawus jaunibas atstahto mahju.

Te, luhk, stahweja mans śchuhpulits,
Tur tiku no mahmiŗas auklets un tihts,
Tur stahweja masee ratiŗi —
Tōs — sessits, kam selta matiŗi.
Un tur, tajā logā gaismas stars
Man mirdseja rihtōs, kā debess gars!
Tas ir, tas ir manas behrnibas nams!
Gandrihz wairs nebij atrodams!

Ņakts ari wiŗā eenahza;
Ta mani atkal panahza,
Tad smagi durwis aizwehra
Un sasti mani satwehra:
"Tu mans — tu beidsot esi mans —
Wairs neskan tawas behrnibas swans!
Klufs, muhścham kluss tew meegs nu buhs,
Un manā klehpi tew asaras śchuhss!"

Puhſch ſehras wehſmas.

Puhſch ſehras wehſmas ſemei pahri:
Nu roſchains ideals aprakts dus;
Kruhts diidro gaiſu elpo kahri.
Beſ domàm, beſ juhtàm weentuļis ſtahwu,
Kur roſchainais ideals aprakts dus,
Pats ſawàm' rokàm wiņu kahwu.
Pats wehlos mirt un ſemê duſet,
Kur roſchainais ideals aprakts dus,
Nn neteikt ne wahrda — muhſchigi kluſet.

Reiſ laime nahks.

Reiſ laime nahks . . .
Kad wiſs buhs beigts
Un peepildits, kà rakſtôs teikts.
Par wehlu laime ſemei nahks,
Kad ſahrks pee ſahrka kapôs buhs,
Kad kruſts uf kruſta, luhſdams, gruhs,
Kad debeſs wehjeem peetruhks elpas,
Kad juhras dſelmes ſauſas ſchuhs,
Kad iſnihdès muhſchibu paſaules telpas,
Tad laime nahks.

Pawafars 1906.

Agrinis pawafars:
Wainigs faules felta ftars —
Semes kruhti fildit filda.
Jfleen fahrts pumpurits:
«Ai zik fkaifts, mihligs rihts!
Sweika, mahmulite Milda!»
«Agrinis pawafars,»
Lihgo wehjá falais fars,
«Kad tik neufnahk wehl fals!»
Safee lakiti upmalá,
Afá nahtra fehtmalá —
Nebaidas, ka tai buhs gals —
Waj gan ftipram kaité fals?

Nahz feedus ftrehbt.

Es pawehru azis, wehl meegs ir falds,
Dahriā tfchiwina
Un fpahrnus pliwina
Putni; ar faules ftareem apklahts galds.
Aifmidfis neredfu neka;
Rihta meegs. «Nahz feedus ftrehbt!»
It kā buhtu kaut kas ko flehpt,
Nokaunejees if gultas laukā:
Silti feedi eikfchau traukā!
«Palufik, pafkat! ekā
Befdeligas atkal muhrē!»
Zaps! balts taurenits manā duhrē!

Pawasaras rihts.

I.
Tschiwulits.

Tschiwi — tschiwi tschiwulits
Skatas: pawasaras rihts;
Un pehz rihta pusdeena
Skaidra, silta gaidama.

Lussu — lussu, masiņā,
Wihkschķu — laischķu Anniņa;
Zitàm meitàm mihla brihwa,
Tew wehl sirsniņa ir dsihwa.

II.
Es domaju, ka tahļumâ.

Es domaju, ka tahļumâ,
Tu, mana laime, mihti;
Nu redsu tewi tuwumâ,
Un smaideem ausi man rihti.
Ikkatrâ seedu pumpurâ
Es redsu dabas rotu;
Es redsu wisu pasauli,
Kà kahsàm sspuschkotu.
Ak, kaut es brihdi pehdejâ,
No mihla skata wadits,
Wehl pawasaru redsetu,
Kahds tas ir schobrihd radits.

Wezs padoms.

Nogurufe mana galwa,
Saruhkfejufe ir fpalwa,
Rakfitits, farakfitits ir daudf;
Labak flotas kahts lai klaudf.
Slaukat, mahfas, kur jums durwis;
Brahli, tihriba ir burwis,
Kas jums labas domas dod,
Netihrais to neatrod.
Tehwi, mahtes, behrnus perat,
Ja tee rihtōs ilgi gul;
Logus, durwis walā werat,
Lai tad tihrais gaifs tos kuf.
Galfam falta wehja runga,
Kur tas met, tur putekfi
Behg un plok, tas augfchā bungā
Mironus: «Ei, futekli!»
Nemirfteet, jums dfihwe plafcha,
Kurp tik fkatamees, wifs fef;
Saules darbiba ir afcha,
Un pats Deews to godā zef.
Behrni, fawus wezos mahzeet
Atzeretees jaunibas!
Un ar fauli ftrahdat fahzeet,
Tad jums netruhks pilnibas.
Padoms, ko jums tagad dodu,
Ir jau wezs un nodrifkats;
Bet es zita neatrodu.
Muhfcham jauns ir Wezais Pats.

Masà weeschna pee wismasakà.

Diwas bilites
Bija ui wilites
Kaimiꞃu sehtà.

Tur masa gaischmatite,
Satihta meitenite
Schuhpull tschutscheja.

Plaukitiꞃas satitàs,
Bilites patitàs —
Pee neredsetà.

Dilhwu pupiꞃu,
Pawisam glupiꞃu
Wiꞃmahte utscheja.

Karftàm ilgàm wiʀa nahza.

Karftàm ilgàm wiʀa nahza
Un man mihti galwu fpeeda
Sawâs pilnâs feedu kruhtis.
Tumfcha bahrga debefs fchʀahza,
Dufmâs uhdens fchlahkas fweeda
Nodrebofchâs logu ruhtis.
Wiʀa pirmà faldi miga
Manâs rokâs brihwi, drofcha,
Tà kà deewe jauna, kofcha.
Sirfchu mihleftibas liga
Lihp kà medus luhpàm klahtu,
Apmulfinadama prahtu.

Aufa rihts. Un wehtrâ rautàs
Lapas flapjà femâ ilihka.
Deena fkuma, bahla, nihka.

Zelt un tekas.

I.

Es femes plafchàs kruhtis minu,
No mahtes uf tàm kahjàs zelts;
Kur zelam gals, to, eedams, linu:
Wifs tahlais gahjeens glufchi welts.

Bet jaeet ir: waj ftahwet drihkftu?
Wifs eet, lai weenreif buhtu gals;
Es ftahwot fkumju dfelmè filnkftu,
Un meefas krata dfihwes fals.

Ir jaeet! Ko lihdf fwaigfchnu mirdfa:
Tàs tahlès — noflehpumôs fib;
Man femes fwehra fobu nirdfa
To rahda, zelfch kurp aifeet grib.

Ak, mihlee! Slapjà kapa alà
Juhs mani beidfot gribat meft?
Tur — kruftu kalnà, zela galà
Juhs folat wainagus man neft!

Ak, mihlee! Dodat firdij weenu —
Tik weenu zeribu wehl man!
Pahr femi welti — welti fkreenu,
Un kapfehtà jau fwanis fkan.

II.

Naw fimeklets, naw fipehtits:
Kurfch wainigs ir?

Kurſch wiſus muhs, neſaimigos,
No laimes ſchķir?
Zits zitam mehs zeļā ſtahwam,
Bet newaram ſſtikt weeni;
Wiſeem papreekſchu, ſamadamees,
Tu, akſais, pa dubļeem breeni!
Tu, kurſais, waj dſirdi, kā raudam
Mehs, maldidamees, wiſi?
Tu, mehmais, kas degi pateeſibā,
Tu pirmais wehjā dſiſi.

Tur otra nama logâ.

Tur otra nama logâ puke seed,
Turp klusibâ es wehlos eet:
No maigàs pukes seedu smarschas
Man dwehs'le sadsihtu; ta dseed:
«Zeet, zilweks, zeet!»

Tur otra nama logâ mihleitiba
Kà bahla deewe stahw un weras
Us mani, it kà ssbisusès:
«Scheit eenahkt tewim nepeederas!»
Un klusi mana dwehs'le dseed:
«Zeet, zilweks, zeet!»

Wihrs ar tuſſnàm rokâ.

Speeſch tewi ſmagà dſihwe kà ſlogs,
Tu domà, ſkumſti un ſtrahdà;
Druhms paleek muhſcham taws ſchaurais logs,
Kas debſs blahwas tew rahda.
Waj pagrabs, waj augſtais behniņſch tew ſemts,
Tew behrnl ir muhſcham bahſi,
Tew ſmaids ſi leeſàs ſejas ir ņemts,
Azs nikni tew ſkatgs uſ tahli.
Tur tahlê ſimteem ahmuru klaudſ,
Kur ſchķiras no uguns duhmi;
Tur tahdu, kahds eſi tu, ir daudſ,
Tee gluhn uſ maſchinàm druhmi.

Pats stahwefchu ...

No swehreem pee zilwekeem behgdams,
Es atradu seewu;
No zilwekeem atkahpdamees,
Es atsinu Deewu.
Wina galsmâ waj ilgi
Es ssturefchu?
Pats stahwefchu stingri,
Kamehr tik spehschu.

Iš sehna gadeem.

I.

Kà sapni aismeeg un sapni redi,
Tà dsihwiba dsihwibu nahwè sedi;
No kapa kas iszeits schuhpusi dus,
Pehz nahwes wehl runat neapklus.
Lai mihlè un eenihd ais mihlestibas,
Lai maldas un aismirst ais nespehjibas;
Zaur atminu pluhdeem lauschas leels spehks,
Es nodrebu winā: mans sapnis kà grehks,
Lai zihnas un karo dehl pastahwibas,
Lai pasaudè wisu ais ustizibas;
Man sapni wehl zihna: Kur ideals?
Mans ideals ir wisai tahls!

II.

Preekschā dseesmu swehtkeem man swahrkus schuwa;
Ais pukainas plawas, kur sasa druwa,
Man stahweja masa fabrika,
No mahleem un smilšim uszelta.
Tur kahrklu zerā, us akmenu krauja
Es redzeju masu, peleku peli,
Kad mahtei stahstiju, saspeedās sauja,
Bet krustmahte teiza: «Tee ir melil»
Pee masàs fabrikas nosehdos
Un skumji pahr plawu luhkojos:
Drihs rokas baltas masgaschu
Un jaunos swahrkus apwilkschu.

Dsihras.

Sem meijotàm palodàm galds balti klahts,
Un kaktà uzzelta wihna wahts.
Tur wifi, fmeedamees, lepni fehd,
Tee runà un runà, dfer un ehd.
Tee runà scho un runà to,
Tee pahrspreesch muhscham weenmuligo,
Teem peeres schauras un widuzis plats,
Un azis kwehlo kaislibas skats.
Tee muhschigi mutes walà wer,
Tee muhschigi runà ehd un dfer,
Tee gadu tuhkstoschus neteek nost
No weetas, kur lemts ir gremot un kost.
Tos nospeesch muhschigais dsihru lahits,
Teem muhscham schketinas melu stahits.
Un galdgalà nahwe bahlà sehd,
Ta lehnàm sirdis un aknas ehd.

Tehwijai.

Es, zeeīdams, tewi mihlet mahzijos;
Nu tew pee aukītām kruhtīm noleezos;
Dod manim kapa weetu.

Man sirds preekśch tewis sadega
Par upuri us altara;
Kurp lai bes sirds es eetu?

Kas sawu sirdi atdewis,
Tas weentulis ir palizis,
Tam naw neweena drauga.

Es ari draugu newehlos, —
Pee tawām kruhtīm noleezos:
Dod manim kapa weetu.

Orients un okzidents.

I.

Bezgala nakts aiz manas muguras;
Azs rihta rasā mirdsu;
Schausmu tesu un ainas mihligas
Krehslas miglā zihnas dehļ uzwaras,
Bet projam no wisa, wisa
Ilgojas mana sirds.
Ir weena kristala skaidriba,
Rihtu dsimtenē ta izleeta;
Kā tawa un mana dwehsele,
Tu krehslainās zemes daiļais behrns,
Lihdsibalsot muhschibai teezas.
Un lai wiss luhst, lai wiss leezas:
Mehs zelosim tahlu, tahlu,
Mehs atdsimsim tur, kur mehs mirsim,
No jauna tehwa un jaunas mahtes —
Tee muhschigā tahlē mihlas,
Sem dsihwibas koka tee skuhpstas;
Wiņu skuhpstos karst lihdsi mans gars,
Tas deg kā mirdsoschs saules stars,
Un pastahw muhschibā,
Kā pasaules sahkumā.

II.

Pee zemes kruhtim diwi behrni sihsch;
Weens melns, weens balts!
Ja, tawa azs to gan tā redz,
Bet pateesiba pateesibu sedz.
Kas melns, kas balts,
To zilweks schķir;
Bet bezgalibas wehderā

Wiſs neliſchķirts wehl ruhgit;
Un daba ſagremo to dſiſtå meegå,
Ko wiṅa ſawàm rokàm twer,
Kà neſwehrs wiſſu ehd un dſer.
Ja, wehro rihtus un wakarus,
Kà ſeetas nahk un kà tàs eet,
Un mehro teſpu dſiſumus,
Zik muhſchibu war tajàs leet.
Wiſs welti! waj wiſs ſeetderigs?
Ja, rihts un wakars neſakrihf,
Kas pretekſtus war projam dſiht?
Beſgala tumſchs, beſgala gaiſchs
Jr muhſu prahts, ir muhſu ſkats:
Us auſtrumeem tu luhkojees,
Pee reetrumeem tu ſtahwi pats!

Augſchâ, dſidrâ debeſſ.

Augſchâ, dſidrâ debeſſ
Mani baltu ſkati ſneedſas;
Azis, aſ'râs maſgatas,
Melno ſemi ſkatit leedſas.
Augſchâ, dſidrâ debeſſ —
Pamalam kas noſkaidrojees,
Ilgas ſehri eemirdſas;
Mehneſs uſlez noſebojees.
Deena ſmagi noſlihka
Swaigſchņu Muhſchibai pee kahjàm;
Padarits — wiſs peepildits;
Ilgas trauz uſ debeſs mahjàm.

Silwestra nakts.

Zigaru kuhpinu, un masais salons silu duhmu pilns.
Seewiņa jau gulēt gahja.
Nakts. Klusa snauksch jau wisa mahja.
Deg uguns kamīnā. Un rokā apdedsis meins milns.
Kad eepatīkas, sītu leesmās kuhtrās kwehles,
Tās sihz un sprakschķ, kà ifisitofchas spehles.

Reis karoju, nu weenaldsīgs, wezs inwalīds.
Wehl otru zigaru es paņemu ar steigām
Ji atwilktnes, kur manta cet us beigām.
Silu duhmu wirpas wirias weena otrai lihdsi,
Kas semaku, ta pasteepjas un skreen
Kamīna kwehlēs un swelmē seen.
Kà duhmi welkas un sodà gar seenàm,
Tà atmiņas klihst pa senàm deenàm.

Naw meera. Pee sastlofchà loga eju,
No peektà stahwa weros us seju:
Spihd jumti mehnesnīzà balti,
Sneegà tehrpti; gut muhri salti.
Bet logôs ugunis wiso un mirdsi,
Wehl, leēkas, dsihwa ir zilweka sirds,
Ta gaida. Gads, maskojees, nahk.
Un baisīzu torņôs swanīt sahk.

Zik leelas un warenas zilweka ilgas!
Tilpst wiņas juhràm un debeschēem pahri
Un brihwi sido pa pasaules ahri,
Lihdsi wehji sihgo us kapa tew smilgas.

Doruka raksti V.

Bet firds, kas juhtas un ilgas zef,
Kas Safneedfamo nihft un pef,
Jr fmagam lahftam pahrdota.
Tas wiʀu waià pa fenkàm un pfahpàm,
Tas wiʀu atlaifch ar wahflm un pahpàm;
Tad weentulibai ta atdota!
Un nefafneedfamais lido zehli
Pa debefchu wakarblahimas kwehli,
Kà gars, kas tuwu few garam rada,
Bet kuʀu augftaki fpehki wada.
Kà jafkumft tam wihram, kam augftaks brahlis,
Tas bagats un pilnigs, fchis fruhkumâ bahlis,
Tà mana firds fkumft, kad nojaud ta labu,
Kas neaifſneedfams lido pahr dabu.
Bet kluhdàm pildits fchis muhfchigais nams,
Kur mihtu es, wiʀàm peeeetams.
Ak Deews, ak Deews! Kam dewi Tu garu
Schlm meefàm, kuʀas ar kaifligu fparu
Scho garu maità, lihdi pafchas kriht
Pawifam un beidfot kapenês miht?
Kà mulke fmeedamàs, Zeriba auft,
Tàs jokeem pamata naw nekahda,
Uf nahkotni ta, kà idiots, rahda,
Lihdf Jhiteniba wiʀu fahk fchauft.
Kà· ubadſe tehrpta, nahk Mihleftiba,
Un luhdfas pate no ta, ko ta fneedfa;
Ta fchʀukft: «Man notika pahreftiba:
Es dewu wifu, man wifu leedfa!»

Uf eelas manas mihtàs falft,
Tàm meefas iſdehd, lozekfi kalſt;
Sen atpakaļ, kad tàs jaunas bija,
Tàs filti rokas ap kaklu man wija.
Nu diirdu: tàs klepo, waid un lahd:
«Waj atkal jauns gads un mozitajs klaht?»

90

Neweena sala lapina.

Neweena sala lapina
Nedihgit us manas semes!
Neweens putninisch nelaischas
Pahr manas mahjas jumtu!
Kalta maiās ahbelītes:
Nebuhs sarkanu ahbolitschu.
Gar sakrituscho dahria sehtu
Aiseet meitenes, lihgodamas,
Tur apstahjas, kur pukes seed,
Un lihgsmo tur, kur putni dseed.
Kapehz nedihgst salas lapas
Us manas jaunibas zeribu kapeem?
Kapehz nedseed masee putni
Manu ilgu mahjas jumtā?
Pret dabu es pazehlu sawu duhri,
To lahdeju dusmās un draudeju saulei!
Bes Deewa, bes dabas, bes seedona,
Bes dseesmām, bes laimes es diihwoju.

Wilki.

Eju klusu sawu zelu,
Daba silā meeru swin;
Smagàs juhtas no kruhtim welu,
Galwa skaidru mehrķi sin.

Te es redsu wilku baru,
Sarkanas teem azis, mehles!
Schausmas pahrņem manu garu:
Wilku skatôs nahwes kwehles.

Gribu kleegt, bet balss smok kaklā;
Wilki, ilsalkuschi, kauz!
Karstu dwaschu sejā schņauz
Weens jau manim naidā aklā.

«Wilki! wilki!» gruhschu, situ,
«Wilki, wilki!» sirds man sauz.
Atņains es semē kritu,
Wilki kosch un rej un kauz.

Jehrinsch balts, kas nomaldijees,
Eeblehjàs ar balsi schehlu,
Manā liksitā noskatijees,
Blehj, kamehr wehl ņaw par wehlu.

Wilki nu us jehru skrehja,
Kampa to un plehsa, rija,
Nenojauda, neredsēja:
Jehrs par glahbiņu man bija.

Sibehgu. Es zeemā ņahzu,
Eewainots un sahpēs; slihku

92

Es uf brahtu nama sleegschna
Un pehz uhdens maīka twihku.

«Brahti, mahtas! es jums meerú
Nefu; wilki plehfa mani;
Labais Gars jums meeru luhta,
Lai to fwana wifi fwani!

Sche, fem firds es meeru flehpu,
Afotê, to Remat radi!
Pats es Deewa preekfchá efu,
Lai juhs fwehfi meera gadi!

Brahti! ko es wifeem rediu
Jums pee mutes, kruhtim, rokàm?
Afinis! — tàs iraid manas,
Kuhpofchas aif manàm mokàm.

Juhs tee wilki? brahti, mahtas!
Wilkatschi? kas mani plehfa!
Wilku apburtee! kas filá
Brahfa af'nim flahpes dfehfa!

Brahti! Remeet meera rakitu,
Suhtitu no Labà Gara!
Wilki! ak, mans Deews! juhs — wilki?
Brahti! af'nim leefa wara.

Dfereet wehfi man difhfas pifnas,
Afinis miht augiti fpehki!
Dfereet, wilki! mani brahti,
Lai refi rimtos juhfu grehki!»

93

Diejois.

Pee Leelà Kunga un Meiſtara
Es gahju, ſuhdſet behdas;
Wiꞃich manim teiza: «Pazeetees
Un wehro manas pehdas!»
Tà gads pehz gada aiſſteidſàs,
Es ſobus ſakodis zeetu;
Un Wiꞃa pehdas iſſuda,
Es klihdu zaur nakti un leetu.
«Zeet, zeet un zeet, jeſ pazeetees!»
Tà wehji un leetus ſchꞃahza;
Es kleedſu: «Es wairs newaru!»
Tad ſchehligà nahwe nahza.

94

Deews.

Ne dīihwibā tu rahdī waigu!
Nahwe tewi tuwina mums.
Tu muhſchigi neliīnihkītoſchā līnihziba!
Aiſ mainām tu ſlehpees un radī jaunu,
Un brihnums ir tawu ideju wahrds.

Tawa azs iſ paſaules chaoſa
Sihſch ſewi dīihwibas ſoſſoru
Un ſpulgo. Tew ſpahrni tumſu diehīch.

Deews nahk. Un wiſs kas wezs, tad mirīt,
Wiſs līdſīhwotais ſuhd un irīt.

Dedſina ſaulite.

Dedſina ſaulite karſtu zelu,
Purina wehji manus ſwahrkus;
Kà ſapni eju un redſu
Dſimtenes druwas, purwus un mahrkus.
Kaut kas mani tura
Un pee ſchīs ſemes ſaiſta;
Aiſ plawàm, ſilà putni dſeed:
«Schī paſaule ir ſaba un ſkaiſta!»
Ak, atlaiſchat mani no ſemes!
Laiſchat mani debeſīs kahpt!
Gribu redſet Deewa troni,
Peſtitaju ar goda kròni,
Gribu tur raudat un zelòs kriſt,
Wehl reiſ uſſeeſmot un tad dſiſt.

Siliiana firdsdedie.

Eewads.

Schi ir ta dieeſma par Siliianu,
Kas paſaulē mihlet gahja un zeeta,
Par muhſchigā daiļuma mekletaju,
Kam diihwē peenahzās goda weeta,
Kam mihleſtibā ſirds dega leeſmās,
Pats mihlets kluwa ne no weena,
Kas meeru ſlaweja ſawās dieeſmās,
Ko apſmeeklā weda katra deena.
Schi ir ta dieeſma par Siliianu,
Kas weentulis, neſapraſts, apkahrt klihda,
Par brihniſchkigo Sauliibas dehlu,
Ko ļaunais un ari labais nihda,
Kas, mahtes meeſās nolahdets, dſima,
Kas, truhzibā diihwodams, meſchā auga,
Kam nebija neweena drauga,
Kas zilwezes mihlet nenorima. —

Warragu diimta.

Sauliiba, lihwu jaunawa daiļa,
No ſuhnu guļweetas gaiwu zehlia;

Tehws jau pagalmā ſchķehpu drahſa,
Mahte pļawā audeklus wehla.
Rihtſaulē ſeltmati nomirdſeja,
«Laſilā!» ſilā noſkaneja;
Silās azites noſibeja,
Sauſſiba tehwu ſweizinaja.
«Kā ſapņoji, Sauſſiba?» tehtis praſa
Un pirkſteem tauſta pee ſchķehpgala aſa.
«Ai, tehtin!» Sauſſiba nodrebeja,
«Ta, tehtin, wehl nekad neredſeju!»
«Nu ko tad tu redſeji, mihluliti?
Nu ſaki jel, balto zibuliti!»
«Ai, tehtin, — debeſſ pilnu ar ſtareem,
Ceem widū trihsreiſ tik leeſu ſauli,
Un gaiſſu pilnu ar ſpahrnoteem gareem,
Bet leją, uſ ſemes, baſojās kauſi.
Gaiſs karſa un dedſa ſtaru pluhdōs,
Es, baſkahje, grimu ſemes truhdōs.
Bet pirms man azis zeeti ſlehdſās
Un meeſas baltajām ſmiltim ſedſās,
Sirds man no kruhtim iſſkrehja
Un augſti gaiſā lidoja.
Tad tuhkſtoſcheem kareiwju ſanaſſza
Un buſtas ſirdi eeſchahwa.
No wiņas aſinis riteja,
Bet ſirds jo projam dſihwoja.
Nu atſkrehja balti baloſchi
Un aiſneſa ſirdi uſ debeſſ.
Tad putni dſeedaja brihniſchķi:
«Siliſan, Siliſan! Zililili — ſi!
Siliſan, Siliſan! Zililili — ſi!»
Bet es ſem ſmiltim nogrimu — — —
Kad pamodos, azis atwehru,
Jau ſauſe logā luhkojās,
Bet kruhtis man balligi zilajās . . .»
«Ja, Sauſſiba, brihniſchķigs ſapnis tas gan;

Un «Silifan» — zik tas fawadi īkan!
Tik teeſcham, ka nu jaù ir peezdefmit gadu,
Kur es no ſchīs fehtas zilti wadu,
Ne man, ne maneem wihreem tahds nahza,
Gan daſchu labureiſ kareiwi feetuwens mahzat»
«Ai, tehti, kahds nejehga eſi tu!
Waj wihrs gan ſapni redſetu,
Kur ſirds tā lido un bultām ſchķelta
Un beidſot top augſchup, debeſis, zelta?
Kas mihlē, tik tas tā war ſapnot zehll,
Ka nomodā paſcham poleek ſchehli,
Un aſaras waj tezet ſahk!»
«Luhk, luhk, kas tewim prahtā nahk!
Ko ſini tu par mihleſtibu?
Kā ta tew ſirdi nokluht ſpehja?
Tew deewi ſargā newainibu,
Daudſ wihru azs tew neredſeja!»
«Ai, tehti, neduſmo uſ mani,
Es neſinaju, ka tas grehks,
Kas nahk kā mihligs debeſs ſpehks,
Un auſis ſwana laimes ſwani!»
«Man, Saulliba, ſchehlums prahtu ſchņaudi,
Schal paſaulē ir ſauņa daudſ,
Tas mihleſtibai ſihdſi nahk
Un meeſu, garu poſtīt ſahk.
Es biju tewim patwehrums
Lihdſ ſchim, kamehr kā behrns tu augi,
Nu ſaatklahj man noſlehpums,
Kur tewim ſapnōs ronas draugi.
Ir laiks, kur ſapņi behrniſchķi,
Kur ſunits, kakīts leen zaur meegu,
Nahk briſhdis, tee top brihnīſchķi,
Tee wihtē puķes, kauſē ſneegu,
Drihſ ſalts, drihſ ſilts zaur kruhtīm eet,
Drihſ raudas nahk, drihſ gribas ſmeet.
Kā wehtra tahdi ſapņi nahk,

99

Par malgàm wehſmàm tee top lehti,
Tee grehkus nes, buht leekas ſwehti,
Un ſirdis apmahnit tee mahk.
Schis laikmets tewim tagad draud,
Tu wiŗa dabas nenojaud,
Tas kriht kà ſlaſda walgs pahr tewi,
Un mokàm atdoſi tu ſewi!»
Un lihwu wirſaits ſchehlabàm
Uſ Saulſibu, kà bailês, wehràs,
Ta domigi uſ ſehtas ſwehràs
Un luhkojàs uſ atmatàm.
Meſchs ſchalza rihta wehjà dſihwi,
Ji ſila ſtirnas nahza malà,
Pahr zelmaju wilks gahja brihwi,
Un mednis puhta egles galà.
«Teht, neſkumīti, tas neklahjas
Tew zeenigam un droſcham wihram,
Mans liktens manis nemaitàs,
Man dſihwes zelam jair tihram.
Es ſirdi ſauna neſinos,
Man dabas mahte auklè garu,
Lihdſ ſchim par wiſu brihnijos
Un rahtni bijos deewu waru.
Kad ſilà taure eekleedſàs,
Tur lihwu wihri dewa ſiŗu,
Ka tee ſchai ſehtai tuwojas,
Es nekahroju redſet wiŗu.
No tiklas mahtes wadita,
Es wiŗas paleeweni ſlehpos,
Kad kareiwji ſche ſanahza,
Mums ſeeweeſcheem bij darbi klehpôs.
Taws kalps, kas katru deenu nahk
Un eet, ir druhms ar rehtu ſeju,
Wiŗſch mani iſbaidit tik mahk,
Tiklab kà wiŗa̤neredſeju.
Bet ſapnis manim rahdijàs» — — —

100

«Jau atkal fapnis!» wirfaits fauza,
«Zik reifchu gan tas gadijàs?»
Un wezais druhmi peeri rauza.
Saullība apklusa, ftahweja fkumji,
Galwu noduhra, bailigi rahwàs.
Tehws tai roku ap plezeem skahwa,
Sawu bahrdfibu nofchehloja.
Wirfch tai kuplos feltmatus glauda,
Paijaja mafàs baltàs rokas;
Wiņai azis afaras reetàs,
Sahrtà mute drebeja weegli.
«Tehtiņ, tehtiņ, kam pulgo tu mani?
Nefpehzigs zilweks pret fapņu waru!
Saki jel, kur lai es atrodu meeru,
Dodi padomu, ko lai es daru?»
«Tu fak ofolu awotu fini,
Pafihiti fwehtà weentuļa mihtni!
Sirmals Waidelots Sahpjusinis,
Tas tew atweeglos, remdinàs firdi.
Negribu finat tawu fapņu,
Glabà fawus firdsnoilehpumus;
Sawam likteņam neifbehgfi,
Deewi welti ar likteni zihnas.
Bet nu ej un palihdfi mahtei
Audeklus welt un fchketeret dijas,
Gatawot manus goda fwehtkus,
Jaunajà mehnefi karu mehs fahkfim.
Latwju wirfaifchi nekaunigee
Laupija muhfu robefchu zeemòs,
Trihsreif dewiņas jaunawas fkaiftas,
Buhdas un fwehtnizas ifpoftija.
To tee darija atreebdami
Muhfu aifpehrno ufwaras flawu;
Tfchetrreif peezus reif dewiņus zeemus
Toreif mehs wiņeem fagrahwàm pelnòs.
Toreif bij karfch un atklahta zihņa,

Stehwi tur latwju kareiwji bija,
Stehwi un stehpschus tee usbruka tagad
Muhsu robeschu bagateem zeemeem.
Schowakar kareiwju faeima lemta
Scheitan pee manis, kà wezakà lihwa;
Tu un mante un kalpones ejat
Strahdat un gahdat us mescha buhdu;
Jskulat sweestu un isseenat seerus,
Schahwejat duhmôs lahtschu guhschas!
Man te ar schķehpu ir jateek galā;
Kalps jau trescho reis uguni kuhra
Kaltuwê, gaididams welti us mani.
Luhk, schis oscha koks sihkits kà no raga,
Tas kà radits preekśch schķehpa kahta.
Wahles un zirwji ir jataisa jauni!
Saullibas tehwam wehl stipras rokas!
Nossehpumu, ko gribeju stahsitit
Tewim, es labaki stehpschu,
Liktenis usgluhn muhsu dsimtai,
Deewi droschos Warragus wajā.
Prasi sirmajam Sahpjusinim,
Tas tewim sisstahsits muhsu likstu!»
Wirsaitis schķehpkahtu drahsa tahlak,
Galwu zehlo us augschu zeldams;
Saulliba alsmirsa sawas skumjas,
Tezeja mahtei palihdset knaschi. —

Mescha buhdai, kur gani mita,
Apkahrt aploks no augsteem meeteem
Bija stiprs un warens taisits,
Sargat lopus no lahtścheem un wilkeem.
Warragu kalpi luhkus tur plehsa,
Kalpones altas malgaja, zirpa;
Labpraht turp Saulliba nostaigaja,

102

Klausītees seewu skaņajās dseesmās,
Nostahjusēs pee apihņu kokeem,
Ta, kā deeweete, raudsijās stalta.
Zerone, Saulsibas warenā mahte,
Skati tur kalpus un kalpones rahja,
Zehlās un leezās pate pee darba,
Laboja, smeedamās, strahdneetschu kluhdas.
Zeronei, slawenai Warragu mahtei,
Trihsreis septiņi behrni bija:
Trihsreis seschi weseli dehli,
Un trihs skaistas, zehlas meitas.
Zerone bija no Dsintara semes,
Bagatas salas kugneeka meita.
Laimi ta weda Warragu diimtai,
Bagatu puhru un lihgsmu garu.
Deeweem tomehr wis nepatika
Warragu gresnums un lepnā dsihwe.
Juhrmalā pilī teem drupās gahja
Sahmeeschu meschoni, laupitaji.
Warragu dehlus guhstibā weda
Roņusobs, sahmeeschu bara-wedis,
Diwas meitas noslihka juhrā,
Behgot no saweem laupitajeem,
Saulsibu isglahba Zerone droschā,
Behgdama, sawās mahtes meesās.
Un no dehleem jaunako lihdsi
Warrags paguwa aizweit meschōs.
Warrags atstahja kugus un laiwas,
Wiņa kareiwji sakauti kluwa;
Aisdsina lihwus no juhras malas
Sahmeeschi dsilōs Baltijas meschōs,
Tur tee pamasam sehtas zehla,
Medija, swejoja, kokus zirta.
Warrags ais behdām nosirmoja,
Deewi dsihrās pawisam to postit.
Sazehlās Warraga dehls pret tehwu,

Weenigais dehls, ko mihleja mahte
Wairak par wifu zitu wirs femes.
Satofchu Warragu dehlu fauza;
Satofchs pahrmeta tehwam grehkus,
Ka tas kalponèm waigus giahitot,
Weenu no winàm bij eemihlejis
Satofchs pats un greiffirdigs kluwis.
Weenreif, kad Warrags redfeja dehlu
Mihfigi twerot kalponi jauno,
Tehws, to wehrodams, Satofchu bahra:
«Waj tew, brihwam wirfaifcha dehlam,
Klahjas nabaga kalponi mihlet?»
Warrags, fadufmots, bahrgi fauza. —
«Un tu kalponèm waigus giahiti!
Brihwais wirfaiti!» Satofchs kleedfa.
No ta brihfcha naids nahza mahjà,
Kamehr Satofchs fwefchumâ behga.
Saulliba weenigà wezakeem auga,
Mahtei un tehwam ta kluwa par preeku.
Tapehz Warragam bailes zehlàs,
Saudet fawu pehdejo behrnu:
Paregis winu bij brihdinajis:
«Kaillibas ifpoifis Warragu diimtu.
Sargà, wirfaiti, fawu meitu,
Sargà winu no mihleftibas!»
Tapehz Warrags bafchijàs foti,
Saulllbas fapni to fkumdinaja.

Warraga fehtâ kareiwju taures
Sari un fkali nofkaneja:
Lihwi pulzejàs, padomi turet.
Warrags tos laipni fweizinaja.
Zerone pa tam Saullibu weda,
Rahdit fchagada baltos jehrus,

104

Kuri lehkaja aplokā plaichā,
«Kas tewim kait, mana meitin'?
Bailigi tawas azites ikatas!»
Zerone ufitahja Sauliibai mihti,
Sauliiba weegli nodrebeja:
«Nelinu, mahmin, lirds man ir smaga,
Galwa ir karsta, un raudat tihkas.
Tehtis man telza, ka wainigi sapni,
Ka tee walichkigi grehkā wedot.
Esot man saeet ul Sahpjulini,
Sirmais Waidelots padomu dofchot
Manim un atklahfchot noslehpumu,
Kas preekfch Warraga meitas swarigst»
«Ej ween, meitin, rihtā jau agri
Apmeklet Sahpjulina mihtni;
Ofolu awotus dfihwos tu fini,
Waidelots deewu prahtus tur wehro.
Panem pukes, feeru un maili,
Ailnes dahwanas wezajam wihram,
Kalpone Ilga lai pawada tewi,
Wina ir gudra, lin lwehrus mahnit,
Wina prot wilkus un lahtfchus apeet,
Zelus ta wehro un nepaf.hit bailu!»
Krehsla jau fila beefumōs auga,
Gani falaida aplokā lopus,
Kalpones balteem weenkotfcheem nahza,
Lihgfmas un fauza pee wahrdeem gowis;
Peena fmaka pildija gaifu,
Pahrfpehja fweku un feedu fmarfchu,
Kas pa mefchu ifpluhda filti.
Gani auroja buhdas preekfchā,
Pinkainos furus ais klufigām wilku,
Suni rahwās, rehja un kauza.
Weena no ganmeitām, bahfkahjinām,
Tuwojās rahtni Sauliibai, rokā
Kuplu puku wainagu nefa,

Rotatu robainàm oiollapàm.
To wiꞃa Saulſibai gaiwà lika.
Saulſiba noſarka pate kà puķe,
Pateizàs ganmeitai laipneem wahrdeem
Un tad mahtei praſija kluſi,
Ko lai wiꞃa meitiꞃai dodot.
«Rihtu lai atnahk pee manis ſehtà
Maſà waiꞃagu pinejiꞃa,
Es tai dahwaſchu willas dſiju,
Doſchu gabalu medus maiſes!»
Zerone, Saulſibu apkampjot, ſmehjàs.
«Eeſim nu, meitiꞃ, uſ buhdas preekſchu!»
Pagalmà kalpi tihklus auda,
Gani ſuꞃus baroja ſilês,
Wezàs kalpones wilnu pluhza.
Wezitis raudieja kauſà peepes,
Lai no tàm taiſitu ſchķiltawu degli.
Ziti kalpi miſoja leepas,
Plehſa luhkus un ſcheberklus ſehja.
Saulſiba wiſeem ſiꞃkahrigi
Sekoja dedſigeem, laipneem ſkateem,
Wiſeem ta «labu wakaru» dewa,
Katram wiꞃa pa wahrdam teiza.

Pehz wakariꞃàm meitas dſeedaja,
Papreekſchu wilka ſmalki teizeja,
Tad pulkà ſkaꞃi wiſas lihgoja,
Ka ſils lihdſ kalna ſehtai trihzeja.
Kad dſeeſma apkluſa un dſeedatajas puhtàs,
Druhms kluſums wiſus apꞃehma;
Bet wirſaiſchmeitu ſchauſmas mahza,
Tai likàs: gari gaiſà lidoja.
Pahr augſteem eglu galeem ſwaigſnes wehràs
Uſ ſemes behrneem ſkumji; mehneſis

106

Wehl nebij ussehzis, un uhpis waideja.
«Lai muhfu zehlā seltenite dīeed,»
Tā padewigi runu sahka teizeja,
«Ta laime buhtu mums, reis diirdet wiras balsi!
Mehs sahkām – nepraschas, lai Sausiba ir beidsejat»
«Ja, ja, lai muhfu seltenite dīeed,»
No wisām pusēm bassis sauza,
«Lai dīeed, lai dīeed! mehs wiras dīeesmā
Jt pasemigi klausisimees!»
«Lai noteek,» – Sausiba dwesa un bahla;
Un likās, tai dīeesma tahsumā mita;
Zaur klusumu sehnām ta tuwojās,
Pee apihreem Sausiba peezehlās –
No galwas ta wairagu norehma
Un mahtei pehkschri to pasneedsa:
«Tas ir par smagu, man galwa reibst,
Es gribu ko dīeedat, gribu ko teikt!»

Sausibas dīeesma.

Halloh! halloh! Klau, suri kauz,
Ka, medneeks, tu gaidi, ko stahwi?
Zaur sisu dīenatais breedis schmauz,
Wirsch paredi jau sawu nahwi!
                Halloh, halloh! (atbalss silā).

Halloh! halloh! jau bulta schmihkst –
Pa gaisu, ta kustoni ķehra,
Tas kriht un elsch, tam nahsis pihkst,
Pluhst assins no brihwā swehra.
                Halloh, halloh! (atbalss).

Halloh, halloh! tu, medneeks,
Kam kahwi tu kustoni brihwo?

Tu, ſlepkawa, tu, nebehdneeks,
Taws atreebejs wehl diihwo!
    Halloh, halloh! (atbalſs).

Halloh, halloh! kam diihwot lemts
Zaur zita ſchauſmigu nahwi,
Tam baudas, laime, preeks tiks nemts,
Un atreebejs uſiauks: ſtahwi!
    Halloh, halloh! (atbalſs).

Halloh, halloh! jau bulta ķer
Nu kruhtis medineeku;
Winſch ſchķobas, bahl un gaiſu twer,
Un aſinis tek pahrleeku.
    Halloh, halloh! (atbalſs).

Halloh, halloh! wiſs atreebjas,
Kas domats, buhts un darits,
Kaut ar ſchi deena greinojas —
Stahw preekſchā rihts un parihts!
    Halloh, halloh!

  (atbalſs noſkan tahli). —

Otrā rihtā ar ſaules lehktu
Saulliba, Ilga zelā dewàs,
Lai preekſch ſaules reeta jau buhtu
Atpakaļ Warragu droſchajā ſehtā.
Sahpjuſinis diihwoja diili
Silā, ihpaſchā oſolu birſē;
Tur no ſatas peekalnes wida
Trihs kahrtàm awoti iſtezeja.
Sirmais Waidelots kalteja ſehnes,

Eewu ogas un puķu faknes,
Sargaja fawas bifchu kokus.
Kahrā, kaiffigā lahtfchu fuga
Poftija dafchu bifchu faimi;
Wahweres faga tam noflehptos reekitus,
Wahrnas wihtetos mefchahbolus.
Paftahwigs karfch ar dabu bija
Sirmajam weentulam Waidelotam.
Putnu un kuftonu, lobu waj launu,
Nekad Waidelots nemaitaja,
Bet winfch breefmigi pukotees prata,
Sirmo bahrfdu few fchķurinadams.
Ap to laiku, kad pakrehflis bija
Ihfakais karftajā pusdeenas faule,
Saulfiba nonahza fwehtnizas birfē.
Ilga pee awota zelôs krita,
Kahrigi fkaidro uhdeni dfehra,
Peefmelot pilnu tahfu kahrbi.
«Sahpjufini, nahz Saulfibu fanemt,
Zeenigā Warraga feiteniti,»
Ilga, zehlufēs, fkafi fauza,
Rokām ta alafch plaukfchķinaja.
Beidfot no fema akmenu graufta,
Kurfch fem ofoleem fakrauts bija,
Wezitis iflihda, wehrodams weefus.
«Ai, kahdi fkaifti un mafi weefi,»
Sirmgalwis, labfirdigs, fchartoja, fmehjās,
«Nahkat, tik nahkat manā birfē,
Stahftat, kas launs jums notizis ira,
Labprahf fums padomu, fwehtibu dofchu,
Sinu, ka faudis, kad labi teem klahjas,
Nenahk uf manu awotu birfi;
Bet ja fahpes un kaites teem ronas,
Tad tee eedomā warenos deewus!»
Sirmgalwis errigi noruhza, tomehr
Tuhlin faipnis un lihgfmis kluwa,

Kad tam Saulliba tuwojàs smaideem.
«Swehtais tehw, sirinigi sweiks tu no manis,
Sweiks no tehwa, no mihtàs mahtes,
Sweiks no wisas Warragu saimes!»
Tà tam Saulliba, sarkdama, teiza.
«Paldees, paldees tew seltenite,
Lai tewi Pehrkons alasch sargà!»
Waidelots sehdàs us osola zelma,
Luhku swahrkus sew grabinaja,
Schkelmigi sirkahrigs Sauslibà wehràs.
Saulliba nedroschi Ilgai mahja,
Ilga nosika dakwanu saini
Wareno osolu wehsajà ehnà —
Un tad nogahja tahlu pee malas,
Tà to pratija peeklahjiba.
«Warragu seltene, skaista tu esi,
Tapehz tew wahrdu Saulliba dewa.
Warragu diimtai ir tahla slawa,
Tomehr to warenee deewi wajà.
Warragu tehwa tehws augstprahtigs bija,
Lepnibà alsmiria deewu gribu,
Eenaidneeks nokahwa winu wehl jaunu.
Warrags, taws tehws, ir dsihwè daudi zeetis,
Bet wina kaisibas, kara kahre
Deewus sen jau dusmigus dara.
Deeweem muhscham reebjas kari,
Zilweku naids un neleetiba,
Prahtu un meeru zilwekeem wehle,
Bet tee kildojas, sog un laupa.
Wisa Warraga slawa un manta
Pastahw zaur zitu nahwi un postu,
Wisa laime tam nelaimes zelta,
Wisa wara tam pahrbaudai lemta.
Warona behrni, pehz zeeschanàm smagàm,
Atstahs beidsot slawu un mantu,
Mahzifees zeenit mihlestibu,

Eekahros swehto weentulibu . . .
Reii bija warens wirsaitis,
To Spehkasini sauza;
Winsch uswareja kaiminus
Un lepnu pili zehla.
Tam bija seewa Saismona
Un diwi brasdchi dehli;
Un daiło jaunawu Zeroni
Tee abi eemihleja . . ."
"Zeroni? Ari manu mahti Zeroni sauz,"
Tà Saussiba pehkschri eesauzàs.
"Ja, ja, to tuhlin redsesim,"
Sirmais Waidelots nopuhtàs.
"Un abi brahli sanihdàs,
Weens mekleja nokaut otru,
Lihdi abi beidsot istruhkàs:
Tee sahnzenschi bija tehwam.
Tehws Saismoni mihlet bij apnizis,
Tam Zerone daità tika;
Pehz tàs winsch kaissigi kahroja
Un Saismoni zeetumà lika.
Tad Warrags, wezakais Spehkiina dehls,
Pret tehwu droschi zehlàs,
To karstà zihnà nokahwa
Un Saismoni atpestija.
Winsch tehwa weetà usnehmàs
Nu waldit lihwu zilti,
Par seewu Zeroni apnehma
Un tahtu slawens kluwa . . ."
"Tas bija mans tehws, — tas wezakais, —
Kur jaunakais brahlis tad gahja?"
"Tas sehd nu tawà preekschà.
Par Sahpjusini mani sauz,
Es esmu taws tehwa brahlis;
Es tawu mahti reis mihleju,
Nu mihlu es pateesibu.

111

No zilwekeem es atkahpos
Un deeweem tuwak nahzu,
No kaittibàm es atteizos
Un zilwezi mihlet fahzu.
Wispirms es Ramawá diihwoju,
Tur kalpoju Krihwu Krihwam,
Bet es no tureenes aiſbehgu,
Jo atinis iſlehja Krihwis.
Wiяſch neſa behrnu upurus
Pikolam, wiяa peklei;
Es zilweku nokaut negribu
Pat tad, ja deewi to wehlas.
Es patihſtu debeſs mihlibu
Un turu to ſwehtā zeenā,
Ta uſwarès weenreiſ paſauli
Un ſpihdès paitarā deenā.
Scho mihlibu Warraga diimtai buhs juſt,
Ta itahſees kaiſlibu weetā,
No Jaultibas Siliſans modiſees,
Wiяſch ſludinàs diihwes meeru.»

Kara trokſnis latwju ſemi
Jigu laiku baidija;
Warraga ſtipree kara pulki
Latwju dehlus pahrſpehja:
Weeni uſ kaujas lauka krita,
Ziti kłuwa guhiteknī;
Zeemi duhmôs ſikuhpeja,
Latwju ſeewas ſaudeja —
Dahrgos wihrus, tehwus, brahłus,
Aſ'ràm bahrus aukleja.
Ap Uhſiяa deenu Warraga pulki
Atgreeſàs mahjā no kara lauka,
Pahrweda guhiteknus, laupijumu,

112

Taifija diihras, fwineja fwehtkus.
Kahdu wakaru Warrags teiza,
Sehdedams pee diihru gaida:
«Zerone! Hawa tawam godam,
Slawa wifam tawam namam,
Kauns nu iidfehits, Satofchs ir miris.
Zihnijàs winfch preekfch latwjeem kà lauwa,
Karoja pret tehwu un lihweem,
Winu mehs aprakàm Abawas kalnâ,
Pufchkojàm walnageem wina kapu.
Muhfu diimtâs atwafa weena —
Saulliba paleek, ta ira fkaifta,
Drofchais Breedis winu lai prezè.
Breedi es ufnemu fawâ fefitâ,
Un par Warraga winu es faukfchu,
Zeenifchu, mihlefchu winu kà dehlu,
Atdofchu winam fawu meitu!»
Zerone, diirdot Warraga wahrdus,
Raudat fahka un aifgahja projam,
Jiteiza Saullibai tehwa domas;
Saulliba klaufijàs, nobahleja.
Saulliba nakti neguleja,
Wina bailigi pahrdomaja,
Kahda diihwe winas nu gaida:
Breefcha wina wehl nepafina,
Wihra fwefcha ta nemihleja,
Warbuht tas bija brahlus kahwis,
Warbuht wina kara zirwis
Bija traipits ar Satofcha af'nim?
Tiklihdf mehnefis reetumôs bahla,
Peleka krehfla auftrumôs aufa,
Saulliba flehpfchus zehlàs un pofàs,
Atitahja weena Warragu fehtu —
Un uf ofolu awoteem iteidfàs,
Prafit pehz padoma Watdelotu.
Saule jau bija brokafta laikâ,

Kad pee ofolu fwehtnizas nahza
Saulſiba nedrofcheem, gurdeneem foleem.
Wiɴa fauza, bet neatſauzàs
Sirmais Waidelots Sahpjufinis.
Wiɴa nu fehdàs buhdas preekſchá,
Gaidija ſirmgalwi mahjá nahkam.
Warbuht wiɴſch laidàs reekītus ſchķina,
Warbuht tas ſilâ laſija ogas?
Te wiɴa iſdſirda kungſteenus buhdâ,
Waidus, un pate nodrebeja.
Laikam ſirmgalwis ſlimības mokàs
Waidēja weentulis, paſaules atſtahts?
Saulſiba noleezàs pukītoſchu ſirdi,
Eegahja ſemajà akmeɴu buhdâ.
Tur uſ ſuhnàm un kaltuſchàm lapàm
Guleja jauneklis nahwes murgôs,
Aſiɴu traipekleem wiɴa ſwahrki
Bija wisgaràm notaſchķīti.
Saulſiba tezēja, uhdeni neſa,
Dſirdija jaunekli, maſgaja waigus
Wiɴam un tihrija aſiɴu traipus.
«Kas tu eſi, ſeltene ſkaiſtà?»
Jauneklis ſmaideem waidedams dweſa.
«Saulſiba, Warraga weenigà meita!
Nahzu es ſirmo Waideli luhkot,
Atradu tewi te nahwes mokâs!
Saki, kas tad tu, zeetej', eſi,
Kas tew ar ſchķehpu kruhtis duhra?»
«Biju guhſteknis; Warraga wihrs
Mani iſ Latwijas ſchurpu weda,
Eſmu latwis, kam tehwija mihla,
Kam nu weenam ſweſchatnē jamirſt.
Biju guhſteknis, naktī es behgu,
Warraga wihri pakaļ man dſinàs;
Jbehgu, bet es ſilâ klupu
Un uſ ſawa ſchķehpa pats duhros,

114

Afinis breefmigi pluhda, es gihbu,
Nefinu pats, kà efmu fchurp tizis!»
Un wirfch Sauffibas roku twehra, —
To pee fawàm fuhpàm fpeeda.
Sauffiba fahpigi mihfu fkatu
Jaunekfa drudfchainàs azis wehràs.
«Ari man famirit,» tà wina teiza,
«Warrags, mans tehws, grib mani afdot
Drofchajam kareiwim Breefcham par feewu,
Bet es wina newaru mihlet,
Wina es ari nepafihitu.
Jau pirms faules lehktas es behgu,
Nahzu fchurp Waldefa padomu fuhgteest»
Pafchulaik Waldelots mahjà nahza,
Smagi puhfdams wirfch naftu fweeda
Sawas akmenu buhdas preekfchà
Un tad lehnàm buhdà lihda.
Bet wirfch atkahpàs, brihnumeem pahrnemts:
Jaunawa fehdeja Jaunekfam lihdfàs,
Nofeekufès pahr wina galwu,
Skuhpitôs aifmirfa wini abi
Sawu nefaimi, fawas fahpes.
Aifgrahbts firmgalwis buhdas preekfchà
Sehdàs uf fawa ofofa zefma:
Nefahwa kauns fam un fabwehliba,
Lai fas trauzefu jauneefchu faimi.
«Laime, zik efi tu nefaimiga!»
Tà wirfch domaja, bafchifàs, fpreeda,
«Sauffiba, Warraga weenigà meita
Mihlè fatwju wirfaifcha dehlu,
Tas ari weenigais fawam tehwam.
Zik fas pafaulè brihnifchkigi:
Diwu naidigu zilfchu-welchu
Pehdejee behrni fateekas, mihlas.
Laimdots un Sauffiba tehwu naidu
Jffchkir zaur fawu mihfeftibu.

Lihwu un latwju alinis radis
Jaunu deribu Saullibas meesas!
Slawa jums warenee, gudree deewi,
Kas reii naidu un zihnu nobeidis!»
Waidelots, faknes un seedus nehma,
Mehrza tos uhdeni — behria tahie,
Sahles winich jauneklim talilias wahrit,
Lai tas atspirgtu, wesels kluhtu.

Warraga sehtu pulchkoja kalpi
Meijam un darija meeschu alu,
Meitas puķu wainagus wija,
Seewas medus karaschas zepa.
Sauliibai kahias pofas swinet,
Galdija Breedi un wiна wihrus.
Atjahja Breedis us balta sirga,
Pawadits italtu un droschu wihru,
Wiна mahias un mahias beedres
Breedim gresni lihdsas jahja.
Atwehra Warrags pats platos wahrtus,
Sanemt eegahtni zeeniga weida,
Paklanijas winich pret weeseem,
Luhdsa tos eenahkt dihru telpas.
Alu kalpi weenkotscheem nesa,
Smeedamees Breescha wedeji dsehra,
Kalpones kaunigas, peesarkuschas,
Kausinôs jaunawam peenu sneedsa.
«Sehschatees, weesi, us baltajeem soleem,
Saullibas kahiam tee darinati,
Sehschatees weesi ap kahiu galdu,
Wezee man tuwak, tur wiна gala
Sehdès man preti jaunais pahris,
Un tam lihdias lihgawas beedres,
Un pa kreisi no lihgawaiна

116

Wina beedri un kara wihri.
Kamehr lihgawu tehrps un rotàs,
Tikmehr mehs droschi meelotees waram,
Un kad Saulliba eenahks eeksdá,
Tad lai sahkas kahsu dieesmas.
Ehdeet tik, mihlee weesi, ehdeet,
Ko juhs itahweet, ka laba gaideet?
Kahwu pats tekno mescha zuhku,
Zerone pate sweestu kuhla,
Peenà medus karaschas zepa,
Un schis stihpotàs osola kannas
Peemina mums no latwju lemes!»
Tomehr Breedis un wina laudis
Nesehdàs wehl pee kahsu galda,
Gaidot us lihgawu; winas wahrdi
Breedim alasch stahweja prahtà.
Kad winsch Saullibu usrunaja,
Winu par lihgawu bildinaja,
Saulliba atteiza: «Nopalihitu
Tewis es, warmahka, leez mani meerà!»
Kamehr Warraga breesmigee draudi
Winu peespeeda solitees Breedim.
Breedis nu swehreja klusibà sewim
Wehlak to Saullibai atmaksat wisu,
Disti un smagi apwainots jutàs
Breedis, ko wisi waroni sauza.
«Lihgawa nahk!» tà tschukiteja weesi,
Atwehràs leelàs leewena durwis,
Ais tàm seeweeschu miteklis bija,
Eenahza Saulliba, Zerones weita,
Winàm lihdsi Breescha mahte.
Sehdàs lihgawa, lihgawainis
Azis noduhruschi pee galda,
Ari weeseem omuliba
Lahgà neradàs, sinaja wisi,
Nemihlè Breescha Saulliba daità.

Peezehlàs Warrags no augità sosa,
Jisteepa roku jaunajeem pretī,
Sauza tad swinigà, skatà balsī:
«Behrni, nu mihsi apkampsatees,
Swehrat weens otram usīizibu,
Apsolat lausatu mihlestibu,
Muhsu preeksdā, ka diirdam wisi,
Tad es jums sawu swehtibu dosdu,
Juhs us muhsdu saweenosdu,
Un juhs wihrs un seewa buhsatī!»
Schasà brihdī atwehràs durwis,
Sirmais Waidelots eenahza eeksdā,
Bes kà Warrags to eeraudsitu.
Waidelots rokàs tureja kokli,
Eeraugot wiɴu, Saulsiba bahla.
Breedis, lai Saulsibu apkamptu, sneedsàs,
Saulsiba atkahpàs, skati sauza:
«Nost no manis! Es nepasihitu
Tewis, tu apgahnīt gribi mani!
Esmu jau seewa, kas Laimdotu mihlè,
Esmu wiɴam jau peelaulata!»
Schausmas pahrɴehma wisus weesus,
Breedis satwehra sawu sdikehpu,
Tihkodams urbt to Saulsibas meesàs.
Warraga wihri stahjàs tam zelà,
Saulsiba behga is diihru telpàm,
Waidelots wadija wiɴu tumsà.
«Meeru, meeru!» tà Warrags sauza
«Zeest par Breesdia kaunu es gribu,
Saulsibai sodu lai wezajo teesa
Spreesd un lai maigà Breesdia godu
Manas nesdiɛihitàs meitas as'nim!»
«Deesgan, tew 'wairs es netizu, blehdī!»
Tà ais dusmàm Breedis kleedsa,
«Warrags ir sdiɛelmis, tihkoja peekrahpt
Mani wiɴsdi, gudrais, ar sawu meitu,

118

Kura fcheitan aif gara laika
Mihlinajàs jau fen ar kalpeem!»
«Turi muti, tu nelga, tu funi!»
Tà tam Warrags preti brehza,
«Apwaino mani tu fawàm tenkàm,
Un es tewi uf weetas kaufchu!»
Kauja nu iszehlàs breefmiga fahlê,
Warrags no Breefcha rokas krita,
Seeweefchi pagalmâ waimanaja,
Breefcha kalpi uguni kuhra.
Drihi ween wifa Warraga fehta
Grehka uguni atfpihdeja;
Breedis ar kareiwjeem alu dfehra,
Skatijàs, fmeedamees, uguns leefmàs.
Zerone nofmaka beefajôs duhmôs:
Glahbt ta gribeja fawu rotu,
Ko ta lihdfi no Dfintara femes
Reif uf kuga, kà lihgawa, weda.
Sadega Warraga bagatiba,
Sadega waroнa Warraga lihkis,
Sadega wiнa tiklà feewa,
Zerone, lihwu mahte zehlà.
Slawa un manta ifkuhpeja
Wehjà un gaifà; par pefnu kopu
Pahrwehrtàs Warraga plafchà fehta.
Deewi atreeba zihнas un karus,
Atreeba kaiflibas Warraga dfimtai.
Meeru, kas dfihwê to negrib atiiht,
Deewi tam fuhta tak beidfot nahwê.

Sirmais Waidelots otrà deenà
Sehdeja nofkumis buhdas preekfchà:
Brahla behdigais liktenis wiнu
Dfiti, jo dfiti fkumdinaja.

«Spehkaſini, kur tawa dſimta?
Kur ir tawi waroна darbi?
Sahpjuſinis, tas ſtawu eenihd,
Gudriba wiнam augſtakà manta,
Dabas brihnumi wiнa laime,
Sauliiba wiнa dſitàs ruhpes.
Eſmu jau wezs un neſpehzigs topu,
Kà lai uſturu nelaimigo?
Deewi, ai deewi! ſchehlojat mani,
Stiprineet manas gurdenàs rokas!
Luhk, juhs mani dſihratees ſodit,
Tapehz ka palihdſiu Warraga meitai!
Bet waj wiнa lai zeeſch par grehkeem,
Kurl ir tehwu tehwu nopelns?
Pehrkoна ſwehtà uguns jau dſiſa
Manas buhdiнas dibenà; gadeem
Dega ta kluſiнàm, kwehloja ſpilgti.
Lahzits man iſwanda jumta kokus,
Mekledams ſaldenàs medus kahres;
Peles man ſeeru iſgrauſuſchas,
Wahweres reekſtus aiſwilkuſchas.
Tikai ſehnites ſapeleſ'ſchàs
Wehl ſem lahwiнas paglahbuſchàs.
Ogu wehl deeigan manà meſchà,
To pa pilnam es peelaſitu,
Bet man mugura ſtihwa, kà kokam.
Deewi, ai deewi! palihdſeet manim!»
Sauliiba laukà iſ buhdas nahza,
Sirmgalwi ſkumji ſweizinaja. —
Noſtahjàs wiнa preekſchà un teiza:
«Redſu pahr ſileem wehl duhmus kuhpam,
Sinu: tur ſadeg Warraga ſehta.
Naw man ſchehl ſchìs bagatàs ſehtas,
Kuнa kà zeetumà tureja mani,
Bet man ſchehl ir mahminas, tehwa,
Schehl, kà neſiнà atſtahju wiнus!

120

Laimdots jau atspirgst, drihfi zelfees winsch augscham,
Wedls mani us latwju semi,
Un es mahminas neredseschu,
Ilfaras muhscham es birdinaschu!»
«Neskumiti, Saulliba, tehws un mahte
Miht jau tewim deewu kalna.
Wini, dsihwe pahrbauditi,
Swehto debefs laimi bauda.
Nebehdajees, tu neesi weena:
Laimdots un Sahpjusinis wehl dsihwos
Aismiristi pagahtni, nahkotnei gahda
Jaunu un zehlu dsihwibas mehrķi!»
«Warraga Zerone, mahmulina,
Zik tu laba un zehla biji!
Daudsi tu sinaji mihļu wahrdu,
Daudsi tu dariji labu darbu!
Paleez sweika, mahmulina,
Tu, kā warone, nahwē gahji:
Paleezeet, mihlee tehws un mahte,
Peeminā manim sihdi nahwes brihscham!»

Uskahpa bahlais mehnesis gaisā,
Stahweja augstu pahr koku galeem,
Rudena wehlās wehsmas puhta;
Saulliba wadija Laimdotu laukā.
Sirmgalwis buhdā uguni kuhra,
Wahrija sahjo kasu peenu;
Kasu winsch bija noķehris silā,
Jsbehguschu is Warraga sehtas.
«Luhk, zik zehli daba dus,
Aismirst deenas zehleenus;
Tikai muhsu sirdis nihkst,
Sahpju dselmē grimst un sihkst.
Saulliba, Laimdots tew drihsi mirs,

Wihtuſchas lapas uſ kapa birs;
Jſirs diihwe, un ſudis ſahpes,
Dwehſele rimſees, un diiſis ſtahpes!
Mana bruhze ſahk kariſi degt,
Nahwe pahr mani ſemi grib ſegt;
Mihliba, ſahkuſès, drihſi beidſas,
Laimei ſpahrneem belgas ſteidſas!«

Sauliibas dſeeſma.

Es newaru gulet, newaru ſnauſt,
Man jauna diihwe ſahk jau auſt,
Mans ſapnis ii nakts jau ſkaidris nahk,
Sirds manim mihlet un iinihkt mahk.
Ja, iinihkt un ſewi zitam dot,
To tikai mihleſtiba prot;
Man ſirdi jau tuhkſtoſch bruhzes ſahp,
Man kleedſoſchas behdas uſ debeſim kahp.
Siliſan! tu jaunà doma,
Tu atpeſtit nemeera laudis nahz!
Siliſan! muhſchibas augſtà ſahpe,
Es juhtu, tu mani diihwot ſahz!

Tee ſkuhpſteenà abi aiſmiga;
Lihdſi rihtam Sauliiba duſeja;
Kad ſaule ſehza, ta pamodàs
Uſ Laimdotu wehràs un libijàs:
Winſch bahls un nedſihws guleja,
Ji kruhts tam aſins riteja.
Tam bruhze nakti atwehràs
No jauna; un nahwe eeſtahjàs.
Pahr lihki Sauliiba noleezàs
Un pilnàm aſaràm palahwàs.

Sahpjufinis kapu raka
Ofolu birfê; lapas krita
Smilfchu dobê; rudens wehji
Kokôs fmagi, fchehli gauda.
Laimdotu kapâ guldinaja
Sahpjufinis un Sauliiba dailâ.
Afaru peetruhka nelaimigai —
Zitreif jautrajai Warragu meital.
Waldelots fwehtija kapa weetu,
Sauliiba ftahdija faules reetnus,
Safprauda ruhpigi welenas kapam,
Nokrita zelôs ilmifufe.

    Sauliibas dfeefma.

Kâ atftahts putninfch pehrkli falft,
Tâ twihkft mana weentuļa firds;
Nu feema nahk, un puķes kalft,
Tik faltâs fwaigines mirdf.
Es nefinu, kur kritifchu,
Kur nahwê galwa flihks;
Kur aukitâ feemâ mitifchu,
Ja firds wehl nenonihks.
Nahk feema, fneega fegu klaht,
Nahk baltâs pahrflas birdinat;
Kur efat, faules deenas, juhs?
Waj kahdreif feedonis wehl buhs?

Pusalâ, pusbuhdâ Sauliiba mita,
Seemu ta pahrzeeta ofolu birfê;
Katru deenu uf Laimdota kapu
Wina pa dfifo fneegu brida.
Zelâ tezeja fermulifchi,

Sarôs laidàs swirbulifchi.
Behdajàs zehlà zeelawina,
Sneedsite knahbaja olola misu.
Sakits lehza pa fila malu,
Wahrnas gaisâ, kehrkdamas, skrehja.
Saulliba skumji pasmaidija,
Eeraugot sawus behrnibas draugus:
Putnus un sihkus kustoniśchus.
Wakarôs linahza buhdas preekschâ
Saulliba, skaistija spodràs swaigsnes,
Wehroja greino seemela blahimu,
Kuru Waidelots kahwus sauza.
Naktis, kad laukâ stipri sala,
Saulliba breeschu ahdàm sediàs,
Waidelots buhdâ uguni kuhra,
Sildijàs, peesluhdsa Pehrkona tehwu.
Aptruhka baltajai kasai peena,
Wezitis domigi kassija galwu,
Wahrija kaltetas ogas medû,
Saullibu baroja, diirdinaja.
«Jizeeti, Saulliba, gruhtàs deenas,
Gaidi, tew laime nahkotnê smaidis,
Silssans zehlais buhs tawa laime!
Silssans, tas buhs swehtiba semeis»
Waidelots Saullibu meerinaja.
Saulliba skumji pasmaidija.
«Nahwe sche gaida un newis laime,»
Wina ruhgtumu pilna teiza,
«Nelaime pate ir weentula seewa,
Kura asaràm gaida behrna.
Warraga dsimtai naw pasaulê laimes,
Winas weenigà laime ir nahwe!
Juhtu un paredsu es it labi:
Silssana es neredseschu!
Jo kad Silssans pasaulê atnahks,
To paschu brihdi es atstahschu dsihwi.

124

Mahtes meefâs miht brihnifchķi fpehki,
Mahte daudi paredi un likteni wehro!
Seedona wairs es neredfefchu,
Silifana nefkatifchu!
Sahpjulini, tad tu auklè
Manu malino, baro un kopi,
Tu wehl diihwoli ilgus gadus,
Deewi tewi laudie un largà.
Malgà tu maio Silifanu,
Schķihfl to, gehrbi un tikumus mahzi;
Lihdfâs laimdotam aproz mani,
Sauliibu, Warraga nelaimes behrnut»
Waidelots galwu pakratija,
Behdigi Sauliibu apluhkoja;
Drudfchaini winai fpihdeja azis,
Bahli tai kluwufchi bija waigi.
Sehdeja wina uf gulu weetas,
Dieedaja fawas behrnibas dieefmas,
Matt uf kallajeem plezeem krita,
Afaras winai uf klehpja rita.

Kad pirmee zihruti dieedat fahka,
Tad Sauliiba pirmâs fahpes juta,
Tai meefâs diihwiba pamodâs,
Ta pate uf nahwi taifijâs.
Waidelots atweda wezo mahti,
Pehz tâs winfch tahlu, tahlu bij gahjis,
Tai fudraba faktu dahwinajis
Un beidfot to atnahkt peerunajis.
Bet wezà mahte par wehlu nahza,
Behrninfch, noguris, buhdâ brehza,
Sauliiba guleja nahwes bahla.
Wina diihwi bij ifzeetufe,
Laimdotam pakal aifgahjufe.

Wezmahte behrninu nomafgaja,
Raudofcham Sirmgalwim parahdija:
Puifits tas bija un fauza gaufchi,
Lai tam mahtes kruhti dotu.
«Ai, ai, juhs deewi,» gaudoja wezits,
«Ai, tu, firdigais Pehrkona fehtin,
Waj tu neredfi, zik fche behdu,
Zik te fahpju, zik nopuhtu, fkumju,
Zik daudi karitu afaru lijis!
Puifits tu efi, tew Saulfiba mahte,
Laimdots taws tehws, un bahrens tu efi.
Sililanu tewi mehs fauzam,
Zilwezi mihlet un mahzit tu eefi.
Sililan! mana zeriba jaukà,
Mana laime wezuma deenás,
Sililan, fanem fcho firmgalwja fkuhpftu,
Atpehrz tu waronu fenifchu grehkus,
Atpehrz zaur fawu mihligo prahtu!»
Laukà uf wihtola melnais ftrafds puhta,
Mafais Sililans raudaja buhdà.

Sililana firdsdedfe.

Diwpadfmito feedoni Sililans eeraudfija,
Dieedadams ftaigaja winich pa mefchu,
Klufedams, noflehpees, ftaigaja birfè,
Klaufidamees putnu dieefmás,
Skatidamees galfa telpás.
Waidelots apfehdàs winam lihdiâs,
Mahzija modro Sililanu.
«Kad es fche atnahzu, nometos birfè,»
Eefahka, kahfedams, Sahpjufinis,
«Tad es fahkumà aifgrahbts biju.
Atimiridams pahrzeeitàs fahpes un behdas,

Plašcho dabu es apluhkoju.
Preezajos, skatidams debess, semi.
Bet kad es tuwaki nowehroju
Kustoņus, putnus, siwis un stahdus,
Tad es dsiļi noschehlot sahku
Nelaimigo pasauli, dabu.
Luhk, kà wiņi wajà zits zitu:
Wanags un krauklis ķer masos putnus,
Masee putni ķer muhsiņas, odus,
Odi aridfan barojas asinim.
Lihdaka twarsta asarus, raudas,
Asari, raudas rij sihkàs mailes,
Sihkàs mailes rij ikrus un tahrpus.
Kur ir pasaulē mihlestiba?
Kur gan peemahjo peetiziba?
Tepat birses malà auga
Zeeschi lihdsàs behrs un egle.
Abi laida semē saknes,
Abi plehta plaschi sarus,
Sahka zihnitees, isskaust weens otru.
Egle beidsot uswareja,
Nomahza sareem nabaga behrsu,
Nospeeda wiņa wahjakàs saknes,
Egle, luhk, saso, behrs sen jau kaltis.
Redsi, kahds gars sche pasaulē walda!
Teescham es eenihstu Pehrkoņa tehwu,
Lai tad wiņsch mani wajà un soda,
Ja wiņsch nebuhtu zeribu dewis,
Ja tas nebuhtu radisis swaigschņu,
Degoschàs saules un mehnescha bahlà!
Muhsu domàm wiņsch zeribu dewis,
Muhsu juhtàs wiņsch tizibu lizis,
Ka reis auss labakas deenas,
Nahks reis pasaulē mihlestiba!
Luhk, schi silà debess welwe
Satreez manus pahrmetumus,

Meerīna manu līhdīzeetibu:
Dabas likums wisaugītakà griba.
Kas war īspraīt dabas mehrķus,
Kas lai īssina deewu gribu?
Zilweks pats barojas dabas meesàm,
Ehd tàs kruhti, guļ winas klehpī,
Waj lai drihkstetu winsch to puļgot,
Dīesedams slahpes ar uhdentiņu,
Kas no kalna awota īswerd?
Tomehr zilweku skubinà daba
Pate mihlet un labaki dsihwot,
Nepīlhtet, neriht, bet sahtibu zeenit,
Nenokaut zitu, bet dsihwibas saudset.
Jīschķir mums dwehsele labu un ļaunu,
Kleedi jau apsīna sirdi, ko darīt.
Deewamschehl tumschi wehl zilwezes zeļi,
Tauta ar tautu nahwīgi zihnas,
Zilweks zilwekam passepen uskriht,
Behrni mahzas no wezakeem ļaunu:
Poīts un nelaime pasaulē paleek.
Silīsan! topi par gudru wihru,
Domà ar sirdi, teesà pats sewi,
Pirms tu zitus nihīti un teesà.
Sargees no naida! Mihlestibu
Turi dsihwē par augstako mantu.»
Sirmgalwis schito mahzibu teiza
Silīsanam jau simtàm reischu,
Silīsanam wis neapnīka
Klausitees diīti sasustà runà.
Wezischam ataras mirdseja azis,
Weegli tam drebeja sirmà galwa.

Us upes kraīta Silīsans sehdeja,
Wehjsch eewas seedus straumē birdinaja,

Tur dielmē otra saule mirdzeja,
To, likās, wehfais uhdens dzirdinaja.
«Schīs otrās saules es neisprotu,»
Tā Silians sewi nodomaja,
«Tās laikam ihsteniba nawa,
Bet wiņa spihd un rahdas buht!
Ja, ja, ta ir ta wilttba, kas mirdi,
Kas tuwu nahk un tewi maldina,
Ta ir ta semes walschķiba,
Kas augstās waras alasch ißkehmo.
Oho, tu saule dsidrā uhdeni,
Kas tu par brihnischķigu mahnu,
Tu esi tur, un tomehr tewis naw,
Tu mani alzini, es neeeschu.
Es kahpschu turp, kur pate saule spihd,
Es zelschu kahpsuwes lihdi debess wahrteem,
Es rotaschos ar ihstām swaiginēm,
Ar mehnesi es runaschu.
Tur augsti, augsti deewi miht,
Ar wiņeem runat gribu es
Un prasit, no ka pasauli
Tee eesahkumā radija.
Waj wiņi man to teiks?
Ja klusēs tee, tad nokahpschu
Es semē un us kapeem eeschu,
Kur dus man tehws un mahmiņa.
Tad es tur gauschi raudaschu,
Ko gan es zitu darischu?»
Wiņsch domigs leezās pahr uhdeni,
Tur sawu bildi skatija:
«Luhk, luhk, tas esmu es pats!
Es zitur sewi eeraugu.
Zik nejauks! leela galwa man,
Un waigi man peleki bahli!
Ai, kas man par neglihtu degunu!
Rau, rau, kā es jozigi smaidu!

Nu, labaki buhs, ja es neskatīschos,
Es paehnā eeschu un paklauschos,
Kà masee putni traillina,
Wismaſinee kà lallina,
Kà leelee bubina un duhz,
Wisleelakee kà ķehrz un ruhz!»
Sem eewas Sillians noſehdās,
«Trallā!» tas skati eesauzās,
Un meschā dſeesmas pamodās,
Wiſs gaiſs ais skaräm lihgojàs,
Straidinsch swilpa,
Zik kruhts tam tilpa,
Dſilnas smehjās,
Schagatas rehjās,
Dſenis takti klauweja preekſchā,
Stahrķis klabinaja: «Nahz eekſchā! Nahz eekſchā!»
Balts putnis us sara nolaidās,
Un it kà smeedamees issauzās:
«Sillian, Sillian, zilli — li — li!
Sillian, Sillian, zilli — li — li!»
«Ko gribi no manis, knahbuli, tu?»
Tà Sillians errigi praſija,
«Trilli — li — trilli — li — wairak neko!
Sillian, Sillian, zilli — li — li!
Ko slinko silā, tu nesehga!
Tu palaidni, tu blandoni!
Teiz, kur ir wisi tee zilweki,
Kas tewim wisnotal ir samihſto?»
«Ei, kas tee ir par zilwekeem,
Es weenu weenigu paſihstu:
Tas ir mans weztehws, Waidelots,
Un to es karsti mihſoju.
Un mana mihlā mahmina
Preekſch diwpadsmit gadeem nomira.
Es esmu weentulis, bahrenits,
No wiseem nepaſihts dſihwoju!»

130

«Tu neefi Laimes luteklits,
To wifi fwehri un putni fin,
Tew akmeņu grauftâ ir dfihwoklits,
Bet katra firds tawu wahrdu min.
Tur ahrâ, aif mefcheem, firdis deg,
Pehz laimes un mihleftibas tâs twihkft.
Tâs maldas un weltigi naidojas,
Un gadu tuhkftofcheem nefiņâ nihkft.
Teem fwehtâs newainibas truhkft,
To firds grehku bruhzes fahp, —
Ej, wiņeem meeru fludini
Un mihleftibas kokli fkandini!
Ar newainibu tos dfeedini,
Ar lihdzeetibu tos fpirdfini!
Tew dailo mahti Saulfibu fauz,
Ar felta rateem ta debefis brauz,
Pa mirdfofcho fwaigfchņu lodfiņu
Ta alafch uf tewi luhkojas.
Es, weeglais fudraba balodits,
Uf tewi no wiņas atfuhtits,
Kâ rihta fwaigfnes tur augfchâ mirdf
Saulfibas, tawas mahmiņas, firds!
Ko juhti tu, Silifan, ko domâ tu?
Waj muhfcham tu tâ fehdetu,
Ja Saulfibu tu redfetu,
Tu zehlâ kalfibâ eedegtu.
Kâ faule deg, kâ faule fib,
Tâ Saulfiba daiļumus fuhtit jums grib,
Un Laimdots fapņo, kâ laimi jums dot,
Wiņfch dabu un deewus grib fafkaņot.
Ņem kokli, ej pafaulê dfeedat un zeeft,
Tew wifu faunu par labu buhs greeft!»
«Ja mahmiņa tewi fuhta fchurp,
Tad alfnes manu fweizeenu turp
Un teiz, ka es neka nefinu,
Es labpraht zeeftu un mihletu!

Bet wiſs te meſchâ tà ſkrej un trauz
Un trokſchno, wehji balſts jauz,
Ka teeſcham gudris neteeku,
Es alaſch neſirâ paleeku!
Mans weztehws, ſirmais Waldelots,
Man ſaka ſchà un runà tà,
Pats telz, ka wiſa neſinot,
Pats grehkus reiſàm padarot,
Un ſiwis, putni, kuſtoni,
Tàpat kà maldu zilweki,
Zits zitu plehſchot eenaidâ, —
Tik raibs wiſs debeſs pajumtâ,
Ka neſinu, kà eeſahkt to,
Ko ſauz par wiſulabako!»
«Jel pagaidi, kad ſirds tew degs,
Wairs tumſa redſes neaiſſegs,
Tew zehli ſkati atwehrſees,
Un daiļumôs tu luhkoſees!
Nu ſweiks, tu maſais puiſiti,
Lai lidodas tew laimigi —
Man jaſkrej ſiſôs diſdrumôs,
Es mihtu ſwaigſchņu diihwoktôs!»
Prom baloditis lidoja,
Drihſ ſehna ſkatam paſuda.
«Skrej, baltais baloditi, ſkrej,
Kur ſaule deg, kur laime ſmej;
Kurp eeſchu es, ta neſinu,
Es lihdſ tew lubpraht lidotu.
Man kahjas lihp pee ſemes klaht,
Meſchs mani ſihko waldſīnat.
Es koku, ſwehru, puķu draugs,
Mans weztehws ir mans azu raugs.
Kad wiņa ſirds wairs nepukſtès,
Kas man tad runat palihdſès?
Deg mana ſirds preekſch diihwibas,
Ta karſt un ſahp preekſch brihwibas!

Bet kà no mescha laukà tikt,
Kur sirmo wezotehwu likt?
Skrej, balto balodiṫi, skrej,
Kur saule deg, kur laime smej;
Kurp eeschu es, ta nesinu,
Es lihdsi tew labpraht sidotu!»

Kad Silisanam bija astoRpadsmit gadu,
Tad sirmais Waidelots assmiga
Us muhschibu. Wezaku kapeem lihdsâs
Silisans sirmgalwi guldija.
Us Saulsibas, Laimdota dusas weetas
WiRsch leepu un osolu stahdija,
Tad Silisans schķihràs no wezàs birses
Un tahtu pasaulê aisgahja.
No tautas us tautu wiRsch dseedadams klihda.
Bet wisur winu issmehja,
Gan seewas, gan wihri to projam dsina:
WiRsch naidu atstaht mahzija.
«Waj waroni buhtu bes ķildu, bes kara?»
Tà sirdigee wihri runaja;
«Schim Silisanam naw wihra gara,»
Tà daiḷàs jaunawas prahtoja.
Bet wiRam sahpês sirds eedegàs,
Kad redseja tas tauschu kluhdas;
WiRsch apstaigaja pilis, buhdas
Un meeru sludinat nemitàs.
Kad latwji to projam aisdsina,
Us igauReem, seemesôs, wiRsch tad gahja
Un mihlestibu sludinaja,
Tur ari wiRu issmehja.
Pa mescheem wiRsch noplihsis maldijàs,
Us Latwiju atkal atgreesàs,
Tam kahjas dursija skujas asas,

Wiŗſch dſihwoja no debeſs raſas,
Ar ogàm truhzigi barojàs.
Wiŗſch nekurneja, bet gahja un zeeta,
Un tizeja: peenahks reiſ brihdis un deena,
Kur wiŗa dwehſele nepaliks weena,
Ka raſees tam weenreiſ dſihwes weeta.
Bet weltiſ par klaidoni wiŗu tee ſauza —
Kas wiŗam darbigi garàm trauza:
«Luhk, paklihduſchais Siliſans!
Zik ahrprahtigs ſchis ahkſts un mahnst!»
«Tam nejauks deguns, leela galwa!
Tam matu naw, bet ſwehru ſpalwa!»
Tà ſeltenes zeemôs tſchukſteja,
Un ſeewas kà wiſtas klukſteja:
«Tas ir tas trakais Siliſans!»

Weeſmihlis, latwju jaunais wadons,
Welti gaidija Laimdota, brahla,
Kurſch ar tehwu bij karà gahjis.
Tehws uſ kaujas lauka krita,
Laimdots kluwa guhſteknis.
Diwdeſmit gadus brahla weetà
Weeſmihlis pagaldàm waldija;
Laimdots wairs dſimtenē neatgreeſàs;
Weeſmilis kluwa par wirſaiti.
Kara un ķildu wiŗſch nemihleja,
Dſihres un dſeeſmas bij wiŗa preeks;
Weeſmihlis pulzeja dſeeſmineekus
Sawà pilī un lihgſmojàs.
Lihgodeenà ſwineja kahſas
Weeſmihlis; wiŗa pirmà ſeewa
Bija ſmilſis guldita.
Milda, Weeſmihla lihgawa jaunà,
Dſihwoja Daugawas nowadà.

Wiņas tehws, no wirfaiśchu diimtas,
Wadija Daugawas swejneekus;
Bagats un tahlu ifflawets bija
Leelwahrścha staltais preeśchu nams.
Darwotâs laiwâs Leelwahrścha kalpi
Brauza us tahlo Kreewu semi,
Brauza lihdz Wentai, lihdz Diintara semei.
Wairoja Leelwahrścha slawu un mantu.
Leelwahrścha dehli guhstneezibâ
Krita, tam palika weenigâ meita,
Palika apslehptâ bagatiba.
Leelwahrdis pagrabu radiês raka,
Sawu mantu gudri tur slehpa,
Lihwi tam sehtu spostija,
Apslehptâs mantas neufgahja.
Weesmihlim atlikàs galśchmate Milda,
Eetikàs wiņas tehwa manta;
Leelwahrdis lepnis un laimigs bija:
Wirfaitis prezè wiņa meitu.
Kahsas seelas un slawenas bija:
Diwas nedelas plihteja laudis,
Lihgoja, spehleja, Weesmihli teiza,
Slaweja Mildu un Leelwahrdi sihkito.
Septitâ deenâ weesi jau pluhzàs,
Plehtàs Weesmihta, Leelwahrścha laudis:
Weens no puhra śchķirśteem truhka,
Nebija ta ar kreewu naudu!
Wiltigais Leelwahrdis wairoja kalpus,
Teiza, ka wedeji saguśchi śchķirśtu;
Wedeji atkal deewojàs, teiza:
Leelwahrdis neefot śchķirśta dewis.
Weesmihlis beidsot sinahza sehtâ,
Kildigos laudis meerinaja;
Kahsas diehra wehl septiņas deenas,
Meitas dseedaja tautas dseesmas,
Puiśchi koklèm tàs pawadija.

«Pee wahrteem klauwè kahds sweschneeks,»
Tà klehtsfargs Weesmihlim saroja;
Ais galda wirsaits sehdeja,
Tam lihdsås Milda smaidija.
Un kokletajs, dsejneeki
Par latwju semi dseedaja.
«Laid sweschneeku eekschà!» Weesmihlis sauza,
«Lai ehd un dser un lihgsmojas tas,
Mans nams ir uzselts labdaribai,
Par daïlu peemehru ziteem winsch lemts!»
Klehtsfargs sweschneeku eelaida,
To diihru sahlê eeweda,
Weesmihlis laipni to apsweiza,
«Kam tauschu?» kà parad's bij, prasija.
Sweschneeks ilgi domaja, puhtàs,
Beidsot osola kannu twehra,
Dsisu, dsisu malku dsehra.
«Gandrihs es aismirsu, kas es esmu,»
Tà sweschneeks ruhgti pasmehjàs,
«Bet nu es it skaidri atminu,
Schis dsehreens mani spehzinaja!»
«Tihrs nelga!» kahds dsejneeks tschukstēja,
«Pat sawu wahrdu winsch aismirsis,
Par daudsi tas skrandains — noplihsis,
To projam aisdsiht wajadsēja!»
«Lai paleek ween, winsch ir mans weesis,
Warbuht ko jaunu pastahsts;
Winsch, leekas, zelojis ir tahlu,
Un zelà salzis, noguris.
Tam drosch̄a balss un runa skaista,
Un wina kokle leezina,
Ka tas ir mahzits kokletajs,
Winsch skaisti mums wehl usdseedàs!»
Tà runaja Weesmihlis; apklusa wisi,
Us sweschneeku raudsijàs nelaipni
Un sinkahrigi weesu azis;

136

Wirſch, ſmaididams, pehkſchni peezehlàs.
»Par Siliſanu mani ſauz,«
Wirſch ſkalà balſſ eeſauzàs,
»Es Sauliibas un Laimdota dehls,
No lihwu ſeewas, no latwju wihra
Es eſmu zehlees un meſchà audſis,
No debeſs raſas ſpirdſinats,
No ſemes ruhgti pahrbaudits.
Tehws nomira ſawà kahſu naktī,
Un mahte, kad mani dſemdeja,
Scho behdu paſauli atſtahja.
Es meſchà, oſolu grauſtà, mitu,
No Waidelota audſinats;
Uſ labu wirſch mani mahzija
Un mirdams mani ſwehtija.
Bet kur ir ſemes ſwehtiba?
Ji augſtumeem putniſch lidoja,
Man ſirdij ſwehtas ſahpes neſa:
No mànas mahtes atſuhtits
Bij baltais debeſs balodits.
Sirds manim leeſmàs eedegàs,
Tur dega karſta mihleſtiba
Preekſch wiſeem, kuri nemeerôs
Un ķildàs ſemes laimi poſta.
Bet Siliſana ſirdsdedſe
Bij wiſeem neſaprotama,
Es kļuwu apſmeets, nizinats,
No ſehtàm mani aiſdſina,
Luhk, te nu noguris es ſtahwu
Un gaidu, kamehr ſamàs mani,
No wahrda draudſiga es kaunos,
Tà wajaſchanàm apradis
Es latwju ſemè gadeem eſmu.
Ja Latwijà man zeriba
Sen ſuda, peekriſchanu atraſt,
Tad manas mahtes dſimtenè,

Us lihweem mafak waru zeret.
Tee waroni, kam fchķehps ir dahrgs,
Kur flawens tas, kas maitá otru,
Kur lepnas dallás jaunawas
Us af'nim, kuras lihgawaini
Ir kará lehjufchi preekfch wiнám.
Nu fkatat, kahda nejehdiiba
Wehl juhfu ftarpá, brahli, walda,
Ká maltajeet weens otru juhs,
Ká nihftatees, ká plehichatees!
Jums wifeem weenreif jamirft buhs.
Kur paleek leelee waroni?
Tos tápat femes klehpi rok,
Ká nefpehjneekus, ubagus,
Teem tápat nahwê janofmok.
Us augfchu galwas pazelat
Un debefs galímu wehrojat:
Ta zilweku us daili fauz,
Un kapehz wiнfch us naidu frauz?
Waj nebuhtu tas jaukaki,
Ja plaichus dahrius dehítitu,
Tur meerá wifi diihwotu
Un faldus auglus bauditu?
Waj nebuhtu mehs augítaki,
Par fwehreem, putneem zehfaki,
Ja zeltum muhra diihwoklus
Un koptu femes bahrenus?
Ail deewu deeweem mahjo Deews,
Wiнfch zehla augítu brihnumu,
Schis brihnums – fwehtá diihwiba,
Bet kur ir winas brihwiba?
Juhs nahwi zelat diihwibai,
Juhs walchas kalat brihwibai!
Jums wifeem, wifeem finihkt buhs,
Jo nahwê, aklee, fkrejat juhs!"
Par Sififana ftahítu weefi fmehja,

Tee kannås putofcho alu fehja,
Lihdi naktij fahfak lihgfmoja,
Kamehr dafchs, plihtedams, aifmiga.
Weefmihlis wehleja Silifanu gehrbt
Swehtku drahnâs, dahwat winam
Jaunu kokti ar fprindîigàm ftihgàm.
Rihtâ tam dfeefmu fazenfibâ
Ar latwju dieedoneem jaeet bija.
Swaigfchnu mirdfâ, wehfâ naktî,
Silifans pagalmâ gahja, fem leepàm
Winfch uf fofa weentulis fehdàs,
Pahrdomadams, kà weenreif fchaf fehtâ
Wina tehws, Laimdots, qudfis un mifis.
Saldas juhtas pahrnehma winu,
Silifans aifmirfî newareja
Gaifchmates Mildas fmaidu fejas,
Winas fkanigàs, zehlàs runas,
Winas mihfo, laipno fkatu.
Aprima jautrais dîihru trokfnis,
Jîdfifa wahrtôs, pagalmâ lahpas,
Spihdeja pilnâ mehnefniza.
Silifans wehràs zaur leepu lapàm
Nakfchu fpihdekfa tahfajâ fejâ,
Wehràs dîidrafàs muhfchibas telpâs.
Schaufmiga, zehla weentuliba
Pildija wina twihkfifofchàs kruhtis.
«Ka es gribu, un pehz ku es teezos?»
Tà winfch klufîbà jautaja fewi;
«Meers nu walda wisapkahrt femê,
Bet kur paleek gaiditâ laime?
Neefmu es pats, kas meeru
Apfweiktu kà debefs weefî!
Efmu nemeerà ar wifu:
Sirds pehz mihleftibas teezas!»
Kokli balfojis, winfch lehnâ,
Klufâ balfî dfeedat fahka,

139

9*

Arweenu itiprak fkanas pluhda,
Arweenu maigaki tàs zehlàs.

Silifana dfeefma.

«Tew, neifprotamais difhwibas gars,
Kas zefas ii femes truhdeem,
Tew, neaptweramais muhichibas fwars,
Kas gulit ui dwehfeles fpahrneem,
Jums mana dfeefma lai fkan!
Tew, mihliba, kura firdi kalft,
Ko eefwana debefs fwani,
Tew, zeriba, kura drihi gaift,
Drihi atkal apgaifmo mani,
Jums mana dfeefma lai fkan!
Tew, fidraba baloditi,
Kas behrnibâ mani fweiza,
Tew, balto mahmuliti,
Ko Waldelots afaràm teiza,
Jums mana dfeefma lai fkan!
Tew, tehtin, kas miri, pirms dehlu
Tu fkatiji — Silifanu,
Jums, ilgas, ka daltuma tehlu
Es pafaulê nenomanu,
Jums mana dfeefma lai fkan!
Lai fkan mana dfeefma fchehli,
Lai fkan ta nakti wehli, —
Zaur laizibu muhfchibâ
Lai debefu gaifchibâ
Ta aifpluhft pee liktena trona.
Lai fkan mana dfeefma brihwi,
Lai leezina ta par difhwi
Ar balfi falauftu, wahju,
Ar winu es fweizinaju

Juhs garus, pee liktena trona.
Es twihkstu, es dalles gaidu,
Es pazeeschos, raudu un smaidu,
Lihdsi dseesma manim rodas,
Ta augschup gaisôs dodas,
Tur apklust pee liktena trona.
Mana sirdsdedse, manas mihlibas sahpes,
Mana sirdsdedse, karstas dailuma sahpes,
Mana sirdsdedse moka mani,
Tu, dseesma, par winu skani —
Asskani muhschibâ.
Asskanat muhschibâ
Juhs Sissana mokas,
Asskanat, asstwerat
Liktena wadoschâs rokas.
Asskanat, satreezat netaisnibu!
Es nejauks — preekschi azim,
Es skarbs — preekschi ausim,
Es dsihwei leeks,
Kahds Deewam no manis preeks?
Jaunibas mihlu
Tee manim nehma!
Ko es wihlu,
Ka wiltu man lehma?
Es gribu dsirdet,
Es gribu mihlot,
Kas dsihwos ar mani?
Kas mihlès Sissanu?
Neweens, neweens! Es esmu leeks!
Es nejaukais deedelneeks!
Ha, ha! nu deesgan, nu gana
No apsmeetâ Sissana
Juhs dseesmas wairs nedsirdesat!
Juhs manis wairs neredsesat!
Tur kari un waronu kildas,
Sche kuhtriba plihtè un sildas,

Prom, prom! uf tahtu weetu!
Ar jums lai es fazenftees eetu —
Dieefmu karā
Juhfu barā?
Juhs par mani fmeetu,
Kā wakar, tā fchodeen fkauftu
Mani, warbuht fchauftu —
Ja dfeedatu pateefibu
Es; netiklo jaunawu kaites
Un nekreetno jauneklu bailes
No Erdi degofchas dailes
Es finu, ten pafihftu juhs!
Prom! Jfnihzibā man laime buhst!»
Winfch fweeda kokli uf akmena, ta fchkihda,
Un drupatas tam kruhtis fehza
Kā fadufmotas; wina mute fehza,
Kā apmuffis, winfch leepu ehnā lihda
Un tur uf femes falima
Un gari, fmagi effoja.
«Sififan, Sififan!» kahda bals fauza:
Netahtu no wina feeweete
Zehla un balta ftahweja.
«Kas tur?» Sififans augfchā trauza.
«Es — Milda — wirfaite jaunā!
Es tawu dfeefmu dfirdeju
Un wifu labi fapratu — — —
Kā tewi wajā pafaule faunā!
Es nahzu lihdfzeetibu tew teikt,
Kā zehlu kokletaju fweikt.
Jau Weefmihfis dfifā meegā dus;
Bet mehnefs man guftas aifkarus
Ar fkumjām un ilgām fudraboja,
Man dfihwi tik tukfchu iftehloja,
Ka es alf fchaufmām peezehlos
Un tawā dfeefmā klaufijos.»
«Milda — tawa parahdiba laime man,

142

Laime un nelaime aridfan:
Siliians mih!è bei zeribas!»
«Preekidi tawa gara augitibas
Tak mani radàs fajuhta!
Bet mihleitibas buhtiba
Sen zitam jau ir atdota.
Un tas, kas tawà firdi deg
Preekfdi wifas femes zilwezes,
Preekidi weena kwehlo tikai man,
Un tas pats zitu mihleja!»
«Ja, ja! tas ir mans liktenis,
Es paleeku pafaulè weentulis!
No waiga es neefmu radits fkalits,
Preekidi zeefchanàm es pafaulè laiits!
Gan dieefmà jaunawas ufklaufas,
Bet tad no manis nogreefchas.
Mana iirdsdedie karità balda tàs,
Un manas meefas nedaltàs!
Ko nofihmè fchal diihwè gars?
Sdie pafaulè tik meefai fwars!
Tu pirmà nahzi roku fneegt,
Lai pateiktos par dieefmu man!
Bet firdij firdi gribi leegt?»
»Ja, tawa dieefma daiti fkan,
Bet firdi es atdot nefpehju!»
«Man firdi deg! Jel ilahpè to!»
Es, Silifan, ta newaru — »
«Es, Milda, tewi faprotu:
Es neefmu — kas mihlejams!
Gan mihleju pats, diihwodams,
Un mihlefchu wehl, nomirdams!
Lauj fkuhpfiif tawu balto roku,
Preekidi daituma es zelus loku,
Preekidi dailes fawas af'nis leetu,
Preekidi mihleitibas nahwè eetu!»
«Es nefinu, ko tewim teikt —

143

Jr labaki, scho seetu beigt!»
«Ne, ne! wehl paleez brihtinu,
Lai sawas sahpes aismiritu!»
Winsch Mildas roku satwehra
Un kaisligi to skuhpitija.
Te pehrkons duneja tahtumā,
Sirms Waidelots rahdijàs pagalmā.
«Silsan! Silsan! ko dari tu?
Kur nehmi tu scho kaislibu?
Tu tikumus sludinat aismiriti
Un pats par netikli paleezi!»
«Luhk, Milda, waj redsi, kà sirmgalwis draud?»
«Tee mahni! man azs neka nenojaud!»
«Klau! Waidelots mani usrunà!»
«Ta tikai ir tawa eedoma!»
«Kas weenam weenigam atdodas,
Tam zitwezi mihlet aismiritas!
Behdi no schīs sehtas, Silsan!»
«Waj dsirdi, Milda, ko saka winsch man?»
«Ej, Silsan, lihwus meerinat,
Tee latwju sehtas grib dedsinat
Un dsihwibas maitat, asinis leet!
Tew buhs us sawu dsimteni eet —
Tur Deewu gribu sludinat,
Luhgt, mahzit, lihwus meerinat!»

Otrā deenā Weesmihlis welti
Silsana meklejā;
Milda sawas skumjas slehpa,
Weeseem jautri tehrieja.
Silsans jau nakti gahja —
Nemeers winu skubinaja
Eet us lihweem, tos peerunat,
Lai tee nepolchas us karu:

144

Latwju semi sadragat.
Lihwu droschee wihri spreeda:
Latwjus kaut un kalpinat.
Nekur Siliians neatrada
Sawàm dseesmàm peekritschanas,
Wisur winu atraidija:
«Tam naw skaidras sapraschanas!» — —
«Ak, juhs laudis, nepraschas pasdti,
Kaudami zitus, kritisat postà!
Neschehligee laupitaji,
Nebehdigee dsihwotaji!»
«Prom tu, ahrprahtigais mahns!»
Lihwi to sahdeja, lamaja;
Aisdsihts, meschâ, winsch raudaja,
Ismisa, nogura Siliians.

Pirms lihwi latwjeem usbruku,
Tos sweschi juhrneeki sakahwa,
Mas lihwu wihru atlika,
Kas dsili meschôs aisbehga.
Bet tikmehr plihteja Weesmihlis
Un latwju jaunekli koklejа,
Kamehr tas kluwa guhsteknis,
Un Mildu bruneneeks prezeja.
Kas waras darbus reti darija,
Tos wara paschus maitaja,
Kas kuhtribâ mahneem dsihwoja,
Tos sweschneeki weegli mahnija.
Kas nobehdia meschôs kà medneeks waj gans,
Tam atminâ palika Siliians,
Kas welti bij mahzijis likumus,
Bet sekmèm bij slawejis tikumus.

145

«Sirds deg! sirds deg!» Tā Silifans fauza;
Wehjsch rudens naktī meschā kauza.
«Sirds deg! ak mokas breesmigās!»
Un zelôs Silifans nometās.
Us Saullibas kapa wirsch fasima;
Un wehtra birsē trakoja.
«Sirds deg!» Kā ahrprahtīgs wirsch kleedfa,
Bet wehtra to pahrschrahza, osolôs speedfa.
Kur dsimts — meschā — Silifans mira,
Pahr sirdsdedfes pelneem lapas bira. —

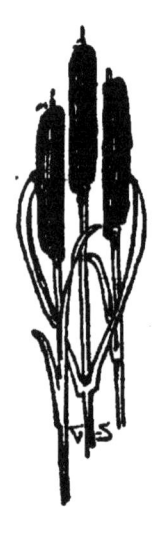

Schī ir ta dseesma par Silifanu. —

Daugawa.

Fragments.

Eewads.

Kas muhfu deenās wehl par straumēm dseed,
Kur weenmufigi uhdens lejup pluhst?
Kas apfweiz pukes, kuras lejās seed,
Kam juhtās sirds preeksch saleem mescheem kuhst?
Sen dielschu galdōs programa ir kalta,
Pehz kuras diejneeks sawu weelu tehsch;
Pahr jumteem progress kuhp; un debess salta;
Ar paschapsinu arajs semi plehsch.
Naw wiram sajuhsmas preeksch azu mahreem,
Wirsch sina: seme planets ween,
Ka jarok kapitals is wiras slahreem,
Ka aksi ta ap sauli skreen.
Wirsch sina: ari saule zentris nawa,
Ais saules ihsitās zentralsaules wehl;
Un tapehz wezā dseesmu garā
Par Daugawu es dseedu atskarām,
Lai kritiki tad nahk ar mani karā,
Man runat tihk ar labeem pasirām.
Lai meklè tee pehz manas diejas kluhdām,
Te wiru daudis! Sirds tomehr rada tās!
Un wiras dahwinu es latwju buhdām,
Kas augitās dabas kluhdām bagatas.

Daugawa.

Nu sweika, plaschā Daugawa,
Nes lejup muhs, mehs latwju dehli!
Tu dseesmineeku lihgawa!
Nu sweiki kraitōs klinschu tehli!

147

Grimst saule sau us wakareem,
Grimst aires, greeschot uhdens wirpas;
Grimst padebess us seemeseem,
Un krahzes schalz un sazes tirpas.
Pa widu laiwa wiiinas,
Us molàm swaidas salkee skati,
Kur gaisà wanags lidinas,
Tee suhd, no ilgàm pazilati.
Ses labà puse Widseme,
Stahw osoli, dus saidu kruhmi;
Pa kreisi sato Kurseme,
Un weesàm sapRo sisi druhmi.
Sen Daugawa pluhst plaschibà,
Sen winas wilni radses grausa;
Tàs slihka dselmu tumsibà,
Un uhdens brihwu zelu lausa.
Kurp strausee pluhdi teezatees?
Juhs nemeerà ar semes seetàm?
Juhs swaidatees un lozatees
Un poschatees us zitàm weetàm!
Bes dsimtenes ir uhdens gars,
Un wiRa meesàm meera nawa;
Mass straumei seekas wilnu spars,
Pirms nepahrnem sos juhras slawa.
Preeksch juhras mahtes uhdentiasch
Lihst asarås no Staburaga;
Preeksch semes mahtes akmentiRsch
Spihd nobahliis, kur dsihta waga.
Bet tew, mans dehls, preeksch ka tew sirds
Tà pukst un sahp, kad nemeers loka
Tew zelu schauru; azs tew mirdi
Preeksch ka, kad ruhpes tewi moka?
Ak, tehwija, taws masais dehls
Wehl nejehga, kas sahj us nuhjas, —
Tam weenaidsigs taws daisais tehls:
Winsch dsenà wistas, pihles, duhjas.

148

Un wezakais, tas ſtudeerè,
Ak, Kungs, kas tas par gudru wihru!
Uſ bulwareem tas promenè,
Un degunu tas tura tihru.
Laid muhs, kam kahjas brihwi eet,
Wehl malditees kà jehru baram;
Wisapkahrt taukas pukes ſeed,
Kà ehdeſs wezam wehrgu garam.
Imanta dus, winſch nezelſees,
Winſch peezehlees ar' ſmeekligs kluhtu;
Ak, latwju tauta, pagulees,
Es ari kaulôs meegu juhtu!

Aiſ meega wahrteem jaunais rihts
Reiſ auſis ſahrts preekſch bahreniſcheem,
Un katram wainadſinſch buhs wihts,
Ko eeeet jaunâ dſihwê glihſcheem.
Waj Daugawa tad tezès wehl?
Waj ſatee kraiti ſeedès balti?
Warbuht, kad ſapnis peepildas.
Dus ſapnotaji kapôs ſalti.
Reiſ atnahks brihniſchkigi laiki,
Kad tauta tautu godâ zels;
Tad zilweks, zehls un ſkaidrots, ſels;
Un muhſcham ſudis kara twaiki.

Laiwineeks airejot peetwihkit ſahrts,
Karodſinſch wehjâ piiwinas ſehni;
Wainageem apwihta maſta kahrts,
Nu tik dſeeſmu eeſahkat, ſehni!
Bet wiſi kluſè, aiſgrahbti —
No ſkata warenâ gar kraſteem;

149

Lai liteikiu to zeenigi,
Baíís, íkaнas, wahrdi ir par praíteem.
Pa labi kains ar krahíchmatu,
Sei apkahrt oíoli tai ítaiti;
Pahr kliníchu kruhti dragatu
No awota pluhít ítrauti baiti.
Pa kreiíi Mahrjas awots wií
Pee bruhíganajeem kraíta íahнeem;
Daudí uhdeнu tur íezeíis
Ji Şehíu íemes drehgneem íiahнeem.
«Schis awots wainas iídíeedè,»
Tà iaiwineeks mums turpu rahda,
«Daudí íirdíeju to apmekíè,
Kam azis íirgit waí íiima ahda.»
Tahds iaiwineeka jautris ítahíts
Mums wiíeem tihk; un daíchi íaka:
«Lai peetura; kahds katram íahíts:
Tur iihdíès Mahrjas brihnum-aka.»
Jr grandiois tur augíchâ íkats,
Pahr plaícho Daugawu, uí ieju;
Kà íatreekts neeziнích ítahwi pats
Un baudí, aiígrahbts, dabas dieju.
Tur dííhwa ítraume muhícham pluhít,
Te kraítôs gadeem ainas mainas;
Gan íeme druhp, un kiintis íuhít,
Gan zirwis íib, kriht koks beí wainas.
Te kultura uí kraíteem íeí,
Tur ieíâ pirmatnejâ daba
Şeníenos witнus ieíup weí,
Jr tikpat íauna, tikpat iaba.
Tu, uhdens, uhdens, debeís ípehks, —
Ar uguni kas reiíâ zehiees,
Drihí íemei íwehtiba, drihí grehks,
Jau tuhkítoích reiíchu juhrâ wehiees.
Un atkai augíchup, garainôs,
Kà juhнu apnizis, tas twihka,

No wehja wajats augstumôs —
Ne te, ne tur tas nesinihka.
Tu, uhdens, uhdens warenais,
Kas semi maigà, baro, sodi,
Tu wisu schkihitais — tihrigais,
Tu manim spirgtu maiku dodi.
Lai muhsu sirds tik skaidra top,
Kà awots, kas schls radses skalo;
Lai juhtas wesalas ta kop,
Lihdi nahwe weenreis meefas balo.
Pee Mahrjas akas nosehdees,
Nu ahritè tawas sirschu kluhdas, —
Tad krahschnai dabal tuwojees,
Kas sasi eetehrpj pilis, buhdas.

«Oiho!» no lesas laiwneeks sauz,
«Kam siehpt jums ilgak pateesibu!
Luhk, Staburags, kas grib lai brauz!
Tik nokahpeet ar apdomibu!»
Lai laiwneeks brauz! mums kahjàm eet
Pa kraistu tihk lihdi Staburagam;
Wisapkahrt eewas balti seed,
Sneedi krahsas gaisam smarschas-smagam.

«Kà Daugawa waida un bangas kà krahz,
Kà Staburags asaras rauda . . .»
Tà weenreis tizeja latwju prahts,
Nu prahtà teem weenigi nauda!

Teescham te ir jauki!
War aismirst ruhpes,

War remdet fahpes,
Kas firdi ilgi fpeeda!
Lihgo, Lihgo!
Luhk, bruhigana radfe,
Kà miffu breedis,
Kam, diehrufcham,
No mutes uhdens pil.
Ne, tas wirfaitis Staburags,
No galwas akmena kroni fweedis,
Tur raud par fawu likteni:
Lahits nofpeefch klinfchu wirfaiti.

Pahr nogahitàm, flapjàm radièm fezam
Un tekam un tikko nepakluhpam;
Tik afi, afi ir akmeni,
Kà nafchi, kà laufchu mehfes tee greefcht
Bet klahtu mehs beidfot teekam — —
Un weramees un klaufamees,
Teiku teikas atzeramees,
Juhtam kruhtis pamofchamees
Dfeefmu: «Kà Daugawa waida...»
Lihit firmajam klinfchu wirfaitim
No peeres faltas fweedru lahfes;
No glotainajeem redfukleem
Rit aukftas fehru afaras!

Kà fapni reif wirfaits waldija,
Un filti faule fpihdeja;
Uf Daugawas krafta pils ftahweja,
Tai felta jumti mirdfeja.
Meers dwefa if laimigà wirfaifcha pils,
Kà pafakà fchalza ofolu fils,

152

Tad ftirnas deendufá tezeja.
Pafchá pils widû ofols auga,
Zaur jumtu tam fneedfàs galotne fchmauga
Tur galotnē wanags tupeja,
Uf juhru, uf wakareem gluhneja.
«Klau, wanadfin,» wirfaitis fchartoja,
Tu Daugawas grihwu ufmani!»
Un wanags augfchá nofchnahza:
«Jr nomodá tawi wanagi!»
Luhk, wirfaiti teika baidija;
Reif burwis, kaifinats, lahdeja:
«Pehz gadeem no juhras wihri nahks,
Tee'tewi un tawus laudis mahks!
Un wirfaifchmeita, ko mihli tu,
Ta mihlès tawu naidneeku!
Pils fagruhs, akmeni Daugawá grims;
Un af'ras tew tezet nenorims!»

Pils torni wirfaitis fawu meitu flehdfa,
Tik weenreif pa gadu ta nokahpt mehdfa,
Uf lihgo dfihràm, ofolu fahlè,
Schìs dfihras palina witá tahlè.
Tad Stabòs meeftinu darija,
Un puhteji ftabulèm fanahza;
Un meitas, wainageem pufchkotas,
Weeglas un modras, kà zeelawas,
Ap fahles pihlareem druhfmejàs,
Uf ftaltajeem pulfcheem luhkojàs.

Lihdf «Lihgo» atfkan wareni,
Pats wirfaitis parahdas fchehligi
Un daifo meitu wed pee rokas;

To preekfchā ļaudis femu lokas.
Uf galwas wirfaitim dfelfu kronis
Par fihmi, ka zeeta tam griba, kā klints,
Un rokā felta kaldinats fiflis;
Ar lahtfchahdām ifklahts wara tronis.
Te galdklahfis jauneklis nes fumbra ragu,
Ar fudrabu apkaltu, ar meeftu pilnu:
«Dfer uf ta laimi, kas druwā dfen wagu,
Kas gahdā wafkus, medu un wifnu!
Dfer, wirfait, mehs wehlam tewim daudf laimes!
Augifs fweiks! tewim no wifas wallts un faimes!»

Tad wirfaitis fmaida un fatwer kaufu:
«Nu fweiki, draugi! ar meeru kas nahkat;
Kas ftrahdat un kreetni dfihwot mahkat,
Scho ragu par godu jums dferfchu kaufu!
Tik teefcham kā Stabus fcho pili fauz,
Nu atkal wezais fumbra rags rokā;
Lai fkumjas un eenaids peklē fchmauz,
Mums mihfā faule mirdf debefs lokā.
Mehs laimes behrni, mums meeriga dfihwe,
Mums maife un darbs un ari brihwe!
Lai dfihwo Sehli, kam teefa un nags,
Un lihdf jums es, wirfaitis Staburags!»
Un wirfaitim peetura jauneklis kroni,
Pats wirfaitis putofcho kaufu dfer;
Uf upura puifchi wahrpas ber,
Un meitas kalfa pukes ap troni.

Tikko wirfaitis muti flauka,
Sahlē fazelas dfeefmu auka:
«Lihgo, Lihgo!

Lihdī wirsaitis Staburags
Pee luhpām kausu sika! Lihgo!
Selta saule atspihdeja —
Pa wisām malinām. Lihgo!
Wirsaitim Staburagam
Daila meita Warawihkine! Lihgo!
Kā swaiginites, kā puķites
Galwiņai nosibeja! Lihgo!»
Un tā sihdī naktij gawiseja
Dsihru laudis dsehra, deja;
Lihdī sirmajam Staburagam
Gurdena metās laipnā seja.
«Nu, behrni! eesim pagulāt!
Lai meelojas nu nabagi!»
Bet jumtā putnis nosčirahza:
«Ir modri tawi wanagi!»

Un torni daisai wirsaitschmeitai,
Us sihsčhu gultas as'ras sija;
Jau peezus pilnus gadus wiņa
Tur augschā zeetumneeze bija.
«Ak, tehws! ak, tehws! dod brihwibu,
Es eessehgta ar tawu sinu;
Tu dewi manim dsihwibu,
Nu zeetumā tu nobeidī wiņu!»
Pee loga wiņa stahweja
Us Daugaw's sudrabwilneem wehrās,
Kas mehnesnizā mirdseja
Tur trihsedami klusās sehrās.
Un pirms tai as'ras nosčhuwa,
Pirms meegs un nogurums to mahza,
No lejas dsēsima skaneja;
Pee loga wirsaitschmeita nahza:
«Jei atdari logu, skaistā wirsaitschmeit',

Taws bruņeneeks ir laiwā teit;
Ņahz, sehdees manā nahragā,
Ņahz, wilīnatees Daugawā.
Ņahz mihlet, baudit, lihgimotees!
To, ko tew sirds war wehletees,
Tew mana roka, mihlā, sneegs!
Pehz baudām salds buhs nahwes meegs!»
Un wirsaisdmeita klausijās,
Tai sirds ais sahpēm saschraudīās;
Pa logu roka issneedsās,
Baīts mutautiņsch tai plihwojās.

Ik naktis sweschais dseedatajs
Us Stabu pili laiwā brauza.
Un wirsaischmeitu, kokledams,
Pee loga sehrām dseesmām sauza.
«Ņahz rihtu, nakti, ap scho laiku,
Pee wahrteem tewi gaidischu;
Kad dusēs sargs un kareiwji,
Es tewim wahrtus atwehrschu!»
Tā wirsaischmeita sihmeja
Ar meigleem sihda aukliņā,
To lejup laiwā nolaida,
Un bruņeneeks to lasija.
Winsch galwas segu pazehla:
«Lihdsi rihtam sweika, wirsaischmeit!
Es waldneeks pariht buhschu teit!»
Un laiwu projam aireja.

Nahkoschā nakti wanags schņahza,
Kad jau sargi meegā krahza:
«Ko guli, wirsait, Staburags!

156

Scho nakti tawu meitu sags!
Jau sagti klaht, jau sagti klaht!
Leez laifkos sargus modinat!»
Wahrti wehràs; wanags kehrza,
Wirsaits, libijees, peetruhkàs,
Wirsch, apbrunots, pagalmâ ilsteidiàs,
Jau kareiwji schkehpus asinis mehrza.
Bij mehnesnizâ bahrga kauja:
Sobini schkinda, un wairogi schkehlàs;
Nokautee sargi no kahptuwèm wehlàs,
Pret sweścho pulku to bija tik sauja.
Te peepeschi wirsaitis isskrehja,
Ar schkehpu rokâ, us pagalma:
«Mana Warawihksne, mana meita kur?»
— «To sweschneeks sawâs rokàs tur!
No kraita wirsch to nonesa
Un gihbuschu laiwâ eezehla.
Es gribeju glahbt» — sargs paguwa teikt,
Kad sobena kertam, tam dsihwot bij beigt.
Zaur sweśchajo baru wirsaitis
Kà lauwa, kaudamees, issitàs
Un isbaïlès bahls un ismisis
Gar Daugawas kraitu aisłsteidiàs.
Par wehlu! ne wehits no wirsaitschmeitas!
Kà sapni Daugawa tezeja,
Un tahlu laiwa slihdeja;
Ne jausmas no daitàs Warawihksnes.
Us kraita wirsaitis satima,
Ais muguras pils tam sagruwa;
Un ugunis augsti usschahwàs,
Lihdi debesim duhmi pazehlàs.
«Ai, mana meita, mans azu raugs!
Tew dahrgaks par tehwu taws wiltigais draugs!
Tu tehwu un tautu nodewi
Un pate nesinâ aisgahji!»
Un ataras lija wirsatim,

Ka ſchehlums pat radàs akmenim;
Ar akmenĩ akmens fapratàs:
»Lai wirſaitis muhſcham paleek pee mums,
Tam ſirds preekſch tehwijas pukſteja;
Wirſch wiſu, wiſu laudeja,
Nu ſaltàs klintis tam patwehrums!»
— «Kauṯ kluhtu es, nabags, par akmenī,
Kà radies, bei juhtc̓m, kauṯ paſiktu,
Kaut wiſu, kas bijis, aiſmirſtu!
Juhs, deewi, uiklauſat wirſaiti!
Kà klints, es gribu ſche ſtahwet zeets,
Lihdi muhſejeem ſeedès ſehtas meets;
Kad zelſees, kas miris rahdijàs buht,
Tad gribu es Daugawas dſelmē gruhṯt»
Un azumirklī pahrwehrtàs
Par zeetu klinti wirſaitis;
Tam azis par awoteem liwehrtàs;
Wirſch muhſcham raudoſchs ir palizis.

Garlaizigs ſtahſts! kà Teodors Hahns,
Mans dſejois ir kluwis paſakains, plahns!
Kur Staburaga meiſina?
Kas to nu tà lai faſina!
Kad pehrkonṯehws, ſibahrees, ſauſitarus ber —
Ji Daugawas warawihkſne ſier, —
Tai jadſer ṯehwa aſaras,
Deht wiṉas wainas iſſeetas.

Nu tahṯak uſ Kokneſi laiwa peid,
Jau ſaule noreeṯ aiſ Widſemes ſila;
Wairs neſihk laiwneekam aires zelt,
Un debeſs kluhit auſtrumòs druhmi ſila.

158

Kà noflehpums, Daugawa dfelmès dus,
Tàs dibenà ruhfè fenlatku fchķehpi;
Tur kaɀeiwji gremdeja eerotfchus,
Kam Deews lehma gufai uhdens ķlehpi.
Tàs dibenà dfelis un tehrauds un felts,
Tur fudrabs un pehrfu rotas;
Reif tatfchu gaiimà tas wifs tiks zelts,
Kad ifchuhs dubļi un głotas.
Kad rahdifees ķerubs, no debefcha nefts,
Un bafunès pafaulei galu,
Ji flehptuwes katris tumfons tiks wefts,
Kad dfihwei buhs mehrs piins ar malu.
Tad Daugawas grihwa lihdí pamateem fchuhs,
Tad juhra ar' lifihks faufa;
Wiʀfch nahks, kad kalni pahr lejàm gruhs,
Kam wehji un juhra klaufa.

Tumfchs klahjas uhdenis
Kà melnais fpogulis;
Uf krafta ugunis
Plofteneeks aifdedfis;
Jau augfchà fwaigfnes mirdfet fahk.
Kur tas wifs palizis,
Ko efi redfefis
Deenà? pee debefis
Jau ufez mehnefis.
Pa lejàm klufu tumfa nahk.

Nu paleez fwefka, Daugawa!
Muhs tagad faufi zeļi gaida;
Tur Koknefe muhs aizina;
Pils drupàs uhpis gaɀi waida.

159

Uz okeanu uhdeni
Lai aiInes muhšu pluhktās mehtras,
Ko metām tai par upuri,
Kam beedrenes ir bahrgas wehtras.
Jums, plašchee uhdens dšišumi,
Ir zilweks weenaldšigs un neezigs,
Wiršch, kā jau wišī dšihwneeki,
Ir šawā elementā preezigs.
Nu šweika, plašchā Daugawa,
Mums dahrga katra tawa teika;
Tu dšeešmineeku lihgawa,
Nu šweika, pluhšti, tšchalo šweika!

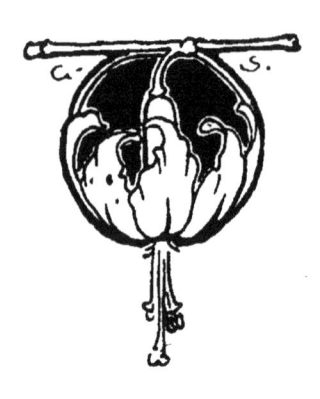

Bruhklenaju walnags.

Wisi winu eemihleja, ari es. Wina bija tikko isplaukuse sawā jaunawas dailumā. Dselteni bruhnās matu bises, kuras spihdeja swaigas, bija pirmās, kas puisdieem patika. Tad ari seja, azis, kruhtis, rokas — — —
Wisa winas gaita bija peewilziga.
Un wina eemihleja to wiswahjako un nabadsigako — mani. Tas bija manim nessprotami, netizami. Es nodrebeju, ais laimibas, es issdehdeju, kļuwu bahls, es wareju dsihwot neehdis, tas wiss ais mihlestibas us winu.
Bet es kļuwu nedrošdis, tiklihdz es winas azis lasiju, ka ta mani ussuhkoja ar to skatu, kursch skaidri saka: «Skuhpiti mani, es tewi gribu!» — — —
Es behgu no winas, kā ween waredams. Bet nobehguscham manim usnahza nessturamas ilgas winu redset un dsirdet. Atkal es mekleju buht winas tuwumā, atkal es behgu — — —

Tahdās mokās es pawadiju daudi deenu, nowahrgu, un tehws ar mahti par mani behdajās.

Ceikt wiņi neteiza neka, ari es kluseju. Un saldi druhmi bija tee wakari, kur mehs wisi klusu sehdejām, un zirzenis dseedaja neapnizis.

Simtām reischu es noreḥmos: eet un wiņai wisu pateikt. Bet es baidijos, ka mani wahrdi ißauks wisu jauko sapni, mani wahrdi, kuri tatschu neka nespehja is- teikt no wisa ta, ko jutu.

Sen biju dsirdejis un lasijis daudi par mihlestibu. Sen sinaju, ka mihlestibai stahjas daschdaschadi schkehrschli zeļā, ka ta zilweku pahrņem, moka un beidsot sinihkst, isput, un paleek tikai pahrmetumi, wilschanās, paleek tukschiba — — —

Es jutu, ka wiss mani pahrwehrtās. Kas manim agraki patika, tas tagad kļuwa weenaldsigs, pat reebigs. Un es mekleju pehz jaunas, zitas apkahrtnes, ziti preekschmeti mani sahka waldsinat.

Agrak es mihleju pukes. Rose waj reseda, katra puke, kura tikai patihkami smarschoja wareja palaisees us manu draudsibu. Bet nu es sahku schīs pukes nizinat, schīs nepastahwigās, wahjās pukes, kuras schodeen seed un rihtu wihst, kuras schodeen gresnojas, kā waldneezes un rihtu gul, samihtas, sehtmalā. Pawisam ko zitu es sahku meklet. Wiswairak mani waldsinaja bruhklenaji, sihkee, masee, wiseem patihitamee sila stahdiņi — ar tumschi salām, spihdoschām lapiņām un balti-sahrtajām odiņām. Stundām es wareju sehdet us zelma un apluhkot waj glaudit schos ogajus, kuru lapiņām tad paisbeja pelekās apakschas, schīs lapiņas bija zeetas un gludas, bet tās situreja salnas, leetu un wehtras, tās satoja un saloja.

Mai, mai ir pasaulē tahdu stahdiņu. Luhk, tapehz es wiņus eezeeniju, tapehz aitween manim stahweja prahtā bruhklenaji.

Ak, zik leelīks bija mana tehwa meschs!

schalza preedes warenas dseefmas, tur putni dseedaja par pateesibu, kura isdsihta no zilweku dsihwoksteem un mahjo mescha pee swehreem un putneem. Tur lidoja taurenischi pa pahreem, tur wiseja sirnektu tihksi, kà sarós aisstwehruschees, notruhkuschi mescha meitu sihda mati, tur raibais dsenis drosschi klauweja pee preedes kruhts, lai ta dotu weetu, kur nosslehpt olinas pereschanai. Tur bija wiss, par ko mehs labpraht dseedam, kad aismirstam sawu wahrgo, nekreetno dsihwi.

Mans tehwu meschs! Ir warbuht pahrspihleta mana wehleschanàs, reiss duset newis mironu kapsehtà, bet tawà widû, sem dsihwajeem kokeem, kurus es tà mihleju un saudseju, neissleetodams pee teem nekad maso zirwiti, kuru weztehws manim dahwinaja. Zik laimiga tur waretu buht dusa, kur es zeetu sawu pirmo mihlestibu! Un tscheekurischi kristu us mana kapa, kristu pa skujinai, pa sarinam, kamehr kaps issihdsinatos ar semi, kamehr ne sihmites wairs nepaliktu, ka tur gus aprakts zilweks, un mani mihlee bruhkienaji augtu un sasotu wirs maneem truhdeem.

Mana tehwu seme! ak, es gribetu krist zesós us tewis, eetwertees diiti, diiti tewi sawàm rokàm, issplehst gabalus is tewis un speest tos pee sawas kruhts, tik soti es tewi mihlu! Ilgi, ilgi es ta negribeju neweenam teikt, jo mihstas juhtas nemehdi ispaust, bet luhk, es sweschumà, us sweschàm smilsim juhtu, ka tàs naw raditas manam kapam, manai atdusai pehz ilgàm, neweenam nessinamàm zeeschanàm, ka tapehz es newaru eegultees semè un atpuhstees, ka es tewi esmu atstahjis, tu mana mihtà, mihtà tehwu seme! Un nu es klihstu un sehstos, domaju un atkal klihstu. – – – Arween muhschiba preekschà, arween muhschiba ais manis un pahr mani, bet laiks un weeta manis nepeetura, tapehz, ka es tewi atstahju, tu, neaissmaksajamà tehwa sehta, tewi, tehtin un mihtà mahmina! Laiks ir bahrgs pret mani, winsch manim draudè, tapehz ka es juhs, mihlee, atstahju!

Bet es finu, juhs par mani nedufmojatees, juhs mani mihleet un peedodeet manim, kaut ari juhs nefineet, kapehz es juhs atftahju un alfgahju pafaule? Juhs nefineet, ka wiras bagatais tehws nopirka juhfu mahju, lai alfdabutu muhs projam. Juhs bijàt wezi, es flims, un juhs atdewàt fawus rentes gadus par feem fimteem, kuri jums nodrofchinaja wismai buhdiru lihdf juhfu muhkcha galam. Bet tee fimti — — — ak, tee jau naw wainigi, wainigs efmu es weens, warbuht ari neweens. — — —

Tam jau tà wajadfeja buht.

Wira bija pusmuifchas rentes kunga meita. Es toreif biju tikko pabeidfis gimnafiju, un tehws jau bija lepnis uf mani, kad es faifimu. Uf laukeem mehdf wiras tahdas kaites, kur jauns zilweks kluhft wahrgs un bahls, apfihmet ar nofaukumu «dilonis». Un wifi teiza, ka manim efot dilonis, kaut gan tagad buhs no ta laika pagahjufchi kahdi diwidefmit gadi, un mani no dilora naw ne wehits. Ta bija zita kaite, daudi breefmigaka, daudi nefchehligaka, nekà dilonis — mihleftiba.

Rentes kungs dfihwoja mums kaimiros. Un manim kà nahkofcham ftudentam bija weegli faeetees ar rentes kunga dfimtu, jo weeglaki tapehz, ka es pa brihwlaiku fagatawoju wira dehlenu uf pilfehtas fkolu. Katru deenu es turp nogahju ar drebofchu firdi — ne to ftundu deht — ne, mana fkolneeka mahfa bija ta, kas mani waldiinaja.

Arweenu es mehdfu turp noftaigat ap pulkften 9 no rihta. Tad wira jau fehdeja uf werandas un adija waj ari ftahweja kaut kur dahriâ, pee pukèm. Wira palozija weegli galwu, atbildedama uf manu fweizinajumu, pafkatijàs uf mani laipnu fkatu un tad fteidiàs pee metala bundfiras, ar kuru mehdfa Ofgertu fabungot mahjà.

kuram nebija leelaku eenaīdneeku pašaulē, nekā matemātika un latīņu gramatika.

Bija arī deenas, kur Otgerts nebija šabungojams uz stundām. Launais liktenis to bija aizwedis waj nu uz ļudmalām waj wehl tahlaku — uz plawām, kas tad skolotajam bija ihīti pa prahtam, wiņsch wareja pehz patikas ar jaunkundzi sarunatees.

Schis sarunas tomehr tā lahgā newedās. Sandrihi pehz katra teikuma eeistahjās labu brihdi klusums, tad nahza kahda labi pahrdomata frase, tad nosarkschana waj lihdsi ausim, atkal klusums. Un wiņa tad meta lehnām wisapkahrt bailīgus skatus, it kā ta mekletu pehz glahbīna. Reisām tasichu muhsu saruna kļuwa dsihwaka, pat interesanta. Tas notika tad, kad mehs weens otru negribot malleet eewainojām. Tad wiņa teiza kaut ko newainīgu, bet pateesibai loti tuwu esoschu. Wiswairak wiņu eewainoja mans apgalwojums, ka jauns, newainīgs skukis nemaz newar spreest par pašauli, ka weenīgi pascha zilweka peedsihwojumi ir tee, kuri mahza pateesi spreest par dsihwi.

«Muhsu gudriba naw leela,» wiņa atteiza, «mehs ar šawu prahtu un gribu neaptweram leelus plaschumus un dsilumus, bet zik mehs aptweram, to paschu masmiņu mehs paturam, paleekam tam uzticīgas, labpraht zeeschām un usupurejamees preekschā ta. Tas skan kā leelība, kā paschussļawa, bet juhs jau mani peespeeschat, to runat.»

«Kas gan schis masumiņsch waretu buht?» es naiwi eejautajos.

Sahrtums, kursch jaunawas mehdi puschkot, drītī eedegās, drīhi dsisa.

«To, es domaju war sinat un saprast tīkai šeeweete,» wiņa beidsot teiza, «juhs stingree, nescheehlīgee wihreeschi, juhs stahweet schim masumiņam par tahlu, lai to waretu eewehrot, redset. Mehs tekam pa šaweem zelīneem, par kureem juhs alasch smejatees. Un ja juhs, wihreeſchi, mums nedaritu pahri, ja juhs muhs neſkumdinatu lihdi nahwei, tad mehs nekad jums neka nepahrmeitu, neteeſatu. Saka ari Schillers: «Nicht Strenge legte Gott ins weiche Herz des Weibes!»

«Bet juhs, jaunkundſe, nebuht nepaſihſtat wiſus ſeeweeſchus, ir tahdi, kà juhs to apgalwojat, ir ari zitadi. Kapehz juhs gribat wiſkt tik itingru robeſchu ſtarp wihreeti un ſeeweeti. Mums wajadſetu wairak ſadraudſetees, wairak ſapraſtees, pirms naw par wehlu. Zihra dehl uſturas, darbi un ruhpes ſehtà un ahrpus ſehtas ir ſchkihruſchi ſeeweeti no wihreeſcha. Mums ſchai apſtahklu warai ir jaſtahjas kopigeem ſpehkeem pretti, mums ir jalipilda. ta leelà plaiſa, kura muhs ſchkir, mums jaatjauno draudſiba, kura warbuht kahdreiſ ſtarp abàm kahrtàm ir waldijuſe. Tad diihwei buhtu maſak neſaſkaru, nelaimes.»

«Draudſiba? es wismai newaretu neweenam wihreetim buht draudſene. Wini wiſi ir ſawadi, juht zitadi. Wiſa winu gaita ir ſawada. Es rediu, tur no draudſibas newar nekas linahkt. Un kapehz juhs puhlatees, diihwei ſagahdat tik daudi paſtahwigas laimes? Wina kluhtu teeſcham garlaiziga un lihdi ar to ari laime. Wina jau naw eekahrtojama, noſtahdama, wina neſtahw ſem zilweku pawehlèm. Juhs gribat mechaniſku laimi, kas ſai muhs aplaimo tà, kà uſwilkts pulkſtens, kurſch paſtahwigi tikſch un ſinamà brihdi leek kuhkot ſawai dieguſitei. Es wehletos laimi uſ reiſ, leelu, ſtipru, un tad manis pehz war nahkt nelaime, tikai ja weenu weenigu reiſi ir ihſtà laime muhs pahrnehmuſe. Bet par ſcho tematu manim netihkas runat. Jirunatas domas naw wairs tik mihlas, iſteiktas juhtas naw wairs tik ſwehtas, kà pirmak.»

Es winai peekritu. Kapehz tirſat ſeeweeti, kura wehl tik newainiga? Kapehz winu mozit ar diihwes kritiku, jau preekſchlaikà to baidit? Ar pahrbauditu ſeeweeti ir weegli prahtot, ar to war daudi ſarunat, ja wina tik eeſalſchas ſarunàs, bet newainiga meitene ir ſarunàm nepeeeejama, kur ta wehl daudi zerè, pirms ta naw mihlejuſe.

Mehs atkal klusejàm.

«Waj jums, Liwijas jaunkundse, warbuht manas runas ir nepanesamas? Warbuht es pats — —»

«Juhs? ne, juhs nekad» — —

Wiņa pagreesa galwu us werandas logu pusi, tà sakot, nosliehpàs, azim rediot wiņa zaur manu sautajumu bija eekustinata. Kà gan es tà ari wareju sautat? Wiņa peezehiàs un itahweja wisà sawà daisumà manà preekschà. Wiņas itahws bija bes kluhdàm, waresa sazit, bija skaists, pilnigs, un beesàs biles ineediàs pahri sostai. Zik lab- prakt es buhtu scho itahwu aptwehris, turesis wiņas roku sawà un warbuht ari wiņu noskuhpstijis. Zik tur buhtu grehka, nesinu. Wisi tatschu mehdi tà darit, kas mihle, un mihlestiba to prasa. Wiņa prasa, lai weens otram tu- wotos, kamehr sajuht karitu dwaschu us waiga, kamehr weens otram peespeeschotees klaht sajuht, kà tee weens otram gluschi un pawisam peeder. Bet es nedrihksteju par to domat, es wiņu par daudi mihleju, lai to ais- skahrtu, apwainotu. Wisam sam tatschu janahk ne- jauschi — — —

«Waj juhs drihsi aisbrauksat?» Liwija klusi prasija, «kurà augstskolà juhs eestahsatees?»

Es mineju Maskawu. Teizu, ka gribu kluht silologs.

«Tà tad juhs gribat weenot sajukuschàs zilwezes walodas? Waj tas jums isdosees?»

«Ne, es gribu strahdat — — — gribu wehlak malsi pelnit, bet to pelnit kà isglihtots, jo rediat tà, pus- zesà, es neesmu ne schis, ne tas. Warbuht, ka es pa- leeku us kahdu gadu mahjskolotajs. Tehwam jau eet tà gruhti — — —»

«Es juhsu tehwu soti labi pasihstu. Es esmu ar wiņu parunajusès. Wiņsch ir wisai nobehdajees par juhsu weselibu.»

«Es nebuht neesmu slims. Jaunibà ir sinams laik- mets, kurà drusziņ jawahrgst. Bet tas pahreet, drihi pahreet. Tehws par daudi ruhpejas par mani — — —»

«Tur peebrauz jaunais meścha kungs. Winśch laikam neśin, ka tehws aisbrauza uf piłśehtu — — —»

Liwija kłuwa nemeeriga. Meścha kungs, jauns śtałts wihreetis, nahza garam puku dobèm, śało płatmałiśi gałwā, śpałwu pakauśi. Liwija gahja winam pretī lihdś trepèm.

«Mans tehws, deemśchehl, naw mahjās...»

«Bet juhs tak, zeenitā jaunkundſe, manim atłauśeet brihdi uśkawetees, ja es tikai juhs netrauzeju? Ah, tur wehl weens kungs, juhśu brahlens, waj ne, zeenitā jaunkundſe!»

«Ne, tas kungs ir muhśu kaiminśch, Winśch bija tik łaipns un uśnehmās manu brahli łagatawot mahzibās. Bet tas maśais pałaidnis ir kā paśudis — — —»

Mehs eepaśihśtinajamees. Meścha kungs bija patihkams kungs, łabsirdigs un jautrs, bet wina pahrmehrigā łaipniba pret Liwiju manim nepatika, un es no pirmā azumirkła kłuwu neiśśakami greiśśirdigs. Un Liwija bija pret winu tik łaipna, daudś łaipnaka nekā pret mani.

Pehz ihſa brihścha es gribeju atwadīties. Liwija tā kā apjuka.

«Es domaju, juhs gaidiśat, kamehr Olgerts pahrnahk. Bet tas jau buhtu teeścham nekreetni, no jums praśit, łai juhs uf maśu puiku gaiditu.»

«Ari es preezatos, ar jums, kungs, tuwaki eepaśihtees. Es gan newaretu łuhdſetees par weentułibu, it ihpaśchi te, kur tik daudś ko darit, tomehr weena jauna paśihśchanās, kuna patihkama, ir no śwara. Es atzeros, Wolfa kungs manim par jums śtahśtija — — —»

Winśch łabśirdigi-śchkelmigi uf mani un Liwiju paśkatijās un tad jaunkundśi łuhdśa, waj ta atłaujot winam uśmehķet papirośu.

Azim redſot śchitais kungs no manas konkurenzes nebuht nebijās, winśch mani pilnigi uśśkatija kā śehnu.

168

Es neweikli, bet wahrdeem atwadijos. Kad es jau biju us trepèm, Liwija wehl teiza:

«Bet juhs tak muhs atkal rihtu katrā sirā apzeemosat. Riht buhs ari tehws mahjā, un mamiηa jau schodeen atbrauks ar kruitmahti. Luhdsu atwainojat Olgerta beibehdibu un esat tik labi, rihtu atnahkat — —»

Es aifgahju wisleelakā nemeerā. Ari tehwu un mahti es atradu nemeerigus.

Rentes kungs wiηeem peedahwajis 1600 rublus par teem aitoηeem gadeem, kurus tee pehz kontrakta wehl wareja mahjās nodsihwot. Un tehws ar mahti bija gatawi tos peeηemt.

«Ko tad rentes kungs ar muhsu mahju grib eesahkt?» es prasiju.

«Wiηsch gribot paplaschinat sawu saimneezibu!»

Tikdaudf tehws sinaja manim pateikt.

Tā tad jaaiseet, un jau rudeni, jaaiseet un jaatstahj wisi sapηi.

Otrā deenā es paraitā laikā nogahju us rentes muischu. Tur bija weeii, un wiss nams swinigi uispoits. Pate kundse bija laipna, bet kungs masseet saihdsis pret mani. Olgerts, tikko apiweizinajees, iisteidsās dahriā. Tur itahweja Liwija ar mescha kungu.

«Waj wiηi jau ir saderinati?» es domaju, un kahjas manim sahka tirpt.

Wezās dahmas atstahja werandu. Rentes kungs peedahwaja manim papirosu un tad weikalisk balsi uisahka:

«Es juhs luhdsu, mani nepuhrprait. Es atsihitu juhstu labo gribu un puhles, kuras juhs manam dehlam wiηa mahzibās esat peelikuschi, tomehr es newaru leegt, ka jums buhtu iidewees, kluht manam sehnam par autoritati. Olgerts naw preekich jums, un juhs neesat preekšdi wiнa. Es luhdīu, manim teikt, zik es jums ešmu parahdāʹ!»

«Пeka,» es štrupi, gandriħī dušmīgi atteizu, «es pehz šawas labakās širdsapšiнas ešmu nodarbojees gar juhšu dehlu. Ka wiнšdi laikā neeeronas uš štundām, ta nawa mana waina.»

«Тāl» rentes kungs apzīrtās, «juhs, kā leekas, gribat manim lašīt mores. Пe, mans kungs, ta jums neatlaušdiu. Waj šaproteet?»

«Deemšdiehl, es teeku peešpeešts, to šaprašt!» es peezehlos un paklanījos.

«Un zik leela ir ta makša par štundām?» rentes kungs jautaja, azīm redšot preezadamees, ka es ešmu gataws allеet.

«Ta makša, kungs, jums iī labī šinama. To ēs luhdīu eemakšat pagašta nabagu kašē. Jo par manu darbu, kuru juhs manim gribat noleegt, es no jums newehlos algas!»

«Ah, es šaprotu, juhs ešat špekulejušdi uš zītu algu. Пe, jaunais zilweks, tur juhs ešat pahrīkatījušdiees. Пe- ešat pahršpīhlētī, šdie, šaнemat šawu algu, ta jums buhs noderīga, jo juhšu wezais tehws naw nekahds bagatneeks!»

Wiнšdi ušlīka 50 rublus uš galda, bet es tos ne- нehmu. Zepurī rokā turot es štahweju pee trepēm.

«Ka juhs wehl galdeet?» rentes kungs prašīja.

«Juhs tak manim attaušeet, dahmām un Olgertam ar Deewu teikt. Tā allееt — tas tak buhtu nepee- klahjīgi —»

Manīm širds lašdнaudšās. Tur nahza liwīja. Wiнa paškrehja mešdikungam preekšdiā, ušškrehja pa trepēm un šatwehra manu roku.

«Juhs nešīnat, ka šdiodeen mana goda deena, mani šduhpta šwehtki. Tapehz es ešmu tā īšpuzeta, glušdi kā pilšehtas dahma. Šdiodeen es pahrwaldu wīšu mahju, tapehz manim iт tas gods, juhs ušluhgt uš taši šdiokolades!»

170

«Es pateizos, jaunkundse, bet deemschehl — —»
es stosttjos, un Liwija nobahla.

Wiꞇa skatījàs us tehwu, us naudu, kuꞇa atꞇadàs us galda, redseja mani usbudinatu, zepuꞇi rokà, un, līkàs, wisu saprotam.

«Teht, mihto teht!» wiꞇa luhdsàs, «ko tas nosīhmè?»

«Mums ar to kungu sinahza domu starpības. Un wiꞇschs wehlejàs wehl tīkai ardeewas teiktī»

«Teht, es tak Wihkines kungu jau wakar ee-luhdsu — — —»

Rentes kungs strupi paskatījàs us Liwiju, satwehra mescshkungu ais pleza un to godbījīgi eebīhdīja namà.

«Jauns zīlweks, wehl nepatshit dsihwes, tapehz tik soti pahrsteidsas — — —» wiꞇschs wehl durwis teiza.

«Jaunkundse,» es runaju un drebeju, «luhdsu aissil-dīnat mani pee dahmàm. Es esmu peespeeīts aiseet — —»

Wiꞇa paskatījàs us mani tik mihsu skatu, ka es wīsas nepatīkschanas sajutu it kà sīnīhzīnatas.

«Dsihwojeet laimīgi, jaunkundse, sweizīnajeet Os-gertu —»

Es speedu wiꞇas roku, wiꞇas roka palīka kà bes-spehzīga mànejà. Liwiju sauza. Es newehlejos wiꞇas stahwoklī darīt nepatīhkamu un aissteidsos. Pusaīsplauzīs roschu pumpurs no wiꞇas rokas palīka mànejà. Es jutu, ka tas bīja karsts, ka tas dega manà rokà.

Liwijas tehwam bīja taīsnība. Kà gan es drihk-steju zeret us wiꞇas mihlestību, kur es wehl nekas ne-bīju, bes stahwokla, bes weetas, jauneklīs, gandrihs wehl sehns. Es jau wiꞇu ar sawu dsihwes nespehjību, sawu nabadsību samaitatschu scho labo, daiso skuķi, kuꞇu wīss tà zeenīja un mihleja. Manīm wajadseja jau sen to atsīht un gahdat par to, lai wiꞇa kluhst laimīga un newīs wiꞇu nomaldīnat sewim lihdsī. Kur wiꞇa ar mani eetu, ko wiꞇa pee manis darītu? Wiꞇai buhtu jaaīseet lihdsī ar mani bojà. Un us mahju ejot manīm eenahza prahtà tragīskà Mendelsona dseesma:

Entflieh' mit mir und fei mein Weib!
Und ruh' an meinem Herzen aus!

Ja, ja un tad:

«Es fiel ein Reif in der Frühlingsnacht» un wispehdigi leepa schalz pahr nelaimigàs kapu. Ja, teescham, tà bija labaki, laut winal preezatees, winas neeeraut behdu pilnà diihwè!

Tàs bija gruhtas deenas un naktis, kas tagad pahr mani nahza. Es newareju atturetees no afaràm, aismirsu pat us pahra deenàm meschu un bruhklenajus.

«Kas ar tewi, dehls, ir notizis?» mahte pratija.

Es neteizu ne wahrda.

Sawukahrt ari tehws tàpat issautajàs.

Ne wahrda no manis iidabut. Nonehmos aiszelot pee kahda no faweem beedreem, mehginat eekluht lihgimà diihwè, aismirsit wisu, kas bijis. Jau biju gataws dotees zelà, kad mahte teiza, ka kahda feewina gribot ar mani runat.

«Ko tad ta labà feewina no manis wehlas?»

Mahte neka nesinaja pateikt. Wina fehdot pagalmà, noslehpumaina, smaidot, bet nesakot neka. Kà leekotees, wina esot no musschas, dahrineezes mahsa, bet galwot ari mahte newareja.

«Lai tak wina eenahk,» es mahtei teizu, «un juhs neweens muhs netrauzejat, ja winai ir kas manim weenam pascham ko teikt!»

Mahte jau manim tuhlin ar preeku iidabaja. Un wezenite eenahza lihgimu feju, luhkojàs wisapkahrt, it kà baididamàs, waj tikai kahds neredf un nedsird.

«Te neweena zita naw, kà tikai mehs diwi! Nu, mahmulit, ko tu gribefi manim paftahsfit?»

«Te, jaunskungs, preeksch jums weena grahmata. Ta esot juhsu — — — muhsu zeenigà jaunkundfe to jums suhta — — —»

Un dreboschu roku, ar wisleelako paschapinu wina 172

manim pasneedīa pakiņu, eetihtu papirā un pahrseetu krustām ar schauru sihda lentiti.

«Jums labas deenas,» wiņa laimīgi tschuksteja, «ak, Deewiņ, zik muhžu preilenite ir laba, kā wiņa par mums wiseem ruhpejas, gahdā. Mehs wisi par wiņu luhdsīam Deewu.»

«Labi, labi, mahmulit, es jums pateizos. Nerunajat neka par to, ka juhs manim scho grahmatu atnesāt. Wehl reis paldees, un nu ejat pee manas mahtes un pagaideet, warbuht es dosdu jums kautko lihdsi!»

Wezenīte pasmaidīja un isgahja. Bet es kaislīgi atraisiju lentiti. Ta bija mana pasdia grahmata, Panteniusa romans «Die von Kelles». Un lapu starpā, tur kur stahw dseesmina:

«Wer einen lieben Buhlen hat,
 Der mag mit ihm auch sterben!»
bija eelikta roscha papira wehstulite. Liwija manim rakstija wehstuli! Ko gan wiņa manim gribeja teikt. Labu brihdi es baidijos, wehstuli atplehst. Es wiņu weegli apkampu, tureju, apluhkoju un atkal nolīku us kruhtim, jo es guleju gultā. Gultā jau teek wisas gruhtās sahpes pahrzeestas. Beidsot atplehsu roschaino kuweru. Tad kā zaur miglu es lasiju:

Preeksch manis Juhs jau sen neesat «zeenijams kungs», Juhs esat manim wairak, daudz wairak. Tapehz peedodat, ka es Jums schīs rindinas rakstu bei paraistās usrunas. Es gribetu Jums ko teikt, ir ari wahrdi preeksch tam, bet wiņi ir seekli. Ja Jums ir eespehjams, tad atnahkat seitdeenas wakarā us sīlu, kur upīte schkir mana tehwa semi no Juhsu. Kur leelā preede, eepretim leelajam akmenim upites atwarā, tur es wehletos ar Jums satikīees. Luhdsu atbildet.

L.

Tas tika sehni lasits, lasits waj simtām reischu. Bet atbilde nahza ahtri un īsi:

Es nahkschu. W.

Wezenīte dabuja zeema kukuļī un aiſſlehgtu kuweru. Wiŗa domigi palozīja galwu, it kà gribetu teikt: «Ja, ja, tee jaunee domà tà, bet deeſīn ko tee wezee teiks!» Es fapratu wezenītes domas, bet manīm tàs nedarīja ruhpes. Wiŗa aiſgahja, un es ſahku pahrdomat, ko ar Līwīju runat, kà pret wiŗu iſturetees. Wehl diwas deenas, un tad es waretchu ar wiŗu weenreiſ pīlnigi un waļīgi runat, iſteikt wiŗal, zik loti es wiŗu mīhlu, bet zik labi buhtu, ja es waretu Līwīju aiſmirſīt. Es tak nebīju nekahds prezineeks, manīm tatſchu neka nebīja. Ja, tur tak bei-dīot nekas nopeetnis newareja iſnahkt!

Bet weenu reiſī wiŗu aptwert, wiŗu noſkuhpſtīt, ja, to es gribeju. Wairak neka es newehlejos. Tàs diwas deenas pagahja kà drudſī. Katra ſtunda, kuŗa manī no Līwīļas ſchķihra, bīja preekſch manīs kà lahīts. Naktī, tikko eemidſīs, es atkal patruhkos un iſbīļees uſſehzu, waj tik es neeſmu aiſgulejees, waj tik wiſſ jau naw par wehlu.

«Kas ſchodeen par deenu?» es tehwam praſīju.

«Peektdeena!» wiŗſch atteiza.

«Waj tik tu teeſcham to ſīni?»

«Krīſtīteem peektdeena, to es ſīnu, un ſchihdeem ſeſtdeena!» tehws jokoja.

Peektdeenas wakarà manīm tà bīja ap ſirdī, it kà kad rihtwakar manīm buhtu jau ſaguſ kapà. Galwà es jutu ſpeedeenu. Ehſīgribas pawiſam nebīja. Es guleju gultà, ſagehrbees, it kà gataws uſ wiſu.

Mahte apſehdàs uſ manas gultas malas. Wiŗa ſa-ŗehma manas' rokas, tàs apluhkoja un apglaudīja.

«Gluſchi, gluſchi lidiluſchas,» wiŗa teiza, «tu jau, dehls, ſeemas nepeeredſeſī.»

«Mahmuļīt, kaut tà buhtu!»

«Nerunà tà!» wiŗa raudaja.

«Mahmuļīt, neraudi! waj naw labaki duſet ſem ſemes, nekà ſtaigat wirs tàs kà nabageem? Ko tehte, ko tu, mahmuļīt, ko juhs abi ſcheit paſauſē eſat panah-174 kuſchi! Un ko ari es ſcheit panahkīchu? Waj ari manim wīſas tàs gruhtàs deenas, kuras juhs pahrzeetuſchi, buhs jamanto?»

«Ne, dehls! tu neſini, zik laimīgi mehs ar tehti eſam dſihwojuſchi. Kad mehs weens otru eemihlejàm un ſagahtjàm kopà, tad nekas mums nebija par gruhtu. Schos grauſtus mehs diwi ween eſam ſaneſuſchi kopà. Bija gruhti, bet ne par daudſi gruhti. Mehs wiſu pahrzeetàm. Mehs lihgſmojàm kopà un kopà ari behdajamees. Nu jau, kur lozekļi ſahk pamirt, naw wairs ne lahga preeku, ne behdu. Wiſs tà weenà laidà. Tas ir wezums. Bet jaunàs deenàs mehs bijàm laimīgi. Deſmit werſtes mehs dſihwojàm weens no otra tahlu, kad zerejamees. Bet katru wakaru, laī darbs zik gruhts bija, tehws bija pee manis klaht. Aii wahrteem, ſila malà, mehs ſatikamees, laī lija leetus, waj ſwaigſnes ſpihdeja. Arweenu bija laimes deeſgan. Un kad muhs ſalauſaja, tad tehws nerima manim ģlaudīt waigus, noboldīſa mani turet mihļu, un es wiķu tàpat neſ Kahſas bija nu tahdas, beſ augſteem weeſeem, beſ gahrdeem plahzeneeem, bet bija. Pat alus bija iſdarits, jo tehws, kà namdaris, ģluſchi beſ graſcha nebija. Uſ peedarba bija uſtaiſita muhļu kahſu ģulta. Ta bija ſkaiſtra, bet wehſa rudens nakts. Mehs pirmo reiſi peelihdàm weens pee otra, tà kà manim bija bail, bet tehws mani ſiltī aptwehra. «Es tewī ſildiſchu,» wiąſch teiza, «ja tew ir ſalt'.» Bet mehs nebijàm radiſi pahrmehrīgàm mihliſnaſchanàm, mehs bijàm radiſi ſuhram darbam, un rihtà mehs bijàm pirmee augſchà, un kahſeneeki, kurī wehl bija palikuſchi, palihdſeja mums ſikult rudſu riju. Un kad tu peedſimi, tad nebija neweena daktera. Pehdīgee ſneegi kuſa, kad tu nahzi paſaulē. Tehwu paliķoja uſ muiſchu ģaitàs. Es paliku weena. Diwas reiſes par deenu atnahza kaimiąu ſaimneeze, mani apraudſit. Atnahza weena, otra ſeewiąa. Es peezehlos. Un tu raudaji ſweiks un weſels. Un zik naktis tad es nedabuju gulet, bet rihtâ pee darba. Tomehr tehws un es, mehs nekad weens otram nepahrmetàm. Arweenu joprojam mehs mihlojamees, kamehr muhtu tirds apdfita ati wezuma un nefpehka. Bet prati, waj muhs abus waretu kas tchķirt. Waj ir tahda bagatiba, tahds fpehks patauĺê, kurtch muhs waretu atfweit weenu ut weenu un otru ut otru putt? Tas waretu notikt tikal ar waru. Un ari tad mehs domâs patiktu weens pee otra. Bet tewim, mans dehls, truhkft tpehka zihnitees, tewim truhkft fpehka mihlet, tapehz tu juhtees weens un paleez nofkumis. Es taprotu un tinu, kas tewim kait. Tewim patihk kahda meitene, un tewim truhkft duhfchas wiru eemantot. Tur naw ko kaunetees. Tas ir tahds Deewa likums, iimeklet tewim beedreni, kaut gan tu wehl eti par jaunu. Bet ja eti to ihtito atradis, tad neatlaidees. Saнem ftingri grofchus un turees arī pats ftingri. To es tik tewim waru teikt. Bet nu jau ir ziti taiki, ziti zilweki, zita diihwe. Juhs zitadi mihlejeet, zitadi runajeet. Bet tapehz jums ari truhkft taimes. Stipra griba un wetela tirds, tas ir witas taimes pamats.»

«Ja, mahmutit, juhtu atinis ir to pareito diihwes zelu noritejutchas. Juhs etat diihwi utdiihwojutchi, un muhtu atinis rit, diihtas no itmituma un nepaitahwibas. Mums jateek ar tewi patcheem galâ, bet parauga, bet atkahrtojumeem. Juhtu mihleftiba wareja daudi utwaret, muhtu mihleftiba kluhft beffpehziga, tapehz ka daudi walrak grib zelt un nett. Semneeka dehlam kluht par kungu naw weegli. Un tahdam semneeka dehlam eemihlet praitu ftrahdneezi ir gruhti, pat neeefpehjami, ja ari wiнfch to gribetu. Grahmatas kahrdina zilweku walrak nekà weins. Grahmatas ir pahrwehrtufchas muhtu tirdis, muhtu domas un juhtas. No grahmatàm mehs fagaidam tawu laimi un ari tawu poftu. Un pehz grahmatu tihmèm mehs ari meklejam tawu mihleftibu. Jifatijutchi datchu grahmatu, mehs atrodam, ka tà ir jauki, kà tur ftahw, jaukaki, nekà wispahri rediamâ

176

diihwē, un mehs wehlamees eekahrtotees pehz ſchls grahmatas. Mehs waīrs newaram ta iſdeldet, kas muhſōs eeſpeeſchas no ſinatnēm un mahkſlas. Tas muhs pahrwehrſch, muhs pazilā, mums apſola, muhs peewiſ, un mehs newaram aiſmirſt ſauko dſeeſmu, debeſchkigo ainu, leeſo pateeſibu, ko mums ſinatnes un mahkſla ſludina. Mums jaleen ſem tumſchu wahrtu palodas, lai eeeetu zitā, jaunā dſihwē. Tapehz muhſu, no jums, wezakeem, neſapraſtās zeeſchanas, tapehz muhſu nepaſtahwigā, nenoteiktā gaita, muhſu neſkaidrā, nelaimigā mihleſtiba. Bet mahmuliſ, reiſ wiſs noſkaidroſees, wiſs kluhs ſaproſams un gaiſchs, ap ko tagad ſaudis kā tumſā grahbſtas...»

Tad mehs abi kluſejām. Es ſkaidri redſeju, ka mahte manis neſaprata, bet wiʀa nojauda, ka manim bija ſaws eemeſls tahdam buht, kahds es biju.

Ar ruhpju plīnu ſkatu wiʀa mani noluhkojās, apglaudīja manas rokas, nopuhtās un iſgahja.

Es atkal iſwilku no kabatas roſchaino wehſtuliti, atkal to laſiju un laſiju. Tad es wiʀu noglabaju. Nogurums mani pahrʀehma. Es aiſmigu.

Seitdeenā no wakara wehl nebija ne wehſits, kad jau es noſtaigaju meſchā. Es apluhkoju leeſo preedi, apluhkoju leeſo akmeni un domaju, no leeſās preedes iſnahk deeſgan dehtu diweem ſahrkeem, no leeſā akmeʀa parſeeku daudi materijala preekſch diweem kapa akmeʀeem, un no bruhklenajeem puſka ſehru waiʀagu. Ali gaʀa laika es eegreeſu diwus kruſtus leelajā, firmajā preedē, diili, tā ka baltā miſa nahza redſama. Tad es apſehdos pee preedes un ſahku wehrtees uſ otru puſi, pahri upitei, rentes kunga teeſā. Tik laba wiʀa bija, ka ta bija iſredſejuſe muhſu ſatikſchanās weetu uſ mana tehwa ſemes. Waj wiʀa gribeja ar to teikt, ka wiʀai ari mana lehwa leme ir mihla, tapehz mihla, ka es to godaju? Kà wiвa to linaja, ka ichi weeta manim wiswairak patika, kur wisbeeichaki auga bruhklenaji un kahdas baltas, garas lila pükes, kuràm es nelinu wahrda?

Saule noreeteja, un lirds manim lahka itipri pukitet. Waj tik wiвai buhs eelpehjams atnahkt? Waj wiвa neteek ulraudiita, attureta? Waj nebuhs wilu it labi wehl pahrdomajule un apdomajulès? Pagahja gara itunda, un imalzitès jau klahjàs krehila, kad wiвa palibeja itarp kokeem. Wiвa nelteidiàs, bet tomehr nahza ichigli. Peeklahjiba to pralija. Meinà kleitè es wiвu redleju pirmo reil, bet tik ikalitu wehl nekad. Warbuht tas manim tik tà illikàs. Kaut ko baltaku un dailaku, kà wiвas leju un rokas es neatzerejos nekur un nekad redlejis. Un nu wiвa nahza lalini ul mani. Es gribeju itelgtees wiвai preti, bet manu kullelchanos eewehrojot wiвa pawilam nobahla.

Es noвehmu zepuri, ta illlihdeja no rokas leme. Tur es atitahju to gulot, lai ikuhpititu wiвas roku. Wiвa to manim ari atlahwa. Nelllakami maiga un laipna wiвa ililkatijàs.

«Nu es te elmut!» wiвa klull telza un wehràs manim droichi azis, «un juhs manis galdijàt!»

«Juhs to pralat? es jau newaru bel jums diihwot. Es newaru un newaru juhs lidabut no lawa prahta!»

«Un juhs to gribetu? juhs wehletos mani alimirit, pawilam alimirit?»

«Pawilam un gluichi, gluichi, jo juhs mokat mani ar lawu parahdibu.»

«Ta ir juhlu labprahtiga palchmoziichana. Rediat, es juhs mihlu, es jums to laku atklahti, wallirdigi, un tikal tapehz ween es jau ichurp atnahzu.»

Es latwehru wiвas abas rokas, apklahju tàs ikuhpiteem, latwehru ari beelàs biles, tàs bija iwalgi walgas! Ne, es nelapвoju. Ta bija Liwija, un es drihkiteju wiвu mihlet.

Tad wiᴙa manim aptwehrās abàm rokàm ap kakſu un peeſika waigu pee manas kruhts.

«Tu neeſi manim nekahds augſts ideals, tu ari neeſi nekahds ſkaiſts, augitas kahrtas waronis, kuru es deewinatu, bet es tewi tomehr mihſu tawas pateeſibas dehļ,» wiᴙa kluſi un aſaràm runaja, «es ilgi zihniſos ar ſewi, es ſewi kluſibā iſſmehju, es teizu ſewim: wiᴙſch naw tas, kurſch tewi darīs lihgſmu un laimigu, bet tas wiſs biſa welti. Es tewi eemihleju, es nahzu pee tewis, dari mani laimigu waſ neſaimigu, tikai nedſen manis proſam, ſo leelaka upura neweena meitene newar neſt, kà es to daru!»

«Tu ſaki, mihſā, tikai manas pateeſibas dehļ tu mani eemihleji! Tad wiſs ir pagalam! Es un pateeſiba! tur ir leela ſtarpiba, neiſmehrojams attahlums! Es mekleju pateeſibu, un to wiſſ ſauz par ahrprahtibu, un tàs dehļ tu nedrihkſti mani mihlet! Par daudſ, par daudſ tu manim eſi mihſa, lai es tewi waretu ſamaitat...»

«Nerunà tà! preezajees!» ſuhk, wiſa daba ir tik jauka. Katrs ſahrpiᴙſch leen pee ſawa drauga, un tu no ta gribi behgt. Ne, paleez! es ſinu, zik gruhti tewim eet, bet iſturi, ees labaki. Mans ſehws tewi apwainoja, winſch to darija aiſ tehwa mihleſtibas uſ mani. Meſchkungs prezē pehz manis. Wiᴙſch ir kreetns un patihkams zilweks. Bet kapehz manim tahds taiſni ir japrez? Lai wiᴙſch mani uſtura, lai mani wadā apkahrt un rahda kà ſawu kundſi? Wiſa ſchī barokſu dſihwe manim nepatihk. Ja es nemihletu mahtes un tehwa, es jau ſen buhtu paſaulē. Brihwiba darbā, domās un juhtās, tas ir mans ideals!»

Es wiᴙu peewilku ſewim klaht, noſkuhpſtiju wiᴙu un teizu: «Nu tu eſi mana!»

«Ja, tawa, ja tu tà gribi!» wiᴙa kluſi runaja.

Mehs apſehdamees ſem preedes. Wakara ſahrtums wehl ſpihdeja pee padebeſcheem, kuri iſklaidu pahr koku galotnēm ſtahweja. Leſā jau waldija krehſla.

«Tewi beidfot peefpeedīs, prezet meīchkungul» es peнz ilgakas klufu zeefchanas runaju.

«Ñerunà par to, es luhdīu, nerunà! Es fawu folljumu turefchu.»

Wiнa peefpeedàs manim zeefchi klaht, galwu pee galwas, tà mehs ilgi fehdejàm un klufejàm.

«Zik jauki!» Liwija preezajàs, «wifs fils apнem muhs fwinigi, it kà bafniza. Un tur, augfchà, redfi, tur jau mirdī fwaigīne. Ta ir muhfu. Ap to fib mafs waiнags, glorijas fpihdums. Es labpraht mihfu luhkotees fwaigīnês, wiнas mirdī tik mihfi, tik fafdī.»

Es wiнu paljaju.

«Waj tu pafihīti «Sabas karaleeni», Goldmarka operu?» es wiнai prafīju.

«Ñe, waj ta ir jauka?»

«Ļoti. Bet wiнa ari ir tragifka. Sabas karaleene eemihlè kahdu Salamana wehrgu, Afadu; ar to fateekas naktīs, bet deenâ, karafa klahtbuhtnê, ta kaunas afīhtees, ka ta mihlè wehrgu un uffauz tam, kad tas wiнai tuwojàs kà mihfakais: «Es tewis nepafīhītu!» Afads, no karafa atfitumts, eet tukīnefī un mirft tur fem weentuligas palmes. Mani fchi opera arweenu dfīfi aifgrahbj.»

«Cu domà, es efmu ta karaleene, un tu tas wehrgs. Naktī es ar tewi fateekos, un deenâ es tewi aifleedīu! Waj ne, tu tà domà?»

«Ja, to es domaju!»

«Nebaīdees, es tewis neatītahīchu. Cu redfī, zitadī es nebuhtu te!»

«Es tomehr paredfu kaut ko fliktu. Bet wifs weenalga. Manim peeteek, ka tu tagad, fcho brihdī, manim peederi. Mana laimigà nakts! Wifas zeefchanas wiнa atalgo, wifas ruhgtàs atmiнas ta ifdeīdè!»

Jlgs bija muhfu fkuhpfts. Mehs nerunajàm, mehs jutàm. Un laiks jau bija tahlu pahri pusnaktij, kad mehs gahjàm mahjup. Es Liwiju pawadīju līhdī pat muīfchas wahrteem.

180

«Ka tewis tikai kahds nepamana,» es baschijos.

«Nekas, ka es tikal dahriā eeteeku, tad ir wiis labi. Arweenu es mehdiu palikt ilgi dahriā. Dahrineeka feewas mahja mani eelaidis. Es winai peeteizu, lai wina us mani gaida. Ta ir ta pate, kas tewim to wehstuli noneša. Un nu ar labu wakaru, mihlais!»

Es pagahju gabalu noit, us zeła, un gaidiju, waj kahds Liwiju eelaidis pa wahrteem. Wina pahrīweeda akmentinu pahr sehtu. Drihi pehz tam wahrti atwehrās un Liwija pašuda aiz teem. Ta bija pehdejā reise, kur es to redšeju.

Pahrgahjis mahjā, es, laimes pahrnemts, ne šapnot nešapnoju, kas rentes muischā pa tam notika.

Rentes kungs, kad Liwija meschkungam leediās dot «ja» wahrdu, prasija zeeschi pehz eemesleem, kuru dehl wina labo partiju atraidija.

«Es mihlu zitu un prezeschu tikai to!» wina stingri atteiza.

«Un kuru tad?»

Liwijas pateeības mihlestiba ispauda winas tehwam manu wahrdu. Un tas palika aiz dusmām waj ahrprahtigs.

To wišu manim wehlak iistahstija dahrineezes mahja, kura pee rentes kunga ispildija istabas meitas weetu. Bet pirms es apkehros, ka tur buhtu kas darams, bija jau par wehlu.

Rentes kungs sarihkoja zelojumu us ahriemēm un panehma Liwiju lihdi. Wina wisadi mehginajuse us kahdu stundu iimukt, lai ar mani satiktos, bet tas winai nebija isdewees. Kad rentes' kungs pahrbrauza, tad wiši noskuma, ka Liwija bija atstahta ahriemēs. Wehitules, kuras wezaki Liwijai rakstija, pats rentes kungs noweda us diesiszela staziju. Par tik swarigu winsch tureja šawas meitas diihwes weetas slehpschanu. Tik daudi es iidabuju sinat, ka wina atrodotees Genfē, kahdā pansijā, sem stingras usraudiibas.

Ko es zereju, tas peepildijàs. Liwija manim rakſtija. Bet walrak weenkahrīchas wehſtules bija jau rentes kungs nokehris pagaſta nama paitā. Beidſot Liwija bija apķehruſès un ſuhtijuſe wehſtuli kahdai draudſenei, lai ta wiſadā ſiRā peegahdā manim priwatā zelā wiRas wehſtuli. To tad ari labā draudſene bija iſpildijuſe. Wehſtule bija rakſtīta no kahda Senſes panſionata.

Labulit!

Peedod, ka es tā aiſbrauzu bei ardeewàm. Ar waru mani peeſpeeda. Es newaru Tewis aiſmirſt, neaiſmirſtī Tu ari manis. Mihleſtiba, labulit, ir tatſchu tas augſtakais paſaulè. Un lai wiRi wiſi dara to, kas teem tihk, es klauſiſchu tikai wiRai. Rakſti manim un iſſtahſti, ko pa tam eſi peedzihwojis. Waj eeſahkſi ſtudet jeb waj manis deht eſi tā nobehdajees, ka lauji wiſai zeribai ſuſt. Neiſmiſt, eſi wihrs. Es nahkſchu atpakaļ, tiklihdſi manim tas buhs eeſpehjams un ja mani ar waru nepeeķehdès pee kahda laba wihra ſahneem.

Es neraudu paſtahwigi, es reiſàm ari paſmejos. Waj ſini ko, aiſuhtſi manim kahdu bruhkleRu ſapiRu no Tawa tehwa meſcha, warbuht weenu no tàm, kuras tā labi tuwu aug leelajai preedei, kur mehs to nakti ſehdejàm un ſapRojàm, par nahkotni. Sahkumā es domaju, ka es kļuhſchu waj ahrprahtiga. Bet tas pamaſam pahrgahja. Zilweks beidſot peeron pee wiſa. Es tikai baidos, waj es neeſmu ſauna, ka es tā wiſu tik weegli paneſu?

Mihlulit! Es pehdejās deenās, mahjā eſot diirdeju, ka mans tehws no Tawejā atpirzis juhſu mahjas rentes teeſibas. Tad jau jums buhs drihſi ween jaiſkrawajās. Pirms Tu aiſej no tureenes, rakſti manim, kur Tu paſikſi un ko eeſahkſi. Uirakiti wiſu, wiſu pamatigi, jo ſirds manim deg, ſinat, kà Tewim klahjas, ko Tu domà, waj neeſi uſ mani ſauns. Ja, mehs ſeeweeſchi eſam tomehr ſliktaki, nekā es to agraki domaju. Manim wajadſeja teem azis iſſkrahpet, kuRi 182 mani eezehla ratôs, lihdiâs tehwam, lai aifweitu projam no Tewis. Manim wajadieja iflehkt no wagona, lai iteigtos pee Tewis, bet luhk, es atbrauzu tehwam lihdi uf Senfi, kur manim jamahzas franziſki un fmalkâs maneeres. Peedod, mihlulit, ka es neefmu tahda warone, kà es to agraki no fewis domaju. Es efmu weenkahrfcha, ikdeenifchķiga meitene, kura naw Tewis zeeniga. Bet mihlet es Tewi mihlu jo projam, es wakarôs par Tewi luhdfu Deewu, par Ofgertu un par Tewi. Tehfi un mamu es no fawàm luhgfchanàm efmu iffehgufe. Wiri ifturejâs pret mani fliktaki, nekà prêt nofeedineezi. Ofgerts turpreti breefmigi raudaja, kad es brauzu projam. Wirfch apkehrâs manim tà apkahrt, ka to ar waru wajadieja atraut no manis. Tapehz es ari luhdiu par Ofgertu Deewu. Jr jau wehla nakts. Rakitu paflepfchus fcho wehftuli, tikai nefinu, kà to dabufchu paſta kaftitê, jo wifàm wehftulèm, faunàm un labàm, ir faeet zaur ifingrâs preekfchneezes rokàm. Naudas manim naw klaht ne fenira, wifa nauda deponeta pee preekfchneezes. Ari paftmarkas naw. Bet nefkatotees uf wifu to, es tomehr zeru fchis rindiras nogahdat Tawâs rokâs. Es wiras pahrrakiftfchu wairak ekfemplarôs, nofuhtifchu Tewim wairakkahrt, kamehr tatfchu beidfot Tu kahdu no manàm wehftulèm faremfi. Dfihwo laimigs, mihlulit, es Tewi fkuhpftu fimtàm reifchu. Dfihwo fweiks!

Tawa Liwija.

Newiſus manim riteja pa afarai uf Liwijas rakfteena. Es wirai atbildeju, rakitiju wairakkahrt, bet atbildes wairs nedabuju. Drihi pehz tam mani wezaki pahrgahja dfihwot zitur, es wirus atftahju, alfeedams uf Eekfchkreewiju par mahjfkolotaju.

183 Laiks ifdieedè wifas bruhzes, ja ne zitadi, tad zaur nahwi. Es paftku dfihws, bet zik tukfcha ir mana dfihwe!

Pehz diwideſmit gadeem es biju atkal reiſ ſawā dſimtenē. Rentes kungu tur wehl tikko atmiņa. Jau preekſch deſmit gadeem wiņſch aligahjis ar dſimtu ſweſchumā. Manis wairs neweens neatzereſàs un nepaſina. Amata darīſchanàs manim bija tur jabrauz garam. Bija jau nakts, kad paſta puiſis ſwilpodams eebrauza taja ſilā, kuram es reiſ gahju zauri, pawadīdams Liwiju pirmo un pehdejo reiſi uſ mahju.

«Kluſu,» es paſta puiſcham uſſauzu, «iche tu ne-drihkſti ſwilpot, tas ir mana tehwa ſils.»

Wiņſch apkluſa un es padewos breeſmigi ſahpīgàm juhtām. Wiſas eekſchas mani ſahka karſt, ſirds ſita, kà ahmurs, un galwā radàs ſenais ſpeedeens, kahdu es tajutu preekſch diwideſmit gadeem.

«Peeturi!» es uſſauzu, kad bijàm peebraukuſchi pee tilta, ſem kura es behrnibā ar baltajeem oteem biju ſpehleſees.

«Paleenè manim tawu lukturiti,» es paſta puiſcham praſiju.

Wiņſch eededſinaja ſwezi lukturi un manim to paſneedſa. Pukſtoſchu ſirdi es gahju ſilā eekſchā, turedamees arween upites kraita tuwumā. Te ſirds uſ reiſ waj apſtahjàs pukſtet. Tur ſtahweja wehl wezà leelà preede. Es peegahju tai klaht un apſluhkoju weetu, kur es toreiſ, jaunibā, eegreeſu diwus kruſtus. Tee bija gluſchi iſdiluſchi, tikko wehl ſaſihmejami. Aſaras manim ſahka liht aumaļām. Es nokritu zelôs pee preedes, kà muļķis, kà behrns es runaju: «Kur tu eſi mana mihſà?» Un manim likàs, ka wiņas mihſais ſtahws manim noleektos lihdſàs zelōs...

Sirgi ſweedſa uſ leelzeļa, un es ahtri peezehlos, ſapluhzu wisapkahrt labi daudſ bruhklenaju un eeſehju tos kabatas drahnā. Tad wehl reiſ meſis ſkatu uſ mihlo weetu, es aiſchi dewos atpakaļ uſ rateem.

«Brauz!» es uſſauzu, «brauz tik ahtri, zik wari!»

Neſinu pats, kapehz to tà teizu. Tikko biju ratôs, 184

kad firgi alffchahwàs ar feelu ahtrumu uf preekfchu. Bet manim likàs, it kà kad kahds fauktu manim pakaf. Rokàs es fureju fawu dahrgo alffainiti ar bruhkfenajeem no tehwa fila . . .

No fcheem bruhkfenajeem es, fawâ tagadejâ dfihwes weetâ nonahzis, nowiju glihtu waiʀagu un peekahru to pee feenas, pahr manu gultu. Wiʀfch gaida uf lihgawu, kuʀa reif atgreefifees. Warbuht wiʀa wehf nahks, weza un grumbaina, bet es to mihfi apkampfchu.

«Waj redfi, Liwija», es teikfchu, «tas waiʀags ir no bruhkfenajeem, kuʀi augufchi pee feelàs preedes, mana tehwa filâ, kur mehs faderinajamees un fwehrejàm weens otram muhfchigu mihfeftibu. Leez wiʀu galwâ, mihlufite! — —»

Noputejis, fakaltis wiʀfch tur ftahw. Es efmu flims, wahrgs un nelaikâ wezs kluwis. Nepanefamas ir manas beimeega naktis. Peepefchi pamodees, es fkatos uf bruhkfenaju waiʀagu pee feenas. Nakts tumfâ tas, leekas, ir eededfees leefmâs un kwchfo.

Tahfu, tahfu fchafz dfimtenes fifs. Es kfaufos, kà wiʀfch fchafz: es tik dfihwi atminos. Un, leekas, if fchfs fchafkoʀas mani fauz.

Ja, ja, es nahkfchu drihf!

185

Poruka rakfti V.   12

Wezais mufikants.

Pulkſten defmitōs no rihta kahda priwatorkeſtra muſikeem bija jaſanahk Meinholda ſahlē uſ mehginajumu.

Klarinetiſts, jauns, bahls wihreetis, flimigi ſmaidoſchu ſeju, ſprogaineem mahkſlineeka mateem un klibu kahju, droſchibas pehz bija jau pusſtundu agraki konzerta ſahlē eeradees un, pee loga peeſpeedees, laſija «Dreſdenes awiſi».

Drihſ pehz klarinetiſta eenahza kontrabaſiſts, — tuklis, pawezs wihrs, ſahrtu ſeju, ſtrupeem ſibuſchinateem mateem, noplukuſchā frakā, ihſās bikſās un milſigi leelās kamaſchās.

Wiŋſch nopuhtās, apſweizinajās ar ſawu beedri un tad iſ muſiku ſapulzes iſtabas iſſteepa bruhno, apkwehpejuſcho kontrabaſi uſ podija un ſahka uſ tās tramſchķinat.

Klarinetiſts ſalozija awiſi, eebahſa to kabatā, uſkahpa ſawā troni un ſahka ſtabulet kahdu pagruhtu weetu iſ Bethowena IX. ſimfonijas, kurai ſchodeen bija mehginajums.

Pa augſtajeem ſahles logeem eeſpihdeja no ſalſtoſcheem ſeemas twaikeem apſlahpetee ſaules ſtarī. Schajā ſkumīgajā ſaulgoſī bija ſapluhduſchi miljoneem puteklīſchu, kuri zits zaur zitu mudſcheja un īt brangi attehloja ſiniſtzigā, ahrejā ſpihduma puteklību. Ari ſchee puteklī, kurus zītadi neweena azs nepamana, no warenās ſaules apſpihdeti, nu mirdſeja, īt kā ſchī rota buhtu paſchu nopelns. Zik maſīnī ari ſchee puteklī naw, īf wiņeem tomehr paſtahw wiſa ſemes godiba, ſpehks un bagatība! Atņem ſaule mums ſawus ſtarus, tad ſcho puteklīſchu newar ſaredſet. Beſ ſaules wiſa ſeme nebuhtu nekas zits, kā neezīgs puteklīts, kurſch beſ kaut kahdas noſihmes peldetu pa paſaules beſgaligajām telpām . . .

Tā apmehram domaja reſnais kontrabaſīſts, kurſch, beidſis tramſchķinat, atſpeedās elkoneem uſ krehſla atſweltnes un luhkojās mirdſoſchôs puteklīſchôs. Wiņſch jau gadeem mehdſa uſ mehginajumu puſitundu agrak nahkt, jo domas, kuras wiņam weentuli uſ podīja ſehdot prahtā ſchahwās, wiņam likās buht nealiſmakſajamas. Ari ſchodeen wiņſch padewās kaiſīgai domu ſtraumei, kura, deemſchehl, īi puteklēem ſahkuſēs, atkal puteklôs beidſās . . .

Muſīķi eeradās weens pehz otra. Kad kontrabaſīſts īi ſawām puteklu domām pamodās, tad beſ wiņa un klarinetīſta uſ podīja jau ſehdeja maſais tſchellīſts — ar ſchauro peeri, breeſmigi geniali iſbuſchinateem mateem, wiltigi ſpihdoſchām azīm un leelo muti. Leelā mute wiņa rakſturam ihiti peedereja, jo wiņſch runaja un ſeeliſjās beſ mehra. Bethowenam un Wagneram tas arween raudſija uſrahdīt kļuhdas; un kapelmeiſtara tas ne azu galā newareja eeredſet. Deemſchehl kapelmeiſtars to paſchu ari pret wiņu ſajuta . . .

Aiſ tſchellīſta ſarunajās diwi ragu puhtejī. Un bundſineeks ar muhſcham ſmaidoſcho, apaļo ſeju apſehdās pee ſawām bungām, kad durwis atwehrās un wijoles kaiti neſdams eenahza ſalihzis wezīts, ſirmu galwu, tihri

188

noskuhtu, domigu seju, sneegbaltā apkaklitē un silganā frakā, kura wiņa kaulainajām meesām rahdijās drusku par leelu buht.

Winsch nolika kasti us krehsla, nosčnauzās baltā kabatas drahniņā un tad pamasam ar beedreem apsweizinajās.

Tschellists paskatijās schķelmigi us weziti un pasmaidija. Winsch bija eewehrojis, ka wezais bratschists, katru reisi, us podija uskahpis, iswilka is kabatas drahniņu un nosčnauzās.

«He, Orfeja kungs!» tschelists smehjās, weziti usrunadams, «kur tad tu esi apkahrt blandijees, ka esi dabujis tahdu eesnu?»

Wezits, kuru beedri lamaja par Orfeju, bet kura ihstais wahrds bija Ludwiķis Bütners, paskatijās us tschelistu un pabrihnejās par ta runu. Winsch usbassoja sawu bratschi*), peespeeda to pee kakla un, azis aismidsis, sahko ko nebuht klusi spehlet. Bet drihs tam bratscha noslihdeja us klehpja. Wiņu pahrņehma sawads gurdenums un aisrahwa sahpigōs sapņōs. Tik tad, kad tschelists us wiņu stihwi paskatijās un pee tam skaļi eesmehjās, wezits it kā pamodās un ahtri atwehra nosčhu burtnizu, us kuras trekneem burteem bija usspeests: «L. von Bethowena IX. simfonija». Wiņa azis sawadi eemirdsejās. Juhtas, kuras wiņu pahrņehma, lika wiņa rokai drebet. Bet mufiķa roka nedrihkst drebet, sewischķi stihgu instrumenta spehletajam ne! To eedomajot, wezits it kā sabijās. Notis sahka danzot, nosčhu burtniza kustetees, un miglains plihwurs lidoja preekschā wiņa azim. Winsch saprata tuhliņ, ka newis nosčhu burtniza kustas un notis danzo, bet ka wiņa galwā atkal pamodees reibonis un radijis wispahrigu nerwosu ustraukumu.

Schahds reibonis, kuram alaschs sekoja gihbonis ar

*) Otrā wijole.

wehlakåm galwas fahpèm, pee wezå Būtnera pehdejå laikå bija wairak reifchu afkahrtojees.

«Luhk, kahds man pikis!» wezits domaja, «faifni dewitås fimfonijas mehginajumå man ufnahk reibonis!... Bet fpehlet tomehr fpehlefchu. Man jafpehlè, es jau zitadi newaru dfihwot!... Luhk, — dewitå fimfonija! Tur waj trakam jatop, ja netiktu pee fpehlefchanas!...»

Winfch pafchkiritija nofchu burtnizå un nopuhtås.

«Orfeja kungs!» tfchelifts fobojås, «faнematees, fchodeen kapelmefitaram buhs gruhti iftapt!... Wakar, jeb labak fakot, fchoriht es to faftapu pee Hennefettera*).

«Milijoneem apkampjotees,
Skuhpitu wifu pafauli!...»

Winfch dfeedaja, ar operas kora repetitoru bråhlibas fadferdams. Aitонas Rūdeshelmera buteles atradås uf galda. Pulkftens bija weens, kad es aifgahju, tad tee tukfchoja dewito... Nu, ar to ween jau nepeetikal Muhfu kapelmefitars paradis tik tfchetrôs waj peezôs no rihta uf mahju eet...»

Tfchelifts tikko paguwa fchos wahrdus ifrunat, kad durwis tika ahtri atrautas, un pa tåm eenahza jauns, fkaiits wihreeiis, fmaiki gehrbees, kurfch, ar retu graziju kuftedamees uf wifåm pufèm, mufikus fweizinadams paklanijås. Uf wiнa fejas wareja lafit nogurumu un pagiras. Winfch pafkatijås kabatas pulkfteni un, redfedåms, ka bija aifkawejees, wifu mufiku preekfchå atwainojås, nofiahjås pee pulta un atwehra partituru.

Takts fifiis pafpihdeja, un fimfonija fahkås.

Kopfpehle gahja brihdi glufchi labi, kad kapelmefitars peepefchi peefita ar takts fifii pee pulta un fkaнi eefauzås:

«Bratfcha — aplam! Kas ta tahda par fpehlefchanu?...»

Winfch dufmigi pafkatijås uf to pufi, kur wezais

---

*) Pafihitama kneipe Dreidenê.

190

Bütners ar ofro bratschiitu, jaunu, tikko konserwatorīju beigufchu Elsaseeti, sehdeja.

«Orfej, Orfejs!» jaunee senki: stabulneeks ar pinsneju us deguna un pirmais wijolsits, kuram bij soti skaistas melnas azis un mihligs gihmitis, — nirgajâs, nelaimigo weziti usluhkodami, «waj tu atkal domâ par Euridiku?...»

«Ko? Waj es apkam spehleju, kapelmeistara kungs?» wezits pusaissmazis, bailigi eesauzâs.

«Nu, kursch tad gan zits!» kapelmeistars pikti atzirta, «ko juhs spehlejât? Juhs esat wezs, akls un kurls!... Tagadnes prasijumus juhs wairs newarat ispildit!... Jeb juhs gribat mani tik kaitinat?...»

«Redi, redi, Orfej! Waj es neteizu, ka tâ buhs?» tscheliits tschukiteja.

«Juhs kaitinat, kapelmeistara kungs, es negribu... Es, es...» nule winsch tik eeskatijâs, ka tas bija aplamu lapu usschkihris.

«Kapelmeistara kungs, es esmu pahrskatijees, luhdzu peedoschanu!...»

«Sche nedrihkst pahrskatitees, sewischki tik rupjâ wihse ne!... Ja juhs man atkal rihtâ pahrskatisatees, tad juhs mani wisas publikas preekschâ isblamejat... To tatschu juhs gan saproteet?...»

Wezits noduhra galwu un ditti noskuma. Winsch sinaja, ka kapelmeistaram bija taisniba. Generalmehginajumâ nedrihkst pahrskatitees. Tik rupja kļuhda, kahdu winsch bija padarijis, smalkâ orķestri nekad nedrihkiteja atgaditees...

Kapelmeistara dusmas drihsi pahrsitahjâs. Musiki peeneuma atkal nopeetnas sejas, un mehginajums turpinajâs.

Brihdi gahja wiss labi, kad wezits pamanija, ka notis sahk atkal danzot un roka drebet. Miglas plihwurs atkal lidoja winam preekfch azim.

«Bütnera kungs, waj juhs traks esat? Ko juhs

ihīti īpehlejat? Kas ta ir par welna īonati, kuru juhs tramīchķineet?..."

Tikdaudī wezits no kapelmeiītara wahrdeem dīirdeja. Tad wiŗam likās, it kā kad īeme lihgotos un kalni īagahītos.

"Kapelmeiītara kungs! Orfejs nogihbal" tīcheliīts eeīauzās un ahtri īatwehra weziti ap plezeem, kurīch zītadi buhtu no krehīla nogahīees.

"Schneidera kungs! luhdīu eeneīeet glahīi aukīta uhdeŗa," kapelmeiītars uīrunaja ītabulneeku, kuram bija piniŗejs uī deguna, un īpeedās zaur muīiķu īehdekleem īihdī wezitim, kurīch — pawiīam bahls — tīcheliīta klehpī duīeja.

"Nabaga Orfejs!" reīnais kontrabaīiīts dweīa, "īabais īelta wezits!..."

Kapelmeiītaram metās īchehli ap īirdi. Wiŗīch aptauīīīja wezīcha peeri un peeīihmeja:

"Neko darīt! Par wezu... Orķeītrī nederīgs... īameklē zits bratīchīits..."

Kontrabaīiīts azim redīot noīkuma. Neweens no orķeītra beedreem wiŗam nebija tik mihļīch, kā wezais Bütners. Wiŗi abi bija wezlaiku zilweki, kuri newareja lahgā ar jaunajo eeīkateem un idejām apraīt... Arī bundīineeks bija ītiprī gadōs, bet tas par daudī mihleja jautrību, mihleja ar jaunakeem beedreem eedīert un braīchi uīdīihwot. Tā tad wezais — Orfejs un kontrabaīiīts weens ar otru kluīibā draudīejās, bet ka tee īawas draudzības juhtas buhtu zītadi parahdījuīchi, kā weenīgi īirīnīgōs īweizinajumōs un laipnōs īkatōs.

Kontrabaīiīts uīlika īaīlapinatu drahniŗu uī wezīcha deniŗeem. Wezits par brihdi atwehra azis un, nokauŗejees, paīkatījās uī kapelmeiītaru.

"Bütnera kungs! Juhs eīat wahjīch! Jums jaeet uī mahju un jaleekas gultā... Man ir juhīu īoti īchehl, bet es zītadi newaru, man ir japeeŗem zits bratīchīits — juhīu weetā!"

«Es faprotu, kapelmeiſtara kungs,» wezits tſchukſteja, «es eſmu atlaiſts!... Juhs zitadi newarat... Ari es, juhſu weetà buhdams, buhtu to paſchu darijis!...»

Wezilchia azis walgi eemirdſejàs. Bet drihſi wiꞃſch ſaꞃehmàs, eelika wiſoli kaſtê, to aiſſlehdſa un ſchehli wisapkahrt ſkatidamees, no beedreem atwadijàs.

«ꞃebehdajatees neko,» kapelmeiſtars wezilcham roku ſpeeſchot apgalwoja, «es par jums ruhpeſchos, zik daudſ man tas buhs eeſpehjams... Tagad greeſchatees pee ahrſta – un lituratees meerigi! Uſ redſeſchanos! – Es juhs drihſumà apmekleſchu!...»

Wezits uſſkatija ſajuzis kapelmeiſtaru, neteiza ne wahrda un ſalihzis gahja uſ durwim. Wehl reiſ wiꞃſch atſkatijàs uſ to weetu, kur tas weſelu zilweka muhſchu bija mahkſlai kalpojis, un pahris karſtu aſaru tam noliſa pahr eekrituſchajeem, grumbainajeem waigeem.

Garderobes iſtabà wiꞃſch uſwilka wezo kaſchoku ar lapſahdas apkakli, uſmauza wezmodes platmali galwà un iſgahja uſ eelas.

Ahrà ſtipri ſala. Sneegs pahrſloja ſehnàm un wezits uſķehra daſchu brihnilchķigi ſſrobotu pahrſlu uſ melnà ahdas zimda. Bet wiꞃſch ſcho greiſno ſneega puķiti uſſuhkoja weenaldſigi. Galwa tam karſtin karſa un kruhtis jutàs kà ſwina peeleetas.

«Luhk, ta ir tawa diihwes alga,» wiꞃſch domaja, «– ej tu, ſpehlè wiſu muhſchu preekſch teem, kam patihk muſikà klauſitees, un kad eſi wezs, tad tew neweens tik patihkami nedſeedàs un neſpehlès! Miriſti waj diihwo – tas paſaulei weena alga!...

Garàm brauza damas un kungi, lepni eerihkotàs kamanàs. Sirgi ſkrehja, it kà kad tee weſtu to labako un augſtako, kas ſemes wirſû atrodams. Jaunawas un jauneklſ, ſahrteem waigeem un preezigàm ſejàm, aiſſteidſàs wezilcham garàm, beſ ka tee wiꞃu eewehrotu. Wiꞃſch wiſu muhſchu par ſchàs diihwes ſuhro likteni bija maſ ſuhdſejees un arween ſirinigas meldijas ſpehleſis, bet likàs, ka neweens wiʀa nebija faprati̇s. Un nu beidfot ari mahkfila wiʀu atitahja! Wiʀfch bija dafchu labu wakaru ne-ehdis nabadfigajà gufu weetà pee meera dewees, bet pee tam arween laimigs futees, jo tam bija wifole, uf kuras tas fawas dfihwes preekus un behdas apdfeedaja. Ka apitihgots koka gabals wiʀu faprata un wiʀa juhtas dfilàs atbalfis attehloja, par to wiʀfch newareja beigt preezatees. Wiʀfch beidfot fewi apmahnija ar tàm domàm, ka lihdfidalibu, lihdfijuhtibu, kuras lihdfizilweki pret wiʀu nemaf waj foti mofà mehrà bija fajutufchi, tas warot atraft weenigi mahkfilà. Schee diefas tehli, kuri li brihnumu pafaules zehlàs, wiʀam draudfigi mahja, it kà faukdami uf labako un augitako dfihwi. No fchàm mahʀu domàm wiʀfch bija fewi fahwees ilgu laiku maldinat. Tagad, kur wezums, nefpehks, ruhpes un fahpes to fpeedin fpeeda, ari mahkfila wiʀam peepefchi ufauza: «Tu man wairs nederi, — tu efi wezs!...»

Schi pehdejà disharmonija wiʀu wiswairak apbehdinaja. Gan wiʀfch wehl reifàm fajuhiminajàs preekfch fkaʀàm, bet fchi fajuhimiba zehlàs wairak li atmiʀàm, nekà li azumirkliga mahkfilas fpehka. Wifs, kas wiʀa aufis wehl faldi fkaneja un preekfch azim mihligi krahfojàs, tas atpluhda li dfilàs pagahtnes, li behrnibas, kur tas mahtes klehpi bija fpehlejees. Arween wairak wiʀfch fahka pehz ta ilgotees, ka wiʀam truhka: proti pehz fchàs behrnibas. Kur un kà lai pee tàs tiktu?... Ja, wiʀam truhka behrna, kurà wiʀa dwehfele fpehtu no jauna ufeedet newainigajòs behrnibas feedòs. Wiʀam truhka feewifchkàs firds, kura ar wiʀa firdi kopà fpehtu pukitet laimigos laulato draugu pukiteenus...

Ja, wiʀfch bija weentulis wahrda wispilnigakajà finà. Jo tuwaku wiʀfch fawam dfihwoklam nahza, jo itipraki wiʀa firds fahpeja.

Kas ta bija par mahju un kas tas par dfihwokli? Waj tur wiʀfch itarp tfchetràm aukitàm feenàm nedfihwoja kà zeetumà?... Sirma wezpulfcha liktenis! Kurfch 194 gan to spehs ihsiteniba tehlot? Neweens, jo pasaulet naw preeksch ta wahrdu. Leelakàs laulibas behdas ir neeki pret godiga wezpuischa breesmigo weentulibu!...

«Ko lai es mahjà daru?» wezais Bütners domaja, «waj lai es eegulos gultà un leeku simts ahrsitus aizinat? Waj tee man ihsteniba palihdsès? Waj tee man atdos manu jaunibu, manas zeribas un eedwesls tad mani tizibu un spehku preeksch laulibas dsihwes, lai zaur to zilweku atjaunosot un tihràs zilwezibas jehdseenu paplaschinajot dabutu augstaku nosihmi? Waj tee mani daris nemirstigu un par dabas idealeem kalpojoschu zilweku?... Bet es jau sinu!... Tee man aptausils pulsu, apskatis manu mehli, paklaudsinàs pee kruhts, un tad uisrakstis ko nebuht us papira! Tad schis papirs zelos us apteeku, is apteekas man pahrnesls sahles, kuras man trihs reis deenà jabauda. Es dserschu un dserschu, palikschu nelaimigs wezpuisis, kà bijis... Eh, wislabaki man patiktos nomirt...»

Winam nahza preti diwi glihti skuksi, kusi, noschu mapi nesdami, steidsàs us musikas skolu.

Wezits paikatijàs us schàm jautrajàm buhtèm un newilot apstahjàs.

«Gluschi tahda, kà mana Agate!» wezits nodomaja, weenà no skukseem noskatidamees, «gluschi tahda...»

Un wezits wairs ne domat nedomaja par mirschanu un tamlihdsigàm leetam.

A g a t e ! Pee schi wahrda winsch nodrebeja. Wina agrakà saimneeze, no kuras tas bija nomajis istablau, kà atraitne mirstot bija atstahjuse bahreniti, gaischmataino, mihligo Agati. Schi gaischmataine, ar pehtoschàm, skaistàm azim bija wina ideals. Nè — wairak: winsch to mihleja. Wezuma deenàs winsch bija ar scho brihnuma putnu cepasincees. Bet winsch palika prahtigs, jo winsch sinaja, zik tas ir wezs un zik jauna — Agate! Tapehz winsch luhkoja sawàm juhtam dot tehwischku raksturu un par winu ihstenibu klusèt. Wakaròs winsch alasch san-

taſeja uſ wijoles, un Agate, newainigàm azim wiņā luh-
kodamàs, klauſījàs noſlehpumainajàs gaudu ſkaņàs, kuras
wiņa noſauza par brihniſchķigàm.

Tad wezītim likàs, ka wiņſch eſot leels nelga un
ahkīts, jo «brihniſchķigàs» ſkaņas nahza iſ wiņa mihle-
joſchàs kruhts. Sawadàs gaudu meldijas nebīja nekas
zits, kà mihleſtibas atklahſchana Agatei. Tad wiņſch at-
gahdajàs, ka wiņam eſot ſirmi mati; nokaunejees, wiņſch
lika wijoli pee malas un nogrima domàs.

Tàs bīja wezu wezàs domas, kuras katrs paſihīt,
kam diihwē ir biſuſchas ruhpes, behdas un kahrdina-
ſchanas. Schīs domas arween atduras pret kàhdu zeetu
preekſchmetu, kurſch ſihmets dſelſchaineem waibſteem un
apdahwinats milſcha ſpehkeem, — pret kahdu klinti, pee
kuras ſadruhp katrs prahta kuģis, kurſch wiņai tuwojas,
netizedams wezajai kuģineeku teikai, kuras noluhks ir
atbaidīt pahrdroſchos brauzejus no breeſmigàs klints.
Schīs ſchauſmigais magneta kalns peewelk tomehr tīklab
muhſu-diihwi, kà ari domas pee ſewis un muhſu laimes
kuģis ſadruhp un ſaſchķihſt gabalôs... Schī klints un
grehks! — tas ir weens un tas pats! Grehkam ir
ſawada brihniſchķiga burwība. Tas wilktin peewelk muhs
pee ſewis; un newainigais, kurſch paſlaban tam tuwojas,
netiz, ka wiņſch pee tà bojà ees!

Liktenis — grehks — teikſmainais magneta kalns
juhrà! Aiſ tewim wajaga kam augſtakam ſlehpties,
nekà breeſmigai, neſaimi neſoſchai ahribai ween!

Ari wezais muſiķis dabuja ar ſchta magneta kalna
ſpehku eepaſihtees. Bet wiņſch ſtuhreja ahtri prom,
wiņſch paņehma iſ weenkahrſchi papiru un ſahka norakſtīt
notis waj paņehma ſpeeķi un iſgahja gar Elbes upes
malu paſtaigatees.

Wiņſch newareja deeſgan par ſawu diihwi iſbrih-
notees. Wiņa liktenis tam bīja liidſi ſirmam wezumam
līzis nodiihwot, beſ ka tas wiņu agraki ar kahdu jau-
nawu buhtu eepaſihītinajis, kura buhtu ſpehjuſe wiņa

firdi diifakt aiſkuſtinat un wiɴu pahrleezinat wajadſîbâ, eedotees lauſîbâ... Nu, wezuma deenâs, parahdîjâs Agate, it kà kahds eɴgelis, kurſch wiɴam iſ debeſim ſwarîgu ſiɴu neſot zeļâ aiſkawejees...

Agatei bija ſkaiſta baſs. Un wezajam Bütneram newareja labakas domas prahtâ eeſchautees, kà: ſuhtit Agati uſ Wîni, pee kahdas eewehrojamas dſeedaſchanas ſkolotajas. Ari Dreſdenê netruhka labu ſkolotaju, bet Bütners pats wehlejàs, lai Agate iſplauktu ſweſchatnê pilnîbâ, tiklab garîgi, kà meeſîgi, un tad kahdâ jaukâ deenâ wiɴu pahrſteigtu kà kahds brihnums. Wezais muſiķis bija leels fantaſts un iiſdomaja daſchu labu nedarbu... Wiɴſch ſaſkaitîja ſawus wezos dalderus, no kureem tas daſchu ſem Liſta waj Schumaɴa wadîbas, teem Dreſdenê weeſojotees, bija pee malas ſizis. Schee wezee ſudrabi, no kureem tas ſewiſchķu burwju ſpehku domajâs, kuɾus tas ſahkumâ bija wezuma deenâm, bet wehlaki kahdam ſewiſchķam, leeliſkam mehrķim par labu noſehmis, ſchee ſudrabi wiɴam preti tik ſkaidri ſkaneja:

«Iſdod muhs preekſch Agates! Mehs atneſiſim daudſ, daudſ ſwehtîbas!...

«Ja, es juhs iiſdoſchu Agatei par labu,» tâ wezits kluſîbâ noſpreeda, «lai ar mani paſchu notiktu, kas notikdams!...

Un wezee ſudrabi uſbuhra Agatei jaunu uſwalku, ſihda leetus ſargu, dſeliſzeļa biļeti lihdſ Wînei. Weena daļa no ſcheem daldereem eeſagàs Agates zeļa ſomâ. Un «kahdâ jaukâ waſaras deenâ» Agate aiſbrauza uſ Wîni. Schi deena bija weena no Bütnera laimigakajàm wiɴa muhſcha otrajâ puſê. Wiɴſch preezajâs wiſu zauru deenu un wakarâ pat aiſgahja uſ kneipi un, kauſu alus tukſchodams, laſîja «Neue freie Preſſe», kuɾâ tas reiſ zereja atſinîgu kritiku par Agates mahkſlas ſpehju laiſt. Tik Wîne un atkal Wîne, Agate un atkal Agate bija wiɴa galwenâs domas. Pats par ſewi wiɴſch domaja gluſchi maſ, lai gan tas wisnotaļ bija wajadſîgs. Uſ penśiju wezuma deenās wiŗśći newareja zeret, jo wiŗśći bija wiśu muhśćhu tikai priwatorķeitrōs śpehlejis, neeewehrojot daśćhus retus gadijumus, kur tas operā, kā ahrkahrtigs muśiķis, uf śewiśćhķu eeluhgumu, bija peedalijees. Bet par penśiju wiŗśći neruhpejās. Waj tad Agate, śćhi ideala meitene, wiŗu atśtahtu nabadśibā, tiklihdi wiŗa ktuhtu pee mantas un ślawas, kas beś śćhaubàm no wiŗas, pehz wiŗa domàm, bija śagaidams?

Wezits śahka uf śewi duśmotees, kā tas warejis pawiśam tā śautat.

«Tas tatśćhu par śewi śaprotams, ka wiŗa manis neatśtās,» wiŗśći domaja un kahpa pa trepēm.

Wiŗa jitabiŗa atradās tśćhetras trepes augśti. Wehl gadu atpaka wiŗśći bija warejis beś peekuśćhanas nokłuht śawā ligidā, bet tagad wiŗam śirds pawiśam aiśkuśa. Wiŗśći brihtiŗu eliśoja, pee śawàm durwim śtahwedams, un atśpeedās beś śpehka pret śeenu. Wehśtuśu kaśtiti pee durwim uśśkatot, wiŗśći jutàs no tàs it kā peewilkts. Kaśtiti atślehdśot wiŗam pretī paśpihdeja wehśtule.

«No Agates!...» wiŗśći apraudśija wehśtuli ar śmalki rakśtito adreśi no wiśàm puśèm un azis tam preezigi eemirdśejàs.

«Muśiķim Ludwiķim Būtnera kungam, Dreśdenē, Materni eelā Nr. 2...»

Tad tatśćhu paśaulē pukiteja weena śirds, kuŗa wiŗu eedomajot, śeewiśćhķigi juhtot, preekśći wiŗa wehśtuli bija diktejuśi!...

Jitabiŗā wirsdrehbes nowilzis un wijoślu kaśti uf wezàm klaweerēm noliżis, wiŗśći apśehdās un laśija Agates wehśtuli:

«Mihśo kruśtehw!

Es śuhtu Tew śirśnigas labas deenas un śkuhpśtu Tew garā roku, kuŗa preekśći manis tik daudź laba darijuśi, ka es neśinu, kā lai par to Tew pateizos. Pamaśam es śahku noźkahrit, kahdu grehku es eśmu darijuśi, no Tewis naudu śaŗemdama. Nebrihŗees

198

pat to: es topu arween wezaka un prahtigaka. Tawu itahwokli es waru gluīchi labi eedomatees. Tu eīl weentulis, wezs un wari tapt flims un neīpehjigs darbotees mahkīlas laukā: un Tu man atdod ſawu naudu! Kapehz tu to, mihīais kruīttehtir, dari? Es daudſreiī eſmū par to domaſuſe, kā es wislabak Tew par to waretu pateiktees, bet es wehl neka galiga neeſmu iīdomaſuſe. Ja es kīuhtu par tahdu dſeedataju, kahda ir Adelina Patti, tad es Tewi, kruīttehtir, apbehrtu ar ſeltu un wadatu Tewi ſpoſchā kareetē, ja, tad es ſpehtu Tewim parahdit, zik ſoti es Tewi mihlu un zeeniſu. Bet tagad man eet deeſgan wahīi. Manzoni kundſe, kuru tu man tik ſilti eeteizi, ir ſeeſcham leela dſeedataja. Ta draudſejas ar Antoniju Schlāger*) jaunkundīi un Hansliku, ſlaweno muſikas kritiķi, ſaeetas ar baronu un grafu ſamilijām, bet mani wiņa tā uſſkata, it kā es nekam nederetu. Wehl wakar wiņa uſ mani teiza: «Ko juhs pihkitat, kā wehrdſene, waſ juhs newarat brihwi un droſchi dſeedat?»

Mana paſchapſiņa un pahrleeziba, ka es ſeeſcham buhtu dīimuſe mahkiſeneeze, naw tik leela, ka es eedroſchinatos ahtri peeņemt leelu mahkīiſneetſchu maneeres. Mani behrnibas eeſpaidi tura mani kā walgōs, tapehz mana balſs īkan tik behrniſchķī un gaudi, gluſchi kā Tawa wijole, kruīttehtiņ! Es ſabpraht mahzos, bet man ſaatſihitas, ka dabigā balſs teek par daudſ mozita, kamehr ta peeņem wiſus „bel canta" gludenumus. Bet neko darit, tam tā ir laikam ſabuht. Salu galā man ir jaiſteiz luhgums, kura es pawiſam nemahku uſrakſtit.

Manzoni kundſe jau man diwas reiſas ir atgahdinaſuſe, lai es ſamakſajot itundas preekſch nahkoſchā ſemeſtra – tī preekſchu. Un naudas, kruīttehtir,

*) Eewehroſama Wines operu dſeedataja.

man pawifam naw. Sche es Tew peeleeku rehkinu klaht, kurfch manu itahwokli wislabaki ifkaidros! ...

«R e h ķ i n s.

No kruiftehwa 1. feptembri fanehmu 100 guldenus*)
Makfaju:
Manzoni kundfei par itundàm 60 guld.
Hochperg kungam par klaweeru
    pawadifchanu . . . . 10 „
Tfcherni kundfei par iftabinu . 12 „
Par notim . . . . 11 „
Mafgatajai . . . . 3 „
Par ehdeenu . . . . . . 20 „

                                Kopà: 116 guld.

P. S. 22 guldenus es efmu pate, itundas dodama, nopelnijufe.»

Mans kapitals ir 5 gulderi un kahdi kreizeri. Un Manzoni kundfei par itundàm ir jamakfà 120 guldenì! Saki, kruiftehtin, kur lai es tos nemu? Mana draudfene, kahda duhfchiga Norwegeete, dod man padomu, greeftees ar luhgumu pee kahdu Polu waj Kreewu grafa, — tee labpraht ifdalot apdahwinatàm jaunawàm ftipendijas. Es jau norakftiju tamlihdfigu wehituli kahdam grafam, kura wahrdu es nefinu, un es kaunos, wina wahrdu dabut finat. Man bailes no fcheem grafeem! Kapehz gan wini palihdf tik «apdahwinateem» fkukeem un ne ikkatram zilwekam? ...

Es nefinu pate, kapehz es Tew to wifu rakitu, bet es jau neweena zita nefinu, kam es to wifu drihkftetu ifteikt... Dfihwo wefels, kruiftehtin, gan wifs buhs labi! Rakiti man drihfumà un palino, waj mah-

———
*) 1 guldens = apmehram 80 kap.

200

miɴas kaps naw ar sneegu aifputinats? Waj wezais kapusargs wehl diihws? Un ko dara Tawa wijole, — waj Tew ir daudi jaipehlè?... Bet nu ir laiks, pee meera dotees! Ar labu nakti, mihło kruittehtiɴ!

Tawa

Agate.

Winê, 25. nowembri 1890.

Wezits dreboſchu roku ſalozija wehſtuli un noglabaja to galda atwilktnê. Wiɴſch iſɴehma iſ ſkapja wezu bleka kaititi un to attaiſijis, iſbehra uſ galda daſchus dalderus. Starp wezajeem ſudrabeem paſpihdeja ari daſchs ſelta gabals. Wiɴſch ſaſkaitija ſpoſchàs metala ripas. Jinahkums bija kahdas 160 markas. Un Agatei wismaſ wajadſeja kahdu 300 marku!... Wiɴſch eedomaja, kahdà stahwoklī tas pats atradàs. Cad wiɴſch, iſ kà beſ ſpehka, atkrita uſ krehſla...

Agate jau iſglihtojàs otru gadu Wihnê. Wiɴa bija jau labu ſoli mahkſligà dſeedaſchanà uſ preekſchu ſpehruſe, to wiɴſch iſ labi ſinaja. Agate bija wiɴu waſarà apzeemojuſe, un wiɴſch bija pahrſeezinats, ka wiɴas ſmaidi apſweiza iſ tahleenes tàs leelo nahkotni.

Tik weenigi tahds, kuɾa ſirds pukſtet pukſt preekſch wiɴa, kas daiſſch un garigi augſts, ſpehs zik nezik ſapraſt, kapehz wezais Bütners, pehz ihſas pahrdomaſchanas, apwilka kaſchoku, paɴehma wijoles kaiti un aiſgahja uſ muſikas inſtrumentu tirgotawu. Sawu honoraru, kuɾu tas no kapelmeiſtara, ik mehneſi, dabuja iſmakſatu, wiɴſch bija ſaɴehmis. Wiɴam zits nekas neatlikàs, kà pahrdot ſawu wijoli...

«Zik juhs man doſeet par ſcho wijoli?» wezais Bütners, kaunigi uſ grihdas luhkodamees, weikalneeku jautaja. Schkelmigi ſmihnedams, weikalneeks iſɴehma wijoli iſ kaſtes, apluhkoja to uſmanigi no wiſàm puſèm, uſſpehleja ko nebuht, un, brihtiɴu padomajis, teiza:

«200 markas!... Juhs jau paſchi ſineet, zik juhſu wijole makſà!...»

kai gan wijole makłaja diwreii wairak, wezits tomehr neteiza ne wahrda. Wiŗśch neprata kauletees.

«Luhdźu!...» wiŗśch nepazeetigi tśchukśteja, it kà wiŗam buhtu jaiszeeśch wisleelakàs mokas. Wiſs śchis weikals wiŗam ſtipri ķehràs pee duhśchas. Wiŗśch pahrdewa ſawu dahrgo leetu, ſawu wijoli, ui kuras tas iigaki, nekà 30 gadus bija ſpehlejis; wiŗśch śchķihràs no ſawas apiihgotàs draudzenes, kuru wiŗśch mihleja wairak, kà ſewi paśchu.

Weikalneeks nolika wijoli ui plaukta un ſſmakłaja 200 markas ſeità. Bütners, naudu ahtri kabatà noſſehpis, aiigahja. Stundu wehlak wiŗśch Agatei zaur banku aiiſuhtija 300 markas un mahjà pahrnahzis rakſtija wiŗai wehſtuli...

«Mihlà Agate!

Pateizos par Tawu wehſtuli. Preezajos, ka Tu manim neko neſſehpji, bet wiſu waſſirdigi uitizi. Tew wajaga naudas, to es ſinu un ſinaju ari bei Tawas wehſtules. To wiswajadſigako es Tew śchodeen aiiſuhtiju. Bet mihlà Agate! Tu man peedoſi, ka es Tewi mahkſlas garu eſmu modinajis un neſpehju palihdzet lihdzi galam, lai tas aiiihiitos wajadſigà kahrtà un kłuhtu reii pilnigs. Śchi nauda ir ta pehdejà, kuru es Tew ſpehju aiiſuhtit, jo man paścham wairs nekahdas naw un laikam ari nebuhs. Es negribu Tewim ſawu ſtahwokli un apitahkłus ſſehpt: eſmu ſlims un newaru orķeſtri lihdzi ſpehlet. Man arween uinahk reibonis, un galwas ſahpes mani alaśch moka. Deeſgan eſmu paſaules laimi un nelaimi baudijis. Nu ir laiks, dotees turpu, kur ir wiſu ſkaŗu ſahkums un beigas. Dſihwo tu un zenſees! Tu eſi jauna! Ja, neaiſmiriti to neweenu azumirkli, ka tu eſi jauna! Jo jauniba ir leela laime, to es tagad, wezs buhdams, nomanu. Dſihwo tik tam, kas augitaks un dailaks, tad Taws dſihwes zelśch ŗems zehlu wirſeenu un wiſas disharmonijas aiſſehgiees dailakàs ſaikaŗàs... Bet kà gan es uzdrošchinajos Tewi mahziť? Waj wezs zelms war mahziť daīto rozi, kà tai jaīeed un jaīmaršcho? Un tomehr es zaku: īeedi, šmaršcho un juhti kà īeedonis! Mihīè kluzi, šchi mihīeztiba rada ihzto mahkzlu...

Dzihwo īaimiga un nealzmiriti

Tawa kruzttehwa

Ludwika Bütnera.«

Dreīdenè, 28. nowembri 1890. g.

Kad Bütners bija wehzituli zaur aptekini uz paztu alzīuhtijis, tik tad winsch wehl īajuta, ka tas bija pawiīam wahjšch. Ruhpes, nezpehks, zahpes! — wizs tas nu winu uz reizi apzeemoja. Galwa tam dega kà uguni. Lozekli metàs arweenu zlahbanaki. Raibs domu wirulis jauzàs pa winu galwu. Ta bija realizeta tragika (dzihwes teešchamibà eetehrpta behdu) muzika, kuru winu kruhtis radija neizīakamas zahpes. Winu beedri eeītudeja dewito zimīoniju, tee dzihwoja tahīak mahkzlà, kà ari winsch agraki bija dzihwojis un īaimigs jutees! Beedri wehl neka nemanija no dzihwes pehrkonigà, šchauzmigà gala, par kuru zilweks labpraht negrib domat. Winz wehl dzihwoja, un winsch, — winsch jau mira...

Kluzi waidedams winsch nogehrbàs un lihda gultà zem īega.

Metàs jau krehzla, kad Bütners eemiga...

Ahrà īniga. Kamanas un kareetes, īaternu galzmà, weenas otràm alzšchahwàs garàm. Laudis pa trotuareem īteidzàs uz weenu un otru puzi. Swanini ikaneja. Tee īwanija wezu wezo preeku, kurzch nerimītoīchi jauzas īauīchu mudīcheklim pa widu, eemet weena un otra kruhtis pa debeschkigai dzirkīteīei un tad izīkan kà īapnis muhšchigi plaīchajàs paīaules teīpàs...

Tikko wezits bija eemidzis, kad pee durwim kahds klauweja.

«Sawadi,» wiɴſch ſapni domaja, «kas gan mani tik wehlu grib apmeklet? . . .»

«Eekſchā! . . .» wiɴaſch beidſot ſauza.

Durwis atwehrās un brihniſchķigs tehls eenahza iſtabā. Būtnera mati ſahka kahjās zelſees. Eenahzeja bija wiɴa wijole, kuɾu tas ſchodeen bija pahrdewis! Wiɴa bija peeɴehmuſe duſmigas ſeeweetes iſſkatu, dabujuſe kahjas un rokas. Wirs ſauſajeem koka pleszeem kuſtejās maſa galwiɴa, kahdas pee ſelliſcheem redſi, un diwas ſpodras azis mirdſeja wezajam muſiķim preti.

«Ar ko man tas gods? . . .» wezits, iſbijees, tikko dſirdoſchi, tſchukſteja, redſedams, ka ſchis zehleens neſtahw wis ar labo ſakarā.

«Ah! tu manis wairs negribi paſiht!» wijole duſmigi ſchɴahza un pazehla draudedama roku, kuɾa paſtahweja il melneem kauleem, «atzerees, wezais, waj tu nepahrdewi mani ſchodeen par 200 markām? Tu jau apejees ar mani, it kā es buhtu tawa wehrdſene!»

«Bet! . . .» wezais eepihkſtejās, un wahrdi tam nomira uſ luhpām. Wiɴſch gribeja ſewi ailſtahwet un ſaduſmotai wijolei iſſkaidrot, ka wiɴſch to eſot par naudu pirzis, tapehz wiɴam eſot teeſibas to ari pahrdot.

«Ne, ne, mihlais!» wijole bahrās, wezicha domas it labi nojauſdama, «tu man wis pa zilweku likumu pakaldurwtiɴām neiſmukſi! Tu atrodees azumirklī mahkſlas walitī, kur walda zitada kahrtiba un zitadi likumi! . . . Trihsdeſmit diwus gadus tu eſi ar mani mihlinajees, mani pee ſawas kruhts ſpeedis un par ſawu ſauzis! Un wispehdeji tu mani aiſnes uſ krahmju tirgotaju un pahrdod par ſmeekla naudu, lai iſpaliﬁdſetu dailajam ſkukiſcham Wihnē . . . Eh, brahlit, tas naw labi, wezuma deenās eemihletees. Tu mani pahrdewi weenigi ail aklas mihleſtibas pret Agati! Kamehr tu mahkſlu mihleji, tikmehr mehs wiſi mahkſlas gari tewi pabalſtijām. Bet no ta laika, kur tu ſahki mirſtigu, neezigu ſkuķi mihlet, no tās deenas mehs wiſi, kas ſkaitamees pee mahkſlas gareem, tewi eenihitam. To reiboni un gihboni es tew suhtiju! Tu spehletu rihtwakar dewito simfoniju, ja tu nebuhtu man neustizigs tapis. Bet tagad, wezals, tew ees sliktr! Es tewi mozischu, kamēhr tu islaidisi sawugaru...»

Wezitim, to diirdot, lija no peeres balstu sweedri. Winsch skaitija tehwa resti un meta krustu, bet tas wiss neka nelihdzeja. Trakā wijole stahweja pee wina gultas. Winas eekschā wahrijās un ruhza skanas, it kā wehjsch muzā gaudotu.

«Jslihgsim ar labu!» wezits luhdzās, «es tewi atpirkschu!...»

«Nè, taws preekschlikums sazel santasijas walsti tik smeeklus! Manis atpirkt tu wairs newari. Naudas tew naw un prahtu, ar kuru tu waretu naudu nopelnit, tu esi sawā muskigā mihlestibā iskuhkojis! Jrauj sawu aplam mihlejoscho sirdi, samin to kahjām un nepeemini wairs ne domās, ne wahrdōs Agates, tad buhsim atkal draugi. Tad tu rihtu jutisees atkal spirgts, un ahrits tew israkstis apleezibu, ka tu esi wesels un wari orkestri lihdsi spehlet!...»

Tagad wezitim bija deesgan. Winsch peetruhkās sehdus gultā, ussuhkoja swehrojoschām azim wijoli un brehza:

«Prom, mahnu tehls! Es Agati mihleju un mihleschu to muhschigi! Winai peeder wiss, ko es par sawu sauzu, — wiss, wiss!...»

Tagad wijole atkahpās no wezischa gultas, atwehra durwis un sauza:

«Tromba, Korni, Tschello, Basso, Klarinette, Flaute, Tamburino*), luhdzu — nahkat eekschā!...»

Wezā musika istaba pildijās ar sawadeem tehleem. Tromba bij peenehmuse labi nobarojuschās zeenmahtes weidu — ar seltā auskareem un aprozēm. Diwi Korni, medineeka uswalkōs eetehrpti nirgajās par wezo musiki. Tschello iskatijās kā nopeetnis swehtulis. Basso bija

*) Musikas instrumenti.

peenehmis tihpiſko ſtudentu kruſttehwa iſſkatu, kuram arween nauda kabatà. Tas ſpſahwa witòs kaktòs, pukodamees par breeſmigo nekahrtibu, kura iſtabà waldija. Klarinette ķehrza ar kalſnejas guwernantes balſi. Flaute eedanzoja baſàm kahjàm, ſkrandaiņà ganu meitas uſwalkà un ſpeedoſchi ſaldà balſi uldſeedaja: «Grunewaldà, Grunewaldà ir koku uhtrupe!» Wispehdeji parahdijàs Tamburino, kurſch liſkatijàs kà Jtaleeſchu kumediņu taiſitajs. Winſch paſchwadſinaja ſudraba dalderus, kuri tam uſ kruhtim karajàs un ſahka uſ papehſcha wirpuļ greeſtees.

Schis ſawadais koris apitahja wezà muſika guſtu. Wijole dewa ſihmi un nedſirdeta muſika gahja waļà. Wezitim likàs, it kà kad wiſa eſſe buhtu pee wiņa ſanahkuſe konzertet. Brihniſchķigais orkeſts ſpehleja uſ to breeſmigako, kad peepeſchi eenahza reſna dahma, baltu, brangu ſeju, meinàm uſazim un mahteem un duſmigi paſkatijàs uſ Būtneri. Wezits ſcho dahmu paſina pehz bildes, kuru Agate wiņam bija atſuhtijuſe. Ta bija Manzoni kundſe, Agates ſkolotaja. Lihdſ ko brihniſchķigais orkeſtrs iſ E-dur'a bija pahrmoduleſis F-moll'à, kad Manzoni kundſe iſſteepa peepeſchi rokas un ſahka dſeedat:

«Kaunees, wezais, mihleſ — tu!
Kaunees, kaunees, ſirmgalwiſ,
Ai, ſirmgalwiſ! . . ,»

Peepeſchi wiſſ orkeſtrs ſahka ſmeetees.

«Tas taſſchu ir par traku!» wezits domaja, «kà lai es ſchos peklcs ſuhtrus aiſdſienu?»

Winſch ſkaitija wehl reiſ luhgſchanu un meta ſew kruſtu preekſchà, bet neka: ſawadais orkeſtrs trakoja tahlak.

Te wezits paķehra uhdens kruhſi un ſweeda to wijolei, kà galwenajai eenaidneezei, kruhtis.

Uhdens iſſchļakſteja, kruhſe ſaplihſa gabalu gabalòs, un wijole, kruhtis dragata, nokrita beſ ſpehka uſ grihdas. Wiſi ziti tehli aiſmuka, uſ trepèm kriſdami un klupdami.

Tagad wezits lehnàm peezehiàs, uiwilka tupeles un peegahija pee wijoles. Ta bija teeicham iadragata. Azis tai iahpigi mirdieja un eekichàs ikaras pitichikato*) kungiteja.

«Eh! te nu tu gulī!» wezits imehiàs, «tas nahk no tawas pahrgalwibas!...»

«Eii tik labs un iadediini manus kaulus!» wijole waideja, «iai eelas puikas tos neapimeetu... Tas ir mans teitaments!...»

«Labi, labi! es tewi iadediinaichu! Kas iīn, tu waretu man te wehlak atkal trokichrot. Labak ir, ka tewi iadediinu!...»

Wezits eemeta krahini pahri maikas gabalus, wihkichki wezu awiichu un, pehdejo aiidediinajis, tas ialaiija wijoles gabalus ūn tos eeiweeda uguni.

Tikiihdi wiriich to bija padarijis, kad krahini iahka ipeegt un ikanet. Saldas, mihiigas ikaras iipluhda ji baitajām leeimām.

«Ta tik ir muiika!» wezits eeiauzās, «ka tewi jupis!... Un to witu dara trakà wijole!»

«To nedara wis wijole, bet muhichigais, ziiweku azim apiiehptais, diihwibas raditajs gars!» kahda balis ii krahins iauza. Un nahkoichā azumirkii ii krahins iiidoja brihniichkigi daiia iaunawa, kuras ichkihitās, leeimainās meetas purpurainā gaiimā ipihdet ipihdeja.

«Es eimu diihwibas iahkums, paiauli ui darbibu dienoichais genijs! Es eimu abioluiais daiiums, kuru iaineegt, kam peegiauitees ir katra atoma, katras buhtnes mehrkis un griba. Mihieitiba ir mans ipogulis, kaiiiiba ir manim kaipojoichà wehrdiene, eenaids, ikaudiba un greiiiirdiba ir mani wahrtu iargi, kuri neiauj katram pee manis nokiuht. Bet kuru es apmekieju, tas top neiiiakami iaimigs!...» debeichkigā ikaiitule dekiameja.

*) **Piccicato** (pitichikato) ir Italeeichu wahrds; wiriich noiihme ikaras, kuras weenigi ar pirkiteem ui itihgu initrumenta teek iidabutas.

«Nu wairs brihnumeem naw gala!» wezits domaja un paplehta muti, gaididams, kas tahlak notiks. Tahdas skaistules winsch wehl nekad nebija redsejis! Galschmatainā seeweete, kuras meinās azis un soti smalkā seja weziti burtin apbuhra, eetinās zeeschaki roschainajā sihda plihwurā un runaja tahlak:

«Es esmu mahkslas kwintesenze! Es mahjoju bildēs un musikas instrumentōs. Mani sauz: Mnemosinu! Esmu musu mahte un nahku tewi sodit, tapehz ka tu manu mahjokli pahrdewi mirstigam skuķim par labu un beidsot ar uhdens kruhsi sadausiji. Sodu tu drihksti pats iswehletees!»...

Wezits apskatijās wisapkahrt, it kā palihga mekledams. Wisa wina sitabina mirdseja deewischķīgās buhtnes atspihdumā. Wezās bildes pee senām raudsijās, it kā brihnodamās, ui swehtswinigo skatu.

«Sodu?» wezits stomijās, «pag, pag, man labi japahrdomā!...»

Bet domat winsch pawisam nespehja. Mnemosinas skaistums winu tā aissgrahba, ka tam wisi prahti apjuka.

«Sodu — spreeschat juhs paschi!» winsch nopuhtās.

Mnemosina sahka smaidit. Wina ussuhkoja weziti tahdām azīm, it kā kad wina tajā buhtu eemihlejusēs.

«Topi mans wihrs!» wina saidi tschukisteja, «es tewi neissakami mihleju!...»

Mnemosina ilsteepa ilgodamās sawas baltās rokas, un weziseha seeli sahka drebet. Winsch spehja tikko us kahjām noturetees.

«Es laikam aplam dsirdu!» winsch domaja.

Mnemosina peegahja winam tuwak, un wezits sahka grihsotees: — debeschķigā jaunawa winu apkampa. Roschu smarscha pluhda pa istabu, un neissakami saldas juhtas pildija wezischa dwehseli.

«Waj tu gribi mani prezet?» Mnemosina tschukisteja.

«Ja!...» wezits schlupsteja.

Un Mnemosina weziti apkampa zeeschaki.

208

«Nahz man lihdi,» wiņa dweſa, «nahz uz leetu ihſtenibas un pateeſibas walſti, kur preekſchmetu tehli dſejojas, pirms tee parahdas paſaulē, kur muhſchigās idejas, kā taurenīſchi lido, — nahz, baudi dſihwibas laimes kauſu lihdz dibenam!...»

Wezits aptwehra ſawām kaulainajām rokām Mnemoſinas kaklu un tſchukſteja:

«Es eeſchu turp, kurp tu eeſi!...»

Schajā azumirklī winam likās, it kā kad Agates balſs wiru ſauktu atpakaļ. Bet Agate preekſch wiņa wairs nebija nekas. Mnemoſina bija daudi, daudi ſkaiſtaka par Agati!...

Jo zeeſchaki wiŗſch brihniſchķigo jaunawu apkampa, jo droſchaks un jautraks wiŗſch tapa.

«Atdarees!» Mnemoſina ſauza, weziti pee loga weſdama.

Logs atwehrās uz abām puſēm, un daiļā jaunawa ar weziti aiſſlidoja pa ſalſtoſchām gaiſa telpām.

«Man ſalſt!» wezits teiza ar Mnemoſinu pahr pils baſnizas torņi lidodams.

«Ko neekus!» Mnemoſina ſmehjās, «tagad tu wairs neeſi zilweks, bet kahdas augſtakas buhtes bruhtgans. Aukſtums un ſiltums ir zilwezīſki jehdzeeni. Brihwam, augſtam garam naw nekad aukſti nedz ſilti!»

Kamehr wezits ar jauno paſauli ſahka apraſt, tikmehr Mnemoſina ar to leelā ahtrumā peldeja arween augſtaki. Swaigſnes ſpihdeja. Apakſchā mirdſeja Dreſdenes laternu ugunis un Elbes ledainais ſpogulis.

Diſtā augſtumā atſpihdeja paradizes wahrti. Labs brihdis pagahja, kamehr wiņi pee teem nokļuwa.

Mais eņģelits ar baltu ſuniti uz rokas, tos eelaida paradizes dahrzā.

«Paleez tu ſche!» Mnemoſina uz weziti teiza, «es tewi peeteikſchu...»

Wiņa aiſſteidſās.

Wezits apſehdās uz mauriņa. Wisapkahrt ſeedeja

roſes un purpuralnas puķes. Mihtiga galīma līja pahr ſlaikajām palmām. Taurenīſchi, kuri apkahrt lidoja, nebija taurenīſchi, bet gluſchi maſini eṇgelīſchi, kuri līnehſaja dſihwibas koka ſpehzinajoſcho ſmarīchu gaiſa telpās.

«Tad ta ir ſa paradiſe!» wezits brihnijās, «nu eſmu wiṇā reiſ eekļuwis!...»

Peepeſchi wiṇſch liſdſirda aiſ muguras tſchaukſteſchanu un ſprehgaſchanu, it kā kad ſihda drahna tiktu plehſta. Wiṇſch atſkatijās un eeraudſīja diwus ſpahrnotus genijus, kuri zehrtamos, ugunigos ſobenus wihzinadami wezitim tuwojās.

«Kas tu tahds eſi?» weens no wiṇeem weziti bahrgi uſrunaja, «tu jau eſi lozeklus noſaldejis. Luhk, kahds uſpampis deguns! Prom! mihleſtibas ahrprahtigeem ſche naw weetas!...

«Es mihleju un mihleſchu muhſchigi!» wezits ſchļupſteja un wiṇa ſkats iſrahdija, ka tas bija prahtu ſaudejis.

«Tu eſi ahrprahtigs! Prom! Mums tahdu deedelneeku naw wajadſigs! Wezpuiſchi un wezmeitas ſche neteek eelaiſti! Prom, es tew ſaku, jeb es tewi ar leeſmu ſobenu ſakapaſchu!...

«Bet kur tad mana līhgawa?» wezits eejautajās, «mana Mnemoſina?...»

«Ha, ha, ha, ha!» abi geniji ſmehjās, «tu, wezais, eſi noſchehlojams zilweks! Kahds murgu tehls ir tewi pee deguna apkahrt wadajis. Mnemoſinas wehl neweens dſihwais naw redſejis. Wiṇu redſ mireji, pahreedami zitôs weidôs un zitā dſihwē. Muſu mahte parahdas tik wisleelakajum mahkſlineekam, tas ir tam, kuram no nahwes naw bailes, kurſch dſejo nahwi, dſihwodams, un dſihwibu mirdams! Tas ſkan ſawādi, ko es ſaku, bet tas tā ir... Bet tagad talſees, ka teezi projam!...»

Wezits, behdigi atpakaļ raudſidamees, gahja uſ wahrteem. Kahds genijs iſſtuhma wiṇu ahrā un aiſſlehdſa wahrtus. Brihniſchķigā gaiſma iſdſiſa, un, wezitcha azis luhkojàs bef padoma wisdfifakà tumfibà. Debefs bija apmahkufès, tà kà ne azi durams newareja rediet. Wezits gahja un ftreipuļoja, it kà kad tas buhtu peediehris. Te peepefchi wiafch juta ka tas kriht... Wiafch bija nogahjis no fchaurà zeļa, kufch wed uf paradifi, un eegahfiàs befgaligajòs pekles befdibeaòs.

«Ha, ha, ha! Mnemofinas bruhtgans!...» dahrdeja wiaam pretf if apakfchas, pekles fchaufmigee fmeekli...

«Kur tad es ihfti atrodos?» wezais Bütners domaja, pa tumfu grahbftidamees. Meegà wiafch bija fajutis ftipru fiteenu un ufmodees. Beidfot wiafch fajehdfia, ka tas, murgòs, bija if gultas ifwehlees. Wiafch eededfinaja fwezi. Pulkftens rahdija pahri pusnaktij. Tahlumà fwilpa lokomotiwe, un wezits, eedrofchinats, flauzija no peeres baltu fweedrus. Karfonis wiau bija pahraehmis. Pamaļam wiafch gan atfchirga no brihnifchkigà fapaa, bet fahpigais gurdenums guleja wiaa lozeklòs. Wiafch domaja par fawu likteni, par Agati, par pahrdoto wijoli, un murgi fahka atkal peeaemtees leelumà un fpehkà.

Otrà rihtà aptekine wezo Bütneri atrada glufchi wahju. Wiau affweda ffimnizà, kur tas murgoja un trakoja, fantafedams drihi par mufiku, drihi par Agati waj Manzoni kundfi. Art Mnemofinas wahrdu wiafch refi tik fchehlà balfi iffauza, ka tukfà kopeja negribot fahka fmeetees. Kapelmeffitars, kufch bija folijees, par Bütneri ruhpetees, nefikàs par to ne finot. Beedri wiau affmirfa. Weenigi bafiifs refem atminejàs godigà wezifcha Orfeja, kura weetà tagad fehdeja brangs, fkafifs wihreetis, kufch jau fefto refi bija faderinajees un kuru fefta laimigà lihgawa katru refi lihdf konzerta namam pawadija, fapaodama par mihfeftibas leelo faimi...

Kahdā rihtā ſchehſſirdigà mahſa atrada wezo Būtneri ſidſiſuſchu. Sem galwas maiſiɴa atradàs papira ſapiɴa, uſ kuras wezits ar ſihmuſi bija uſrakſtijis:

«Mihtà Agate!

Es tagad atrodos ſſimnizā. Jſ wiɴas alſeedams es ſaikam alſeeſchu pawiſam no ſchis ſemes!... Neiſſamiſſi, ſtrahdā droſchi tahlak! Tew peeder wiſs, ko es par ſawu ſauzu! Es noſchehloju, ka es ſawu muhſchu eſmu nodſihwojis bei ka es buhtu dſihwi ſapratis. Ja, tagad es wiɴu ſaprotu, bet nu ir par wehlu!... Es tewi mihleju, Agate! Ai buhtu es wehl jauns, tad es Tewi ſeeſcham mihletu un warbuht ari Tu mani. Sawu jaunibu es upureju tik ſtudijam, darbam un pahrmehrigeem ideaſeem, kuɾeem preekſch realàs, laimigàs dſihwes naw nekahdas noſihmes. Man nębija ſiſdewibas ar jaunawàm eepaſihtees. Tagad wezumā es ar Tewi eepaſinos. Nu es mihleju, bet par wehlu!... Zik breeſmiga ir ʼ wezpuiſcha mihleſtiba!... Ja, nu es gribu roſi ſeedet mahzit. Seedi nu, ſmarſcho famiſija! Tik wiɴas kſehpi uſſeed ſhitā ſaime; weenigi famiſija gahdà wezuma waj wahjibas briſſchôs mihkſtako, maigako galwas atſpaldu un ſirdij ſaldako juhſmibu. Es eſmu wezs wihrs, — man drihſumā jamirſt. Es mirtu ar preeku, ja es buhtu tehws!...

Laimigs tas, kurſch prot mahkſſu ar reaſo dſihwi ſaſkaɴot. Scho ſaſkaɴu es nowehlu Tawai dſihwei! Dſihwo ſaimigi, mana mihtà Agate!...»

Tragedija.

Simboliſks tehlojums.

Kamehr Schaborwiza ſahlē ſpehleja tragediju «Wezà dſeeſma», tikmehr preekſchiɴā, kur kafeers ſehdeja, noriſinajās ſawads ſkats. Jhitā laikā bija ſaraduſchees ſahles ihpaſchneeks, afiſchu līnehkatajs, ſem ta paſcha jumta eſoſchas reſtorazijas ſulainis un wehl weens wihrs beſ ihpaſcha tituła, kurſ aplenza kaſi, tā ka kafeers eerahwàs bailigi ſawôs ſwahrķełôs un gałwu noduhris, tas zełu ſtarpā zeeſchi eeſpeedis, tureja koka kaſtiti, kurā atradās daſchi rubłi — ſchi wakara iſrahdes eenahkums.

«Nu, iſmakſajeet, kas manim peenahkas, zitadi es tuhliɴ likſchu dſiht wiſus kumediɴus projam no ſkatuwes,» ſahles ihpaſchneeks draudeja.

Wiɴſch bija breeſmigi uzbudinats, wiɴa tuklās meeſas rauſtijās kā drudſi. Bet kafeeris tureja kafeti apkampis un ne domat nedomaja ſpildit wiɴa aplenzeju wehleſumôs.

«Es tatſchu newaru ... nedrihkſtu ...» wiɴſch tikko dſirdoſchi runaja, «es atdoſchu kaſi direktoram, lai wiɴſch pats makſā!»

«Weins lai parauj tahdus ſaudis!» wihrs beſ ihpaſcha tituła iſſauzās, «man paleek garłaizigi! eeſim łabak ſaſildſiſees!»

Wiɴſch ſatwehra reſtorazijas ihpaſchneeku aiſ rokas un wilka to uſ dibena durwju puſi. Reſnais wezis nopuhtās, pakratija pirkſtu pret ſulaini un iſſauzās:

«Joan, tu aiſſlehdſi iſtabas durwis un neſdod ſeetas, kamehr naw ſamakſats. Eeſim ...

Ari afiſchu līnehkatajs, kurſch jutās pahrejeem kaſes aplenzejeem likteɴa beedrs, atſtahja druhmo preekſchiɴu, kurā waldija drehgns gaiſs un dubłu ſwana, un aiſſtihda uſ to puſi, kur ſahles ihpaſchneeks ar noſſehpumaino wihru noiuda. Sulainis wehi palika itahwot, padomaja, pakuitinaja baito dweeti, kurich tam karajàs pahr roku, apgreeiàs un aiisieidiàs, it kà kad tam buhtu jadara iwarigs, eewehrojams darbs.

Kaieers palika weens. Winich wairs netureja kaieti tik zeeichi apkamptu, iiiika to ui zeigaia un wahku atiaiiijis paruichinaja ar roku... Tur wareja buht kahdi tichetrdeimit, warbuht ari peezdeimit rubii, ikaitijis winich nebija, winam netikàs ikaitit, jo eenahkums bija mais.

«Neder waiaras widû iarihkot iirahdes, ja neprot apiwehrt weetas apitahkius un labi aprehķinat,» winich domaja, «kas to gan iinaja, ka piiiehtiras dieedaichanas koris iarihko ichodeen iatuma iwehtkus. Arween mums tahda nelaime...»

Winich wehi reii paruichinaja kaietes iaturu. Winam uinahza itipra ehitgriba. Pat bruhns zahiu zepeiis tam eenahza prahtâ. Un jaunu gurķu ialatus winich parieeku zeenija. Bet tàs bija iapnis. Jhiienibâ winich ipehieja tragediju...

Pa maiajàm durwim iiiihda paiems wihrs, noikuhtu ieju un wiitigi azis biiiinadams tuwojàs kaeerim.

«Padod ichurp,» winich kaieeram teiza, iatwehra kaietu un wahku pazehiis iarahwa nizinoichi luhpas, «ie ir tikdaudi, ka war ihri par iahii iamakiat.»

Eenahza, paiita kaieti paduie un taiiijàs iihit atpakai pa maiajàm durwim, kad kaieers, peezehiees, iahka itomitees.

«Direktora kungs, iuhdiu, iuhdiu!» winich ichiupiteja.

«Ko?» kaietes turetajs, apgreeiees ruhza.

«Weenu rubii... weenu weenigu rubiiti, ja ne wairak!» kaieeris iuhdiàs.

Kaietes turetajs apdomajàs. Kaieeris bija wiнa iabakais, bet tam tas weenigais no wiнa kaipeem, kuram wareja uitizet kaieti. Un nahkoichâ nedeiâ winich gribeja iarihkot ieeipiiiehtâ iirahdi. Winich patichamdija

214

domīgi ar roku kaſetē, iſnehma nodſeſtejuſcho rubli un paſneedſa to kaſeērim.

«Sche!» kaſetes turetajs ſwarīgi teiza, paſkatījās uſ ſawu kalpu, it kà kad tas buhtu iſdarījis ſoti ſwarīgu darbu un tad paſuda. Bet kalpa ſirds pukſteja laimīgi, zahļu zepeſis, bruhns, ſmarſchīgs, un gurķu ſalati bija wiņam nolemts.

Sahlē uſ reiſi ſahka ſchnahkt un krahkt. Schwihkoņai un graboņai pa widu jauzās plaukſtu ſiteeni. Tragedija bija beiguſēs. Tikai kaſeeris, kurſch rokas bikſchu kabatās ſabahſis, preekſchiņā, netahļu no durwim ſtahweja, luhkojās druhmi wisapkahrt. Wiņſch ſinaja, ka ihſtā tragedija tikai tagad eeſahkās.

Kà ſtraume, jaunu zeļu pahrrahwuſe, leſup gahſchas, ta publika dewās no ſahles ahrā. Un kaſeeris tika ſtumdīts un gruhſtīts, kamehr tas beidſot atradās reſtoraziſas telpās, kuras bija galīchi apgaiſmotas. Wiņſch domaja par zahļu zepeti un newiſſot apſehdās. Bet peepeſchi wiņam eenahza Graziela prahtā, aktriſe, pret kuru wiņſch ſajuta ſiltu ſimpatiſu.

«Uſaizinaſchu Grazielu uſ wakariņam!» kaſeeris domaja, «wiņna no manis wiņa nepagehrēs. Peetiks ar glahſi alus...»

Un jaunais mahkſlineeks ahtri peezehlās, lai uſmekletu Grazielu.

Pa tam reſtoraziſas ſahlē eeradās pats teatra direktors, un ſahles ihpaſchneeks ſteidſās wiņam ahtri pretī.

«Sſikti, ſſikti,» direktors ſteidſās pateikt.

Nama tehws paraukſtija plezus.

«Ja... es neſinu...» wiņſch ſtomijās, «manim nahkas wispirms – ihre! Tà jau mehs nolihgām!»

«Naw mana waina,» direktors aiſbildinajās, «nenowehlīga deena. Eeņehmuma gandrihſ nekahda!»

«Zik tad ir pawiſam eenahzis?»

«Diwdeſmitaſtoņi rubli, ſeſchdeſmit peezas kapeikas!» direktors ahtri atteiza, neteikdams ne wahrda par teem diwdesmit rubļeem, kurus tas bija nossehpis, «ja gribat skaitat paschi.»

«Diwdesmit peezi manim nahkas par sahli!» sahles ihpaschneeks karsti issauzās.

«Un manim no mahkslineeku kungeem nahkas tschetri rubļi un diwdesmit kapeikas!» sulainis peelihmeja.

«Ta naw mana darischana!» direktors sulainim atzirta.

Sulainis atplehta muti, bet atischu linehsatajs stahjās starpā.

«Luhdsu manim apsolitos trihs rubļus. Es esmu skrehjis apkahrt kā funs! Ne par welti es tā lai skreju!»

«Sche!» direktors reklamistam trijneeku pasneegdams, swarīgi issauzās.

Afischu waronis, gawiledams, aississteidiās.

«Bet kapehz juhs kawejatees manim maksat?» sahles ihpaschneeks nepazeetigi runaja.

«Tuhlin, tuhlin!» direktors wiru meerinaja, «bet waj neapsehdisimees? Es esmu noguris un waru tikko us kahjam stahwett!»

Direktors un sahles ihpaschneeks apsehdās. Sulainis aississteidiās pehz alus, zeredams dabuht sawu teesu.

«Jums nu gan buhs katrā sirdī jaatlaisch no ihres,» direktors ussahka, «zitadi mehs paleekam bes kapeikas. Ko lai tee nabaga akteeri un aktrises eesahk? Jums jau tā kā tā ir peļņa no schi wakara weeseem!

«Sm,» mahjas kungs noruhza, «labi, peezus rubļus es nolaidischu, bet wairak ne graschu. Dodat schurp tos diwidesmit rubļus, bet arī sulainis jau bija klaht un atgahdinaja, ka «mahkslineeki» wiņam esot parahdā par brokasti. Nekas nelihdzeja, bija arī sulainim jasamaksā.

Akteeri pamasam saradās sahlē un apistahja direktoru, kuram preekschā us galda atradās kasete. Mahjas kungs, sawu daļu sanehmis, atwadijās. Trihs akteeri un diwas aktrises nosehdās pee galda un luhkojās pehtoschi drihi us direktoru, drihi us kaseti.

216

«Ta nu ir tukschą,» direktors uʃ kaʃeti uʃʃiſdams, teizą, «un ari manas kabatas ir tukschas. Paluhkojat, behrni, kà teekat ʃem pajumtes...»

Wiʃi nobahleja. Tikai tragedeene Lakrima patureja ʃawu agrako ʃkumji-nopeetno iʃʃkatu. Wiņa paluhkojàs uʃ greeʃteem un dʃiļi ņopuhtàs.

«Par daiļumeem mums laurus paʃneegt mehdſ; bet iʃʃalkumu dʃehit ʃchis zeetàs, ʃaļàs lapas neʃpehj, jo zilweks deewamʃchehl grib eħiſt!» Lakrima, azis aiſwehruʃe, deklameja.

Garais, ſauſais Stelzinijs iʃʃteepa roku un ari aiſwehra azis. Bet Tſchamdinijs, kaʃeeris, ſuhkojàs paltahwigi uʃ ſahles otru galu, kur Graziela ʃehdeja ar diweem kawaleereem, kuŗi nerimʃtoʃchi pawehleja iʃpildit dailàs aktriſes wehlejumos.

Laimigà Graziela! Wiņa bija jauna, daiļa un ņipra. Honorars wiņai bija ſahņu leeta, un wiņai nenahza ne prahtà ubagot pee direktora tukʃchà galda.

«Ar labu nakti, behrni!» direktors peezehlees runaja, «es doʃchos pee meera! Loti noſchehloju, ka mums tik wahji panahkumi. Bet nekraujeet wainu uʃ maneem kameeʃcheem. Zik naudas bija, to es eʃmu iſmakʃajis, ja, es eʃmu pat wehl aiſtizis tos graʃchus, kurus es atwedu lihdſ. Eʃmu noguris lihdſ nahwei. Uʃ redſeʃchanos, behrni, nahkoʃchà nedeļà wiſu iʃʃaboʃim!»

Direktors noſuda. Akteeri un aktriſes bija kà ar aukʃtu uhdeni apleeti. Wezmeitu ſomu tehlotaja, kuŗa nebija lahgà nomaſgajuʃe ʃchminķi no ʃejas, ſatwehra lihdſzeetigi ʃawas beedres roku.

«Lakrima, ko mehs eeʃahkʃim?» wiņa dweʃa.

«Marzelina, mums ir jaeet bojà!» Lakrima runaja, «es neſinu, ko lai daral»

«Man ir weens rublis!» Tſchamdinijs lepni iſſauzàs, «apſtellejeet wakariņas».

Wiʃi uſluhkoja Tſchamdiniju kà glahbeju no pehdejà poʃta. Stelzinijs aprehķinaja, ka warot apſtellet deʃmit ſweeſta mailes, un par pahrejo naudu warot dſeſet ſlahpes. Wiſi tam peekrita. Un Tſchamdinijs paſchapſinigi paſkandija. Bet ſulainis wilkàs lehni, neuſtizigi pee galda, pee kura mahkſlas repreſentanti ſehdeja.

«Ko juhs gribeet? ſulainis ſtrupi jautaja.

«Deſmit ſweeſta mailes un peezas glahſes aluſ!» Tſchamdinijs iſſauzàs.

Tſchamdinija paſchapſinigà rihkoſchanàs atſtahja uſ ſulaini eeſpaidu, un tà ka winſch par brokaſti bija uſrehkinajis weenu rubli wairak, tad tas ſahka kuſtetees un gauſā balſi pagehreja pee buſetes alu un ſweeſta mailes.

Grazielai nebija ſauna ſirds. Rediedama, ka winas kolegi un kolegeenes neſehd pee zepeſcheem, wina peetezeja pee «mahkſlineeku» galda un teiza, ka lai wiri nenoſkumſtot. Stundu wehlak wina ruhpeſchotees ari par wineem.

«Kas tee ir par kungeem?» Tſchamdinijs, ſauni praſija.

«Tas paleek noſlehpums. Wiri mani grib aiſweſt uſ muſi! Sakat, kas ta ir muſe?»

Stelzinijs ſkaļi paſmehjàs.

Tſchamdinijs it labi ſinaja, kas ir muſe, bet neteiza. Winſch pakratija galwu, it kà gribedams Grazielu atbaidit no muſes.

«Es domaju, tas naw nekas ſauns!» Graziela peeſihmeja, «es eeſchu uſ muſi! Bet ſakat, kur juhs palikſeet?

«Kur mehs lai paleekam,» tragedeene runaja, «mums naw ne graſcha. Tſchamdinijam ir weens rublis! Tas to iſdos, un tad... Es eeſchu kahjàm uſ mahju...»

«Peezdeſmit werſtes kahjàm! Ak, Deews, zik tu ļakrima, eſi neprahtiga. Es pagehreſchu ſirgus! Mani kawaleeri ta, ſaprotams, neſeegs!»

Ļakrima paluhkojàs ſkaudigi uſ beedreni, kura aiſtezeja atpakaļ pee ſaweem kawaleereem.

Sweeſta maiſes tika apehſitas, alus iſdſerts. Un Tſchamdinijs teiza, ka wiɴſch ne par ko neeeſchot nakts laikā projam. «Man te ir wezs draugs, wiɴſch ir weenkahrſchs kurpneeks, bet tas neſkahdè, es eeſchu pee wiɴa pahrguleſ.»

«Es eeſchu tewim lihdſ!» Mihlotajs Scholinijs iſſauzàs. Tſchamdinijs neteiza neka. Lakrima ar Marzelinu ſaſkatījàs.

«Un mehs ari eeſim!» Steizinijs teiza, pret aktriſēm pagreeſees, «kaut kur uſ laukeem atradiſim pajumti. Newajaga duhſchu ſaudet.»

Kamehr «mahkſlineeki» apſpreeda, ko eeſahkt, Graziela ar ſaweem kawaleereem bija noſuduſe. Sahle kļuwa arween tukſchaka. Tſchamdinijs un Scholinijs, nokauneſuſchees, peezehlās un ſneedſa aktriſēm roku. Wiɴi ſajuta, ka tee nepareiſi darija, atſtahdami ſawas kolegeenes tā ſakot «tinte», bet wehl jau palika Steizinijs.

Ilgi wiɴi ſehdeja un domaja: Steizinijs, Lakrima un Marzelina, kad ſulainis peenahza un teiza, ka nu eſot peenahzis laiks, kur tam jaſlehdſot reſtorazija.

«Sakat, waj juhs neeſat muhſu „direktora" kungu redſejuſchi? Kur gan wiɴſch palizis?» Marzelina ſmiiluſe jautaja.

«Neſinu, teeſcham neſinu!» ſulainis lihdſzeeſigi atteiza.

«Mahkſlineeki» ahtri atſtahja ſahli.

Pa ehrkſchkeem ſtaigat, tas naw nekas! Bet eet pa tumſchu nakti beſ zeribām, ſmiſuſcham un atſtahtam, tas ir breeſmigi. Wiɴi gahja pa lihdſenu leeizeļu, gaɴja lehnām, beſ miteſchanàs, beidſot tee nokļuwa meſchā. Wiɴi ſcho meſchu paſina, tas bij wairak werſtju garich. Wiɴi pagahja wehl labu gabalu, kad Steizinijs apſtahjàs.

«Klauseet, manas zeenijamàs damas,» wiꞃich runaja, wiꞃa balss skaneja nespehzigi un tomehr ta bija sarkasma pilna, «es domaju, ka mehs tepat mesdià warètu masseet liktees us aust. Laiks ir siits. Ja damàm nekas naw preti, tad es peedahwatu sawu mehteli. To paklahsim us suhnàm, un jums buhs smalka gusu weeta. Es peespeedlichu galwu pee koka un nosnaudischos...»

Marzelina un Lakrima nopuhtàs. Tahdas tragedijas wiꞃas wehl nekad nebija spehlejuschas. Pahrgulet meschà, us kallas, zeetas semes.

Zik jauki ir tawi dihwokti, ak, mahkila, kad tu sahz pissoꞃus wasat pee deguna, kad tu sahz aulekschot pahr augsteem kalneem, kad tu meti siberus un taisi breesmigu pehrkoni, kad tu aiskussini publiku lihdsi gauschàm asaram waj lihdsi smeeklu gihbonim, bet kahda nabadsite tu esi, kad tu noseez masku un parahdees kà newiltota pateesiba! Tew naw neweena drauga, neweena lihdsigeetiga dwehsele neronas wirs semes, kuꞃa tewim zeeschaki peeslehgtos...

Stelzinijs nopsehsa no behrsa tahsi, sabahsa to us sara un tahdejadi pagatawoja sahpu, kuꞃu tas aissediinaja. Sarkanas leesmas apgaismoja trihs tragedus, kurs stahweja us zela. Lakrima tureja rokà lauru waiꞃagu, kurich ihsteniba bija nolemts Grazielai, bet wiꞃa to bija sanehmuse, jo ta schowakar spehleja tragiskàs warones lomu. Graziela nemihleja lauru waiꞃagus, wiꞃai patika weenigi smarschigas pukes.

«Kas ta par warenu preedi,» Stelzinijs runaja un pazehla improwiseto sahpu, apluhkodams zela malà missigi resnu preedi, kuras milà bija eeziriti daudi krusti.

«Ko tee krusti nosihmè?» Lakrima jautaja.

«Kaut ko wiꞃi nosihmè?» Stelzinijs weenaldsigi atteiza, «bet te, luhk, nogreeschas zelsch. Katrà liꞃà tas aliwed us kahdàm mahjàm. Kà buhtu, ka mehs pamehginatu eet pa scho zelu. Ꞃonahksim pee saudim, pasuhgsim naktsmahju, un wiss buhs labi!»

220

«Eeſim,» Marzelina energiſki runaja. «Ko mehs te meſchà guleſim. Mehs neeſam waſankes. Pirmo un pehdejo reiſi es uſnemſchos ſchahdu gabalu...»

Stelzinijs nopleḣſa wehl tahſi, pataiſija pahri laḣpu, un tad wiſi trihs dewàs pa maſo zelu, kurſch lihdſàs kruſtu preedei nogreeſàs no leelzeļa.

Wisapkahrt tumſchs un kluſs. Weetweetàm paſpiḣd uhdens. Naḣk ataugas, naḣk atkal ſils, tad iſdegums, un pehdigi ronas kruhmi, gandriḣi jau klajums.

«Te, drihſi buhs mahjas,» Stelzinijs runaja, «brihnums tikai, ka nekur nedſird ſuni rejot un ugunſ ſpihdam. Tee gahja pa ſmiltainu zelu augſchup pakalnē, kur eeſahkàs retas preedes.

«Es eſmu pawiſam noguruſe,» Lakrima nopuhtàs un aplika lauru wainagu ap kaklu. «Tahlu es wairs neeeſchu!»

«Wehl gabaliņu, tikai maſu gabaliņu!» Stelzinijs droſchinaja un eededia no jauna laḣpu, kura peepeſchi iſdſiſa. Wiñſch meta ſkatus uſ weenu un otru puſi, uſ ſarkani dſeltenàm preedèm, uſ baltajàm ſmiltim un baltajàm ſauſajàm ſuhnàm.

«Eh, tur ir wahrti!» wiñſch preezigi iſſauzàs, «tas buhs aploks. Paldees Deewam. Nu wareſim atduſeteeſ!»

Wiſi trihs tuwojàs aḣtri wahrteem.

Ta bija kapſehta...

Tſchamdinijs un Marzelina aiſmiga drihſi. Bet Lakrima baidijàs likt galwu uſ kapa welenàm. Te auga jauni behrſi. Pukes ſmarſchoja. Un Lakrimai pahrgahja meegs, kaut gan ta bija ļoti noguruſe. Wiñai iſlikàs tas kà ſapnis. Preekſch daſchàm ſtundàm ta ſpehleja uſ ſkatuwes, un tagad ta atradàs kapſehtà. Şchalkas wiñai pahrſkrehja pahr meeſàm.

Lakrima ſpeeda roku uſ ſirds un elpu aiſturedama klauſijàs. Druſziņ, druſziņ wehſma kuſtinaja behrſu galotnes. Wiña ſatauſtija ſolu, kurſch bija nolikts lihdſàs kahdam kapam, atkrita uſ ta. Lauru wainags noſlihdeja semē. Lakrimu pahrnehma snaudeens. Peepeschi wina sajuta, ka kahds nosehdās weegli winai sihdiās, un aukšta, ledaina roka satwehra winas roku. Wina gribeja eekleegtees, bet nespehja. Jibailes winu pahrnehma. Tas bija mironis, kuršch winu apkampa.

Lakrima pamodās. Saule jau bija ussehkuse un mirdseja mihligi zaur koku sareem. Putni tschirkstinaja. Us puķu seedeem duhza bites. Bet wisapkahrt atradās kapi. Tā tad wiss nebija sapnis. Wina bija tomehr kapsehtā.

«Projam, projam no schejeenes!...»

Wina peetruhkās un škrehja pa kapu starpām, atgruhda kapsehtas wahrtus. Bet pa kapsehtas zelu smiltim bija gruhti škreet. Winai saplihša drahnas pee zelmeem. Mati pliwinajās wehjā. Wehsma schalza winai ausīs.

«Lakrima, pagaidi, pagaidi!» wina domajās dsirdot. Jibijusēs ta atskatījās: winai škrehja pakal melnais mironis.

«Us preekschu, tik us preekschu!» Lakrima nonehmās, un škrehja, zik spehdama.

Nahza puķainas plawas, peleki tihrumi, pahr kureem sihoschā seedona gaisā pazehlās tralinoschi zihrusi. Jikaptes skaneja. Un peekalnē, salajā dahriā, saimneeze iskahra baltu welu.

«Ak, Deews, zik pasaule ir jauka! Un manim bija japawada schi breesmigā nakts kapsehtā!»

Lakrima škrehja nemitoschi. Plahwesi apstahjās un brihnojās:

«Ta ir ahrprahtiga! Kur gan ta škrej?»

Lakrima sasneedsa leelzelu. No kalna drahiās ekipaschā ar diweem sirgeem preekschā. Ratōs sehdeja smaidoscha jaunawa, eepihtām rosēm matōs.

«Graziella!» Lakrima eesauzās un salima us leelzela.

222

Simts rublu.

Kahdu pusweriti no dsellszela, meścha malā, atradās maſa mahjiņa, kahdās dsihwo zilweki, kurus alaſch nemehdi kà zilwekus zeenīt. Preekſch ſen gadeem tur dsihwoja meścha ſargs. Ar laiku wisapkahrt meśchus iznihda. Tos aispludinaja pa upi us piſſehtu. Neſkatotees us to, ka par meśchu dabuja millum daudſ naudas, muiścha eekrita diſli parahdôs. Lihdſ ar to pamaſinaja muiśchas eerehdņu ſkaitu. Meśchſargam ſila malā uſteiza weetu. Tas aiſgahja pee zita kunga. Maſo mahjiņu apdſihwoja weens pehz otra ſchahdi, tahdi petņās gahjeji, kuri muiśchai makſaja nomu un palika tur, kamehr to wareja ſamakſat. Bet nomas nauda naw tas weenīgais, ko no zilweka praſa. Kungs nomas naudu wehl kahdu deenu pagaida, bet wehders nezeeſch ne deenas. Un tà naw brihnums, ka maſās mahjiņas eedſihwotajeem paſtahwīgi uſmahzās ſareſchģītais jautajums: kur ņemt to, ar ko gehrbtees un ko ehſt?

Kamehr buhweja dsellszelu un Andruſchka ar Lihſi dsihwoja diwi, tikmehr wiņi preekſch ſawas kahrtas apſtahkleem dsihwoja brangi. Bet uſbuhweja dsellszelu, un Lihſei nahza katru gadu pa behrnam klaht.

Tad apkluſa Andruſchkas jautree ſmeekli, kad tas ſeſtdeenas wakarôs un ſwehtdeenās mita pee ſawejeem.

Kà ari wiʀſdʒi nepuhlejàs, to wiswajadſigako wiʀſdʒ wairs ſewim un ſawai dſimtai newareja ſagahdat. Kurſdʒ rubulis eenahza, tam wajadſeja uſ pehdòm pahreet zitu rokâs, lai dſimta nekriſtu pehdejâ poſtâ. Un wiʀa zeetà noʀemſdʒanàs, kahdu maſumu eetaupit, paſika tukſdʒıs ſapnis.

Bija, tà ſakot, akla laime, ka Andruſdʒka bija weſels. Bet ſdʒı laime kļuwa par apſmeeklu, kad uſnahza darba truhkums. Par kalpu pee ſaimneeka ſaderet, to Andruſdʒka wareja, bet kur tad mitinat dſimtu, — jo neweens ſaimneeks negribeja ſawà mahjâ ʀemt peezus behrnus, no kuʀeem wezakajam nebija wehl ne piļni ſeſdʒı gadi. Un bihſe, kaut gan ta agraki bija ſkaliſule, nebija nekad ſtprineeze bijuſe.

Andruſdʒka, zitas iſejas neparedſedams, pahrdewa gowi, ſamakſaja par pirmo pusgadu nomu, atſtahja paleeku ſeewai un ar darba rihkeem uſ muguras dewàs ſweſdʒumâ.

Sdʒi wezà paſaka par darba wihru peepildijàs uſ mata pee Andruſdʒkas — un wehl wisruhgtakajà weidâ. Wiʀſdʒ gahja un redſeja daudi ko. Maſ wiʀſdʒ ehda, maſ pihpeja, no degwihna nebij ko domat. Daudi trokſdʒınu jauzàs wiʀam gar auſım, bet wiſeem teem zauri wiʀſdʒ likàs dſirdot: «Tehtiʀ, ko tu manim atneſi? — Andruſdʒka, ko mehs eeſahkſim bei gows?...»

Pilſehtâ nedſ ſtaltee nami, nedſ jautree ļaudis wiʀu intereſeja. Wiʀſdʒ lika kapeiku pee kapeikas. Andruſdʒka līnaja tàs wehrtibu, jo pirms rublis bija nopelnits, tam tuhkſtoſdʒàm reiſdʒu wajadſeja ſmagi zīlat rokas. Trihs mehneſdʒus wiʀſdʒ ſtrahdaja pee eelu brugeſdʒanas, kahdu mehneſi pee tilta buhwes. Un beidſot wiʀſdʒ wareja paſmaidit: ſimts rublu peedereja wiʀam, ar teem wiʀſdʒ zereja aplaimot ſawejus.

— Andruſdʒka nopirka par to naudu, kas bija pahri par ſimtu, tabaku, maiſi un ſpeķi, un dewàs mahjup. Sawus ſimts rublus wiʀſdʒ bija apmainijis pret ſimtneeku um to eeſchuwis aiſ ſwahrku oderes. Tas bija tā noglabats, ka neweens ſaglis ta newareja atraſt.

Mahjup ejoſcham Andruſchkam peeſitàs zeła beedris. Ari tas teizàs ejam uſ dſimteni. Wahrds pa wahrdam, un abi gahjeji ſadraudſejàs.

Andruſchkam ſahkumā beedris leeliſki imponeja. Tas ſtahſtija par ſaweem peedſihwojumeem Deenwidus Kreewijā un Polijā, leelijàs, ka protot wiſas walodas. Un kad Andruſchka eejautajàs, waj tas protot ari franziſki, tad beedris paſchapſinigi eeſauzàs: «Parlè vu franſè?» Ar to Andruſchkam peetika, lai pilnigi pahrleezinatos par ſawa zeła beedra augſto iſglihtibu un ſpehju. Bet lihdſ ar to Andruſchkam radàs ari neuſtiziba pret wińu. Kas gan wińſch wareja buht par zilweku, tik iſglihtots, tik gudrs, un tomehr wehl wairak noplihſis, nekà Andruſchka?

«Tu, brahl, laikam gribi ſinat, kas es par wihru eſmu?» zeła beedris paſteidjàs runat, kad Andruſchka to ſahka domigi uſluhkot.

Wińi bija atſtahjuſchi krogu, kurā Andruſchkas beedris ſamakſaja tehrińu, un pehz ſchahdas labdaribas Andruſchka kłuwa waj nepateizigs.

«Tas man ir weenaldligi, kà tewi ſauz un kas tu eſi, bet manim wis ſahgā nepatihk, ka tu tā braſchi uſdſihwo. Tu ſtaigā noplihſis un iſdodi naudu, kà bagatneeks. Waj tewim ſeewas un behrnu mahjā naw?»

Beedris uſ Andruſchku ſtihwi paſkatijàs un ſauni eeſmehjàs:

«Neſinu, waj ir wehrts, tew wiſu ſtahſtit. Wiſi putni naw weenadi, ja tee ari no weena tihruma tahrpus laſa. Tu, brahl, rahdees buht newainigs un neaptraipits zilweks. Weenalga! Reiſ wiſi kopā ſem ſchīs paſchas ſemes truhdeſim. Es nahku taiſni no zectuma, bet naudu, kuru es iſdodu, es godigi zeetumā nopelniju. Man nebuht nenahk prahtā, ar ſawu godu leelitees, jo wiſi prahtneeki atrod, ka nekas neatrodotees weens no otra tik tahtu, kà zeetums un gods. Un tad wiкeem warbuht ir taisniba. Bet atbildibas es par wisàm schim leetàm ñewaru uiкemtees. Diihwe mani wadà kà pee walga, un pee schi walga es ari beigschos. Man reis, draudsiк, bija i mahtja, i leewa un behrni. Bet kà nahza, tà gahtja. Mahtja ari naw muhscham paleekama weeta. Ta eekriht lihdi ar tewi parahdôs, tad ne pats Deews neglahbs. Noкehma, brahlit, wisu, un paschu iisdiina us kaila zela. Kauns ir to stahitit, bet ja nu reis stahitu, tad newaru ari ta slehpt, ka es toreis raudaju, ruhgti raudaju. Bet asaru ir par mas, lai iistelktu wisas behdas. To war tikai ar smeekleem. Tapehz, brahli, es wairs neraudu, bet smejos, arween smejos, kà tu pats redseji. Iiraudajees es mekleju darba, to atradu, un nu diihwojàm, kà warejàm. Reisàm badojamees, reisàm bijàm ari paehduschi. To, draudsiк, wisu war paneit, bet kad mana leewa eemihleja puiku, kurschi nebija mana spiaudeena wehrts, tad mana pazeetiba beidiàs. Sahkumà es ari to panesu. Domaju, nemihi wiкa manis, peeteek, ja ta mihlè behrnus. Bet nelabais wiкu tik tahlu bija pahrкehmis, ka ta sahka behrnus daulit, tos mehrdeja, un puigoja, iistapdama ar wisu tikai sawam mihtakam. Papreekschu es domaju: tahds neziiweks ir janosit. Bet par slepkawu es neesmu radits. Es arweenu peeteeku wairak ar teoriju. Notwehris leewu ar wiкas mihtako, es tomehr sawu speeki labi iisleetoju. Ja mana leewa buhtu eemihlejuse ihitu wihru, tad manas dusmas buhtu bijuschas maiakas. Bet tahda peena puikas dehi es teescham sajutu wairak kaunu, nekà dusmas. Es wehlaku pahrbijos, kad redseju, zik breesmigi es leewu biju sadauiijis. Wiкa tikko spehja peezeltees, kad atbrauza ahrits ar pagasta wezako. Saprotams, manim, kà jau bendem, sasehtja rokas un weda mani us pagasta namu. Behrni raudaja un apiipa manim kà knisiischi. Eekams kasaks mani iibihdija no iistabas, es peegahtju pee guitas, kurà leewa guieja, un asaràm azis, iuhdios: «Seewiк: 226

peedod, es nesinaju, ko es darīju!» Bet wiņa paskatījās uz mani kā plehīgs swehrs, kusīch, us nahwi satreekts, atņirdī sobus. Tad es izstreipuļoju pa durwīm, eesehdos ratōs; kasaks manim lihdīās. Wiņš notīka kā sapnī. Dsirdeju tikai, ka behrni pagalmā kleedsa. Es stiprā balsī raudaju, rausitiju saites, ar kuŗām manas rokas bija saseetas un gribeju issehkt iz rateem. Bet kasaks ar pigu manim sahnōs. Es paleēzu wehl galwu, skatijos, un redseju, kā wiņi skrehja, mani puskailee nabadsiņi, mani knissīschi, diwi puiseni, weena meitiņa. Tad es situ galwu pret ratu atiweltni, un kad no reiboņa pamodos, jau guleju zeetumā. Es esmu wisadus zeetumus peeredsesis, bet wiswairak ziļweku paseme un apwaino tahds lauku pagasta, gribu teikt — dsimtenes zeetums, kuŗā galsmas pawisam nawa, kur apsmeeklus par sewi dsirdi zaur plahnajām seenām, un juhtees sawai semei tik tuwu, kuŗa tewis wairs negrib, no tewis kaunas. Tamlihdsīgā zeetumā es pawadiju iļgaki par nedeļu. Tad mani atisuhtīja us pilsehtu. Mani noteesaja. Teesas preekschā es apslehpu eemeslu, kapehz es seewu sakahwu. Šods nebija bahrgs. Bet manas sirds sahpes bija nessituramas. Es domaju par saweem behrneem, kuŗi atstahti bes gahdibas. Manim bija ari seewas schehl. Ar iļgoschanos es gaidiju to deenu, kur es buhschu brihws, lai waretu dotees atpakaļ us dsimteni, mehginat issihgt ar seewu un dsihwot tahlaki — kaut ari gruhti, tomehr kopā ar sawu dsimtu. Bet liktenis bija manim nospreedis zitu zeļu. Pirms es atstahju zeetuma telpas, manim siņoja, ka mana seewa eesneegusē suhdsibu pret mani deht saulibas schķirschanas. Es wairs newareju zeret us issihgschanu, usskatīju sewi kā schķirtu un wairs neatgreesos dsimtenē. Pagahtni es mehginaju aismirst, — aismirst seewu un behrnus, kuŗus wiņa manim dsemdejuse. No nemeera dsenats es klejoju no pilsehtas us pilsehtu, reisām strahdaju, reisām dsihwoju no sagschanas. Reis mums, t. i. manim un beedrœm, so mehs mehdsām turetees waiŗaki kopā, ušnahza patika, kļuht bagateem. Norunajām aplaupīt kahdu kungu, kuru flaweja par loti bagatu. Mehs eelaušamees wiką dīihwokll, bet muhfu naudas laupījums bija famehrā neezigs, fališdīinot ar to, ko bijām zerejušchī dabut. Schīs fahdfības dehl muhs apzeetinaja, jo muhfu laudīm ušnahk dafchreis tahda flimiga watfirdība un pateefības kahre, kurai ari mehs kritām par upuri. Weens no muhfu lihdīwainigeem, eepihts un notwerts zitā leetā, bija atradis par wajadīigu, muhs wifus nodot. Muhs fakehra un noteefaja uf nodofchanu areftantu rotā. Pehz ifzeeftā foda mani aiffuhtīja uf Sibirīju. Manim nebija wairs zeribu, kahdreis wehl redfet dīimteni. Zaur manifeftu es tomehr kļuwu brihws, un tahdu, tu, brahl, tagad redfi fawā preekfchā. Nu ir pagahjušchī kahdi peezpadfmit gadi, kur es neefmu dīimtenes redfefis...»

Andrufchkas zela beedrim wahrdi aifrahwūs. Wiršch nokahra galwu un klufedams gahja tahlak, bet ka tas eewehrotu Andrufchku, kuršch ar lihdīzeetību fawu beedri ufluhkoja.

«Wifeem, eet gruhti, mums wifeem, wifeem!» Andrufchka runaja, «ari bagatneekam ir fawa klifma. Muhfu buhwes ufnehmajs pilfehtā, bagats zilweks, bet ir zauri un zauri nelaimigs. Pats flimo ar krihtamo kaiti. Meita dīihwo wahjprahtigo namā. Seewa — — tur tahda pat nelaime, kā tewim gadījufès. Ja, grofit mehs schīs dīihwes newaram, wismaf mehs nefīnam, kā wiru waretu grofit.»

«Un tagad,» zela beedris uffahka, «ko lai es tagad daru? Kahdu darbu lai es uffahku, un kahdu darbu manim uftizès? Wispirms jaeet pee pagafta wezakā, japafino, ka fodu efmu ifzeetis, tad manim japaleek fem polizijas ufraudfības tajā apgabalā, kur witi mani palihft, kur preekfchā wehl pafaka kahdu laipnu, lihdīzeetigu wahrdu, bet ais muguras tewi lamā par areftantu. Un tas jau es ari efmu. Apfkatees, paklaufees apfmeeklu, netaifnību, un tad atkal atpakal, zeetumā!»

228

Trihs deenas gahja Andruschka un Jeschka, tà zeļa beedri sauza, kopā, lihdz Andruschkas mahjiņa bija klaht. Pee kahjzeliņa, kurśch weda dzelszeļam pahri us mescha malu, Andruschka apstahjās un apdomajās.

«Kurp tu eesi, Jeschka?» Andruschka jautaja. Winsch ar zeļa beedri sajuta dsiļu lihdzeetibu, un labprabt to buhtu usaizinajis, pahrgulet pee wiņa nakti, bet winsch nelinaja, kahdōs apstahkļōs mahjeneeki paschi atradās un newehlejās, ka pee atkalredseschanās buhtu klaht sweschs wihreetis un wehl arestants.

«Es saprotu,» Jeschka nikni eesmehjās, «tu baidees manim naktsmahju peedahwat. Labi, es eeschu tahlak. Es esmu tikko puszelā.» Jeschka dikti eesmehjās.

«Eh, kas juhs tahdi, te us zeļa?» Kahda rupja balss is tumsas sauza.

«Mehs — zelineeki!» Andruschka atbildeja.

Zilweks tumsā grabinajās, usrahwa spitschku un eededsinaja laterniti.

Tas bija dzelszeļa sargs. Winsch apluhkoja tuwuki abus wihrus un notureja tos par blandoņeem.

«Jums te, us sleedēm, kahda darischana?» dzelszeļa sargs jautaja.

«Labwakar, kur tu tik bahrgs?» Andruschka smehjās un sneedsa sargam roku.

«Ah, tu! Andruschka! labwakar, labwakar! nu mahjā?»

«Kà redsi! taisni us mahju!»

Sargs neustizigi apluhkoja Andruschkas beedri, kursch sawā išlahpitā kostimā isskatijās wairak jozigs, nekā neustizams.

Kad sargs, kaut ko nomurminajis, pa sleedēm aisgahja, Andruschka us beedri teiza:

«Wari pee manis pahrgulet — us kuhtiņas. Mums ir pascheem maza, schaura istabiņa, tur seewa ar behrneem.»

Jeschka pateizibas weetā kaut ko noruhza un gahja

Andruschkam lihdſ. Ehit wiʀam ſoti gribejàs, wiʀſch kaunejàs par to Andruſchkam kàhdu wahrdu ſeikt.

Pee mahjiʀas nonahkuſchi, wiʀi apſtahjàs. Andruſchka atſpeedàs uſ ſchaurajeem wahrteem un nopuhtàs. Wiʀam bija baiſ no kaut ka neſinama, kas wareja pa ſam buht notizis. Warbuht bija ſeewa wahja, waj kahds no behrneem kungiteja. Wiʀſch newareja paneſt ſchos maſo kungiteenus, kuri kà aſmens wiʀa ſirdi eewainoja. Ari bija eeſpehjams, ka kahds no wiʀeem bija miris. Waj warbuht tur eekſchà, buhdà, waldija wisſchauſmigakais truhkums, un tiklab ſeewa, kà ari maſee guleja lupatàs, netihri, daudī, daudi nelaimigaki, nekà wiʀſch ſos bij atſtahjis?

«Tur augſchà ir ſeens! Kahp tikai — es nahkſchu wehlakt!» Andruſchka dreboſchu balſi runaja, rahdija Jeſchkam uſ kuhtiʀas puſi un pats eegahja buhdà.

Semes, truhdu, ſodreju un puwuma ſmaka ſitàs wiʀam pretti. Ar ſcheem twaneem Andruſchka bij apradis. Wiʀſch par teem nebrihnejàs. Sameklejis ſpitſchkas wiʀſch gribeja uſtaiſit uguni, bet kaſtite no wakardeenas ſeetus bija iſmirkuſe. Wairak reiſchu wiʀſch ſchʀihpaja gar kaſtites maſu; kad ta neeedegàs, Andruſchka tuwojàs kaktam, kur gulta ſtahweja.

«Lihſe — waj tu guli?» wiʀſch kluſàm ſauza. Neweens neatbildeja. Andruſchkam likàs, it kà kad kahds lihſitu pahr kulu uſ durwju puſi. Un teeſcham nahkoſchà azumirkli kahds iſſchmauza laukà.

«Kas tad te ir?» Andruſchka dreboſchu balſi, pusbailigi, puserrigi eeſauzàs un ſahka aptauſit gultu.

«Andruſchka — tu?» ſeewa gultà, ſchahwadamees, praſija.

«Kas tad zits? es — ſinams es! Bet kas tad te iſſkrehja?»

«Iſſkrehja? es neka nedſirdeju. Kas tad te wareja iſſkreet? Sagſam jau pee mums naw neka ko ʀemt.»

«Bet iſſkrehja — es ſkaidri redſeju un dſirdeju.»

230

«Waſ tu tik neeſi peedſehris, Andruſchka?» Lihſe duſmigi atzirta.

«Ja, ja,» Andruſchka nomurmināja, «peedſehris, ſaprotams, ſaprotams...»

Wiŗſch ſmagi noſehdās uſ muhriſcha, un maſajā lodſiņā labu brihdi raudſiſdamees, ſadomaja daudſ ko. Wiŗam eenahza prahtā Jeſchkas ſtahſts. Ka kahds te buhdiņā biſa un, wiŗam eenahkot, iſſteidſās ahrā, uſ to wiŗſch wareja ſwehret. Bet wiŗſch ari biſa gataws ſwehret, ka Lihſe wiŗam biſa uſtiziga ſeewa. Lihſe, kura wiŗu tā mihleja! Bet tad Andruſchkam atkal zehlās ſchaubas. Warbuht, ka Lihſei un behrneem nebiſa neka ko ehſt. Jeſchus rubļus wiŗſch aiſejot atſtahja, ar teem taſchu newareja dſihwot wiſus ſchos mehneſchus. Warbuht ka Lihſe, iſmiſumā, biſa preekſch behrneem uſupurejuſēs... Wiŗſch pats biſ pee ta wiſa wainigs, kapehz tas neſuhtija ſeewai naudas?

«Ko dara maiſee?» Andruſchka nedroſchi praſija.

«Ko ļuhds lai dara,» Lihſe ruhgti eeſmehjās, «paſihſch ihkſiti un guſ!»

«Lihſe, nerunā tā — es preekſch jums tā gahju un ſtrahdaju. Nauda man ir — ſapelniju, doſchu, zik mums waſaga!»

«Ja tā, tad jau labi!» Lihſe iiſmehja.

«Lihſe, kā tu uſreiſ tā?... Tu wairs nerunā tā, kā agraki.»

«Neeki, Andruſchka! Ej, tſguſees, rihtā redſeſi zitadi, kad galwa buhs ſkaidra!»

Andruſchka ſaudeja pazeet bu. Wiŗſch ſita ar duhri muldu, kura pee krahſns biſa peeſleeta, un ſmagi nopuhtās. Kapehz Lihſe ar waru gribeja wiŗam uſteept dſehrumu?

«Ne, ſeewiŋ,» Andruſchka duſmās iſſauzās, «drihſaki tu buhſi dſehruſe ar to, kas tur nupat iſſchmauza — —»

Lihſe peezehlās ſehdus guļtā.

«Andruschka, ko tu muldi? Ja tu eſi atnahzis ķihwetees, tad labaki, buhtu, ja tu nemaſ nebuhtu nahzis!»

«Ja, to es tizu, ka tas tewim buhtu bijis patihkami, jo es jau eſmu preekſch tewis par wezu, par ſliktu, par weenkahrſchu, un taws ſīredſetais ir . . .»

«Kaunees!» Liħſe raudadama iſſauzàs. Maſee, pamoduſchees, ari ſahka raudat.

Uidiirdot maſo ſmilkſtetaju balſites, Andruschka atkal nopuhlejàs uſdegt uguni. Beidſot wiрam tas liſdewàs. Wiрich uſdedſa maſo lampiнu, uſlika to uſ krahſns un apſehdàs pats uſ lahwas ſtuhra, kur maſee mehdſa gulet.

«Ko juhs raudeet, maſee zibuliſchi? Nu eſmu mahjā. Es pahrneſu naudu, ai, daudſ naudas! Neraudeet nemai!»

«Zik daudſ?» Peterits praſija.

«Weſelu ſimtu! gribi redſet? Es parahdiſchu!» Andruſchka kluwa gluſchi kā behrns.

Wiрich nowilka ſwahrkus un uſmekleja eeſchuhto ſimtneeku. Jilozijis ſwarigo papiru, tas peeneſa lampiнu, lai behrni ſimtneeku labi apluhkotu.

«Simts rublu!» Peterits teiza ſwinigi un peeduhra pee naudas papira pirkſtus, kā pee kahda ſwehtuma.

«Нem rokā — apſkati labi!» Andruſchka ſmeedamees duhſchinaja dehlenu.

«Simts rublu!« Peterits, tikko dſirdoſchi, tſchukſteja.

Tagad ari Liħſe peezehlàs un peenahza pee lahwas. Nekad wiрa wehl nebija ſimts rublu kopā redſejuſe. Wiрa ſawadi paſmaidija.

«Kur tu to dabuji, Andruſchka?» Liħſe praſija.

Andruſchka pazehla galwu un pehtoſchi luhkojàs Liħſes ſejā. Wiрa noduhra azis.

«Kā wiрa ir pahrwehrtuſès!» Andruſchka domaja.

Behrni, ſimtneeku apluhkojuſchi, to ſneedſa gandrihſ wiſi kopā tehwam.

«Tee ir mani wairak nekā triju mehneſchu ſweedri,»

Andruschka, Lihsei patschapsinigi azis luhkodamees, runaja, «jeb waj tu domà, ka es scho naudu esmu ladsis?»

Lihse parausitija plezus.

«Man weenalga — kà tu pee schis naudas esi tizis,» wiŗa teiza.

«Tà, nu es tewi saprotu...»

Andruschka simtneeku saspeeda saujà un sakoda sobus.

Schis Jeschka, tas waj ar labu preekschsihmi wiŗam sawu dsihwes gahjumu bij isstahstijis. Tà tad Lihse pa Andruschkas prombuhschanas laiku bij eemihlejuse zitu.

Azumirklī Andruschka tà eekarsa, ka buhtu warejis waj wisu sadausīt, kas tam preekschà atradàs, bet maso skati wiŗu apmeerinaja.

«Guleet, behrni!» wiŗsch runaja, «redsesim, kas rihtu buhs!»

Andruschka noglabaja simtneeku, ispuhta lampiŗu un ilgahja ahrà.

Jeschka sau guleja zeetà meegà, bet Andruschka ilgi newareja aismigt. Waj wiŗa nahkotne nebuhs lihdsiga Jeschkas pagahtnei?

Simtneeks nu bija mahjà, bet meers is mahjas laukà. Otrà deenà Lihse staigaja apkahrt israudatàm azim. Andruschka bija zilweks, kursch nemihleja usglabat nosсehpumus. Kas bija, tas bija. Ko wiŗsch domaja, to wiŗsch atklahti Lihsei isteiza.

«Tà tu mani apwaino, tu besgodi,» wiŗa raudadama Andruschkam uskleedsa, «ar kahdeem darbeem pats nopuhlees, tahdus gribi manim usteept. Tu dsihwo mehnescheem pilsehtà, neleezees par mums ne sinot, un nu pahrnahzis, mozi mani, kà tik praisdams.»

«Lihse, peedod, ja es tewim pahri daru, bet tawa runa wakar un schodeen mani pawedina us domàm, kuras mani breeſmigi moka. Man tu labak nepahrmet neko. Es eſmu godigi itrahdajis un diihwojis. Ka es jums neeſmu naudas ſuhtijis, tas nebija no manis pareiſi. Mani nu weenreiſ bija pahrnehmuſchas tàs eedomas, ka jaſakrahj ſimts rublu. Es atſihitu, tàs bija muſkigas eedomas, kuru dehl jums bij jazeeſch truhkums. Bet apdomà ar', tà naudas ſuhtiſchana ari naw tik weegla. Weenkahrt ir janokawè darbs, un ja tu ſtundu iſtruhkiti, zits nahk ſawà weetà. Tad algu ari wis neſimakſà uſ preekſchu. Jo wairak ſtahw naudas pee meiſtera, jo leelaka uſtziba pret tewi. Bei tam, kad jau es tik daudi biju eekrahjis, ka tewim wareju kahdu daļu atſuhtit, bija jau pagahjis wairak nekà mehneſis. Wehl weens mehneſis – es domaju – un es buhſchu mahjà. Nahk ogas meſchà, – domaju – ſehnes, lai behrni eet pameklet, badà nenomirs, Uſ rudeni pahrnahkſchu – domaju – kad nahk aukſtaks laiks, ar naudu, un wiſs buhs labi. Bet kà jau teizu, bei wainas es jau neeſmu.»

Lihſe noklauſijàs Andruſchkas runà un atkal tà ſawadi paſmaidija.

«Es neſinu kapehz,» wiɴa lehni runaja, «bet tagad manim tas wiſs gluſchi weenaldſigi. Pirmo mehneſi mehs diihwojàm un badojamees, kà warejàm. Otru mehneſi – lai Deews nedod – man peetruhkſt wahrdu preekſch ta, lai iſſtahiſitu, kà mehs eſam diihwojuſchi.»

«Un no ka tad juhs pahrtikàt?» Andruſchka drenoſchu balſi jautaja, «kas jums dewa?»

Lihſe atplehta azis, ſakneeba luhpas, uſpuhtàs un lehni aiſgahja.

«Tur naw ko ſchaubitees,» Andruſchka domaja, «wiɴai ir mihſakais!»

Wiɴſch noſehdàs ari ſakɴu dahrſiɴa uſ eſchas un pahrdomaja, kas jadara. Wehjſch puhta dieltenàs lapas pahr meſchmalu. Wiſa daba gatawojàs, ſagaidit ſeemu. Un ſeemà, kad truhkums aiſdiihts, zik patihkami tad pa-234 wadīt wakarus familijas kleppī. Tagad winu fagaidīja nemeers, naids un nelaime.

Andrušchka eeraudzīja Peteriti, kurfch fpehleja «firgu», fkrehja, apfiahjàs un kaīchīaja femī, fweedīa un atkal fkrehja — leelōs riṅǩōs ap tehwu.

«Peterīt,» winſch dehlinu palauza, «panahz ſchurp!»

Peterīts ſkrehja arweenu malakà riṅḳī, kamehr pee tehwa apfīahjàs.

«Peterīt, fakī, waj pa to laiku, kamehr es nebiju mahjà, uf mamīṅu nenahza kahdī zeemiṅī?»

Peterīts ſkati eefmehjàs un neteīza neka.

«Saki, Peterīt; es tewīm atneffīſchu kaut ko!» Andrufchka folīja un pats nokauneſàs par ſchahdu ifturefchanos.

«Ja, tu mamiṅu fītīfī!» Peterīts eekleedîàs.

«Kur tu to ṅehmī? Kas tew to ſtahftīja?»

Peterīts fpihtīgī kluſeja un taiſījàs atkal fpehlet «firgu».

«Pagaid',» tehws ufbahràs, «nahz tuwakī, es ar tewī gribu ſkaidrakī ifrehḳinatees!»

Peteris bailīgī peenahza. Tehws winu fatwehra pee fwahrkeem un pikti parauſīija.

«Ja tu man neteikfī wifu, ko fini, tad es tewī fukaſchu!»

Peterīts fahka raudat.

«Nu, fakī, waj nahza kahdī zeemiṅī uf mamīṅu?»

«Nahza...»

«Wihreefchi waj meiteefchī?»

«I wihreefchī, ī meiteefchī!»

«Wakarōs ar' nahza?»

«Wakarōs... nahza...»

Andrufchka dehlenu palaida, bet pats falīpīgī kungſtedams nokrita uf mutes un tà ilgī guleja.

«Andrufchka, kas tew ir notīzis?»

Jeſchka pehz kahdas pusſtundas beedrim uffita uf pleza, «nahz, eefim kur waram ufprawīt duhfchu!»

235

Tas bija labs padoms. Andrušchka ahtri peezeħlàs.

«Eefim,» wiŋśch teiza, «manim dikti gaiwa fahp? Pag', Jefchka, tahds tu neej, es dośchu tewim zitu zepuri un zitus fwahrkus!»

«Ir labi!» Jefchka aiśśtahwejàs.

«Ne, ne, tahdà modē tu newari krogà rahditees. Es pamekleśchu...»

Andrušchka lamekleja Jefchkam lahdsigaku garderobi un ejot zaur preekśchinu, kura ifpildija ari kehka weetu, likàs, Lihfes nemaf neeewehroja. Wiŋa nodrebeja, Andrušchku tik ufbudinatu redfot.

«Kà nu tas wiſs beigiees!» wiŋa klufàm waimanaja, kad Andrušchka ar Jefchku jau bija filà, «wiŋśch mani nofitis.»

Ilgi Lihfe fehdeja preekśchinà uf bluķiśchka un pahrdomaja, ko eefahkt.

«Behgt, weenīgais, ko waru darit...» Bet wiŋa bija aizmirfufe behrnus. Kur tee lai paleek?

«Ne, tad labaki mirt... bai wiŋśch nahk, lai teetà? Es eſmu wainiga.»

Wiŋa eekleediàs un fakoda afiŋainas luhpas. Beidſot wiŋa nofpreeda, eet uf itazīju pee ta, kuŗśch pee wiſas śchīs nelaimes bija wainigs.

Pa tam Andrušchka ar Jefchku fagudroja eet newis uf krodsiŋu, bet uf itazījas bufeti. Eemeſls bija tas, ka Jefchka domaja, mafajà krodsiŋà newareśchot ifmainit ſimtneeka. Turpu nogahjuśchi tee wehleja fewim wifu dot, pehz ka firds kahroja.

«Redſi, Jefchka,» Andrušchka no ſihwà eefilis runaja, «es nekad neeſmu bijis dfehrajs, bet tagad es dſeru. Es krahju naudu, fakrahju wefelu ſimtu, ar to es gribeju darit laimigu feewu un behrnus. Bet tee, tee... tee negrib śchīs laimes...»

Wiɴſch aiſſmaka un bufetſchikam pirkſteem parahdīja, lai eeſeſ... Ap ſcho laiku nemehdſa eeſt wiłzeent. Tapehz Lihſe, kuraſ bufetſchiku wajadſeſa wiſadā ſiɴā ſatikt, nogahja uſ ſtaziju. Wiɴaſ nebija ne jaufmas, ka Andruſchka ar ſawn beedri tur dſehra. Lihſe nemaſ nemanīja, ka tee abi ſehd kaktā, kad ta ahtri eenahza un dewàs taiſni pee bufetes.

«Manim ir ar tewi tuhlin jarunà!» wiɴa ahtri teiza.

Bufetſchiks nobahla, jo wiɴſch Andruſchku paſīna un tagad paredſeja ſaunu. Wiɴſch paleezàs un ſakneebtàm luhpàm kaut ko teiza. Lihſe apgreeſàs, eeraudīja ſawu wihru un neapķehràs. Wiɴa dewàs behgt. Andruſchka peetruhkàs, bet atkrita ſmagi atpakaļ uſ ſoſa. Wiɴſch bija jau pardaudſ peedſehrees.

«Lai ſiput wiſs ſimtneeks, bet ſawas ſeewas godu es atreebſchu!» wiɴſch bufetſchikam dſirdot ſauza.

Bufetſchiks nobahla un noſarka, paſmihneja un eelehja diwu ſchɴabu weetā diwus ſpirtus.

«Ta ſeewiɴa ſuhdſàs dahwanu,» wiɴſch glahſītes peeneſdams, walſchķīgi runaja, «waj juhs wiɴu paſihſtat? Tiklihdſ wiɴa juhs eeraudīja, kad ta bailīgi aiſſchmuka!»

«Ja, to ſeewiɴu es paſihſtu,» Andruſchka, ſwehroſchām aſīm kleedſa, «es wiɴu ſoti ſabi paſihſtu. Ta ir mana ſeewa. Lihſe, mana ſeewa. Bet juhs eſat pehdejais blehdis un neſeetis!»

«Es neſinu, ko juhs rūnajeet. Leekas, eſat par daudſ dſehruſchi!» bufetſchiks nemeerīgi runaja un atkahpàs ſawā aiſbufetē.

«Ta ſeeta, ſuhk, ir tahda...» un Andruſchka ɴehmàs wiſu iſſtahſtīt.

«Sļikti brahļ, ſoti ſļikti,» Jeſchka ſchļupſteja, «gandrihſ tàpat, kà manim!»

Andruſchka ſahka bļauſtītees un pagehreja ſchɴabi.

«Ne, tagad ſamakſajeet un ejeet,» bufetſchiks zeeſchi runaja, «jeb es paſaukſchu ſchandarmu.»

«Jauz, draudſiɴ, ſauz,» Andruſchka mehdīja, «bet

neaiīteez manas ſeewas. Schitās leetas dehl es tew, luhk, maīgaſchu galwu!»

Tagad bufetſchiks pahrſkaitās.

«Ko tu tur muldi, waīanki?» winſch uſbrehza.

«Kuſch, gan mehs aprehķinaſimees kluſaki. Tu ap manu ſeewu lakſtotees, kamehr es nebīju mahjā! Tu mani un manus behrnus nelaimīgus padariſ! Nu, tas tew, brahlīt, daudſ makſās, daudſ, daudſ wairak, nekā tu manaī ſeewaī eſī atmetis. Es jau redſeju, ka juhs abi kā baloſchi, ſaſchuſchinajatees. Nu, draudſin — —»

Te eenahza polizīſts un uſaizīnaja abus diehrajus aīſeet.

«Wilzeens drihſ buhs klaht, un tee te peedſehruſchees, kā zuhkas!» bufetſchiks ſuhdſejās.

«Samakſajeet un eſeet!» polizīſts pawehleja.

«To tuhlīn dariſīm,» Andruſchka runaja, «tuhlīn... Te ir ſimtneeks...»

«Juhſu wahrdu?» polizīſts praſija. Winam radās neuſtiziba pret abeem diehrajeem, kuri ſimtneeku mainīja.

«Kapehz to?» Andruſchka ſtihwejās, «te ir mana paſe. Es eſmu godīgs zilweks: Bet tas tur ir...»

Winſch rahdija uſ bufetſchiku, kurſch patlaban nowilka rehķina makſu un ſkaitīja naudu. Andruſchka dabuja atpakaļ 96 rublus ar kapeikām.

Tagad polizīſts abus iſſituhma laukā.

«Ak, mana ſeewa, mana ſeewa!» Andruſchka gauda, «Jeſchka, es winu...»

Winſch apkluſa. Pat peedſehrumā tas atjehdiās, ka wina nodoms bija ſchauſmīgs noſeegums.

«Peedod, Andruſchka, peedod ſawaī ſeewai, ja wina ir pret tewi grehkojuſe,» Jeſchka runaja. Wini abi ſtreipuļoja mahjup gar dſeliszeļa ſleedēm.

«Es newaru» — Andruſchka dweſa.

«Tas ir ſlikti. Tu kļuhſi par ſlepkawu. Tewi noteeſās. Tawi behrni zeeſīs. Tu zeetīſi. Waī tad buhs labaki? Ak, es to wiſu ſinu...»

238

«Es fiunu pats, ko darifchu!» Andrufchka murminaja, «te apfehdilimees, man kahjas glufchi bef fpehka.»

Brihdi fehdejufcheem, Jefchka kluwa nemeerigs:

«Wajadfetu, draudfiā, flapjuma. Nudee, wajadfetu. Padod naudu, es alfeefchu uf ftaziju...»

«Tewi, brahlit, tur ifweedis!»

«Nefweedis neweens! es par to galwoju. Padod naudu!... Tā... Bet tu fehdi un gaidi uf mani!»

Jefchka aifgahja un nonahza pee ftazijas talini tajā brihdi, kad no otras pufes tur peenahza wilzeens.

Andrufchka ifnehma naudu un to fkaitija. Peezneeku winfch bija eedewis Jefchkam. Bet naudas wehl bij daudf...

«Scho wifu es jums, mafee, biju nowehlefis. Swahrzinus, bikfites, paftalinas... Wifu, wifu, tikai jums. Un nu ir fchitā... Mana Lihfe, waj tas naw fapnis? Mana Lihfe... ne, es pats fawàm azim redfeju... Tad lai ar' winas naw!...»

Diehrumā un dufmās winfch pa roku galam fweeda naudu uf dfellszela. Bet tad tas lt kā atfehdiās un kehra pee peeres.

«Waj es wehl efmu pee pilna prahta?» winfch domaja, un peezehlees fahka uimeklet ifbahrititos naudas gabalus. Sawā dullumā Andrufchka nemaf neredfeja, ka wilzeens tuwojās.

«Andrufchka!» Jefchka no tahleenes fauza.

Bet jau bija par wehlu. Lokomotiwe pafita Andrufchku gar femi. Wilzeens gahja pahr wina meefām.

«Andrufchka, Andrufchka!» Jefchka fkreedams aifelfees fauza.

Winfch peefkrehja un bailēs neatfehgdamees ifmeta fchnabja pudeli no rokām.

Uf fleedēm guleja nedlihws — Andrufchka, un apkahrt winam fpihdeja wina naudas gabali.

Neprafcha.

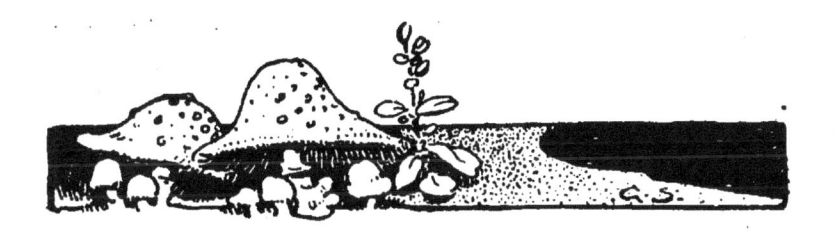

Romana ſtudija.

Komerziju padomneekam Hanſenam bija peezi behrni un wiſi peezi — meitas. Wiſi paſiħas ſpreeda nu tà: Hanſens pats ir ſoti turigs wihrs, bet eewehrojot wiħa peezas meitas, wiħſch ir nabags. Un teeſcham, ja wezais komerziju padomneeks gribeja dot katrai meitai tikdaudſ puħrā lihdſ, kà widejai meitai Olgai, kuŗa nu, paldees Deewam, bija iſprezinata Hanſena kompanjonam, proti weſelus 40,000! tad wezajeem paſcheem buhtu bijis jaħem ubagu tarba pahr plezeem. Wezais Hanſens weeſibâs, konzertôs un teatri bija tas leelakais ideaſiſts, kurſch pat reiſàm ſahka muldet par paſaules newehrtibu un ſiniħzibu, bet weikalà un mahjà tas paſika aukſts, negroſams aprehķinatajs, jeb kà rakſtneeki mehdſ tahdu zilweku ihſi apſihmet: materialiſts. Ja, materialiſts wiħſch bija no galwas lihdſ papehſcheem, materialiſts, kahdu otru gruhti wareja atraſt. Naudu eemihſo waj katrs zilweks, puſe no wiſeem muhſu ſemes mahtes behrneem, eeraugot ripâs ſſkaſtu ſeltu, aiſmirſt wiſu zitu paſaulē. Bet ar to wehl naw teikts, ka zilweks jau tuhliħ buhtu materialiſts. Ar Hanſenu bija zitadi. Wiħſch katru zilweku, kuram komerzbankā nebija 50,000 rubļu perſoniga kredita, tureja par plukatu un katru, kam tahds waj leelaks kredits bija, eenihda lihdſi nahwei. Schis ſlepenais naids wiņam, ſaproſams, neleedſa uſ birſchas ſawus konkurentus ſaipni un zeenigi ſweizinat. Tipiſka tirgotaja weena doma: pelņa — bija wiņam kļuwuſe par pirmo un augſtako paſaules prinzipu. Wiņam likàs, ka wiſam paſauli waſadſeja ekſiſtet tikai tapehz, ſai atmeſtu wiņam pelņu. Kas herzogs Alba ir biſis politikā, tas Banſens bija tirdſineeziba: ſalts aprehķinatajs, negroſams egoiſmā, uſtizigs lihdſi nahwei ſawam kungam Merkuram. Bet wiſs tas wehl buhtu biſis par maſ, ſai pilnigi rakſturotu wiņu kā materialiſtu. Hanſena rakſturam uſlika kroni tas apitahklis, ka tas mantas dehļ ſuſās peeſpeelts, kluſibā eenihſt ſawu familiju, t. i. wiswairak ſawas meiſas. Deelin waj tas no autora nebuhs pahrſpihleti, apgalwot, ka ſchis ſuhtas, kuras Hanſenam pret ſawu familiju radās, waretu taiſni noſaukt par naidu. No ihgnuma, no nepatikſchanas lihdſi naidam wehl tahlu, ja reiſàm eeſtahſas ſimpatija waj mihleſtiba, bet Banſens mihleſtibas nepaſina. Wiņſch katru zilweku tureja par muſķi, kurſch pahrleezinats mihleſtibas ſabā runaja. Tā tad gruhti ir dot noſaukumu Hanſena ſuhtām pret ſawu familiju, tās nebija ne ſimpatija, ne naids, tās bija wairak, nekā ihgnums un maſak, nekā nikns naids. Wiņſch atminejàs, ka ſawu meiſu, kad ta wehl bija maſiņa, tas bija tā kā mihleſis. Bet nahza weena meiſa pehz otras, un wiņſch ſchis ſuhtas ſahka atmeſt. Wiņam iſlikās, ka behrni tam nahza kā par poſtu, kuri to wairak apdraudeja, nekā kurſu ſwaldiſchanàs naudas tirgū, nekā konkurenti un ſautu kari waj politiſkas maiņas. Sahpigu ruhpju, peetizibas, ſai tikai familijā walditu zik nezik laimigs gars, Banſens nepaſina. Wiņſch it labi ſinaja, ko tas buhtu darijis, ja tas zaur kahdu neparedſetu gadijumu ſaudetu wiſu ſawu mantu un kreditu. Wiņſch par pehdejo naudu buhtu ſewim nopirzis labu ſchaujamo eerozi. Tas liniſzina wiſus parahdus, wiſus peenahkumus. Tik aukſts un neſchehligs wiнſch buhtu bijis ari pret ſewi. Tikai to kaunu un godu wiнſch paſina, kas bija atkarigs nọ mantas, kuru zehla materialee apſtahkļi. Reklamas dehļ wiнſch bija labdarigs, reklamas dehļ wiнſch mehdſa iſteikt peekriſchanu waj proteſtu. Leetu ſerde, notikumu ihſteniba un pateeſiba wiнam ſtahweja zeeſchā ſakarā ar weikala leetu. Katru no ſaweem ſemakeem eerehdnеem, kuru tas ſatika teatri waj zitā kahdā iſpreezas weetā, Hanſens uſluhkoja ar ſaltu, ironiſku ſkatu. Scho ſkatu kafrs no wiнa deeneſtā ſtahwoſcheem ſaprata un ļika aiſ auſs, un kurſch ta neſaprata waj negribeja ſapraſt, tas drihſi ween jutās peeſpeeſts no ſawa prinzipala ſchkirtees. Gruhti ir par ſchahdeem zilwekeem ſpreeſt, kureem naw to tā ſaukto wahſibu, kuri neiſeet no lomas, bet ſpehlè to bei techniſkām kluhdām tahļaku. Redſi: dſehrajs wiнſch naw, kahrſchu ſpehlmanis — naw, netiklai dſihwei tas naw padewees, taiſni apſadſis naw neweena, nokahwis, ſaſitis neweena, ſawus wekſeļus tas naw nokawejis makſat, ar wahrdu ſakot, wiнſch ir iſpildijis wiſus bauſlibas pagehrejumus, ka ar likumu tam newar peekļuht, bet katra ſirds brehz kluſibā pret to: negehlis wiнſch ir! Gruhti, ſoti gruhti ir uſſahkt ar tahdu zilweku zihнu. Wiнam ir tahda burwiga wara par ſabeedribu, par eeſtahdēm, par katru atſewiſchķu zilweku, ka tu ſuhkſtoſchām reiſchu paſs ſawam ſpreedumam netizi, ka tu mehģini wehl reiſi pahrſeezinatees, waj eſi pareiſi redſejis un ſpreedis. Bet ſtahjees wehl reiſ ar wiнu ſakarā, un tu redſeſi, zik ſmalki tas atkal tewi iſleetos, tewi wadās kà pee deguna apkahrt, un tikai kluſibā tu wari ſawilkt duhri un teikt: ak, kahds neſeetis, kahds nerediets blehdis! Bet ej tu ſabeedribā, kleedi tu wiнal ſkatā balſi: waj juhs redſeet, kahds blehdis wiнſch ir, un wiſi parauſis plezus par tewi, kà par ſeſti eekarſuſchos wehja grahbſli, kà par muſķi un neigu!

Hanſens no ta, par ſewi paſchu ko domat waj

243

spreeit, loti un konsekwenti īswairijàs. Wiņśch linaja, ka katra schauba par paścha kreetnibu, wareja wīsu to samaitat un īspoītit, uī ka tas sawu ītahwokli bija pamatoīis. Wiņśch linaja, ka weeņa weeņiga tīrgotaja ašara war maksat miljonus, kamehr nabaga lupatam ta nemaksà ne plika graścha. Un tapehz wiņśch nekad neraudaja. Wiņśch linaja, ka pateeīs wahrds war saschkeīt draudsību, beedribu, sazelt karu, īspoītit konekīijas, tapehz wiņśch sargajàs no katra tahda wahrda.

Hanīens prata, gluśchi kà Sokrats, īswillnat domas ziteem, laut ītteikt to ziteem, ko tas pats domaīis. Ziti preekśch wiņa runaja, wiņśch malgaja sawas rokas newainibâ. Bet tas wiīs wiņam nebija par kaweklī, runat par mahkslu, par dīeju un kulturu. Katru mīruśchu leelu garu tas ustelza, katru dsihwo wiņśch ignoreja, eeraudsīdams tajà sawu nepasihsitamu eenaidneeku. Schekspira dramas wareja un drihkīteja skatīt, kamehr Ibīena wahrdu minet, familijà bija stingri noleegts. Tas ir: wiņśch pats, Hanīens, nekad nebija teizis, ka par Ibīenu nedrihkst runat, bet wiņa kundīe to klusam īskaidroja: mans wihrs, luhk, Ibīena neeeredī! Hanīena kundīe sawa wihra mehmo walodu faprata. Kad jaunakàs meītas Alises guwernante pee wakariņu galda, weesēem klahtesot, starp kureem atradàs jauns, interesants jurīsts, kas labpraht mihleja runat par literaturu, schīm jurīstam gribeja imponet ar sawàm mahkslas un rakīineezibas sinaśchanàm un kariīti eeītahjàs preekśch Ibīena, tad Hanīens, kurśch galda galà kà waldneeks sehdeja, uīluhkoja jaunkundīi ar tik saltu un ironīsku skatu, ka nabadsīte pahrbijàs, maīleet aīsrijàs, noīarka un īsīteidsàs sahņu īstabà, lai īsklepotos. Tas bija gluśchi kà kauns, aīsrihtees pee galda. Jaunkundīe to wakaru neatgreesàs pee galda, palika sawà ītabà, raudaja, kehràs pat pee konwenzionaleem meseem, aīsbildinadamàs ar peepeśchu saīlimśchanu. Bet no Hanīena garàs, leesàs un wīsal nopeetnàs sejas suhpas maīleet palmaidija. Wiņśch linaja, 244 kà kairs no scheem karitajeem Jbiena alīitahwjeem waj entuītaiteem bija sodams.

Kad Haniens bija weikalā, tad mahjā wīi jutās kà brihwi, kà zīlweki, kuri drihkīt domat, runat, smeetees un ja bija garlaizigi, pat saujā schahwatees. Haniena kundīes senīenà frase: mans wīhrs! kuru wīna apspeestā balsī, peemeegtām azim, īt kà kaunedamās, mehdīa tur līrunat, kur tai wajadīeja par kahdu leetu waj nu alībildinatees jeb kur wīnai truhka paschai sawa spreeduma, pahrtrauza katru jautru walodu, katru preezīgu balsī. Un Haniena jaunkundīchu «papa», kuru wahrdu tās waj nu sawā ītarpā jeb ari pret draudīenēm, kawaleereem waj weeseem bija speesītas ītrunat, skaneja gluschi kà kahda neīsturama, neīsbehgama, muhschiga sloga līteikīme. «Papa» — tas noīihmeja tīkdaudī kà kaut ko nospeedoschu, neīsprotamu, bet negrosamu un warenu. Wīsi to īsjuta, bet wīsi, kuri Haniena namā sagahjās, atrada to kà kaut ko dabīgu, pareīsu, weetai un leetām peemehrotu. Jt ihpaschi wezakās kundīes slaweja Hanīenu audsīinaschanu, ītingrību, mahjas kahrtību. Hanīeni un Hanīeni! Kas bija zitadi, nekà pee Hanīeneem, tas bija, ja ne sauns, tad wismai nederīgs waj newehrtīgs. Pats Haniens to sinaja, ka wīna autoritatei bija leels eeīpaids, tapehz tas, lai sawam weikalam radītu neaīsteekamu solidaritati un godu, sanehma, sawai programai sekodams, groschus wehl ītingrakī. Alīse, wīna jaunakā meita, baudidama behrna priwīlegījas, sajuta scho ītingrumu wismasak, turpretīm Meta, wezakà, drihkiteja wairs tikai kuītetees, kà kahds no tehwa uswīlkts mechanīsms. Ar Metu, kuru Haniens bija kahdreis mihlejis, tehws bija wismasak meerā. Wīna, kà tehws pahrmeta, neprata apeetees ar zilwekeem. Balles sahlē ta bija atturīga, salīā, melsma, likās, tīkai wīnas azīs sautaja un atbīldeja. Tajās nebija ihītu skumju, bet kaut kas domīgs, neīsprotams. Weesībās wīna runaja par sportu, bet ari par to soti mehreni, un ja wīnai gadījās kahds kawalcers, tad ta to algoja par wiʀa puhlèm ar faltu, ironifku fmaidu, kuru wiʀa no tehwa bija mantojufe. Likàs, ka Meta wezo Ganfenu wiʀa prafibàs par ftingribu, atturibu un apdomibu bija pahrfpehfufe, gahfufe daudf tahfak, nekà tas zilwekam, pehz Hanfena domàm, wareja nahkt par labu. Wiʀfch nopuhlejàs, atrait lihdiektus, lai norahditu fawai wezakajai meital robefchas, zik tahfu tomehr neprezetai damai atlauts koketet, pfahpat, fmaldit un fiffktees, lai ta nepaliktu par nebaudamu buhfi, ar kuru neweens labpraht negrib uf muhfchu weenotees. Wiʀfch tak newareja fawa priwatnama pilnigi fchikirt no weikala! Tee tak, pehz wiʀa domàm, ftahweja paftahwigà fakarà, papildinadami weens otru, ja, weens otru ufturedami. Prafibas familijà pehz ta, ifprezinat meitas, kuras jau nahza finamôs gadôs, bija daudf mafakas, nekà weikalà, kura rehkini rahdija, ka weefibas un teatra apmeklefumi, kureem Hanfens, meitu ifprezinafchanas dehl, padewàs, makfaja teefcham daudf walrak, nekà tas weenam waj otʀam fifikàs. Sinams, ar Metu tas bija jau zitadi. Bet Hanfena kundfe jau klufibà pukojàs par to, ka Meta jau 26 gadus weza un wehl neprezeta, kamehr Olga ar 21 gadu dabujufe, kas zilwekam peenahkas. Saʀka jau nomanit pafchi Hanfeni, ka Metas dehl lirihkot kahdu weefibu, ir glufchi weltigs darbs. Weikala pafiws zaur Metu newareja peeaugt, bet wiʀas ftahwoklis familijà, Hanfenu priwatnamà, kluwa ar katru deenu kritifkaks. Wiʀa pate fahka to fajuft, ka wifi uf wiʀu fkatas, kà uf neprafchu, kà uf leekehdi, kà uf nederigu zilweku, uf kuru wairs neleek nekahdu zeribu. Par fpihti fawai aukftajai dabai un rakftura ftingribai, Meta, aif klufàm zeefchanàm, padewàs raudàm, un bija reta deena, kur tai nebija ifraudatas azis. Atnahza kahda weefchʀa waj weefis, tad ta labu brihdi mafgajàs un pudr jàs, kamehr wareja noflehpt fawu afaru fekas, lai eʀtu alonà, kur to nekad newareja peedabuht, fehitees pee fgeta un ufpehfet, lai imponetu

246

weeseem un teem pakawetu laiku, kaut gan wiʀa ihstenibā prata spehlet ar garschu un welksmi. Un kad weesi bija projam, kad Meta atkal nobehga sawā otrā istahwa istabinā, kuru wiʀa pehz Olgas isprezes išleetoja weena pate, tad wiʀa pabrihnojās par to, ka wiʀai nedsi bija kahres pehz dsihwes, pehz prezeschanās, bet ka ta gribetu eet pa brihwo dabu, meklet kaut ko jaunu, pateesu. Sem welas kumodē wiʀa bija noslehpuse daschas Ibsena dramas, kuras wiʀa wakarōs, eeslehgusēs, lasija ar leelu interesi. Wiʀai nokrita kā swihʀas no azim, kad ta redseja, ka ta ir ta pate dsihwe, kura walda Hansenu namā, kuru Ibsens tā analisēja un graisija. No ka wiʀa bija baidijusēs, noturet sawu tehwu par saunu zilweku, tas tagad wiʀā pamodās wilā spehkā: naids us tehwu. Wiʀa tagad sahka saprast, kapehz wiʀas tehws neeeredseja Ibsena. Is Ibsena darbeem wiʀa lilasija tik daudi, ka zilwekam, seeweetei, tāpat kā wihreetim, ir teesiba us dsihwi, us dsihwi pateesibā, ka tam naw janoleedi elementarās dabas prasibas, lai listaptu pseidomoralei ar rasineteem, aplinkeem lihdseklkeem, bet jaeet weenkahrschs zilwezibas zelsch, kura wirseenu rahda zilweka weselais, sautrais prahts. Meta atjehdia, ka katrā wismaiakā wiltibā slehpjas leelu un smagu noseegumu sahkums, ka saudis, ar kureem wiʀa saeetas ir leeli noseedsineeki, kuri tikai tapehz tik meerigi dsihwo un zits zitu zeesch, ka tee mai domā, ka tee negrib par to nemai domat, wai wiʀi ir labi, wai sauni. Peeteek, ja wiʀi ispilda smalkās sabeedribas preekschraksitus un ja wiʀeem ir materiali lihdsekli. No ta laika, kur tehws sahka eenihit Metu, wiʀa sahka wehl wutrak eenihit tehwu. Wai wiʀsch kahdu reis bija ar wiʀu jel weenu pateesu, mihlu wahrdu runajis? Wai schis «papa» ari wiʀā kahdu reisi atstahjis patihkamn eespaidu? Wiʀa neatzerejās, ka tas buhtu bijis notizis. Kapehz tad ir tulids tehws, tahda mahte, kuri mahza behrnus dsihwot melu dsihwi, eet wiʀeem pa paschu noseegumu zeseem, melot un atkal melot? Kapehz? Kapehz wiнus zeeſch līkums un ſa=beedrība, pirms wiнeem ronas behrnu pulziнſch, kurſch kā maldīga aws, eet turp, kur to dſen? Kapehz baiнiza нem no wiнeem ſamakſu par religiſko zeremoniju ahrīgo iſpildiſchanu, eekams tee teeſcham naw labojuſchees, eekams tee naw ſimtām reiſchu atgahdinati, ſewi no ſirds iſſlehgt un zitus taſā eeſlehgt, lai neſabruktu wiſas zil=wezes tā jau weeglī uzzeltā ſaimības pils? Uī ſcho waſ=manajoſcho «kapehz» mehdī atbildet tikai rakītīſki, laik=rakītōs, grahmatās, rakītneeki gan ar profeſionalu, gan ar pateeſu ſajuhſmi, — oſizialās, patetiſkās runās, bet prakſē uī to neatbild neweens! Cur wīſi padodas tam wezajam dſihwes welnam, kurſch paſchapliнigi, ſawas neſauſchamās waras apſiнā, tup tiklab pee labo, kā arī nabadſīgo familiju pawarda un kuriнa wezo wiltības un melu kaiſlibu pilnās leeſmās. Ja, teorija un prakſe! Teorijā mehs wiſi eſam preekſchi ſabā, prakſē mehs wiſi preekſchi ſaunā. Tahds ir muhſu līktenis! Hanſeni ap=dſihwoja diwstahwu waſarnīzu pilſehtas nomalē, kur Han=ſena kundſei peedereja maſa muiſchiнa. Te klaht bija kutſcheera dſihwoklis, ſtalli, kurus Hanſens iſihreja kahdas maneſchas turetajam un kuгōs wiнſch pats arī ſawus ſirgus mitinaja. Bija Hanſeneem dahrſs, un ap waſar=nīzu kahdi peezdeſmit, ſeſchdeſmit ſkuju un lapu koki, kurus Hanſena kundſe ſawōs pirmajōs ſaulības gadōs mehgīnaja eeſaukt par «parku», bet pats Hanſens ſcho noſaukumu noleedſa. Wiнſch ſargajās pee wismaſakā priwatneezīнa kļuht ſmeekligs. Kaſru rihtu — t. i. darb=deenās — Hanſens pulkſten 9 brauza pilſehtā, kaſru wakaru tas pahrbrauza pulkſten 7 mahjā un tuhliн de=wās pee pusdeenas galda. Tam wīſam wajadſeja eet kā uſwilktam pulkſteнam. Sīnams, bija arī kahdi retī iſнehmumi, kad kahds ſteidſams weeſis peeteiza ſawu wiſiti, weeſis, kurſch Hanſenam weikala lінā bija no ſwara.

Reiſ Hanſens pahrbrauza mahjā ſotī ſawads, waretu teikt gandrihī jautrs, it kā kad wiнam buhtu ſwarīgs 248 eemeſls — reiſ ſawā dſihwē pateeſi amiſeſees. Kad Hanſena kundſe ſcho ſawa wihra amiſanto iſtureſchanos pee pusdeenas galda eewehroja, tad ta nobahla, un tirpas wiнal pahrgahja pahr wiſeem lozekleem. Wiнa atzerejās, ka Hanſens toreiſ ari bija tahds amiſants, kad tas pirmo un pehdejo reiſi kahdā ſpekulazijā bija paſaudejis 20,000 rublus. Pee ſalteem nopeetneem weikalneekeem jautriba noſihmē kaut ko nepatihkamu, ja breeſmigu. Breeſmas nu nekahdas nebija, bet preekſch Hanſena leela nelaime. Wiнa ilggadejais prokuriſts ſchodeen leezineeku klahtbuhtnē bija Hanſenam uſteizis deeneſtu. Schis prokuriſts bija wiнa weikala dwehſele. Jlgi Hanſens bija kahwees ar nodomu, iſprezinat Metu ſawam iſweizigajam prokuriſtam un tā to paturet preekſch ſawa weikala uſ wiſeem laikeem. Bet prokuriſts jau ſen bija kluſibā ſaderinajees ar kahdu atraitni — kapitaliſteni un jau kopſch ilgaka laika mekleja eemeſlus, lai waretu lauſt lihgumu, iſſtahtees iſ Hanſena weikala un nodibinat pats tahda rakſtura tirdſneezibas namu: importu ſeelumā. Prokuriſts tikmehr Hanſenu kaiſinaja, kamehr tam iſdewās peedabuht Hanſenu pee tahdām duſmām, ka tas prokuriſtu leezineeku klahtbuhtnē nolamaja. Tikai tad, kad prokuriſts Hanſenam uſ weetas uſteiza deeneſtu, Hanſens atjehdſās, ka prokuriſts to tik gribejis. Wiнam jau bija peenahkuſchas ſiнas par prokuriſta nodomu, bet wiнſch ſchis baumas gan eewehroja, tomehr tām nepeegreeſa pahrak leela ſwara. Tagad wiнſch apkehra, ka leeta bijuſe pateeſi nopeetna. Schini paſchā deenā Hanſenam gadijās wehl otra nepatikſchana. Wiнſch grahmatu pahrdotawā, kura ari wiнu apgahdaja ar wajadſigām un newajadſigām grahmatām, laikrakſteem un ſchurnaleem, garām ejot, eeraudſija ſogā iſſtahditu iluſtretu ſirgu ſporta rakſtu iſdewumu, kuru wiнſch gribeja paнemt tuhliн lihdſ. Saprotams, komijs wiнam grahmatu tuhliн paſneedſa, peeſihmeja rehкinu, bet kad Hanſens кehra pehz platmales, tad komijs nedroſchi ſtoſtijās:

«Komerziju padomneeka kungs, waj es warbuht drihkſtetu luhgt, nodot ſcho grahmatu juhſu zeenigàs meitas jaunkundſei! Wiņa to pagahjuſchâ nedelâ apſtelleja, kad grahmata wehl nebija iſnahkuſe. Tagad ta patlaban no drukas!»

«Kas ta par grahmatu?» Hanſens ahtri eepraſijàs.

«Ibſena ‚Dſchons Gabriels Borkmans‘» komijs ſtomijàs un paſneedſa Hanſenam grahmatu.

Hanſens nobahla, ſkatijàs ſtihwi un netizami uſ grahmatas wahku, it kà kad buhtu notikuſe ſeeſa maldiſchanàs.

«Tas newar buht!» Hanſens rupji un aukſti eerunajàs, «kuŗa no manàm meitàm ihpaſchi pehrk pee jums Ibſena darbus?»

«Meta Hanſen jaunkundſe! Zeenigà jaunkundſe pate ſamakſà ſawu rehķinu!»

«Te naw runa par rehķinu, bet ir runa par to, ka juhs eedroſchinajatees bei manas ſiņas, pahrdot maneem behrneem grahmatas, grahmatas ar kaitigu ſaturu! To juhs nedrihkſteet, waj ſaproteet! Manim buhs japarunà ar juhſu prinzipalu!»

«Zeenigs komerziju padomneeka kungs! Katrai peeauguſchai perſonai, kuŗa pehz weenas waj otras grahmatas praſa, kuŗas mums atļautas un noliktas pahrdoſchanai, mums japakalpo ar to, tik drihſi, zik ween eeſpehjams, wiņai praſito grahmatu iſſneegt. Ibſenu laſa wiſa iſglihtotà zilweze, kahds gan manim waretu buht eemeſls juhſu meitas jaunkundſei wiſeem peeejamu atſihta un ſlawena autora darbu leegt? Tas jau buhtu pret weikala prinzipeeem!»

«Tà tad mana meita ir pate pehz Ibſena praſijuſe?» Hanſens ſteepti un uſſwehrdams jautaja.

«Ja,» komijs, gandrihi ſobgaligi, atbildeja, neſapraizdams, par ko Hanſens tik ſeeliſki uſtrauzas.

«Tà. Labi, labi. Es ſcho grahmatu paņemſchu

līhdī. Manīm wehī kas īakams, bet to nahkotnē, kad juhīu prinzipala kungs buhs īe. Ardeewu!»

Tas wīs bija Hanīena amīīantās īīturešchanās zehīonīs. Un Hanīena kundīe paredīeja, ka ṉu weenam un otram nahkīees zeeīt un ka jaunī aprobešchoīumī buhs Hanīena pīeido-īautrības īekas.

Kad pusdeenas maītīte gahja uī beigām, Hanīens īīdīehra īawu kahrtīgo gīahīī «paīe aīe», īīpīhpoīa zigaru un tad eerunajās: «Meta, waj tewim ir waīas? tad es tewi īuhdīu, aīnahkt pee manīs. Es tewi īawā kabīnetā gaīdīšchu!»

Hanīens īepnī peezehīās, īīgahja, un Hanīena kundīe, mahīas un guwernante apītahja Metu, to drihī īīakahrīgi, drihī līhdīzeetīgī uīīuhkodamas.

Sībena ahtrumā Hanīena kundīī pahṉnehma dašchadas aīīdomas. Warbuht Metaī īr kahda īīepena mīhīeīītība, kuṉa wīīu famīīīju kompromītē, kuṉa tagad Hanīenam kīuwuīe īīnama? Warbuht kahdas pīahpas par Metas pahrak īaīpno īīturešchanos pret kutīcheeru? Kas war īīnat, kas wīts naw nahzīs tehwa auīīs par Metu, kuraī tagad taīīnī wajadīeja īīturetees preekīchīīhmīgī, ja wehī negrībeja īaudet pehdejās zerības, īīeet pee wīhra.

Meta, apwaīnota zaur zītu mahjas damu īīhdīdaīību wīṉas neīīnamajā līkteņī, nogreeīās un duhšchīgī metās uī tehwa kabīneta puīī.

«Meta —» Hanīena kundīe wehī eerunajās, bet Meta jau eegahja tehwa kabīnetā.

«Apīehītees!» tehws īauīī runaja, «tewim buhs gruhtī noītahwet!»

«Pateīzos!» Meta tīchukīteja, īt kā kad ta buhtu kahda īwešcha meītene, kuṉa gaīda šchehīaītības.

Hanīenu šchī meītas paīemīgā īīturešchanās aīīīkahra.

«Tu īīnī īawu kahrtu un tu īīturees tā, īt kā kad tu buhtu mana deeneītneeze, kuṉa apīīnas, ka ta peīnīīuīe rahjeenu!»

Meta fehdeja, neteiza ne wahrda, tehwu falti usluhkodama.

«Meta, tu fini,» tehws drebofchu balfi eerunajàs, «ka es jums, behrneem, fawu firds noflehpumu neatklahju. Tas naw wajadfigs. Kad tu buhtu manà weetà, tu tàpat daritu. Tehws juht un domà zitadi, nekà dehls waj meita. Winifch eenem zitu itahwokli, winam ir daudi darba, jums ir walas deefgan. Bet kà juhs, behrni, fcho ilgo, brihwo laiku illeetojat? It ihpafchi tu, Meta! Tu fini, kas manim patihk, kas ne! Un tu fomehr mani blamè aif manas muguras, tu italgà pa grahmatu pahrdotawàm, prafidama pehz Jbfena darbeem, tu, Hanfena meita, uf kuru wifi fkatas, kà uf preekfchfihmigu, itingri audfinatu jaunawu! Tu lafi Jbfenu?»

«Es labpraht lafu wifu, kas pateefiba!» Meta, itingru, dufmigu fkatu ufmefdama tehwam, ifauzàs. Wina uf reif pahrwehrtàs, kluwa itipra un fagatawojàs uf zihnu.

«Pateefibu!» Hanfens eekleedfàs un wifs drebeja, «pateefibu? Tad tu domà, ka tu warl fpreeft, kas ir pateefiba, kas ne?»

«Ja, to es domaju!»

«Waj tewim ari ir godbijiba un zeeniba pret mani, kurfch domajas buht taws tehws?»

«Tehws tu efi, fififks tehws! bet tu neefi mans labais, mans mihlais, manas laimes tehws! Tu efi mani fauzis pafaulè, lai mani mozitu ar to dfihwi, kurà tu efi mozijees, kura tewi apmahna un manim reebjas!»

«Ko tu runà, Meta?» tehws peetruhzèes runaja, «Meta, apdomà ko tu runà! apdomà, pirms naw par wehlu!»

«Neka es neapdomafchu. Neka. Nofchauj mani, fit mani, dari, ko tu gribi, es newaru melot. Manim ir tas jafaka, ko es juhtu. Es falitu tawà klahtbuhtnè. Es un manas mahfas, mehs drebam, kad tu brauz mahjà. Mehs juhtamees kà zeetumà. Mehs nefinam,

252

kas ir diihwe, kas laime, kas preeks! Tu mums katru preeku eſt atnehmis! Tu eepatlhitini muhs ar kawaleereem, kuri melo, kuri runā tukſchas fraſas, kuri diihwo bef jebkahdas diſtakas nolihmes, tu muhs upurè preekſch teem ſabeedribas meleem, kuri nokauj katru ſtrinibu, katru liſtaku juhtu. Tu wiſas muhſu mahjas ſeenas eſt iſmuhrejis ar ledu, un es ſaliſtu jau 26 gadus, ſaliſtu kā nabadſe, un wiſi domā, ka es eſmu bagata, ka mans zobeſa kaſchoks, mani anglu wadmalas ſwahrki mani fildai! Un tu praſi, lai es preezajos par ſawu nelaimi!»

«Meta, ja tu pate to runatu, tad es ſinatu, kas manim jadara, bet es tewim peedodu. Tas, kas li tewis runā, neeſi tu, bet Jbſens, tas Jbſens, kurſch anormalo uſitahda par idealu un normalo apſihmè par ſaunu un patalogiſku. Jr paſaulè weens itingrs un ſwehtigs kungs, tas ir darbs! Jo wairak darba, jo maſak waſas domat par to, waj darbs teek darits pareiſi, waj nepareiſi, waj diihwe ir augſta, waj ſema, ſauna, waj ſaba. Domas wehl neka nedod, ne paſumta, no maiſos! Wiſu to, ka mums preekſch ekſiſtenzes un diihwibas uſtura waſaga, dod mums tikai darbs! Daritaju ir mai, kritiku ir daudſi! Nedomā, ka tas wiſs, ko Jbſens ſludina, nahk jau waj no paſcha Deewa! Jbſens muhs weikalneekus eenihſt tapehz, ka teem idealajeem domatajeem nelihit ſelts no debeſim, ka ſeme teem neiſklahj purpura ſegas ſem kahjām, ka tee ir ſpeeſti tāpat kertees pee darba un puhletees, lai nebuhtu ſanonihkit, un ſchis darbs ir ruhgts. Ak, ruhgts un nepatihkams wiuſch ir! Bet wiuſch ir jadara, wiuſch ir japeewarè, un daritajam ir ſaeet pahr nedaritaja teeſu, ſpehzigajam ir jakahpj pahr neſpehſigā lihķi! Un kas atteezas uſ itingribu un neſchehlibu pret jums, tad es tewi praſu, waj es pret ſewi paſchu neeſmu wehl daudſi itingraks un neſchehligaks. Scho itingribu es eſmu mahzijees no dabas. Wiua neka labpraht un tuhliu nedod. Wiua tewi ķirzina, ſeek teewim gaidit, wiua ir skopa, nelchehtīga! Wiŋa muhs jau preekšchlaikā mahza, par kahdeem mums jātop, ja mehs negribam bojā eet. Juhs prāseet mihlestības! Tikpat daudi, kā juhs mani, waru es juhs mihlet! Mihlet kā trakulis war tikai slimīgi nerwosais, weeglprahtīgais, kursch mihlē zitus tapehz, ka tas pats wisu sewi saudejis, wisu usticību, wisu patahwibu us sewi. Ali schausmīgas garlaizības zilweks mihlē, ali isirstoschas sirds, paschā sibankrotejuschās dabas dehl! Weens kleedz: es mihlu zilwezi! Ta ir trīsai sewi war zilweks mihlet, bet ne zilwezes, kuŗa dsihwo leelakajā nesaidribā, wisītīprakajās pretrunās, kuŗa rada domas un pretdomas, paspehli un uswaŗu, godu un kaunu. Te war iswehletees tikai kahdu normālu widus zelu, sargatees no pahrspīhlejumeem un ekstremeem. Un kad sīwelzigs welkalneeks prot scho normalo zelu eet, tad ŗonas skaugi un kritīķi, kuŗi meklē pehz noseedsneeku psichologijas tajōs, kuŗi darbojas un strahdā, kuŗi zel namus, taisa zelu, eerihko maschinas, no kuŗu swehtības juhs pahrseekat, juhs saprotaji, juhs, eedomīgee ideālīsti!»

Hansens labu brihdi klusēja, eededsinaja isdsisuscho zigaru, usluhkoja stihwi sawas seewas bildi, kuŗa to israhdija kā jaunu, seedoschu lihgawu.

«Redsi, Meta, wis beidsot dibinas us egoisma. Egoists es biju un esmu. Egoists ne preekš sawas dsihwibas, sawa wehdera, bet egoists preekš zilweka stahwokla, ta zilweka, kursch mani dsihwo. Šahkumā biju tikai es. Es prezejos, tad juhs wisi saradatees, kā gaiditi un arī kā negaiditi, kā behrni no paschas meesām un asīnim, un arī kā sweschi. Kad es prezeju juhsu mahti, waj es sīnaju, ka manim buhs tahda Meta, tahda Olga, waj Alīse! No sīnamā izehlās nesīnamais. Waj tad es esmu par wisu atbildīgs, teesajams par juhsu laimi waj nelaimi? Mana daba mani apmeeriņa, juhs ne! Waj es tas zehlonis? Ne, zehlonis ir juhsu nepatītahwība, behrni! Jums paschēem naw sawa zela,254 un juhs pahrmeteet wezakeem wiņu ‚zelus! Juhs kleedīeet un sauzeet pehz pateesibas! Kur ir ta pateesiba? Kur ir ta laime? Ja, preeksch weena azumirkla meesām waj garam sagahdat patihkamu apstahkli, to arī es protu! Bet waj ta ir ta laime, ta pateesiba, pehz kuras juhs sauzeet? Dodeet schurp, parahdeet to pateesibu!»

Hansens kleedīa, nosweeda zigara galu un saslehjās kà nahwigs eenaidneeks pee kamina pret Metu.

«Kad nemelos, kad newils un nekrahps, tad nahks ta pateesiba!» Meta meerigi runaja, «tu maldees, tehw, ja tu domā, ka Jbsens manim galwu sagrosijis. Jbsenu sapraťis un eemihļos tikai tas, kursch jau eepreeksch lihdfigi sutis un domajis, lai gan ne tik sistematiski un draistiski, pirms tas Jbsenu lasijis! Tu atsauzees us darbu, kà us autoritati! Tu un tee, kuri ar wiltibu un mahņeem pee darba teek! Bet mehs neteekam pee darba, juhs muksu teesibas esat noblehdijuschi, zelu us muhsu darba lauku aissprostojuschi. Juhs zelat samiliju, lai to wehrdsinatu, nomahktu, apmulkotu, tapehz ka jums naw duhschas atsihtees, ka juhs esat aplam domajuschi, aplam strahdajuschi un dsihwojuschi. Juhs, kas bijat papreekschu, nekà mehs, kuri nahza wehlaku, esat wairak wainigi, ja, juhs esat pawīsam wainigi, tapehz ka juhs negribat pamositees! Mehs jau esam augschā, mehs juhs wairs nerespektejam, no mums katrā sinā atkriht wīsa ta dsihwes walna, kura sahpiga mums wiseem! Tu sauzi, lai mani teesatu. Es nahzu, lai tewim atgahdinatu peenahkumus. Es pate keros pee sawa peenahkuma par daudi wehlu. Manim jau to sen wajadseja darit. Bet es biju kà meegā, paschaplinas manim truhka. Tagad tu, mans tehws, esi scho paschaplinu modinajis zaur nepamatotu, netaisnu usbrukumu sawai meitai, kuru tu 26 gadus esi ccspeedis sawās sphīlēs, kà kinēeschi sawu meitu kahjas koka kurpēs. Usbrukt tewim wajadseja — tikai sewim paschām, sawai lepnībai, sawam patrizeeschu elkam: materialai spehjai, sawai zeessirdibai, sawai bahrdsibai, ja sawam darbam, kuru tu tā zisdini! Ja tu mani mihlefu, tad es tewim waretu peedot, bet tu manis nekad neesi mihlejis, tu mani jau kopsch sgaka laika eenihsti — tapehz ka es tewim neesmu pa prahtam, ka es nenogatawojos pehz schablonas, kahdu patrizeeschu garscha un prahts radijis? Ja, mans tehws, tu esi mani par daudsi nihdis, mani neleetojamu un nelaimigu darijis, ko tad sai es pret tewi sajuhtu? Mihlestibu? To tu jau sen esi alidsinis no wisas schts mahjas! Lihdsizeetibu? To tu no maiotnes esi muhsōs, behrnōs, zentees isnihzinat. Tu esi muhs dresesis, bet ne audsinajis, tu esi muhsōs nokahwis wisas labās seeweeschu juhtas. Tu, mans tehws, esi naudas wehrgs! Tu newari prasit —»

«Deeigan,» Hansens eebrehzās, «laukā! es prom sī manām azim, zitadi es padarīschu noseegumu!»

Meta peetruhkās, atrahwa durwis un sasita ar tām mahtei galwu; wiņa, drebedama, ais durwim bija klaussjusēs. Ne azu Meta nepameta us mahti un mahsām. Kā bes sirds un juhtām wiņa ischrehja sawā istabā un tikai tur ta elsoja, raudaja, lausija rokas.

«Ko esmu padarijuse?» wiņa kleedsa, «es esmu sawu tehwu nolahdejuse!»

Mahte eenahza un bahla, usbudinata prasija:

«Meta, kas tad ir notizis!»

«Ja, es pate nesinu!» Meta runaja, «teeschām pate nesinu. Starp tehwu un mani ir breesmigs naids, neisbehgams naids! Mama, manim jaeet projam. Mama, es to paredseju, es sen jutu, ka ir kaut kam janoteek!»

«Us kureeni tad tu eesi? Kurp tad tu wari eet?» Hansena kundse pahrmetoschi, stingri prasija, «un tagad, wakarā?»

«Eeschu pee sawas draudsenes,» Meta lehni teiza.

«Kas ta par draudseni?»

«Annas jaunkundse!»

256

«Modiſteene! un tu eeſi turp, naktī pahrgulēt, tu blameſi muhſu famīliju?»

«Neweena es neblameſchu! es neweenam neku neteikſchu!»

«Ej, ej, ej!» Hanſena kundſe aſarām, bet bahrgi iſſauzās, «ej . . .»

«Ja, es eeſchu . . .»

Maſā Alīſe eenahza bailīgi un arī ſahka raudāt.

Bija ſkaidra ſeemas nakts, kad Meta līgahja uſ eelas. Neweens wiʀai neſkrehja pakaļ, neweens ar waru wiʀas neattureja. Tahds gars, ſtingrs, un nelokams waldīja Hanſenu namā. Wiʀa gahja pa pirmo eelu, gahja ſawadā bailu ſaſtingumā. Kurp? pee modiſteenes Annas, ar kuru ta bija ſlepenī eedraudſejuſēs? Wispirms wiʀa tik gahja. Ļaudis ſteidſās wiʀai garām kā ſapnī. Pilſehta wiʀai iſlikās gluſchi ſweſcha. Galwā wiʀai dega weena doma: waj wiſs ir pareiſi? Waj tā wajadſēja? Laikam tā! Uſ preekſchu, uſ preekſchu! Wiʀa ſteidſās, reiſēm paklupa, reiſēm ta apſtahjās, tad gahja atkal . . . Beidſot wiʀa atjehdſās plaſcha laukuma preekſchā. Tahlu aiļ ta mirdſēja uguntiʀas. Bet pats laukums bija tumſchs, nepahrredſams. Augſchā mirdſēja ſwaigſnes, trihſeja ſaltumā. Arī Meta ſahka trihſēt. Waj tas plaſchums, kas wiʀas preekſchā atradās, bija ta brihwiba, ta pateeſiba, kuras wiʀa mekleja, jeb waj ta bija ta pate ſaltā paſaules neſchehſiba. Wiʀa ſtahweja ilgi, trihſēja, kamehr ſaſima. Peeſteidſās kahds naktsſargs un wiʀu pazehla. Tas bija pirmais zilweks, kurſch gribēja wiʀai palihdſet. —

257

Paſuduſchais dehls.

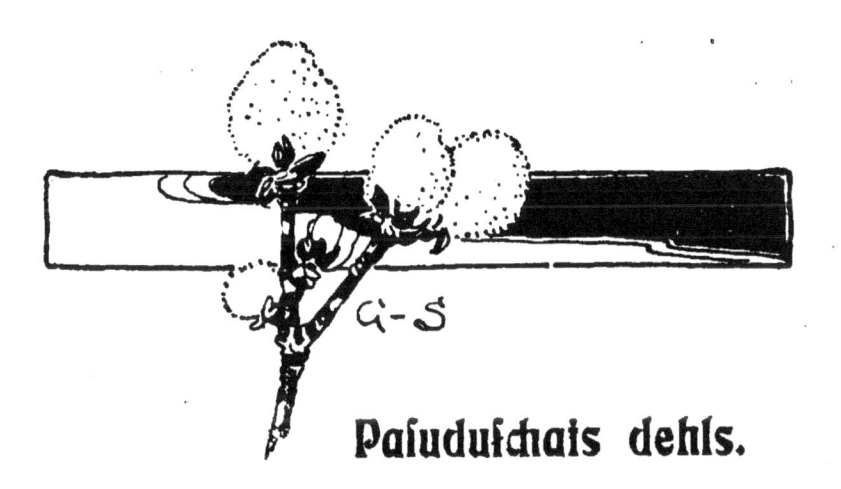

Sarahwees, ſlimīgu ſkatu, Arturş luhkojàs iſ ſahles kakta uſ lampu, kuɪa zaur roſchaino papira ſargu iſſuhtīja apſpeeſtu gaiſmu.

Wiɴa mahte ſehdeja galdam lihdſàs un tureja awiſchu lapu uſ klehpja, beſ ka to laſitu.

«Es eſmu ſtingri noɴehmees, iſſtahtees iſ teologiſkàs fakultates — newis tapehz, ka es wiɴas nezeenitu! Ne, es wiɴu zeenu augiti, bet zeenu tikai wiɴas mehrķus, wiɴas lihdſeklus nekad . . .»

Arturs jau wiſu wakaru bija mahti ſkumdinajis. Nu wiɴſch tàs ſirdi pawiſam ſadragaja.

«Bet tu tak, dehls, eſi jau pahra gadus ſtudejis, un kad tu tagad iſſtahjees iſ augſtſkolas, ko tad tu domà eeſahkt?»

«Wiſu zitu, kur es waretu zik nezik kļuht apmeerinats, bet uſɴemtees leetas, kuras es neſpehju ſapraſt un wadīt, es negribu. Es gribu palikt, kà bijis, goda wihrs, bet zitus maldinat — ta es negribu . . . Man augſtſkolas baſnizà bija jaſprediķo . . . Es runaju . . . Es teizu, ka wahrdeem ween mehs newaram peekļuht wiſam, kas augſtaks, un ka muhſu tizeſchana naw nekas wairak kà bailība. Mehs eſam egoiſti, paſchmihlſi, un tikai tapehz mehs luhdfam — alī balllbas ... No waronibas mums naw ne wehīts! Un kas pamatojas uf glehwulibu, to es newaru eerediet ... Eefahkumā es ar wifu apradu, es neprafiju, waj tas ir teefcham faprotams. Es weenigi zentos fafneegt praktifko mehrķi, lai waretu eeftahtees dfihwē un prezetees! Prezetees! ...»

Arturs fkali eefmehjās.

«Es neleedfu, ka es gribetu prezetees ... Ari fchajā lirā mehs, zilweki efam wehrgi, dabas kalpi. Bet neeziga ķehmofchanās ir wifas fchīs prezibas. Nekas prahtigs un ihīstens tur neifnahk ... Es finu, kā tu domā, mahte! Tu domā par wifeem dfimtas faukumeem, par behrneem u. t. t. Bet kas ir wifi fchee behrni? Zits nekas, kā muhfu negehlibu manteneeki. Mahte, waj tu tizi, ka mehs efam zilweki, ihīsteni, pateefi zilweki?»

«Ne, mans mihlais dehls! bet mehs zenfchamees kļuht par pilnigeem un labeem!»

«Ha! zenfchamees! Ne, mehs nezenfchamees nemaf! Mehs zenfchamees weenigi ufturet fawu dfihwibu, zitus kahjām mihdit — tas ir wifs. Bet labotees, ne, preekfch ta mehs efam par glehweem ... Daudf naktis es efmu, mahte, bef meega pawadijis, efmu ween- tulis uf fawas gultas fehdejis, efmu ufrunajis kļufibā augītus garus, bet neweens man neatbildeja. Es fapratu, ka es efmu bef fchehlaftibas padots fchai breefmigajai zilwezei, kura, kā Kriftus uf wartfejeem teiza, naw nekas wairak, kā odfchu dfimums ...»

«Waj tad tu wairs neweena nemihlē?» mahte, afaram azīs, jautaja.

Arturs luhkojās labu brihdi ftihwi uf lampu, tad tas pakuftejās, — pakuftejās, kā tahrps, kuru bada. Kad tas lehnām leen.

«Es? waj es mihlu — — kahdu? Tu, mahte, gribi mani pahrbaudit ... Bet es gribu buht goda wihrs: es nemelofchu! ... Ne, es wairs nemihlu neweena, ne- weena weeniga! ...»

Wiņśch atkrita pret iośaja atiweltni, it kà kad nahwe to buhtu patlaban ķehruśe.

«Dehls! tas newar buhti!» mahte śahpigi eeśauzàs, «es tewi paśihitu no behrna kahjas! Tu newari ne maśako kultoniti nomaitat... Un tu runà, ka tu waīrs nemihleśot neweena: ari manis ne?»

«Bet ko tad wiśa śchi mihleśtiba nośihmè, ja pate bihbele atrod par pareīśu: wiņśch atśtahs śawu tehwu un mahti un peeķerśees pee śawas śeewas! Ja, wiśa śchi paśaule ir śeewa, daīśa śeewa ar pilnàm meeśàm. Un mehs to śkuhpśtam un baudam... Bet tu leez wehl tik leelu śwaru uś to, ja es, taws dehls, ari tewim atmetu pa druśziņai, aiś paraduma tewi apmekleju un śaku tew laipnibas. Tu redśi, es eśmu jau nelaikà kļuwis par śpredikotaju, tapehz ka es nogatawojos nelaikà, tàpat kà nogatawojas auglis, kuŗā eeehdas tahrps...»

«Tu neeśi śawus proreśorus śapratis!» mahte duśmigi eeśauzàs, «wiśpahrigi tu neeśi neka mahzijees śapraiś, nedś diīhwes, nedś morales. Weenkahŗichi, tu eśi śajuzis! Śaki, waj tew ir kahds pamats, kahds diīhwes mehŗķis?»

Wiņa pilnigi bahràs...

«Bet manas domas ir śawu domu śekas. Es eśmu no tawàm meeśàm zehlees, tapehz nenolahdi mani par agru... Waj man ir kahds pamats? Ne, man wiņa naw, tapehz ka manim ta nekad naw bijis. Bet es mekleju pamatu, es mekleju... Tew ir tawas duśmas peedodamas un atwainojamas, tew, kuŗa, ja ta ari mani atśtumtu, tomehr buhtu ar mani śaiśtita tuhkśtośchàm śaitèm. Śchis gars, kurśch mani ir pahrņehmis, naw iśnihdams. Tas paśtahwès, kamehr paśtahwès zilweze. Bet wiņśch ir kreetns gars, kurśch meklè pateeśibu!»

«Tu wiņas nekad neatradiśi, jo tu eśi apmaldijees un negribi atśihtees, ka tu eśi apmaldijees!» mahte iśśauzàs.

«Kriśtus ir ta pateeśiba!» Arturs świnigi iśśauzàs, «bet juhs jau wiśi to mihdat ar kahjàm. Ko tu un ko juhs wiſi runajat no pateeſibas, kad jums naw nekad ſtahpis pehz pateeſibas! Jums ſlahpſt weenigi pehz paſaules goda, pehz mantas! Un juhſu tizeſchana ir bai-liba! Kriſtus naw warejis juhs labot, tad ari manim tas neiſdoſees, manim, kurſch ir wahjſch un ſchaubigs katru azumirkli. Ar kahdu noluhku lai es topu par preezas mahzibas ſludinataju? Waj lai es ſcho mahzibu ſkandinu tikai ar mehli, kà tuhkſtoſcheem to dara? Waj lai es eemantoju muiſchas un no tàm brauzu karitê, lai ſludinatu ļaudim preezas mahzibu, kur wajadſeja ſtaigat rupja audekla drahnâs, kà Kriſtus to darija! Kapehz juhs wiņa mahzibas zildinat teoretiſki, bet to juhs nizineet un eenihſteet, kurſch dara tà, kà Kriſtus to pawehlejis? Wiſas ſchìs Kriſtus mahzibas ir weenkahrſchi ſaprotamas. Tur wajaga tikai kreetnas ſirds un labu azu, lai waretu ſapraſt Kriſtus ewangelijumu! Bet juhs iſ ta wiſa eſeet darijuſchi modes leetu! Juhs eſat dibinajuſchi ihpaſchas fakultates, kur mahzas peerahdit, ka meins ir balts un otradi, kur zilweks mahzas, kà ļuns ar aiſti ļunzinat. Ne, es juhs eſmu atſtahjis, wiſus, wiſus, pirms juhs mani warat aiſraidit un ſuņeem rihdit. Es juhs negribu mihlet ne weena weeniga ...

Mahte nopuhtàs un peezehlàs. Wiņa redſeja pee ſawg dehla nenoleedſami ſlimibas ſihmes. Jau ſawás pehdejàs wehſtulês wiņſch bija ſſteizis tamlihdſigas domas, bet wiņa to bija uiſluhkojuſe par weenkahrſchu diſputu. Tagad wiņa wairs neſchaubijàs, ka Arturs bija garà wahjſch... Mahte gahja pee meera, kaut gan ta meera newareja atraſt. Weens dehls wiņai bija ļudis. Tomehr wiņai bija wehl otrs dehls, turigs tirgotajs, un meita bija iſprezeta pee kahda ahrſta.

Bet Arturs ſehdeja kaktà, uſ ſoſaja, pahri pusnaktij un domaja. Wiņſch zihnijàs ar ſewis paſchu. Tapt par leekuli, dſihwot tà kà ziti dſihwo, kopt ſawu meeſu, un par wiſu zitu paſmeetees? Jeb waj meklet un atkal meklet pateesibu? Un ja ari beidzot wiʀam buhtu jaeet bojā...

Smagu galwu wiʀich gahja duset.

Mahte rakstīja meitai un otram dehlam par Artura stahwokli.

«Neeki! pehreena wajaga!» tirgotajs domaja, «skahde, ka wezais wairs naw diihws, tas tewim, pateesibas mekletajs, usskaistītu ar kantschukul»

Tirgotajs sehdās wagonā un brauza us laukeem, kur mahtei peedereja maja muischiʀa, un kur ta lihdsi ar Arturu azumirkli atradās.

Bet jo tuwaku tirgotajs nahza tai weetai, kur tas bija dsimis un audsis, jo sistaki wiʀam tapa ap sirdi. Wiʀich eedomaja, zik labs un mihligs arweenu Arturs pret wiʀu bija. Ja, labs wiʀich bija pret wiseem bisis. Tapehz ar wezais un mahte nospreeda, likt Arturam issitudet par mahziitaju. Kā tas wareja nahkt, ka Arturs us weenreis tā bija pahrwehrtees, ka tas neklausija wairs mahtes?

Bet Rudolfs nebija wihrs, kuʀich par tahdeem jautajumeem wareja domat. Wiʀam pa galwu sahka maisitees rehķini. Labs weikals tam eenahza prahtā. Ji saweem weikalīskeem sapʀeem wiʀich pamodās tikai tad, kad kutscheers peebrauza sirgus pee mahtes dsihwojamās ehkas werandas.

Rudolfs atrada preekschā mahsu Martu.

Marta bija lehna un domiga. Wiʀai bija gruhti Arturu nosodit.

«Laischat wiʀu meerā!» wiʀa teiza, «Arturs ir pahrpuhlejees. Un ja wiʀich grib iswehletees sew zitu arodu, tad laujat wiʀam walu...»

«Bet ta bija tehwa griba... Manis pehz es neteiktu ne wahrda, ja Arturs pahrleezinats, ka winich ichim amatam nederigs, bet tehwa dehl?»

Rudolfs, mahte un Marta, wifi trihs labu brihdi klufeja.

Pa tam eenahza Arturs fahle un apfweizinajās ar Rudolfu, it kà kad nekas nebuhtu notizis.

Rudolfs uīmeta brahlim īhdīzeetīgu ikatu. Arturs bija apaudfeiis bahrīdiɴu, un matus ias wairs, kà rahdījàs, neīureja tahdā kahrtibā, kà agraki.

«Waj jau ilgi, kamehr pahrbrauzi mahjā?» Rudolfs jautaja.

«Deenas feptiɴas, aītoɴas ... neeīmu ikaitījis, bet wairak deenas jau te eīmu...»

«Kapehz tu manim wifu laiku nerakītījī?»

«Ko īai tewim rakitu? Weltīga iratu iīmaiɴa!»

«Waī Deewiɴ, kahds tu efi tapis! Waj tas ir taīīniba, ka tu gribot iīītahtees if īawas fakultates?»

«Ji manas fakultates? Ne, if juhīu fakultates!... Es negribu wairs uibudinatees, tas ir weltigi! Bet es juhs jautafichu, juhs tizeet, ka weenreiī buhs paītara teeīa, ka mehs weenreiī iīahweīim Augīta Soga preekīchā? Tizeet waj ne?»

Wiīi klufeja. Tikai Rudolfs palozija galwu. «Saprotams, faprotams,» winich kluīi murminaja.

Arturs pagreeiās pret logu un bungoja lehni ioga ruhtīs.

«Ru tad», winich ironifki imihnedams runaja, «jums buhs jaatbild par mani, ja es tā daru, kà juhs wehlateesi Waj juhs gribeet zeeīt par wifu to leekulibu, ko juhs manim gribeet uīpeeīt? Es negribu eet nedī juhīu ellē, nedī juhīu debefīs... Ko juhs domajeet?»

Rudolfs duīmīgi nopuhtās un peezehlās. Winich paītaigajās un tad beidiot, noītahjees Artura preekīchā, īam niknā balīī uībrehza:

«Saki tu man, waj tu efi teeīcham traks, waj tikai tā īirahdees? Tu, peena puika, gribi labot pafaulil pa-264 sauli, kura tuhkstoscheem gadeem tahda bijuse un pasiks! Ja tu ta nesaproti, tad tu esi pehdejais muļķis!»

«Klusu, klusu, Rudolf! Ne tā!» mahte, satwehruse Rudolfa roku, meerinaja sawu wezako dehlu.

«Kā tad lai ar scho palaidni apeetas? Winsch pats ar labu prahtu eestahjās sinamā fakultatē, studē pahris gadus, tad tam apnihkst, un winsch it weenkahrschi pasaka: ,man tas naw pa prahtam!' Ne, sistudē lihdi beigām un tad spreed! Ko tu, smurguls, sini no dsihwes? Pa muļķiskām grahmatām tu esi raknajees, bet par dsihwi tu neesi nopeetni pahrdomajis. Ej grahwjus rakt, ja tu zitur wairs nederi, bet neaissteez tu leetas, kuras stahw pahr tewi augstu! No tehwa sweedreem tu esi lihdi schim pahrtizis, mahte tewi glabajuse maisnu, tewi kopuse un apgehrbuse! Un beidsot tu pasaki: es juhs wairs nemihleju! Juhs neeseet pateesi u. t. t. Nu esi tu pateefs, tad tu redsesi, zik tahlu tu ar sawu pateesibu tiksi . . .»

Arturs smaidija.

«Kristu juhs eseet krustā sistuschi! Ar mani juhs wareet tāpat darit. Manis pehz, tureet mani par prahtā jukuschu. Es newehlos juhsu prahta! Man schis juhsu prahts — ir apnizis lihdi nahwei . . . Es gribu pateesibu, jo man slahpst pehz pateesibas, un smejatees, zik jums patihk! Es sajuhtu lihdsezitibu ar jums! bet mihlet es juhs wairs newaru! . . .»

Arturs ilgahja lehni, salihzis, bet droschi.

«Nu sakat, ko lai ar tuhdu zilweku eesahk?» Rudolfs dusmigi issauzās, «traks, kas traks! Tur wairak naw ko teikt, jasuhta weenigi us Rotenburgu . . .»

«Traks nu winsch gan naw, bet winsch ir pahrdomajees, gribejis isdibinat Deewa likumus!» mahte aisbildinaja.

«Neeki! galwa tam par wahju, peere. par schauru!» kleedsa Rudolfs.

«Bet sirdsapsiņa winam ir skaidra! Es sinu, ka winsch naw neweenam ļauna darijis . . .

«Bet ko tad wiꞃſdi mums dara?» Rudolfs ahtri jautaja, «waj wiꞃſdi mums ir labs? Ne, tee ir nikl, ja ta naw ahrprahtiba!... Man weenalga, lai wiꞃſdi lauſdi waj kakſu, ja pats nemaſ negrib kłuht prahtigs. Łabpraht es wiꞃam buhtu paſihdſejis gan ar naudu, gan... Man ſdiowakar jabrauz atpakal... Ja ar Arturu paleek ſliktaki, tad rakiti man, es gahdaſdiu wiꞃam par weetu. ... Slimnizâ, weenigi ſlimnizâ!»

Un Rudolfam kluwa atkal ſilti ap ſirdi: Arturs, zik labs, zik mihligs wiꞃſdi agraki bija...

Dlita, dlita tumſa. Drutziꞃ pa logu eeſpeeſdias blahima no dahrſa puſes. Bet zilweks kuſtas pa ſdio tumſu, ſtaigâ nepeekuſis pa iſtabiꞃu un runâ. Wiꞃſdi runâ pats ar ſewi, it kâ kad tas runatu uſ ziteem, bet iſtabâ naw neweena zita, kâ wiꞃſdi weenigs... Breesmiga weentuliba, bet wiꞃſdi neſajuht ſdiſ weentulibas. Wiꞃam pa galwu ſdiaudas breeſmigas idejas. Gaiſmas wiꞃſdi nedrihkſt redſet. Tiklihdſ wiꞃſdi to eerauga, tad tas ſahk trakot. Wiꞃſdi gaiſmu noſauz par wiſtneezi...

Reiſâm wiꞃam ir tâ, it kâ kad trakotu wehtras, ka juhra pahrklahtu ſemi un wiſs eetu bojâ. Tad wiꞃu pahrꞃem kaiſligs preeks. Wiꞃſdi plaukſdikina rokas par to, ka wiſa grehzigâ dſihwiba teek nomaitata... Bet ari wiꞃu aſſkaio wilnis, wehtra wiꞃu ſweeſdi pa roku galam piķa melnâ nakti, kur neredſ, neka wairs neredſ. Un wiꞃſdi eeſahk ſaukt pehz palihga... Wiꞃſdi juhtas iſglahbts: wiꞃſdi atrodas uſ kraita.

«Pateiz Deewam, ka tu eſi iſglahbts!» wiꞃſdi domâ. Azis uſmetis uſ putojoſdieem wilꞃeem, wiꞃſdi redſ, kâ zilweki peld, kâ ſiwis mutes plahtidamas, witi peld uſ maſu un purinajas kaiſt un ſmeekligi...

Un wiꞃſdi eeſahk ſpredikot:

«Juhs kaiſee grehzineeki! Juhs eſeet iſglahbti!

Pateizeet Deewam, ka juhs efeet ilglahbti. Juhs atronatees uf tukfchas, klintainas falas, kur naw itahdu, naw auglu... To juhs efeet pelnijufchi: muhfchigo bahrdiibu, muhfchigo fodu! Waj juhs neredfeet, ka juhs efeet elle, muhfchigâs mokâs!...»

Un wiнam leekas, it kâ kad karitas, fwilinofchas, tumfchi fahrtas leefmas pahrklahtu witнus.

«Deg, pafaule deg!» winfch fauz, «tas ir labi, ka wiнa fadeg...»

Uf reifi wifs pahreet. Prahti aprimit. Winfch atjauft, ka tas trakojis. Un firds wiнam eefahk fehni fahpet.

«Es efmu pafudufchais dehls!» winfch gaufch, «wiнi mani ir ifituhmufchi galejâ tumfibâ... Mana nabaga mahmiнa! Ai, kâ es tewi mihleju! Es biju par lepnu tewim to teikt! Man reebâs iiteikt wahrdus, ar kuнeem ziti meloja. Nahz, mahmiнa, fpeed fawu roku pee manas peeres: Dieedafim feemas fwehtku dieefmas! Dieedafim par eнgefeem! Lai wiнi fmefas. Nahz, mana mihlâ mahmiнa...»

Winfch kleedfa, bet neweens wiнa nedfirdeja, neweens wiнa negribeja dfirdet. Un wefelu deenu un nakti winfch guleja uf grihdas bef fpehka.

Beidfot winfch nahza pee famaнas. Ahrits un flimnizas ufraugs itahweja pee wiнa gultas.

«Luhdfu manim papiru un fpalwu... es gribu rakftit fawai mahmiнai wehituli...»

Winfch runaja prahtigi un logifki. Un ahrits pawehleja ufraugam, lai tas ifpilda flimнeeka wehlefchaнos.

Ufraugs eeнefa papiru, tinti un fpalwu. Un pafudufchais dehls eefahka rakftit...

«Mihlâ mahte!

Nahz, apmekle mani! Es ilgojos pehz tewis! Wifs buhtu labi, ja es waretu efpot, bet man peetruhkst

17*

gaisa. Ir par mas gaisa! Kur gan wiņsch palizis? Saki Rudolfam, lai wiņsch atminas to wakaru, kur pehrkona negaiss muhs abus, kā sehnus, pahrsteidsa meschā. Wehtra breesmigi schņahza, siberi schaudijās, un pehrkons draudeja saplosīt semi... Zik bailigs tapa toreis mans Rudolfs! Wiņsch drebeja kā apses lapa, ja, wiņsch skaitija tehwa reisi. Bet es sehdeju meerigs. Es pasinu scho negaisu... Saki Rudolfam, lai wiņsch neswilpo tik droschi, saki, ka nahks pehrkonis un siberi, lai wiņsch sabihitas. Gaiss ir tik twanigs, tik karsts: buhs, buhs pehrkonis... Man peetrukst elpas...

Slawets lai ir tas Kungs muhschigi muhscham.

Taws paluduschais dehls

Arturs.«

Diimtas platfa.

Lija jau trefcho deenu. Kad beelee gahleeni pahrftahjàs, tad pazehlàs migla, un kad migla pafchkihràs, tad wareja redlet, ka plawas, tihrumi un ganibas mirka uhdeni. Gar fehtàm, efchmalàs parahdijàs leetû faneltas fmilfchu kahpinas. Un laudis lihda druhmàm, meegainàm fejàm, lai padaritu to wisiteldfamako un wiswajadfigako.

Wezais Rozis fehdeja pee loga un, falihzis, fchkirftija kalendaru, fchad un tad errigi eeklepodamees. Ali galda fehdeja Rotfchu mahte un lahpija welu, un guità laffki wahlajàs un fchahwajàs Andrejs, realfkolneeks, Rotfcha jaunakais dehls.

«Kaut tak nu reif beigtu liht!» Rotfchu mahte fchehlojàs un mehginaja eewehrt adatà pawedeenu, bet wiras grumbainàs kaulainàs rokas, kuras walrak gadu delmitus bija wiszeefchako darbu fehtà un druwà ftrahdajufchas, drebeja, un wina fneedfa adatu pahr galdu:

«Tehw, eewer nu tu!»

Tehws pahrmetofchi palkatijàs uf gultu, un Andrejs faprata tehwa fkatu. Winfch lehnàm ilkahpa un fobgaligi fmihnedams, eewehra pawedeenu.

Pa tam leetus fahka gahit ar daudi leelaku fparu, un Rotfchu mahte eewaldejàs, it kà kod tas lihtu winai talfni wirfû uf galwas.

«Ak, tu, mihlais Deewin! kaut tak nu reif mitetos . . .»

«Schee mahtes wahrdi Andreju tà kà elektrileja. Winfch, kaklu ilfteepis, fkali palmehjàs.

«Par ko tad tu, puika, fmejees?» tehws dufmigi ilfauzàs.

«Nekas,» Andrejs, fmeeklus turedams, runaja, «man bija falmejas. Kaut kas mani kutinaja!»

«Tas mums par ļodu, mums nabaga grehzineekeem,» runaja ļaimneeze, «kad zilweki wairs neklauļa Deewam, tad winļch ļuhta grehku pluhdus. Deews jau naw maļais behrns . . .»

«Muļķibas, maht,» ilļauzàs Andrejs, «ja Deews ir, tad winam ir ziļi, augitaki uīdewumi, nekà ar muļka zilwekeem nodarbotees. Tahda wahrna pehrta, tahda nepehrta! Deews gluļchi labi ļina, ka no muļka gudribas neiļļitiļi, kauļ ari to muhļcham kauļi!»

Tehws uļzirta kalendaru uī galda un uībrehza:

«Ko tu tur muldi, puika! tu gribi mums, ļaweem wezakeem, dot padomus un gribi buht gudraks par Deewu!»

«Neuļbudinees, tehw,» Andrejs meerigi teiza, «es te runaju par zilwekeem. Par teem runat tu manim gan newareļi aiļleegt. Zilweki ir manās azīs ļaudejuļchi wiļu zeenibu, un ir ļabi, ka uļnahk ļeetus un noſkalo winu ļaunās, neļihrās ļekas!»

«Bet tu tak eſi puika un newari runat par peeauguļcheem!»

«Tà, tad mahzatees juhs, peeauguļchee, beeļo zilwezes wehīturi, nodarbojatees juhs ar winas literaturu, kapehz tad juhs to uīļpeeļchaf puikam? Ja mums ir kas jamahzas, ļaiļini ļakot no galwas jamahzas, tad mums ari ir teeļibas, par to ļpreeſt, ko mehs mahzamees. Te luhk ir beeļa weīture ar gadu ſkaiļfeem, par tautu behdigeem waronu darbeem. Čur ſtahw meins uſ balta, ka tajà un tajà gadà Pintiķis noſitis Pļenzi un pats ķļuwis beidzot par pļenzi! Tad Pļentļcha pehznahzeji atkal atreebuļchees, tad Pintika pehznahzeji atreebuļchees Pļentļcha pehznahzejeem u. t. j. pr. Bet par to, ka zilweze reiļ gribejuļe nahkt pee prahta, par to tur neīļahw ne burta! Luhk, ļapehz es waru un drihkſtu runat, ka wiſai ſchai wehſturei ir breeſmigi nejauka, nepaneſama ſmaka!»

«Labi, jauki tu proti runat,» tehws ſahpigi pa-270

smehjàs, «bet ari tu negribi prahta peenemt." Deews ir wifu labi radijis, bet tu gribi wifu wehl labaki. Un buhtu labaki, tad tu gribetu wehl labaki. Deewam un dabai ir faws mehrs, bet tew, luhk, mehra truhkst. Kas wehiture lafams, tas mums ir par mahzibu, bet tu pukojees, ka tas wis naw tà ritejis, kà smehreti rati!»

«Tà tad manim ir jatura mute?»

«Gluschi tà: jo ilgaki, jo labaki!»

«Par ko tad es lai eju skolà, tikai tapehz, lai reii tiktu par kungu, lai grositos un fewi apbrihnotu, kà pahwis, lai buhtu deenestneeki, tschinas, lai ehitu un diertu, nedaritu fawa peenahkuma un beidfot nobeigtos? Es domaju, ka skola ir tapehz, lai ziiweks mahzas pareisi just un domat, lai tas mahzas ari pareisi rnnat, ko tas domà. Daba ir manim dewufe runas organus, bet tu manim tos gribi atnemt. Tu gribi buht augstaks par dabu!»

«Es redfu, ka es fawu dehlu tikai tapehz esmu skolà luhtijis, lai tas manas wezuma deenas padaritu ruhgtas!»

«Tahdas runas, tehws, mehdi faukt par fraiàm. Es teeschams domaju labi —»

«Tad neuidroschinees mani mahzit!» tehws noruhza un skatijàs pa logu, it kà mekledams apmeerinaschanu.

«Palikfim pee ta: es klufeschu!» Andrejs noteiza.

«Schà tà prahtot, juhs tur skolàs mahzatees, bet leetderigu leetu pataisit juhs neprotat. Witas juhsu skolas mahzibas seet tikai ul to, dsihwot no zitu darba!»

«Tehw, leez nu winu meerà. Runà par zitàm leetàm.»

«Kiusu, ta ir mana darischana. Winam ir jarihkojàs pehz manas gribas un newis manim pehz wina gribas!»

«Andrej, ej paskatees, zik pulkstens?» mahte teiza, baididamàs, ka Andrejs nefahk tehwam preti runat, jo tehws, weenreif fadusmots, nebehdaja ne par ko.

Andrejs eegahja dibina iſtabâ un tuhliņ iſnahza. Winſch, muti ſakneebis, ſobgaligi ſmaidija.

«Nu, zik tad ir?» tehws ſkarbi jautaja.

Andrejs pakratija galwu. Winſch pazehla rokas un ſahka pee pirkſteem ſkaitīt. Sinahkums bija ſeptiņi. Bet tehwu ſchis nepeeklahjīgais joks wehl wairak ſakaitinaja.

«Tu dſirdi? muſķiſ es praſu, zik ir pulkſtens? Ja tu man blehnoſees, tad es tewi pahrſteepſchu pahr zelſ!»

«Tad tu manis te wairs neredſeſi. Tu nedrihkſti ar mani tâ rihkotees. Drihſi tu manim pawehli, lai es tūru muti, tad tewim patihk, manim atkal pawehlet, lai es taiſu muti watā. Lai ari es eſmu taws behrns, tomehr es neeſmu taws wehrgs. Mahzi mani, rihkotees gudri un ſaprahtigi, tad es tewim klauſiſchu un tewi zeeniſchu, bet tawàm eedomàm, tukſchām eedomām es ne par ko neklauſiſchu! Un pulkſtens ir ſeptiņi!»

Schini azumirklī Rotſchu tehws buhtu ſawu realſkolneeku teeſcham ſamilnojis, kad paſchu laiku eenahza Andreja brahlis Peters un mahſa Anna. Tee abi pilſet pileja.

«Gowis to ſahtu gan neehdis, kà tās ſmilſchu pilnas. Diwas iſkaptes atkodàs. Plahwàm beidſot kahpoſtu dahriā. Tur kurmi ir atkal leelus nedarbus padarījuſchi,» Anna ſtahſtija.

«Redſi, Andrej,» tehws runaja, «dſirnawiņu tu neproti pataiſit. Es neeſmu ne ſtundas ſkolā bijis un tomehr wiſus darba rihkus eſmu pagatawojis!»

«Tehws ir duſmigs uſ mani un manu ſkolu. Waj tad winſch newareja iſraudſitees ſew labaka dehla un ſchim dehlam labakas ſkolas. Ja kahdam ir muſķis dehls, tad tur tikai tehws ir wainigs!»

«Andrej, es tewi tureju par daudſ prahtigaku, bet tagad redſu, ka tu pawiſam neproti uſweſtees,» Peters ſwahrkus nowilkdams runaja.

«Winſch jau muhſs, lauzeneekus, tur par ſihreem muſķeem,» Anna augſtâ balſī iſſauzās.

272

«Un tas tewim nepatihk,» Andrejs skati paſmehjās, «par ko tad tu gribeſi buht?»

«Klauſees,» tehws ſtingri eekleedſās, «tagad ir deeſgan. Ui weetas tu taiſees projam. Ej uſ meſchu, manis pehz, kur tew patihk, es tewis negribu ne azu galā redſet!»

«Labi, es eeſchu, kad ta augſtā un gudrā teeſa tā noſpreeſch. Ui meſchu es neeeſchu, jo es neeſmu kuitonis. Es kahpſchu uſ klehts augſchu un tur paguleſchos lihdſi rihtam. Ja rihtu ſpihdēs ſaule, tad jau manis pehz waru uſſahkt kahdu zeſojumu, bet ja lihs, tad gan ne ſola. Manim wiſa ſchi ſaruna iſleekas ſoti ſmeekliga.»

Andrejs paꞃehma zepuri un iſgahja.

«Saki, waj tahdam newajaga pehreena?» tehws runaja, kad Andrejs bija iſgahjis, «arweenu ſpihtigaks un rupjaks tas top pret mani. Tewis wiꞃich pawiſam neeewehro!»

«Es jau tewim teizu, kad tu to puiku wedi uſ piiſehtu, nodod wiꞃu kahrtigu ſauſchu rokās. Deeſin kas tee par zilwekeem, pee kureem tas dilhwo, un kahdu ta ſabeedriba, kurā tas pawada waſas brihſchus? Kur Deewa wahrdus un wiꞃa mahzibu katru deenu apſmej, tur beidſot behrnam ir japeeron pee ſmehtjeſu un ſobotaju gara.»

«Tew warbuht taiſniba,» bet es neſpehju wairak makſat un neſinu, kur tos labos ļaudis atraſt. Tur piiſehtā wiꞃi wiſſi dienas pehz ſawa labuma un ir weens ſaunaks par otru.»

«Tagad lai brauz Peters lihdſi, kad ſuꞃu deenas beiglees,» Anna eerunajās, «puika ir kreetns, tikai wiꞃam truhkſt labas preekſchlihmes. Paſkatat tikai wiꞃa ſkolas leezibu: wiſus preekſchmetus winſch iina teizami un ſoti labi. Tā tad prahta wiꞃam netruhkſt, un tas laikam wirſas pareiſi uſ preekſchu, tikai ſirds, leekas, ir nogahjuſe uſ nezeleem!»

«Wajadſetu weenu reiſi tikai noſukat, un puika pa-

273

liktu tahds, ka preeks skatītees!» tehws iffauzās, «bet man ir kauns: tik leelu pulku...»

Te faruna apklufa. Peters pahrgehrbās dibena istabā. Anna fahka noaut kahjas, un mahte beidfa lahpamo darbu, jo kluwa tik tumfchs, ka newareja duhreenus faredset.

«Lihit un lihit weenā lihkchanā. Buhs teefcham waj uhdens pluhdi!» Anna fkumji noteiza, «rudfi falikti glufchi weldrē, plawas peeneftas ar fmiltim, tihrā polta wafara!»

«Tas, meitiņ, ir Deewa fods, waj tad pafaulē wiņa mahzibām ir kahds gods? Waj tu pate eft kahdu reifi nofkaitijufe Tehwa reifi? Tu jau nefini, kas ir mihlefîtiba uf Deewu, un tomehr eft mans labakais behrns. Par teem ziteem jau es nemaf nebrihnos!»

«Bet mahte, tur tak ari fawam eemeflam wajaga buht! Kapehz mehs jaunee efam tahdi kluwufchi un kapehz tas wifs tā ir! Tam ir laws pamats un fawa nofihme!» Peters, eenahzis, teiza fkalā un zeefchā balfi, «grehks, kas zilweku pazef, ftahw augftaku, nekā wehrdfifka befdarbiba un pilniga nefinafchana, kas zilweku nowelk femu!»

«Waj diirdi, kā lihit,» tehws druhmi runaja, gandrihf raudadams, «ka wifa debefs raud un fkumft par mums, kas mehs topam uspuhtigi, eedomigi un pahrgalwigi, kad mums eet labi, un winfch tapehz muhs grib pahrmahzit, lozit un pafemot zaur to, ka padara muhs par nabageem, kad atnem mums mantu un maifi. Klaufees, kā lihit: tās ir debefs afaras, kurās mehs noflihkfim. Un kad fchee pluhdi nofkrees, kad atfpihdēs atkal faule pahr ispoftitām druwām, tad ne Peters, ne Andrejs, ne Anna nefpehs ar wifu fawu gudribu no akmeneem maifi taifit. Ak, ko mehs nabagi gribam buht gudraki par Deewa prahtu!»

Winfch apklufa, un laukā fchfakfteja un fchalza gar jumta malu, gar durwim un logeem, pagalmā, un fchi fchalkona pildija witus ar bailēm wakara krehlā.

274

Pehz wakariṅàm Peters uiskahpa ui klehts augschas, kur tas ar Andreju mehdīa gulet. Winsch eetinàs segà un eekuhṇojàs' seenà, netelkdams ne wahrda.

«Waj sini ko, Peter,» Andrejs eerunajàs, «manim gribas soti ehit, bet es nedrihkitu, jo esmu leelisski noseedsees!»

Winsch eesmehjàs, un schee smeekli Peteri sapiktoja.

«Tu manim wis wairs nepatihz, Andrej,» Peteris teiza, «man schķeet, ka tewim nekas wairs naw swehtst waj tas ir kreetni, apbehdinat tehwu un mahti, kureem jau tikdaudsi behdu un ruhpju!»

«Manim jau salabojas ween buhs, jo zitadi jau naw eespehjams diihwot schini musķu pasaulè, kur grib, lai behrns ilaug par seelu, un tad atkal, lai iiaugulschais paleek par behrnu. Salabojas ween jau buhs, ihpaschi tapehz, ka tu tà gribi, tu, tas smaskakais Peteris no wiseem Petereem, kahdus es ween palihkitu.»

«Nesobojees, Andrej, tehwam eet gruhti. Mehs nesinam, kur naudu ṇemt, ko tewim lihdsi dot ui pissehtu. Wiss bija tik labi usdihdīls un auga brangi, kad usnahza schis leetus. Tagad mai ko zereis»

«Zeriba, tiziba, mihlestiba! enkurs, kruits un sirds! Tahdus gredienus war pissehtà dabut pirkt. Preekisch jums soti noderigi!» Andrejs swinibu leekusodams runaja.

«Andrej, manim suhd wisa zeeniba pret tewi, wisa wisa.»

«Ja, ja, wiss, wiss suhd kà uhdens pluhd',» Andrejs sobojàs, bet wiṇa wahrdus pahrtrauza jauna, stipra leetus schalkoṇa.

Pa tam tehws ar mahti bija dewuschees pee meera. Bet meera nebija. Wiṇi domaja par tukscho rudeni un baiilgi klaustjàs leetus schalkoṇà.

«Kungs Deews, debesu Tehtit! kaut tak nu reisi mitetos!» mahte suhdsioschà balsi gauda.

Tehws peezehlàs gultà sehdus, ustaisija pihpi, wilka pahri duhmus, det drihsi apstahjàs un kà apburts klausijàs schausmigajà leetus schalkoṇà. Wiṇam likàs, it kà kad wisam, wisam buhtu janossihkst.

275

Odſchinkas purws.

Zeļi bija jaiſlabo. Ari weztehwam tika ſiʀots, lai tas nogranlè ſawu zeļa gabalu. Weztehws paſchulaik peedarbā wehtija rudſus, kad pagaſta ſiʀneſis, kuru ſauza par kaſeku, peenahza un, labdeenu padewis, wiſai ſwinigā balſī weztehwam tika pee ſirds «brugu teeſas» pawehli:

«Ilahkoſchu otrdeen, pulkſten 9 no rihta, wiſeem ſaimneekeem jateek uſ wiʀeem eerahditā zeļa gabala, zeļu taiſiſ. Nepaklauſigee tiks ſtingri ſoditi!»

«Ja, ja!» weztehws errigi noruhza, «tagad wisſtiprakajā darba laikā — — — waj tad zeļeem kas kaiſ?»

«Tahda pawehle ir, un man ir uſdots, to iſſiʀot —» ſiʀneſis taiſnojās, peemeta pirkſtus pee zepures un dewās atkal tahļaku.

Ilahkoſchā otrdeenā mehs jau agri no rihta wihkſchamees uſ zeļu taiſiſchanu.

Rati jau bija tā ſataiſiti, ka tajōs wareja eekraut granti; lahpſtas, zirwi tika peemehroti wajadſibai, un ap pulkſten 7 rihtā mehs ſibrauzām.

Schis auguſta mehneſcha rihts manim paliks iſ ſewiſchķi tapehz peemiʀā, ka Juris, pehz ſirgeem uſ meſcha aploku ejot, bija ſaķehris maſu ſaķiti, to pahrneſis ſehtā

277

un eelizis kubulā. Schis sakīts bija preekśch manis tahds kahrdinajums, ka es ilgi śchaubijos, waj nebuhtu labaki, palikt mahjā pee sakīścha. Scho apstahkli mehģināja isleetot ari weztehws ar Juri, luhkodami manim eeskaidrot, ka sakīścham wisnotaļ wajagot kahda sarga. Gandrihzi es jau biju ar meeru, palikt mahjā, bet manim eenahza prahtā wisa tā leelīskā darbība grantes dobē un us leelzela, kur mehdža eeraītees meschakungs ar saweem medibu suñeem, spihdośchu slinti plezōs, medibu tarbu, tauri un pulwera ragu sahnōs. Gadu atpakaļ mani aiswedā sihdī us zela īslaboschanu, tad es redzēju tur tik raibus un interesantus skatus, un es atjehdzōs, ka mahjā paleekot, neskatotees us sakīti, es skatītu tikai ikdeeniśchķibu. Tapehz weztehws skaļi pasmehjās, kad es manijos ratōs eekścha, tiklihdz wiņsch saneñma groschus.

«Lai nu brauz!» weztehws labsirdigi teiza, kad mahte manim gribēja eeskaidrot, ka mans peenahkums esot palikt mahjā.

Tā tad mehs īzbrauzām.

Gaiss bija skaidrs. Augścha neweena mahkoņa. Lehna wehsma puhta mums preti, muhsu zelśch gahja wispirms pret deenwidus rihteem. Weztehws ar behro un Juris ar baltīnu eegreesās pa zelu, kur es wehl nebiju ne brauzis, ne gahjis. Nepasihstamas bija tās grawas, tee silini, kuŕeem mehs garām waj zauri brauzām.

«Wezais tehw', kapehz tu brauz pa śchito zelu un tur ne, kur mehs pehrn brauzām?» es prasiju.

«Tagad mums ir eerahdits zits zela gabals — us jauna leelzela,» weztehws paskaidroja.

«Waj leelskungs ari tur buhs?» es praśchnaju tahļak.

«Newar, dehls, sinat! Warbuht ka buhs,» weztehws, it kā negribedams runat, noteiza.

Redzēju, ka weztehwam śchodeen nepatika atbildēt us wiseem maneem jautajumeem. Labu brihdi es neteizu ne wahrda, wehros drihzi silā, kurśch pa kreisi peeneñmās wifů meſchonigå pilnibå, weetàm kłuhdams par purwu, weetàm pazeldamees uſkałnôs, uſ kuɼeem ſpihdeja baltas ſuhnas, pa labi ſchis ſils weetàm ſpihdeja zauɼi, tå kà wareja eeraudſit tihrumus, mahjas, pławas un ganus.

«Kà ſcho iſſu ſauz?» es no ſiɼkahribas dſihts, newareju iłgaki atturetees, weztehwa nenopraſiſis, kas ta par ſemi, kas par weetu, pa kuɼu mehs brauzàm.

«Tas ir Baltais iłs!» weztehws laipni pateiza un eededſinaja ſawu pihpi, kuɼai tas pats wiſus lozekłus bija taiſiſis, neiɼɴemot pat miſɴa wahka. Ꞩawu weztehwu es tureju par ſeeſu meſitaru, kaut gan par ſmałku ne. Wiɼam, ko wiɴſch taiſija, bija weenkahrſchi iſikats. Wiɴam bija ſawa kałtuwe, ſawa gałdneeka darbniza, ſawa dreijatawa. Weztehws prata neween iſſchuht ſewim ſwahrkus, bikſes un ſahbakus, wiɴſch prata pilnigi pagatawot ſaleezamu naii. Jiɴemot brittu ſtikłu un ſihko naudu, wiɴſch wiſu bija pats pagatawojis, kas tam bija kłaht. Reiſàm wiɴſch neſaja ſihdi ari ſpitſchkas, bet tàs atradàs paſchtaiſitå metała zibiɴå. Weztehwam tikai weens darbs nebija łabi iſdewees, par ko wiɴſch ari wareja daſchureiſ pukotees: ta bija fłinte, kuru tas no wezas kramenizas ſtobra pagatawoja. Fłintes atſiehga, gaiłis un wałgs, kuru weztehws ſauza par «ſchekti», bija wiɴɑ paſcha roku darbs. Bet ſchaut ar ſcho fłinti neweens neſchahwa, kaīrs baidiſàs mirt zauɼ paſcha roku.

Reiſ weztehws, kuɼſch ari bija medineeks, bet uſ wezumu wairs łahgå neredſeja, no lihduma pahrnahzis, paſtahitija, ka wiɴſch meſchå redſeſis tahdus ſwehrus, kuɼeem łoti noderot ſmałkas ſkrotis. Brokaſtu paehdis, wiɴſch paɴehma ſawu ſihko medibas rihku un aiſgahja, pihpedams, pa oīnizu.

Bet wakarå wiɴſch pahrnahza kłuſs un gandrihi tahds kà ſaſſimis mahjå. Łabå puſe ſejai bij głuſchi nokwchpuſi. Uſ rokàm bija redſamas ſkrambas. Un kad weztehws guleт ejot wiłka ſwahrkus noſt, tad tas eewaīdejàs un wezmahtei errigi pateiza, ka wiɴſch newarot labà pleza «i kuſtinat». Juris meitàm bija patſchukiteſis, ka weztehwam ar ſawu wareno biſi iſgahjis gluſchi greiſi. Schahweena trokſnis bijis breeſmigs, bet no bīſes reinà gala paſikuſchas tikai ſkabargas. Tihri brihnums, kà weztehws zaur ſawu medibas rihku nebija galu dabujis.

Mans domu pawedeens par weztehwa paſchtaiſitàm ſeetàm iſzehlàs zaur to, ka tas līnehma ſawu jauno pihpi no kabatas. Schī pihpe bija ihſīts monſtrs un pilnigi rakſituroja weztehwa meiſtaribu. Zik puhſu weztehwam ſchī pihpe makſaja, to es īt labi ſinaju, un tapehz es ar apbrihnoſchanu paſkatijos uſ wiнa briſſu miſiнeem, kurus wiнſch pats bij ſeezis un kalis.

«Schito purwu ſauz par «Odſchinkas» purwu,» weztehws, pihpedams turpinaja.

«Kahds jozigs wahrds: Odſchinkas purws! Ko tas noſihmè: Odſchinka?» es eejautajos.

«Odſchinka? ta bija pruhſeete, diihwoja papreekſchu muſſchā, kad ſeelskungs pruhſchus atweda ſchurp — waj ar' bija poleete, kas lai ſaſina, kahdas ſautas ta bija — wehlaku ſtrahdaja tepat Saltupī pee moderes.»

«Un kapehz tad ſcho purwu noſauza pehz wiнas wahrda?» es praſiju.

Weztehws ſkaſi eeſmehjàs, bet drihſi ween kluwa nopeetns, pat druhms.

«Bija ſameklejuſe behrnu un ar wiſu eegahjuſe ſchità purwà»...

«Kà — behrnu ſameklejuſe? Kà tad wiнa wareja behrnu ſameklet? un kapehz tad ta purwà gahja?»

«Bija ſamihlejuſès ſeelkungà,» weztehws ſtrupi noteiza, wiнſch par mihleſtibas ſeetàm labpraht nerunaja, «gribeja «ſeelâ kalnâ» tikt par iſtabas meitu. Leelskungs wiнas nepeенehma. Prahtà ſajuka meitene, pate neſinaja, ko runaja. Atſkrehja pee manis — es biju toreiſ par teeſas wihru — uſ pagaſta namu, ſahka ſmeetees un praſit, waj ſeelskungs te eſot. Es ſaku, ka naw, wiнa

280

ſahk raudat. Ko tu raudi? es praſu. Leeiskungs mani peewihtiaſ wiṇa waimanā. Ej uſ muiſchu, es ſaku. Wiṇa neeet, ſehd uſ ſola un raud. Draudeju wiṇai ar zeetumu, wiṇa i neklauſas. Liku kaſekam atweſt wezmahti, lai meiteni iſmeklē. Schī atnahk, meiteni iſmeklē un ſaka: behrns buhs. Meitene raud, manim bija wiṇas ſchehl. Ej, ej pee leeſkunga! es ſaku, ja wiṇſch wainīgs, dos tewim naudu un maiſī. Bet wiṇa ſahk pilnā kaklā ſmeetees un ſtahſtīta, lai buhſchot kahſas ar leeſkungu. Es redſu, ta nabadſīte ir prahtā ſukuſe. Atſtahju kaſaku, lai uſrauga Odſchinku, gahju pats uſ «leelo kalnu», pateikt wismaſ ſulainim. Jo kā lai es, ſemneeka zilweks, waru par tahdām leetām ar leeſkungu runāt! Leeſkunga nebija mahjā. Tas bija aiſbrauzis uſ Wahziemi, bet ſulainis teiza, ka tas katru azumirkli warot atbraukt, jo grahmata jau eſot dabūta, ka tas atgreeſiſchotees uſ mahju. Toreiſ ſahkās ſemes pahrmehriſchana, un bei leeſkunga jau nekahdi newareja iſtikt. Gahju pee muiſchas kunga un tad teizu: zeenīgs tehws, ta nu ir muiſchas polizijas dariſchana. Paſakat nu junkuram, lai tas paņem kahdu zilweku un wed Odſchinku uſ muiſchu. Muiſchas kungs mani ſabahra, kas man daſas eſot gar Odſchinku. Seeweetei uſnahkuſchi untumi, ta eedomajuſi leeſkungu prezet. Dabujuſe ſinat no ſulaiṇa, ka leeiskungs ſwinot Wahziemē kahſas un drihſumā atwediſchot mahjā leelmahti, Odſchinka ſahkuſe wiſadi neekotees un trakot. Uſ ſtaſſa ta gribejuſe nokahrtees. Lai karas! muiſchas kungs eekleedſās, waj zitam ar to ſareebs! Neka, gahju atpakaļ uſ teeſas namu. Redſu: teeſas iſtabas logi iſdauſīti. Kas tad te logus iſſitis? es kaſekam praſu. Odſchinka! kaſeks ſaka, dauſas, ka waldīt newar. Eelikām meiteni zeetumā, domaju, kad leeſkungs atbrauz, lai tad dara ar wiṇu, ko grib. Saguleuſe zeetumā trihs deenas, Odſchinka ſahkuſe breeſmīgi kleegt un waimaṇat. Bet kaſeks zeetuma durwu krampi eebahſīs wehl ſtipraku tapu, domajis, lai nu dauſa durwis.

Ätfeju feitdeenā atkal uf teefas namu, attaifu zeefuma durwis — kafeka, ne kafeka feewas nebija mahjā — redfu: Odſchinka fihda behrnu — kluff raud. Tad ari manim fahka afaras tezet. Behrniņfch glufchi pliks, mahte lipfehfufe few matus. Ätitahju zeefuma durwis walā un gahju meklet kafeka. Bija wehls rudens, wiņfch fawu labibiņu gahja likult kalmiņôs. Gahju un gribeju teikt, fak', lai uf pagafta rehķina dod nabadfitei behrniņa deht paehft kaut ko labaku: gafu waj peenu. Ņahku ar kafeku atpakaļ, ifbahru wiņu par to, ka naw fiņas dewis, ka Odſchinka diemdejufe, wiņfch tik paplehfch azis un prafa: Kā? Odſchinka diemdejufe? Laikam tapehz wiņa naktis tā waimanaja. Bet es domaju, ka wiņa to dara tāpat aif palaidnibas. Ko nu aif palaidnibas! es kafeku fabrāniju, gahdā nu, lai zilweks neeefu pafufchanā. Pahrnahkam teefas namā: Odſchinkas wairs naw! Meklē fchur un tur, ne Odſchinkas, ne behrna! Ätigahju uf leelo kalnu. Leelskungs ir mahjā, bet ņeweena ņepeeņem, wiņfch atwedis jauno leelmahti, bet aifleediis zelt goda wahrtus, ufitahdit alus muzu preekfch muifchas laudim. Leelmahte ta negribot — tā wiņfch teizis.

«Bet ko lai es ar to Odſchinku daru?» es fulainim prafu. «Odſchinkai ufnahzis teefas namā behrns, wiņa tak newar tur palikt. Lai tak muifcha gahdā par wiņu!»

«To jau war bef leelkunga ifdarit!» fulainis pafmehjās, «ej ween, Kraftiņ, pee muifchas kunga.»

«Pee muifchas kunga es jau refi biju un otru refi wairs neeefchu!» manim fafkrehjās firds par fulaiņa nebehdibu. Sahkām abi tihri waj bahrtees. Te iinahk fulaiņa lifabā pats leelskungs.

«Kas te ir?» wiņfch bahrgi prafa, «ko tu, Kraftiņ, gribi?»

«Sak', tā un tā, zeenigs, fchehligs leelskungs!» es fchim paftahftu wifu, ko finu. Leelskungs palika bahls.

«Ej — wiņfch teiza fulainim, — faki, lai muifchas

282

kungs doč ļaudīs, meklejat Odschinku rokā! Wiņa ir prahtā jukuse un padarīs kaut ko sliktu!»

«Tuhliņ, zeenigs, schehligs leelskungs!» es saku, «bet kur lai mehs wiņu leekam? Wiņai jau behrniņsch...»

«Es eeschu pats lihdī!» leelskungs drebošchu balsi teiza un pawehleja sulainim, lai kutscheers apseglo sirgu.

Meklejām Odschinku weselu deenu, neka, neatradām. Apklaušchinajamees zaur kaimeku witsā pagaitā, neweens neka lahga nesinaja par wiņu pateikt. Mutschas ziļweks, sweschas tautas, leelā daļa pagaitā ļauschu wiņas nemaī nepasiņa. Pats leelskungs bija gluschi noskumis. Jīmeklejamees Odschinkas arī pa meschiem, neatradam nekur. Otru deenu es pahrnahzu weslu wakarā mahjā. Tikko laidos meegā, suns sahka reet. Bet nu rej un rej, tik breesmigi rej. Kas sin, warbuht Odschinka atmaldijusès, es domaju un gahju laukā wehrtees. Redsu, ziļweks eebrauzis, seen sirgu rijas preekschā pee staba. Eh, kas tu tahds? es kleedsu us sleegschiņa.

«Ziļweks!» wiņsch rupji smejas. Peeeju tuwaki, redsu: kaimiņsch Breedis!

«Kas tad tewi te naktī dsīna un wehl braukschus?» es prasu.

«Kas nu dsīna», wiņsch stomas, «leeta ir tahda sawada. Nedomā tikai, ka es esmu satscharkojees!»

«Nu, kas tad ir?» es prasu.

«Es brauzu pa Balto silu no Switares, te dsīrdu, purwā raud behrns! Apturu sirgu, domaju, warbuht auss schwindī, klausos usmanīgi: kā raud, tā raud. Tik skaidrī dsīrdeju behrna balsi.»

«Ta ir Odschinka ar sawu behrnu, es braukschu tewim lihdī!»

Apwilkos, dabuju laterni, tad mehs abi ar Breedi brauzām te schurp, luhk', tur, uskalnīte, mehs peesehjām sirgu. Staigajām, meklejām, īsbradajām wisu scho purwa galu, klausijamees: neko dsīrdet, neko redset..

Es saku: «Breedi, tu buhsi pahrklausijees!»

«Neka,» winīch saka, «Deewa wahrds, ka dsirdeju!» Brauzām atpakaļ us mahju. Kahdu nedeļu wehlaku ogotajas bija atraduschas Odschinku beigtu ar wisu behrnu purwā... Nu, un tapehz scho purwu sauz par Odschinkas purwu. Wezōs laikōs winu saukuschi par Wilka purwu...»

Ar to weztehwa itahīts beidsās. Brihdi wehlak mehs isbrauzām us jaunā seelzela.

Bija jau krehsla kad mehs no zela taisischanas brauzām us mahju.

Pret Odschinkas purwu Juris, kursch papreekschu brauza, apturēja baltinu, atgreeiās pret mums un teiza: «Klau! waj juhs dsirdeet, kā Odschinka raud?»

«Juri, nebaidi nu puikas!» weztehws labsirdīgi bahrās.

Muhsu behrais ari apstahjās. Bailīgi es klausijos. Teeschām purwā kahds waimanaja.

«Nebihitees, dehls,» tā weztehws mani meerinaja, «tas ir uhpis, kas tur waid, zits nekas, kā uhpis. Kad meschā paleek tumschaks, tad tas iseet us laupijumu, nosehschas kaut kur us koka, beesōs saros, un luhko pakatkehmot daschadu kustonu balsis. It ihpaschi labi tas peemahna klaht jaunus sakenus, kurus tad tas nomaitā un apehd...

Manim eenahza prahtā masais sakits, kuru Juris no rihta bija atnesis mahjā. Es aismirsu Odschinkas purwu, kur sihkee koki wakara krehslā kā beedinoschi kehmi stahweja, un wisas manas domas nesās us sakiti. Tiklihdi mehs eebrauzām pagalmā, bija jau labi tumschs, es isleḥzu is rateem un dewos us pagraba preekschu, pee kubula, lai pahrleezinatos, waj sakis — tur wehl eekschā.—

Schausmu nakts.

Šuru deenas bija klaht, un es, kā jauns students, kuršch jau kā skolneeks bija uf sawām kahjam stahjees, mekleju pa brihwlaiku repetitora waj mahjskolotaja weetu. Bet mans studinajums laikrakstā bija peewilzis tikai pahri reflektantus, kuru noteikumi nesagahjās ar manu spehju, jo tee mekleja mahjskolotaju wismaiakais preekš weena gada, kamehr es ilgakais trihs mehneschus wareju no augstskolas prombuht. Tomehr nebiju ne noskumis, ne nelaimigs, kaut gan naudas bija tikai pahra rubļu kabatā, drihsaki preezajos, lai gan eemesla us to nebija. Mana brihwiba, manas weeglās ruhpes mani darija laimigu, jo zilweks, kuram naw ruhpestu, newar buht laimigs. Es te negribu ihstenibu pahrspihlet, jo laimigs es nebiju, bet biju gataws tuhlin buht jautrs, ja tikai gaditos otrs zilweks, ar kuru zik nezik domas un runas salīstīos.

Tas nu drihf gadijās.

Šehdeju Wehrmana parkā us pawiljona, klausijos senseņōs, apnikuschajōs musikas gabalōs, kurus militarorcheltrs tur mehdi spehlet, kad kahds kungs mani bildinaja. Es peezehlos un stahweju labi palihstamam preti, kuršch nebija man draugs, bet ar kuru es jau daschu labu jautru stundu biju kopā pawadijis. Kungs bija smalki gehrbees, zilindrī, un apsweiza mani, kā sawu brahli, kuru tas gadeem nebuhtu redsejis.

Eediehrām pa kausam alus, paturejām wakariņas, un kad nahza makfatchana, tad kungs pasmaidija, kad es gribeju sawu teesu makfat.

«Juhs sawus pahra rubulus paturat pee sewis. Es esmu tagad bagats, un luhdsu atwainot, ka es preekš jums aismakfaju!»

285

Es wiram to labpraht atlahwu, tapehz ka es wiru paſinu kà kreetnu wihru, kuram teeſcham kreiſà roka neſinaja, ko labà dara.

«Juhs brauzat manim lihdi — paleekat pee manis, zik ilgi jums tihk, es apdſihwoju weſelu pili, jo grats pats dſihwo ahriemès, un es pahrwaldu wiſas wiña muiſchas. Juhs warat pee manis ſtrahdat, warat braukt, jaht, peldetees, laſit, manim deeſgan bagata biblioteka, un rudeni atkal nahkt un turpinat ſawas ſtudijas!»

Es biju par ſchahdu draudſigu peedahwajumu ſaimigs.

Norunajàm rihtà reiſè aiſbraukt un tad ſchķihramees jau wehlà naktî.

Par brauzeenu uſ muiſchu es neka negribu runat, tapehz ka tas nepeeder pee leetas. Mineſchu tikai, ka Walbergs brauzot ſtahtija, ka wiñſch Rigâ ſaderejis ſewim jaunu ſaimneezi, jo wezà ſaimneeze, poleete, wiñu nekaunigi apſaguſi.

Walbergs bija neprezejees, bet jau ſaderinajees. Uſ rudeni wiñſch bija nodomajis prezetees un tapehz gahdaja par kreetnaku ſaimneezi, ar kuru wiña kundſe waretu buht meerà.

«Mana jaunà ſaimneeze ir toti inteligenta, ſpehlè klaweeres, runà wahziſki un kreewiſki, un zik es ziłwekus paſihitu, tad jadomà, ta manis neapſlags.»

Kad nobrauzàm muiſchà, tad maniju, ka wezà ſaimneeze no Walberga kunga lihguma ar jauno ſaimneezi neka neſinaja. Wiña bija jautra, apkalpoja muhs lihdi uſbahſibal, un waru teikt, wiña manim patika, jo ta bija ſewiſchķi ſkaiſta, maſak no ſejas, bet no auguma, ſtaika, pilniga un ſeewiſchķiga. No wiñas ſiturefchanàs pret Walberga kungu manim zehlàs aiſdomas, waj tikai wiñeem abeem nebuhs bijis kahds tuwaks ſakars. Es par to reiſ ſmeedamees peeſihmeju, bet Walbergs tapa nopeetns, un es wairs ſchi temata neaiſtiku. Arweenu wiñſch ſmeedamees nopuhtàs: «Manim jauſteiz ſaimneezeif!» bef arweenu tam, likàs, truhka duhfchas to darif, un poleete palika kà bijufe par faimneezi.

Beidfot peenahza laiks, kur jaunajai faimneezei wajadieja eeftahtees deeneità. Walbergam nekas zits wairs neatlika, ka teikt poleetei, lai taifas projam. Mehs fehdejàm pee pusdeenas galda, kad Walbergs beidfot farehmàs un teiza: «Pana Petronella, Jums jaaifeet. Es drihfi prezefchos un mana lihgawa ir ifraudifjufi juhfu weetà weenu zitu. Pehz pahra deenàm wiна buhs fche. Algu par pahra mehneicheem uf preekfchu es jums ifmakfafchu...»

Petronella, tà feeweeti fauza, nobahleja. Wiнai tikko neifkrita frauki no rokàm.

«Kungs,» wiна beidfot iffauzàs ifmiffuichà balfi, «es neeeichu!»

Walbergs pafmehjàs.

«Jums jaeet. Tikfihdi jaunà faimneeze buhs te un juhs atdofeet wiнai atfiehgas, tad juhs ari eefeet!»

Schos wahrdus Walbergs runaja wifà nopeetnibà, un kad Petronella redieja, ka kungs domà negrofami, tai azis eemirdfejàs fauni, un wiна ahtri ifgahja.

«Wiна war muhs waj nonahwett!» es peefihmeju, pus nopeetni, pus pa jokam.

«Mufkibas!» Walbergs peefihmeja, «es wiнai to jau agraki efmu teizis, ka ja manim paftahwigi ludis dafchadas leetas, diehreeni, drehbes, nauda, ka tad es wiнu atlaidifchu, jo wiнai jaatbild par kahrtibu un mantas neiftruhzibu. Bet wiнa ta neeewehroja!»

«Bet wiна ir reti fkaifta feeweete!» es peefihmeju.

Walbergs foti nofarka.

«Tas teefa. Es wiнu peeнehmu no nabadfigeem wezakeem. Bet tee ir tagad eedfihwojufchees, un es efmu pahrleezinats, ka Petronellai pafchai ir ari faws kapitalinfch, kaut gan ta dfihwo pee manis tikai fefchus gadus. Tagad wiнai jau 27 gadi, bet wiна war tomehr ifeet pee laba wihra.»

Walbergs īwanīja, bet Petronella nenahza. Eenahza īltabas meīta un paīludīnaja, ka Petronella elot peepeīchi laīlimuīi un newarot nahkt.

«Tas ir labi, lai wiꞃa nenahk,» Walbergs teiza, «juhs īipīldīleet wiꞃas weetu.»

Lihdī kalejas laīkam mehs uī pīls pirmā ītahwa werandas īpehlejām īchachu, kad īulainis, kurīch īīpīldīja ari pīls uīrauga weetu, līꞃoja, ka Petronella pīlnīgī trakojot, wiꞃa ītot katru, kurīch tai tuwojotees.

«Gan tas pahrees,» Walbergs paīmehjās, «tee ir Poīeetes untumi.»

«Waj līneet ko,» es teīzu, kad īulainis aīīgahja, «manim leekas, Petronella juhs mihlē. Sawas īaudetās weetas deht wiꞃa tā nedaritu!»

«Tapehz ari wiꞃai jaaīīeet,» Walbergs domīgi peeīihmeja, «es tak newaru ar īawu deeneītneezī mihlīnatees un īhpaīchi tagad ne, kur es drihīumā gribu prezetees!»

Es gribeju ko teikt, bet apdomajos un zeetu kīuīu.

«Sakat ween, ko juhs gribejat teikt,» Walbergs runaja, «es netaunoīchos!»

«Es gribeju tīkai īautat: waj tad juhs īchai Poīeetei nekahdus eemeīlus neeīeet dewuīchi!»

«Weenu reīīi,» Walbergs noīarzis īmihneja, «weenu reīīi, kad Petronella manā guīamā lītabā weīu kahrtoja, es wiꞃai īaīpeedu plezu. Tad wiꞃa aīīwehra azis un tā paīmaidīja, ka manim metās baiļ, no tās reīīes es eīmu īargajees wiꞃal to līrahdit, ka wiꞃa manim patihk! Ka wiꞃa mani mihl, ta es newaru apgalwot, warbuht ka tā ir! Bet ja tas tā buhtu, tad wiꞃa manis neapīagtu!»

«Warbuht to dara kahds zits, warbuht īulainis, ķehkīcha, ītabas meita!»

«Ne, to dara Petronella; wiꞃas mantas kahribai tāpat naw robeīchu, kā kaiīlibām. Wiꞃa mihlē grahmatwedi Elzmani, bruhīcha inīpektoru Rinku un — — wiꞃa mihlē ari juhs!»

288

Es ikaši pašmehjos.

«Manis wiʀa neeeredš. Wiʀa manis pawišam neeewehroš!»

«Ta ir išlikšchanās, jo Petronella arweenu zereja, ka es ar wiʀu štahšchos tuwakā šakarā. Bet ja wiʀa buhtu droscha, ka juhs manim neka neteikšat, tad wiʀa šem tschetrām azīm jums uššmaiditu!»

Ar to šaruna beidžās, jo atneša telegramu no Peterburgas, lai Walbergs tuhliʀ dotos turp, nošlehgt lihgumu par mescha pahrdoschanu. Tikko štunda atlika preekšch šatalšischanās, peezōs wilzeenam wajadžeja noeet uš Peterburgu.

Es Walbergu pawadižu uš štaziju, kuʀa atradās apmehram tschetras werštes tahšu no muischas.

«Pariht es buhšchu atpakaš. Ešeet tik labi un rihkojatees kā šawās mahjās. Ja Petronellai untums nepahreet, tad pawehšat šulainim, lai tas pagaidam ʀem weenu šeeweeti no muischas!»

Kad es brauzu atpakaš uš muischu, tad kutscheers uškrihtoschi klepoja un nemeerigi kuštejās.

«Wiʀšch grib manim ko teikt,» es domaju.

«Waj juhs jau ilgi te deeneet?» es wiʀu kreewu walodā jautaju, jo kutscheers bija kreews, išdeenejis šaldats.

«Pirmo gadu, juhšu goddšimtiba. Ir gaʀlaiziga dšihwe. Peterburgā gahja zitadi. Bet ko darit, graš pawehl, jaklauša bija un tā es pahrnahzu schurp, kalpot Peteram Karlowitscham, kursch ir labs kungs!»

«Waj juhs uš Peterburgu newarat atpakaš dotees, kad jums te pawišam nepatīhk?»

«Peterburgā, redšeet, juhšu goddšimtiba, mirst šaudis badu, kad neklauša šaweem preekschneekeem. Mans tehwa tehws bija grafa tehwa džimtzilweks. Kad kluwām brihwi, es biju maš šenkits, newarejām nekuʀ aišškreet, bet bijām šaimigi, ka grafs muhs patureja. Tā deenam wiši pee Wiʀa Špodribas, brahli, mahšas. Tehws ar mahti teek apgahdati, ir sawa istaba, sawa maise. Paldees Deewam! Un ari manim eet labi, bet es esmu weentulis!»

«Waj tad muischå seeweeschu truhkst,» es paimehjos, «nemat un prezat weenu noft. Warbuht atstahjat weenu Peterburgâ, aizinat to schurp!»

«Wispirms jadabù no grafa atsauja,» kutscheers nopuhtàs, «bes wiña sinas neet. Un ari tad mehdi tå buht: eesi tu pee grafa un teiksi: atsaujeet, Juhsu Spodriba, manim prezet to un to, tad grafs tewi isbar un saka: tewi es palihstu, Kusma Nikitsch, bet tawas Marijas es nepalihstu. Tapehz atsaut es to newaru, par ko es sawa Deewa preekschâ nespehju atbildet. Tew suhk', Kusma Nikitsch, japrezè Kapitalina, kehkschas rokas meita, wiñai azis asaro, nepanes kehka sistumu. Tad prezè nu Kapitalinu, kura nepanes kehka galsu, bet kur lai es wiñu tahdu seeku? Tå notika ar Mischku, manu preekschgahjeju, kursch ari bija par kutscheera palihgu. Bija droschs puika un masazis, bet ar seeweeti eekrita: palika diehrajs un deedelneeks, juhsu goddsimtiba, wahrtijàs pa eelàm, kamehr grafs to alsdiina. Eedewa tam tahdu seewu: bija preeks skatitees, kahds stahws, kahda isturesckanàs, runaja tå, kå jau kundse, bet ihsteniba bija un palika rupja, praista seeweete, kura Mischku eegruhda postå. Pats palihdseju nodsert kahlas, sinu it labi, kas walnigs. Lukerja bija walniga. Dsihwoja ar ziteem, nemihleja wihra, to lamaja par muski, par ehseli, kamehr Mischka sadraudsejàs ar brandwihnu. No tahdas dsihwes es baidos, juhsu goddsimtiba. Jr teesa, ari muischâ ir seeweeschi, un grafs warbuht beidsot atsautu, lai weenu no tàm prezè, bet kuru tad, sakat kuru, juhsu goddsimtiba? Waj warbuht panu Petronellu, ta ir ta dischakà no wisàm. Ta pee manis nenahktu. Domajas sewi par smalku. Bet es nu ari wiñas neñemtu. Seeweete zitadi smalka un patihkama, bet schodeen mana, rihtu tawa. Naw tikuma. Un es gribu tihru, skaidru dwehseli, kura tewis nemahnats.»

«Ko juhs par Petronellu linat?»

«Ko es linu?» kutścheers gandrihi labījees iśsauzās, «neka nesinu, juhśu goddiimtiba. Wiṉa diihwo pili, es lihdiās itałteem, kutścheera diihwokli. Tikal laudis par wiṉu tā runā!...»

«Kā runā?» es praśiju.

Kuima Ṉikitśchs gari paimehjās.

«Ścha un tā. Runā ari, ka ta eeśkatijuśès muhśu zeenigā kungā. Ṉekłahtos manim tā runat, bet kad juhśu goddiimtiba praśa...»

«Waj jums Petronella nepatihk?»

«Azim ja, warbuht ari śirdij, bet prahts kā eśis tam preti. Ja, un laudis ari apgalwo, tee, kas iigaki te muiśchā diihwojuśchi, ka behrns, kuru moderneeze audśinot, eśot Petronellas. Kapehz gan Petronella turp noeet waj katru deenu, dahwina behrnam wiśadas leetiṉas, kamehr pret ziteem muiśchas laudim Petronella iśturas kā pate leelmahte? Kaut kas jau nu tur, aiś lauśchu runām, mehdi śfehptees, drużiṉa pateeśibas.»

Bijām nobraukuśchi mahjās. Es iśkahpu. Un Kuima Ṉikitśchs, laipni śweizinajis, aiśbrauza śirgus uś śtalli.

Wakars, kuṟu es pirmo weentuli pawadiju muiśchā, bija reti jauks. Es brauzu ar laiwu lihdi krehiłai un, wakariṉas paturejis, kahpu pils pirmajā śtahwā, kur mana iśtaba atradās lihdiās Walberga gułamai un darba iśtabai. Junija wehjśch śchaiza parkā. Es klauśijos wehja dśeeśmā, kad peepeśchi no iśtałtu puśes aiśkaneja śchehlas katołu dśeeśmas. Dśeedaja weśels koris.

«Kas tur dśeed?» es pa logu leja naktsśargam praśiju.

«Moderneezes behrniṉśch nomiris; peepeśchi nomiris. Un pana Petronella płoślas kā ahrpraħtigā!»

Teeśchām zaur gaudigo behru dśeeśmu reiśchu reiśām

skaneja zauri schaufmigi kleedseeni. Kleedseja bija Petronella. Warbuht wiʀa bija mahte? Warbuht ta behdâs, dusmâs un ifmifumâ bija nonahwejuse sawu behrnu? Es afwehru logu un mehginaju lasit, bet grahmata, kuʀu es biju eesahzis lasit, mani wairs newareja waldsinat. Kà tas bija ar Petronellu? Es nogreesu elektriskàs lampas un mehginaju gulet. Pehz nesskaidra pusnomoda snaudeena, kurâ sapnis sauzàs ar nomodu, es ussehzu sehdus gultâ. Kahds kahpa smagi pa trepèm un atgruhda durwis us Walberga gulamo istabu.

«Es wiʀu nonahwejus!» Petronella polifki sauza, «tu dsirdi, wiʀsch ir beigts!»

Mani pahrʀehma breesmigas bailes. Es issehzu no gultas, nesinadams, kurp dotees. Ja ahrprahtigà seeweete nahktu manâ istabâ un manim usbruktu?

Es dsirdeju, ka Walberga istabâ pslihsa trauki, ka krehsli tika apgahiti, pee tam Petronella kleedsa pa polifki, ka wisa es nesapratu.

Te drebuli mani pahrʀem. Durwis atrauj, un Petronella eeskrej.

«Tu dsirdi, ko es sidariju. Es wiʀam eedewu stipras sahles. Wiʀsch gus — — beigts. Un tu ari buhsi beigts!»

Petronella tureja rokâ weenu no teem schkehpeem, kuri bruʀeneeku sahlê pee seenas bija uskahrti.

«Es neesmu — — Walbergs,» es alfmazis sauzu.

«Tu mani dsen projam. Tu mihli zitu. Tapehz es nokahwu maso Wiktoru. Tapehz es tewi nokauschu!»

Es redseju, ka manim sazihnas us dsihwibu un nahwi, ja manim neisdotos trakajai seeweetei alifchmaukt garàm.

Es satwehru krehsslu un gaidiju, kad Petronella manim tuwosees. Bet wiʀa palika istabas widû un draudeja. Zaur watejàm durwim no lejas wilka wehjsch. Tas atrahwa logu. Un no ahreenes eepluhda gaudàs katolu miroʀu dseesmas skaʀas. Petronella noʃweeda schkehpu, un apklahjuse seju rokām, ta nokrita us grihdas un breesmīgi waimanaja. Scho azumirkli es iileetoju un iisteidsos puskails. Kā es biju notīzis lejā, ta es pats neatminos. Es eeskrehju sulaina istabā un pateizu, kas notizis. Tur es nogaidiju, kamehr Petronellu sasehja un aiswedā.

Otrā deenā, Walberga atgreeschanos nenogaidijis, es aisbrauzu, atstahdams wiņam wehituli, kuru rakstiju usbudinajumā un kuras saturu es teescham wairs neatminu. Tur bija kaut kas par seeweeti, par wiņa likteni, par dsihwes tragiku, bet skaidribas par wisu to manim naw.

Walbergu es wairak reischu esmu rediejis, bet mehs abi iswairijamees no tuwakas satiksmes. Kā tragedija ar Petronellu beidsās, ari par to manim truhkst siņu, jo muischa atrodas Leischôs, zitā guberņā.

Bet gaudās katolu meldijas, kuras schausmu nakti mani skumdinaja, es it labi atminos. Reisām leekas, it kā kad tās skanetu atjaunotas pa wakara klusajām telpām.

Kokgrausis.

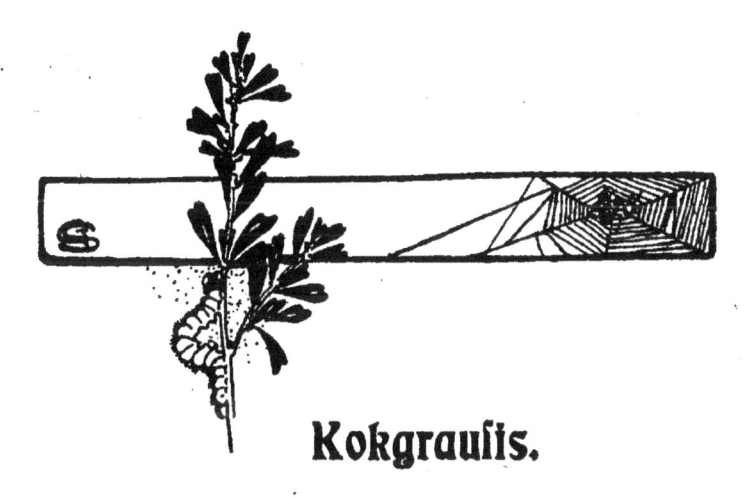

Mehs bijàm pawisam kahdi desmit lihdi diwpadsmit zeetumneeki weenā barakā. Wisi mehs zeetàm sodu, kuru issildija ar wideju stingribu. Nebija starp mums neweena tà sauzama bihitama noseedineeka. Bet wisi bijàs no ta, itahistit par sawu noseegumu. Bija pahris jauneklu, kuri ais rakstura wahjibas un weegluma allasch seelsjàs ar to, ko tee padarijuschi. Bet tee pahrejee mehdja par sawas zeetumneezibas zehloni klusēt. Tomehr wisus kaut kas apspeeda, it kà gribedams islaustees atklahtibā. Pat wisnoruhditakajam noseedineekam uznahk brihschi, kur tas wehlas issuhdzēt grehkus un atweeglot sawu sirdi. Weikis teesu simekiis, kursch ar nelaimigo zeetumneeku dwehseli eepasinees, mehdi sileetot schahdus brihschus pee simeklejameem un isklauschinameem wiru paschu leetas dehl, pee sodu zeeschoscheem, lai wingrinatos atjautibā un noseedsibu sakaru sareschgijumu prakse. Zeetumneeki ar idealu un dsihwes pateesu pagahini ir tee druhmakee un neustizigakee. Tee nestahita par sewi tapehz, lai nebuhtu jamelo, un pateesiba wirus usbudina lihdi drudscham un asaràm. Pa seesakai dasai wisi noseedineeki mehdi buht nerwosi, nenoteiktas dabas zilweki. Wireem sejā un azis lasas kaut kas simpatiks un peewilzigs, bet nahkošcha azumirkli tee atbalda ar sawu nenoteiktibu un neskaidribu. Sandrihi neweena naw starp wiŗeem, kursch drosch un ar paschapšinu zeeitu par sawu grehku. Dascheem leekas, ka tee it kà pa sapni eekluwusch zeetumà. Ziti suhdias par teem, kas diihwo brihwibà, kas prot likumam apeet, no ta bahrdsibas iswairitees. Tee grehku paschi padarijuschi, bet ta zehloni un wainu uskrauj ziteem. Daschi atkal grib zeeit walrak, nekà ziti, nelipausch sawu sihdsinataju, naw lepni us sawas noseedsibas, bet klusibà lepojas ar sawu usupureschanos un sawàm zeeschanàm.

Gruhti noteikt, kuri no wiŗeem preeksch swabadibà diihwojoschàs, ikdeenischkigàs sabeedribas tee bihstamakee. Ari tas noseedineeks, kursch ir intelgents, atklahts, kursch wisôs sihkumôs attehlo sawa noseeguma zehloni, wiŗa attihsitibu sihdi darbam un ta sekàm, naw tas, us ko war pilnigi palautees. Leekas, it kà kad tas pee sawa grehka atraistu kaut ko burwigu, koschu un augstaku. Bet ari tahdam usnahk wahji brihschi, kur tas sagrausts un druhms, baidas par to domat un runat, ko tas padarijis. Tomehr bet isŗehmuma wiseem noseedineekeem ir griba un wehleschanàs, kaut kà no sawas pagahtnes, no sawa behdigà liktena walà tikt. Weenam schi griba ir wahjaka, otram stipraka. Un naktis, kad apklus zeetuma sarga soli, diird neretí baraka nesauschus kungsteenus un nopuhtas. Tee sapŗo waj nu meegà waj nomodà par mahju, par sawejeem, par behrna gadeem. Un tas aplamais, wistotais humors, tee praitee joki un nepeeklahjibas, kuras deenà zeetumneeku starpà attihsitas, pahreet naktis sagraustàs paschtirsàs un paschmozischanàs. Noseedineeka pascha domas eetehrp wiŗu stiprakàs waschàs un zeetakôs muhrôs, nekà zeetums, atslehgas un sargi. Wiŗsch pats sewi soda, mehgina attasinot, uskraut wainu ziteem waj apstahksleem, audsinaschanai, nelaimigam gadijumam, bet schausmigais melnums no wiŗa galwas nelisuhd. Tas wiŗu baida un tirda. Schis melnums wiŗu dienà, un domas kà furijas fchaufta wiнa nabaga nowahrdfinato dwehfeli. Naw ftarp zeetumneekeem neweena wefela zilweka. Tiklihdf wiнfch eekfuhft zeetumâ, tas faffimit un firgit. Wiнfch newar wairs logifki domat. Wiнfch fchaubas ftarp mefeem un pateefibu, ftarp fapni un nomodu, meegs, ehftgriba naw wairs kahrtigi. Kermenis fwihit, firds darbojas nenormali, fmadfenes pahrpuhlas. Sabojats gaifs, flikta bariba wiнu fififki un moralifki wehl wairak nowahrdfina. Un zik laimigs ir zeetumneeks, ja tas domajas atradis zeefchanu beedri, ar kuru wiнfch drihkft waffirdigi firunatees. Tad wiнa fejâ atkal pafpihd fmaids, ja wiнfch wehl wispahrigi ir fpehjigs fmaidit.

Weens no muhfu beedreem ilgi no mums atturefàs. Dafchi no zeetumneekeem par wiнu fobojàs, peedraudeja tam pat ar pehreenu, ja tas wehl turpmak buhfchot tik fepnis un augftprahtigs. Bet reif, kad tam atkal nelaimigee fobgafi ufbruka, wiнfch weenteefigi un waffirdigi teiza:

«Brahli, laifchat mani meerâ. Es efmu nelaimigaks par jums wifeem!»

San tee wehl fmehjàs waj wismaf mehginaja fmeetees, bet beidfot atmeta wiнam ar roku. Schis zilweks bija wehl famehrâ jauns, wiнam wareja buht apmehram gadu trihdefmit peezi, bet raifes un nofeegums to bija padarijufchi wezaku. Pirmâ laikâ wiнfch gandrihi nemaf neehda, no wifeem ifwairijàs, neka neprafija, neka neatbildeja. Bet no ta laika, kur es zeetumneekeem ufdewu galwas rehķinus, ftahftiju wiнeem gabalus if wehftures, runaju par dafchadeem atradumeem un ifgudrojumeem, kà ari par dafchu wihtru puhfèm, uffabot zilwezes fikteni, wiнfch manim fahka uftizétees. Mehs neprafijàm weens otram, kapehz fehdam zeetumâ. Bet weenu fwehtdeenu, kad pa pusdeenas laiku zitus iffaida pagalmâ, es paliku eekfchâ, affibildinadamees, ka neefmu gluschi wefels, wiнfch palika pee manis un gandrihi pafchapsinigi par to upuri, kuru tas manim gribeja neist, manim jautaja:

«Waj juhs gribat manu diihwes stahitu sinat?»

Es brihtinu padomaju, ihīsi nesinadams, ko winam atbildet. Zitam warbuht tuhlin teiktu: stahitat! waj ari leegtu: nestahitat. Daschs ir weegis ar faweem tirds stahiteem, klahj wisu walā, peemelo daudi, daudi atwelk, daudi peeleek, fagrosa faktus, noslehpj sihkumus, kuri rakituro pascha negehlibu, tahda sirdsstahitus naw nedi interesanti, nedi leetderigi diirdet. Tur ir tikdaudi ne- skaidribu, juku, leeka un wiltota, ka nepeeteek buhtiskā, lai waretu notikuma un daritaja dwehseles darbibā zik nezik orientetees. Pats stahisitajs nenosarkst, bet saprah- tigam klausitajam neomuligi tahdā neihitā stahitā klau- sitees. Domaju schis nebuhs tahds.

«Ja jums ihisi ir patika un wajadsiba, tad manis pehz ari stahitat!» es beidsot winam teizu.

Nesinu, kā winsch manu weenaldsibu uinehma, jo es pat us wina nepaskatijos, bet us lahwinas augschupehdu guledams, luhkojos stihwi greesītôs.

«Es, kā mehdi teikt, esmu iiglihtots zilweks, wis- mai es sewi par tahdu usskatu,» tā winsch eesahka, «zehlos no wezakeem, kuri bija ne nabagi, ne ari bagati, war teikt, zilweki, kam bija saws darbs un sawa istika. Wini ar likuma paragrafeem nekad nebija nahkuschi kon- fliktā, wini talkni no tamlihdsiga gadijuma liwairijās ar wisleelako apsinibu un ruhpibu. Mani wini audsinaja kahrtigi, skoloja, barosa, gehrba un apgahdaja pehz diihwes teeschām prasibām un sagaidija no manis wisu labu. Kā rediat, neesmu eedsimts noseedsineeks!»

Winsch spihtigi eesmehjās, gandrihi sauni, — pirmā parahdiba, kura pee wina manim nepatika.

«Ja, ir jautajums: waj es pawisam esmu noseedsi- neeks?» winsch turpinaja, «negribu zita preekschā tais- notees, negribu noleegt ta darba, kura dehl es te esmu eeslodiits, bet manim pascham preekschā sewis ir interesanti iīschķrt ścho prahwu, kuru es paīs ar śewi kluśibā wedu, un atbildet uś śekośdieem jautajumeem: waj eśmu wainigs? Ja eśmu wainigs, waj tad arī eśmu nośeedīneeks? Luhk, wiśs buhtu labī un leeta nebuhtu tik śareśdigīta, ja es waretu nahkt śkaīdribā par to, kahdas teeśibas manīm bija un ir uś dśihwī? Waj bija pawīlśam wehrts dśihwot, ja, arī tas ir leeīs jautajums. Jo, ko īihdī tā dśihwot, kas paśdiam gluśdii pretīgs un nepaneśams? Ko śihdī walśdikītees un iśśiktees ar śawu dśihwī, kad ta naw īhīta, grībeta dśihwe, bet śdiabloniśka ahkśitu komedija. Weens peenahk un śaka tewim: śweiks! Gribas wīnam zīrīt pa auśī, tahds melkulīs un deedelneeks tas ir, bet ko tu darīśī, peeklahjibas preekśdirakīti to praśa, lai arī es wīnam tāpat atbildu: nu śweiks, śweiks! Ja, tā ir, tā bija un buhs. Tā tas bija mahjā, tā śkolā, tā ar draugeem, tā ar eenaidneekeem. Dśihwo kā uś puļwera mīnām, ka tik nepaśpruhk pateeśība. Un kas ir arī wiśa ta pateeśība? Jau śen es eśmu atmetīs wīnai ar roku, tāpat kā meśeem un wiśeem teem krahmeem. Domaju tīkai: wajadśietu tikt kaut kā pee śaimes. Atmetu wiśas zītas domas un patureju tīkai weenu: luhko, kā teezi śaimīgs! Un tas luhk nu ir tas jautajums, waj tas ir nośeegums waj wiśmaś nośeeguma zehlonīs, ja zīlweks meklē zeła uś śaimī? Es neśīnu, zīk katrs zīts ir peekopīs ścho śportu, kurśdi daśdiam labam ir kaklu lauśīs. Śīnu tīkai par śewi, ka bija laīks, un tas wehl naw wiśai īlgī atpakał, kur manīm śtahweja weenīgi śaime prahtā. Śaule uślehza un noreeteja, nahza nakts un aīsgahja, deenas iśśauśa un śamīrka, bet lai bija śeema waj waśara: domas manī dśīna pehz śaimes. Jhśī un śkaīdri śakot, śeeweete bija pee wiśa wainīga. Un to paśdiu wīnas, śeeweetes, war un drīhkśī par mums, wihreeśdieem, teikt. Kahds weins mums uśtreezīs ścho neprahtīgo ideju, ka mums jameklē śaime weenam pee otra. Un ka wīna tur atrodama, tahdu muļku tīzetaju naw maśums. Uīnahk praktīśkam zīlwekam wajadśība prezetees, wīnśdi

19*

aprehķina, prezè to, kural pehz wiꞑa domàm ir dahwanas uf faimneekofchanu, kuꞑa ir taupiga, ſtrahdiga. Bet teem tà fauktajeem laimes engeleem, kuri ſmaida, dſeed, runà daiļi, wiꞑſch paeet weenaldſigi garàm. Skaidri redſi: zilweks naw ſawas laimes meklejis, bet to ir faſneedſis. Bet tahdeem zilwekeem, kà manim, jau no maſotnes prahts, kà garaiꞑi, ſchaujas tikai galfà, klihſt lihdſ ar mahkoꞑeem, draudſejas ar eedomatàm paſaku buhtèm, kamehr nahk pee nelaimigàs apſiꞑas, ka tam jakluhſt laimigam. Ja, ap to wiſa mana dſihwe groſijàs: es mekleju laimes, un nelaime mekleja manis. Nelaime mani atrada, es laimes ne. Tà tas arweenu mehdſ buht, ja ſchis paſaules ſeetas neꞑem tahdas, kahdas wiꞑas ir: weenkahrſchas, ſawà weetà derigas, zità weetà pawiſam nejehdſigas un kaitigas. Es par to deeſin zik neeſmu ſimiſis, ka manim ir jaſehd zeetumà. Es weenumehr eſmu juſees kà zeetumà. Arweenu manim tà bija ap ſirdi: tu eſi kà eeſlehgts, tewis nelaiſch pee laimes un laimes pee tewis. Tà ar zeetumu es eſmu apradis. Par manàm zeeſchanàm, kà tahdàm, nemaſ naw runa. Es tikai puhlos iſſinat, no kuꞑa brihſcha es eſmu wainigs un kapehz manim ſchis zeeſchanas uſliktas? Welti es eſmu par to domajis. Jiſtahiſtiſchu jums wiſu, ſpreeſchat tad paſchi! Sahkſchu no tàs weetas, kur domajos nahzis ar ſcho noſeegumu ſakarà, kuꞑa dehļ es te tagad atrodos. Es beidſu ſtudijas, kad biju diwdeſmit peezus gadus wezs. Wispirms tehws ar mahti gribeja, lai es peeꞑemtu weetu waļits deeneſtà. Bet tehws wehļ laikà apķehràs, ka es tur eſot gluſchi nederigs. Neeſmu nekad pratis zilwekus un autoritates zeenit. Taiſnibu ſakot, es ar nopeetnibu neeſmu gar ſcho jautajumu nodarbojees: zik daudſ ir katrs zilweks jazeeni? Ir tihri japaſmejas, bija paſcham ſirgi, katrs puika muhſu ſehtà ſinaja, zik wehrts bija katrs ſirgs, bet es, luhk, ta newareju ſidibinat. Redſu, weens kaulains, otrs brangs, weens ſirgs, otra ķehwe, bet tas ari ir wiſs, ko es par firgeem finu. Eenahza kutfcheers un pafeiza: «Kungs, atnahkat uf ftalli, Darlingai ufnahzis kumelinfch!» un es efu inftinktiwi negribedams lihdf, tikai ifrahdit, ka manim ir zik nezik intereses gar faimneezibu. Nonahku ftalli, tur fafkrehfufchi wifi mahfas faudis. Kehkicha glauda kehwi, fa bubina, ari ganu puika bubina, rediu: wifi preezafas. Tikai es neafrodu eemefla, preezatees. Kas tur ko preezatees: kehwei ufnahzis kumelich. Tas fau noteek wifur dabā pee kultoneem. Par eerehdni es nepaliku, bet es nometos fehwa muifchinā, kura pfafchibas finā nebija feefa, bet augligā weetā un glufchi bef parahdeem. Tehws drihfi pehz tam nomira, mahte wehl tagad dfihwa. Es no mahtes nebuhtu fchkihrees, wina ir laba un daudi, daudi ta ir preekfch manis gahdajufe, bet mums bija fafchkiras. Un tas notika — feeweetes dehḷ. Mahte ufgribeja, lai es prezetos un proti, lai es prezot to, kuru ta fewim bija ifraudfifufe par wedeklu. Es fcho «wedeklu» apfkatiju, nekas feeweete, branga, runā, ftaigā, ehd un fmejas, kā jau zilweks, tikai uf mani tā nedrofchi pafkatijās. Bet es winai faifni azis teizu, ka winas prezet neprezefchu. Ta, faprotams, no manis bija feela rupjiba, jo fchi prezibas feeta bija tikai manas mahtes ideja, un wina, zilweks, ari warbuht pee manis nebuhtu nahkufe. Wina nobahfa un fahka raudat.

«Wai Dee',» wina eekleedfās, «zik fauni zilweki ir pafaulē!»

Redfeju, ka efmu pahrfteidfees. Gribeju atwainotees, bet faunawa pagreefa manim muguru. Tagad winai pifnigs gandarijums, kur es fehdu zeetumā. No tās deenas es ar mahti fanaidojos, kamehr mehs beidfot ffichkihramees, es deefgan weenaldfigs, wina afarām un faraulfiteem, nefaprotameem wahrdeem. Teefa, kas teefa, ja es buhtu mahtei kfautifis, tad es te, zeetumā, nefehdetu. Jfdalifām kā peenahzās mantojumu. Mahte pehz fikuma un teefibām warefa nemt wairak, jo wina prezotees bija faimneezibā eelikufe prahwu kapitalu, bet

wiņa atwehļeja manim wairak, wiņa linaja, ka es neeļmu
iļļchķehrdetajs. Es ļaņehmu un pateizos. No ļchī brihļcha
ļahkàs manas medibas pehz laimes. Ap to laiku muhļu
prowinzes pilļehtā trakoja namu drudļis. Namus zehļa,
kam tik eepatikàs tos zelt, zehla ar parahdeem, ļpeku-
leja ar nederigu buhwes materijalu, ar uļpirzeju neļina-
ļchanu, un kad es tur eerados ar ļawu maļo kapitalu
kabatā, tad to drihļumā bija ļaoduļchi wairak nekà duzis
wiļai manigu un attapigu rebineeku. Bet es, nojauļdams,
ka eļmu laimei uļ pehdàm, pilļehtas nomaļi, eļera malā,
wiļai romantikā weetā, nopirkos gruntsgabalu un liku
uļ ta uizelt maļu, bet greļnu diwitahwa koka waļarnizu,
kas manim toreiļejā meļcha lehtuma dehļ linahza par
maļaku ļumu, nekà to waretu domat. Es kà priwat-
juriļts uiļahku prakļi, ļahkumā ar weikļmi un ļekmèm,
bet manim apnika ļchi neekoļchanàs gar zitu ļamilijas
un weikala leetàm. Es ļahku rakļtit kahdu darbu par
reformas ļaikmetu, wehļture mani arweenu wiļai intere-
ļeja un ļaiļtija, un gribot negribot nahzu beidļot ļakarā
ar teatra ļaudim. Eepatikàs manim ļoti kahda aktriļe,
wiļa wiņas buhte manim ļludinaja laimi. Ihļumā teikts:
veni, vidi, vici! Mehs apprezejamees. Wiņa nahza
pee manis ar to norunu, ka ta paliks ļawā ļkatuwes
darbibā, kà lihdļi ļchim, un manim bija wiņai jadod dro-
ļchiba, ka ta ewentuelā gadijumā, kur es ļaudetu ļawu
mantu waj darba ļpehju, dabū iļmakļatu ļinamu ļumu.
Tik gudra arweenu ļeeweete ir, it ihpaļchi tad, ja ta redi,
ka turigs wihreets wiņā eeļkatijees. Wiļu, kas bija ja-
parakļta, es parakļtiju. Ļikàm ļaļauļatees. Domaju,
nupat buhs laime rokā. Bet tuhlin pirmā deenā iļzehļàs
muhļu ļtarpā ļtrihds, mana mahkļlineeze manim pahr-
meta, ka es gribot wiņai dot neļin kahdus preekļch-
rakļtus. Diihwojàm, kà ļaka, kà ļuns ar kaķi. Es biju
paļtahwigi greiļļirdigs, wiņa manu wahjibu iļleetoja zik
ļpehdama. Beidļot peenes manim kahdu papiri, atkal
manim japarakļtas. Es ļaļu, ļaļu, manim ļahk azu

302

preekſchā wiſs ṅirbet un lihgotees. Mana mahkſlineeze noſſehguſe kontraktu ar kahdu ahrſemju teatra direktoru, manim kà wihram jadod uſ to attauja. Es ſaku: es neparakſtiſchos! Tu warī diihwot tepat. Kas tad tu manim par ſeewu, ja tu aiſbrauz ſweſchumā un tur ſpehlè zitu preekſchā teatri. Bet wiṅa beidſot iſdabuja, ko gribeja. Ka nedabù ar ſaunu, to dabù ar labu. Te kahdu deenu es dabuju ſtaū, ſai es ſamakſaju ſawu wekſeli. Kahdu wekſeli? es eekleedſos. Sinaju, ka azumirkli newar buht nekahds wekſels makſajams. Aiſbrauzu uſ piſſehtu, pahrleezinos, ka bankā ir teeſcham wekſels ar manu parakſtu, un nu atzeros, ka ſchis wekſels blanco par 10,000 rubſeem ſtahweja manā rakſtamgaldā no teem laikeem, kur es pirku gruntsgabaſu un zehlu waſarnizu. Wekſeli es wareju iſleetot, bet neiſleetoju. Bet kà wiṅſch aiſtika no mana rakſtamgalda uſ banku? Uſnahza manim tuhliṅ aiſdomas uſ manu mahkſlineezi, bet indoſaments bija manim pawiſam ſweſchs. Jipraſchṅaju ſeewu. Wiṅa leediàs un mani iſſamaja, kà es uſdroſchinotees wiṅu apwainot. Uſdewu ſcho ſeetu detektiwam. Tas beidſot manim paſiṅoja, ka mana wekſela indoſants jau preekſch wairak mehneſcheem aiſlaidees uſ ahrſemèm, ka tas ar manu ſeewu uſturejis ſakaru un ka wiṅa diihwes weeta neſinama. Tagad aiſdomas uſ manu mahkſlineezi pilnigi apſtiprinajàs. Es aſi ſahpèm waj limiſu. Ta nu bij mana laime pehz kuras es biju diinees. Mana ſeewa bija mani peewihluſe. Es pahrdomaju un atkaſ pahrdomaju un wiṅai beidſot teizu: «brauz projam! es tewis teeſàm neuirahdiſchu! Bet ja tu wehl no manis ko pagehreſi, tad es tewi uſ weetas nogaſinaſchu!» Wiṅa nobijàs, ta ſinaja, ka tur, kur es draudeju, ar mani newareja jokot. Es eſmu mihkſts un wahjſch tikai ſihdſ ſinamam mehram. Kad tas pahri, tad es wairs negaidu un netizu. Un tà wiṅa ſapakajàs un aiſbrauza. Meers wiṅas pihſchſeem. Bet es metos uſ tihra ſlinkoṅa diihwi, nedariju neka, liſiku ar maſ. Lai wekſeli waretu ſa=

makfat, afidewu pehdejos kapitala atfikumus un nu dfihwoju kà waredams. Jitiku ar mafumu, faupiju, kur waredams. Apdfihwojàm wafarnizu feemâ tikal mehs diwi, es un mana wezà deenefimeita, kura farakfifjàs ar manu mahfi un faprotams wifas leetas par mani fitehloja labaki, nekà tàs ihitenibâ bija. Mehs apdfihwojàm pufi no augfchas ftahwa. Naktfis newareju gulet. Stahweja prahtâ wifi notikumi, tik raibi, tik netizami, bet aufi rihts, un firahdas, ka tas wifs dfihwa pateefiba. Kahdu deenu eenahk pee manis deenefimeita un faka: kungs, ar muhfu mahju naw labi. Lejâ weena feena pilna zaurumeem un uf grihdas rediamas weetweetâm malas fichupinas, glufchi kà kad fahgu fkaidas fibahrfitas. Gahju apfkatitees, teefcham, feenas zaurumainas, kà lodèm ifichauditas. Atpehfàm fapefes, rediam, dehfi un balki no tahrpeem ehifin faehiti. Liku atfaukt namdari – leefprateju. Tas apfkatija wifat ruhpigi wafarnizu, pagrofija gafwu, pafwilpoja un feiza: kokgraufis! wifâ mahjâ eemefees kokgraufis! Es apprafijos pehz lihdfekfa pret fcho kokgraufi, bet namdaris noleezinaja, ka efot fchahdi tahdi lihdfeklifchi, bet namu, kuru kokgraufis jau tà pahrnehmis, kà manejo, wairs newarot glahbt. Jigakais trihs lihdi peezi gadi – tik ilgi to wehl warot kà nebuht apdfihwot, ja gadotees kahds ihreneeks, bet tad nams katrâ firâ janoplehfchi. Sahkumâ es fchis leetas wehl tik tragifki neufkehru, bet naktis, kad wifs bija klufu, es fahku uimanigi klaufitees, kà kokgraufis nemas pa feenàm, pa greefteem, pa grihdu. Un likàs, ka ari manâ galwâ tas bija eemefees, tik graufofchas domas mani mozija. Newaru feegt, ka fchi weentuliba, kurâ es dfihwoju, mani padarija par gruhtfirdigu eedomataju, kurfch daudi blehnu fafantafè, bet pateefiba ar mani bija par daudi nikni apgahjufès. Tad ari es fahwu fantafijai pilnu wafu. Dafchu labu nakti deenefimeitai wajadfeja nahkt manâ iftabâ, adit waj fchuht, kamehr es eemigu. Reif es winai pateizu, ka es noschauschos, ka wisai manai dishwei naw nekahda pamata, nekahdas wehrtibas. Tad wina sahka raudat. Un nahkoschiā deenā wina ispratijās us pahra deenām, wina gribot alsbraukt pee manas mahtes. Manim wajadsejā nodeewotees, ka es pa scho laiku sewim neka sauna nedarischu. Es palmehjos un teizu, ka nekas nenotiks. Otrā deenā wina dewās papreekschu us pilsehtu, es maīleet wehlak. Nesinu, kā tas nahza, mani pahrnehma sawadas domas: nodedsini scho graustu, sai iskuhp schis nejehdsīgais nams, kurā eeperinajees kokgraustis. Lai schis kokgraustis, kursch manim manā dishwē wisur sekojis, reis sadeg, warbuht is drupām un pelneem ussels jauna, labaka dishwe, Tahdu srahsu wismas dsejneeki leeto. Bet es scho srahsu gribeju realiset. Paliku lihdsi wakaram pilsehtā. Satiku pahri pasinu, tee brihnijās. zik es runatnigs palizis. Un taisni toreis, pehz schi notikuma ar weksels. Lai gan es neweenam nebiju par to stahstijis, tomehr wisi to leetu is smalki sinaja. Ja, es jutos nu pawisam zits wihrs. Sinaju, ka jau nahkoschu nakti es buhschu brihws no sawas wasarnizas. Ko lai es eesahku ar tahdu mahju, kuru pahrnehmis kokgraustis? Un winsch beidsot graulās was manā sirdi, tik weentulis un atstahts es jutos. Ja, es esmu slimīga rakstura zilweks. To es waru teikt pehz wisa ta, ko es toreis sajutu, kad dewos kahjām pa nakts tumsu us mahju. Nospreedu ussaist sawam nelaimigajam graustam sarkano gaili par weetas nolihdsinataju. Taisni was manas jaunās nahkotnes seniklam, brihnuma putnam, wajadsejā pazeltees is schim leesmām. Jaunam un skaidram manim wajadsejā atdsimt. Es eegahju preekschnamā, isdariju wisu ahtri, kas bija darams. No sawām grabaschām es neka negribeju isglahbt. Un manai deenestmeitai, kurai wihrs tuwumā deeneja kā sabrikas sargs, manā wasarnizā gandrihi nekahdu leetu nebija. Weenalga, ar wiseem tik smalki us mata newar aprehkinatees, ja zilweks grib sawai idejai sekot. Kā abreibis es eeskrehju silā un gaidiju, kas nu notiks. Jigi neredfeju ne duḫmu, ne uguns. Pee koka peefpeedees, es ar ballèm wehros, kad leefmas fpraudifees zaur jumtu un gawilès par kokgraufcha nahwi. Es jau nebiju fawa nama ifpoftitajs, winfch, kokgraufis, bija tas. Noplihkicheja kà nefpehzigs leelgabala fchahweens. Weenā azumirkli wafarnizu pahrnehma leefmas. Es preezajos kà behrns, ka nu fadeg kokgraufis lihdi ar fawu laupijumu. No behrnu deenàm fahkot winfch wifur manus pamatus bija ifgraufis.

«Nu fadeg wils, wils, kas ir preekfch manis bijis!» es domaju, bet peepfchi if wafarnizas atfkaneja waimanas. Es fkaldri diirdeju, ka pa wafeju logu no augfchas kleedfa mana deeneftmelta. Es fkrehju winu glahbt. Bet peefkrehjis wafarnizai klaht, es rediu, ka ir par wehlu. Durwis atrahwis rediu, wifs nams pilns leefmàm, trepes jau fakritufchas. Jifteidios laukà, domadams, warbuht wina war ifiehkt pa logu laukā, es ftahwefchu apakfchà un uftwerfchu. Bet pa logu wilnoja uguns. Mana uftizamà kalpone bija jau kritufe leefmàm par upuri. Wehlaku ifkaidrojàs, ka wina nokawejufe wilzeenu, bija atgreefufès uf mahju un eegahjufe pa fehtas durwim, no kuràm ta paftahwigi nefaja atflehgu. Tà negribot es biju kluwis par flepkawu. Sahkumà es pilnigi apmuffu un ftahweju degofchà nama preekfchà kà faftindfis. Tad mani fagrahba breefmigas bailes, ifmifums par wifu, dufmas par to, ka kokgraufis tatfchu beidfot mani ufwarefis.

Un es falehzos uu dewos uf balkona, lai fkreetu degofchà namà, lai fadegtu lihdi ar fawu nelaimigo kalponi, lihdi ar kokgraufi un ar fawu nelaimi. Bet uf balkona mani kahds nokehra. Tas bija nakts fargs, weens no pirmajeem, kuri bija atfteigufchees weentuligajā nomalè uf ugunsgrehku. Es drebeju pee wifas meefas. Manim bija bail, redfet uguni, nakts tumfu, es wareju kleegt ail fahpèm. «Wed mani uf poliziju!» es nakts fargam ufiauzu. Tur, polizejas birojā, es mee-

306

gainam deschurantam wiſu iiſtahītīju. Bet tiklab tur, kà ari teeſas preekſchà es zeetu kluſu par kokgrauſi. Baldijos, ka manis neeeleek trako namà. Un tà mani atweda ſchurp . . . Bet ko juhs par wiſu to domajeet? . . .»

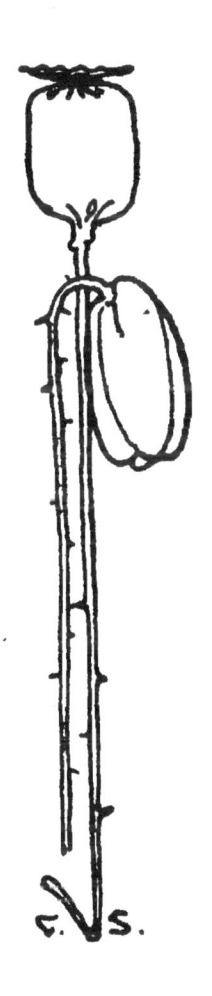

Aiſ muhſchibas.

Dielteno leelo afiſchu, kuŗa bija uzlipinata uz bulwara fludinajumu ſtaba, es iſlaſiju diwas reiſes un noſpreedu to paſchu wakaru iſrahdi apmeklet.

Afiſcha wehſtija ſekoſcho:

«Indijas fakirs Arimaha un wiņa mahſa Aitra ſarihko no 10. lihdz 21. maijam katru wakaru iſrahdes burwju mahkſlâ, Zoologiſkâ dahrza reſtorana leelajâ ſahlê. Paſneegum apbrihnojami un nepahrſpehjami. Wiſpahriga publikas atſiniba. Katru wakaru jauna programa!»

Tas ſkaneja pehz amerikaniſkas reklamas, bet tas nebuht nemaſinaja manas intereſes preekſch indeeſchu fakiru mahkſlas. Wakarâ es weens no pirmajeem ſehdeju Zoologiſkâ dahrza reſtorana ſahlê un pukſtoſchu ſirdi gaidiju uz iſrahdi. Pehdejâs deſmit minutês preekſch iſrahdes publika ahtri ſalaſijâs, ſahle pahrpildijâs ſkatitajeem. Noſkaneja ſwaniņſch, preekſchkars pazehlâs, un uz ſkatuwes parahdijâs fakirs un wiņa mahſa, moderni gehrbuſchees, teewi iſkaltuſchi; wiņſch — dſiļi nopeetns, gandrihſ gruhtſirdigs, wiņa — gurdenu, ſtereotipu ſmaidu ſejâ, abi bruhni, kà jau orienta behrni.

Stiprs applausi atskaneja. Kā paraits, abi paklanijās, tad fakirs, paklusā balsī, deesgan labi saprotamā wahzu walodā rakituroja fakiru dsihwi, mehrķus un nosihmi, atfrahdidams, ka winsch nenodarbojotees ar to tā saukto kabatas mahkslu, neleetojot nedz burwju lampas nedz spogulu. Wina mahksla atballstotees weenigi us meesas ilgu noruhdischanu, organisma peeradinaschanu, pee kam tas pats gan leetojot daschadas sahles un balsamus, kuru pagatawoschana esot fakiru noslehpums. Tahlak winsch siskaidroja, ka daschas fakiru mahkslas parahdibas pamatojotees us hipnoses, sugestijas un nemanamas skatitaju gribas wadischanu. Leelu lomu pee schis mahkslas spehlejot ari eedomas, kas zaur fakira paregojoscho spehku teekot pahrweistas us skatitajeem un tad pahrwaldot to prahtus pehz patikas. Bet daschi fakiru eksperimenti ari esot saweenoti ar breesmām preekich winu paschu dsihwibas. Peemehram pamirschana, eerakschanās semē un schkehpa eedurschana wehderā.

Programas pirmais numurs pastahweja eekich tam, ka fakirs panehma trauku, to peepildija ar semi, eelika tajā sehklu un pahra minutēs isaudieja no tās wesslu pukī, kuru usseedeja.

Tad nahza Aitras eemidsinaschana us weegli weloschas bumbas, un ziti masak eewehrojami numuri, kamehr beidsot fakirs sahka sagralsit sewim meesu, isdurt dunzi zaur walgeem, kaklu un wederu. Pehz pehdejā akta winsch satima un tika isnests laukā.

Pateesibu sakot es biju sagaidijis wehl daudi leelakus brihnumus, bet newaru leegt, ka israhdes eespaids us mani nebuhtu bijis eewehrojams. Es biju pahrleezinats, ka fakirs spehj daudi wairak, tikal winsch naudas dehl ween nerifkeja sawas dsihwibas. Jisinajis kur Hrimaha dsihwo, es nahkoschā deenā nogahju pee wina, Winsch mani sanehma laipni uu peedahwaja manim sawus pakalpojumus, kad es winam isskaidroju, ka esmu saikrakitu sihdsistrahdneeks un wehlos kluht ar fakiru mahkslu

310

intimaks. Ārimaha man līskaidroja to paſchu wakarejo, klaht peeſihmedams, ka faķiri wehl beſ tam nodarbojotees ar dwehſelu iſſaukſchanu un laika robeſchu pahrkahpſchanu, t. i. ar dſihwibas buhtni pagahtnē un nahkotnē. Bet ſchee ekſperimenti ne allaſch iſdodotees un pee tam tee arweenu eſot nepilnigi, tapehz tee neteekot publiķai rahditi. Es apgalwoju, ka tamlihdſigi ekſperimenti pawiſam neeeſpehjami, jo dſihwibai telpas weenigi peeeetamas zaur weenigu laika formu t a g a d n i, kamehr pagahtni intelektualās dſihwibas buhtes, kā peemehram zilweks, war tikai realiſet ahrpus telpām, eedomibā, tàpat nahkotni preekſchā ſtahditees, tagadni eedomās idealiſejot. Es aiſrahdiju faķiram, ka tagadne ir tas weenigais laika modus, kurſch materialiſejas t. i. peenem teeſchamibas un ihſtenibas weidu, kamehr pahrejās laika formas ir pilnigi objektiwas un ſubjektam teeſchi nepeeeetamas.

Faķirs ſlahbani paſmaidija.

«Laiks naw wiſeem weenadi mehrots un eedalits,» faķirs manim mehginaja eeſkaidrot, «laikā ir ſtingra weeniba, tagadnei laika buhtiſkajā rakiturā wistuwakā radneeziba ar pagahtni un nahkotni. Tas, kurſch naw ar tagadni meerā, dſihwo jau weenu daļu pagahtnē waj nahkotnē. Sinams, tauſtamas teeſchamibas ahrpus tagadnes naw, bet pate teeſchamiba ir ari ahrpus tagadnes, un to aptwer tas, kurſch aiſeet aiz laika un muhſchibas t. i. iizeſ ſewi pawiſam iſ laika un bauda paſauli wiſumā. Sinams tee ir tikai ſapni, bet waj tad ſchi dſihwe ari naw ſapnis, waj tas naw ſapnis, ka es juhs un juhs mani rediat? Subjekta wehrtiba zelas tikai zaur to, kas tam peeder, kam winſch peekluhſt, ko tas ſpehj; uſ ta pamatojas ari ſinibu ſwars. Jo ſinibas, kuras ſakrahtas zilweka imadienês, naw nebuht tauſtama teeſchamiba, kā tagadnes dſihwe, tomehr ir pateeſiba waj pateeſibas lihdſibas, kuras zilweku pazel augſti. Tas ir dſihwibas mehrķis: rediet, juſt, baudit, peedſihwot. Jo walrak, jo labak. Skats wiкpus laikeem un muhſchibas ir leeliſks, tas atwer dwehſelei paſihſitamas un nepaſihſitamas leetas, tas neſaſtahda gan wiкas tahdā logiſkā ſakarā un weenībā, kā laiks, bet ſneedſ tomehr paſaules wiſuma buhtiſko un eſoſcho. Tad naw jabrihnas, ka tas, kurſch burwju dſehreenu ir baudijis, kuru mehs, faķiri, pagatawojam no daſchadu ſtahdu ſehkļām un ſulas, pagihbſt un ſapnī redſ leetas un notikumus, kas tikpat laikā, kā ari telpās no wiкa tahſu atrodas. Stahdu ſulā miht ſpehks un dſihwiba, kura, tawā organīmā uſкemta tewim, dod ſpehju redſet un dſirdet to, ka tawa paſcha dſihwiba, kas ir ſunkzija no tawas dſihwibas ſulas, ween tewim neſpehj ſneegt. Ir brihnlſchķīgi, ka ta ſula, kuкa pagatawota no Indijas ſtahdeem, apreibina bauditaju tikai tahdejadi, ka tas redſ ſkatus weenigi iſ tropiſkā orienta. Schis orienta itahds zaur ſawu ſulu ſweſchneekam ſtahīta tāpat par ſawu ſemi un wiкas rakſturu, kā indeetis, kurſch to ſawām azīm redſejis. Pateeſibu neaptwer weenigi zilweks, bet katra dſihwiba. Un wiſs jau ir dſihwiba. Пekas nemirſt un neeet bojā, tikai pahrwehrſchas. Faķirs war ſaſtingt miroкam lihdſigi, wiкſch tā war guļet deenām, nedeļām, ja, ir bijuſchi gadiſumi, pat mehneſcheem, un beidſot wiкu war atkal uſmodinat. Wiкa «es» te bija un dſihwoja laikā un telpās, te paſuda aiſ laika un muhſchibas, te atkal atreeļās ſawās meeſās. Bet wiкſch, ſchis «es», nebuhtu ari ſudis, ja tas wairs ſawās meeſās neatgreeſtos. Wiкſch atraſtos ahrpus laika un muhſchibas, paſaules wiſuma ſaldajās baudās, wiкſch paliktu, kā bijis, neiſdſehſchamas pateeſibas ſihme.»

Faķira azis mirdſeja ſanatiſkā ſpoſchumā, kamehr tas man ſawus prinzipus ſkaidroja. Wiкſch nopuhſejās nopeetni mani padarīt par «tizigu» preekſch faķiru mahkſlas. Es Arimahu luhdſu, lai wiкſch mani eemidſinatu ar ſawu burwju balſamu, jo mana ſiкkahriba bija leela, luhkotees aiſ laika un muhſchibas. Likās, Arimaham tas nebija pa prahtam.

«Mums polizeja aiſſeedī ekſperimentet ar ſweſchām perſonām. Fakireem atſauj tik ekſperimentet ar mums paſcheem. Bet es waretu taiſīt liнehmumu un juhs eemidſīnat ar ballamu, kas juhſu dſihwibai nebuhs bihſtams. Tikai jums wajadſès pahra deenas gawet un eeнemt tikai maſumiнu baribas. Zilweks ar pilnu wehderu newar nedī domat, nedī juſt to, kas wiнu waretu pazelt augſtaku par ikdeeniſchķibu.»

Es biju ar meeru ſipildīt fakira preekſchrakſtus. Ihſi winſch manim pateiza, kas jadara, un lai pehz pahra deenām es wiнu uſmeklejot. Ja es waretu warbuht baiditees, tad lai droſchibas pehz paнemot kahdu uſtizamu draugu lihdſ. Wismaſakā nedroſchiba kaitejot ekſperimenta weikſmei. Tikai beſbailiba un droſchiba, ſkatītees nahwei azīs, eſot fakireem atwehruſe tās perſpektiwas, kurās tee redſot paſauli plaſchaku, augſtaku un diſſaku, nekā ikdeeniſchķiba.

Pehz diwām deenām, ap brokaſta laiku, es eerados pee Arimaha. Winſch un Aſtra mani ſaнehma kā wezu paſinu. Mehs runajām mal. Manim eerahdīja weetu uſ diwana. Es atgulos un gaidīju uſ burwju diehreenu. Aſtra peeneſa maiu glahſiti ar bruhnu ſchķidrumu. Weenaldſīgs es iſdſehru glahſiti un pehz ta neſajutu ne maſakā uſbudinajuma.

«Pehz ſtundas zeturkſchнa es jums ſneegſchu otru diehreenu, kurſch pirmo neitraliſè, un tad juhs atmodiſatees!» Arimaha runaja.

Es gribeju praſīt, waj winſch newaretu manim ſaut wehl ilgaki gulet, bet mehle wairs neklauſīja. Azis palīka ſtihwas. Arimaha lehnām aiſſpeeda manus plakſtiнus. Manim likās, it kā kad mani ſchuhpotu torнa augſtumā. Sahkumā es neka neredſeju un nedſirdeju, tikai jutu, ka wiſs greeſchas un weļas, kā breeſmigā aukā, kā uf wilнeem. Likās, it kā kad kaini krīſtu no milliga augſtuma, bet neweens manis neķehra. Breeſmigas ſchalkas un bailes mani ſagrahba. Te peepeſchi li ſchauſmigå druhmå kluſuma atſkaneja milligs trokſnis, kå tuhkſtoſch leelgabalu ſchahweeni, kuri ſkaldītu wiſu paſauli. Un taiſnå zelå — ſcho taiſno zeļu es jutu, bet neredſeju — es ſibeṇa ahtrumå ſchahwos uſ preekſchu, gar abejåm puſèm ſchaiza warenas uhdens ſtraumes, un augſchå, wirs galwas, trakoja wehtra. Te uſ reiſ apkluſa trokſchṇi, paliķa tik kluſu, tik maigi, kå kluſå waſaras nakti. Nu atwehrås manas azis. Wispirms es eeraudſiju diſtu beigaligu tumſu. Scho tumſas beigalibu es ſajutu jeb wismaſ eedomajos. Tad li azim ſahka liſchautees ugunigi rinķiſchi, kuri weens pakal otram diinås, kluwa arweenu leelaki. Schee rinķi no uguns leeſmu krahſas pahrgahja wiſadås krahſu nianſès, kamehr beigaligå tahſumå atkal pahrwehrtås ugunigå maſå. Bet es pats dewos arweenu tahlak uſ preekſchu. Kad ugunigee rinķi paſuda, tad manim likås, it kå kad es lidotu zaur neiſmehrojami diſtu, bet ſamehrå ſchauru klinſchu plaiſu. Klinſchu ſeenas wiſeja krehſlainå, bahli ſalå gaiſmå, ſejå, ſem kahjåm, plaiſas diiſumôs kuſteſås tumſchi, beiweidigi milſeṇi, kuri kungiteja un ſpeedås kå uſ iſeju. Te manå preekſchå peelidoja brihniſchķigi ſkaiſts, pawiſam kails ſeeweetes tehls, mana buhte, aisgrahbta no ſcha tehla daiſuma, teezås uſ to. Es jutu, ka es tiku pahrṇemts no ſaldas, beigaligas mihleſtibas. Es ſneedīos pehz tehla, tas lidoja, kå maldu parahdiba, paſtahwigi attahſinadamees, un es wiṇam paſtahwigi tuwojos. Te es ſahku nowehrot, ka ſchim tehlam roṇas un ſahk weidotees ſwihnaiṇa puhķa aſte, wiṇa ſeja pahrwehrtås no malguma un daiſuma breeſmigi niknôs waibſtôs, un iſbailèm pahrṇemts, es behgu no ta. Wiṇſch manim diinås pakal. Te es ſahku pats iſweidotees, peeṇemt meeſas, kamehr lihdi tam es jutos weenigi kå gars. Es jutu, ka manim ir kauṭ kas no kuſtoṇa, no putna, no ſiws, no zilweka: es lidoju, es peldeju, es ſakodu ſobus. Manim uinahza kahre, apgreeſtees un uſſahkt zihṇu ar ſawu wajataju. Bet tas bija jau paſudīs, un es ieſehzu brīhws, ahrā iſ paſaules, noſſehpumaīnās ſelpās, kurās waldīja wisdīſtakā tumſa, ar gaiſmas pawedeeneem zauriauſta. Es eetinos kā ſihſchu matôs, kā maigôs ſirnekſa pawedenôs, es leelīſki un paſchapſīnigi ſajutu, ka es kahjas uiſpehru uſ negroſamā — aiſmuhſchibas pamata, kas nepaſihſt telpu ſchauruma un laika ſoba. Diwas neiſmehrojami platas azis manim atwehrās: es biju aiſ laika, aiſ telpām, aiſ muhſchibas. Un paſaule atradās manā preekſchā kā kruſtoti kalni, druhmeem eſereem, pahr kureem ſpihd bahlais mehneſis. Ji ſcheem kalneem iſtezeja diwas ſtraumes: weena aſaru, otra aſiɴu — un es ſahku ſajuſt breeſmigas ſlahpes, diert ſchis aſinis. Paſauli apluhkodams es biju atkal ſaudejis ſawu brihwibu. Es biju uiſpehris kahju uſ iemes klints. To es atrahwu atpakaļ, eetinos meini-baltī wiſoſchās ſihdā bahrkſtīs, kuras kā noliſuſchas karajās no aiſmuhſchibas debeſs. Ta nebija debeſs, bet ſilā robeſcha, aiſ kuras wairs neka naw, kas wiſu atdewuſe un paturejuſe tikai gudrās, nebeidſamās ſkumjas par wiſa newehrtibu un leekumu. Es eeķehros aiſmuhſchibas ſihſchu bahrkſtīs un ſahku ſchuhpotees. Wisgarām paſaulei es aiſſchuhpojos un atſchuhpojos. Wiɴa guleja kā ſaſtingufe tumſā un galīmā, dſihwibas uſ wiɴas nenomaniju, tik neezīga ir dſihwibas kuſtiba ſamehrā ar paſaules dimenſijām. Druhma, ſmaga atmoſſera waldīja uſ paſaules.

Te peepeſchi manim aiſ muguras meini-baltee pawedeeni notſchirkſteja. Leels balts ķerubs, ar wiſoſchu ſelta tauri rokā, uiſehza uſ paſaules klints un ſahka tauret. Ji kalnu eſereem pazehlās twaiki, iſ kalnu alām leeſmas. Uguns ſahka apriht paſauli. Jikuhſeja aſaru un aſiɴu ſtraume. Jſgaroja kalnu eſeri. Apkluſa ſchauſmigais dſihwibas kleedſeens, iſbeidſās karſtajās degoſchās nahwes rokās. Galſma wahrijās uguns leeſmās, tumſa muduļoja twaiku kluſtſchôs. Paſaule aiſgahja bojā, pats ķerubs paſuda wiɴas drupās. Wiſs iſdega. Wiſs iſdīſſa.

Wils paluda. Tad nahza malga wehſma, reetàs jauna galſma, un jaunà paſaule plauka kà mihliga, ſmarſchiga roſe iſ aiſmuhſchibas beſdibeneem, un no roſes iſkahpa jaunawas tehls, uguns fahrteem walgeem, un iſſteepa rokas pehz manis, lai es to mihletu. Es ſarahwu melnibaltos wiſoſchos aiſmuhſchibas matus, kuri manim bija preekſchà aiſtinuſchees, un uiſehzu gawiledams uf milligàs roſes — jaunàs paſaules. Kà pehrkona ſpehreens apſtulbinaja manu galwu — es pamodos...

Arimaha un Altra ſtahweja lihdſàs diwanam un paſchapſinigi ſmaidija.

«Juhs guleſàt diwdeſmit minutes, bija gruhti jums eedot otro dſehreenu, jo juhs bijat zeeſchi ſakoduſchi ſobus. Luhdſu, paleekat guļus, jums ir jaatpuhſchas. Sahkumà jums, kad peezelſatees, reibs galwa, bet tas drihſ pahrees. Balſams, kuru juhs wispirms baudijàt, ir weſelibai loti kaitigs. Tas ir maiſijums no haſchiſcha, opija, etera un wehl zitàm weelàm. Bet tas otrs dſehreens, kuru es jums ar mokàm wareju eedot, ſcho kaitigo maiſijumu pilnigi neitraliſeja. Nogurums jums ir leels. Diwdeſmit minutes juhſu ſmadſenes un nerwi ir darbojuſchees ar tahdu intenſiwitati, kura patehreja tikdaudſ energijas, kà ikdeeniſchkiba weſelà mehneſi...»

Manim uſnahza wehmeens. Smadſenes bija ſtipri aiſtiktas. Galwa tà reiba, ka atrados pusgihbonī. Pehz weenas nedelas biju atkal pilnigi weſels. —

Ķeelā mihleſtiba.

Semes karalis guleja uſ nahwes zisām. Welti bija wiſſ ahrſtu padomi, wiɴu rezeptes un ſahles wairs nepalihdſeja, welta bija karaleenes uſupureſchanàs un karala uſtizamo apſinigà gahdiba preekſch wiɴa. Katru brihdi wareja eeraſtees nahwe un noſmazet karali. Wiɴſch pats apſinajàs ſawa ſtahwokla un uſ ſawu pirmo miniſtri kluſām un lehni teiza: «Ka manim ſchi ſeme ir drihſ jaatſtahj, to es parediu. Ar ſewi paſchu es eſmu ſkaidribā. Manim ruhp trihs leetas: mans dehls, mana ſeewa — juhſu waldneeze un mana walſts. Manu walſti es eſmu nodibinajis uſ labeem pamateem. Ja mani pehznahzeji par wiɴu tàpat waldīs, kà es, tad wiɴa war droſchi zeret uſ wisleelako labklahjibu. Un mana ſeewa—juhſu karaleene, kuʀu es eezehſu par waldineezi, kamehr mans dehls buhs kluwis piingadigs, ir gudra. Bet wiɴa nepaſihſt ſawu pawalſtneeku leelakàs wajadſibas: ſawa waldineeka mihleſtibas uſ teem. Mans dehls ir labſirdigs, bet es baidos, wiɴſch ar ſawu labſirdibu weegli pahrſteigſees, ſſkalpodams ſikai azumirkļam. Es wehletos preekſch ſawas nahwes nodroſchinat ſawa dehla un karaleenes ſtahwokli pret tautu un walſti, lai wiɴu abpuſejà atteeziba nahktu tahſai nahkamibai un wispahribai par ſwehtibu. Tapehz es tewim uſdodu, atweſt pee manis tahdu wihru, kuru wiſa tauta zeeni un mihlè, jo es ſinu, ka tahds ari ſawu tautu ſina zeenit un mihlet. Atwed manim wiɴu ſchurp. Es to ſawam dehlam, nahkoſcham karalim un karaleenei-mahtei gribu likt pee ſirds, ja — wiɴeem uſlikt to par ſwehtu peenahkumu, ar ſcho wihru tuwaki ęepaſihtees, ſtahwet ar to allaſch ſakarā, lai ſapraſtu walſts wajadſibas un lai ſinatu tās apmeerināt. Ej un ſpildi manu pehdejo wehleſumost»

Karala pirmais ministrs aizgahja. Winfch iskļaufchinaja to it smalki, kurfch wihrs azumirklī bija tas leelakais tautas mihlulis. Tas nebija nekahds bagatneeks, nedf ari eewehrojams walftswihrs, winfch bija ahrfts, kurfch zeloja no weetas uf weetu, lai palihdfetu firdfejeem un wahjeem, kuri bija nabagi un nefpehja pafchi ahritu un fahles famakfat. Wiru fauzu Ra Kanu, un wiſå walfti nebija neweena zeema, kurå wina wahrda nemineja ar pateizibu. Dfeefmineeki flaweja winu fawås dfeefmås. Un gani dfeedaja:

«Ra Kans jahj pahr pakalniti:
    Neraudi!
Ar maifes aisfainiti,
    Neraudi!
Luhk, Ra Kans jau pahr fleegfni kahp!
    Neraudi!
Winfch fina, kas tewim ruhp, kas fahp:
    Pafmaidi!
Ra Kans ahritè wifas kaites!
    Neraudi!
Winfch atralfis tawas behdu faites:
    Pafmaidi!»

«Tad atwedeet fchurpu Ra Kanu,» pirmais ministrs pawehleja faweem apakfcheerehdneem, «karalis ir uf mirfchanu un wehlas ar winu runat!»

Atweda Ra Kanu karala pili. Nomafgaja, apzirpa winu un eetehrpa labakås drahnås, jo winfch ifskatijås foti nopluzis un mefchonigs.

«Ra Kan, tewim jaeet pee karala,» winam teiza pirmais ministrs, «karalis ir uf nahwi flims un grib tewi redfet!»

«Labi,» Ra Kans atteiza, «es eefchu un jutifchos godinats, weenreis fawā muhfchā waldineeku waigu waigā fkatit. Manim ir fchehl, ka nahwe grib winu aisfaukt, jo jauns waldneeks ir tikpat kà jauns faimneeks, winfch nepafihdams fawas femes, nefina, kahda fehkla kurā weetā aug, kurā nel Luhdīu wedat manl pee karata!»

Eeweda Ra Kanu pee karata. Patlaban drudīis bija pahritahjees, un karalis jutās atweeglots. Tapehz minīirs tuhlin peegahja pee karata gultas un rahdija ui Ra Kanu:

«Majeſtate! te ir tas wihrs, kuru wiſa tauta zeenī un mihlè!»

«Kà tewi ſauz? karalis Ra Kanu praīja.

«Mani ſauz Ra Kanu, tas ir tas wahrds, kuru manim tauta dewa, bet es to neeſmu pelnijis, jo tas nolihmè tikdaudī, kà «ſelta kungs». Tehws un mahte mani deweja par Juſuſu. Bet ſchinī wahrdā mani neſauz neweens, kaut gan es neeſmu wairak nekas, kà ſawu tautas brahlu kalps. Mans amats ir ahritneeziba.»

«Ir labi,» karalis lehni runaja, «ſaki, kapehz tauta tewi zeenī un mihlè?»

«Kopſch kahda laika es to gan eſmu manijis, ka tautā mani labpraht eeredī. Bet kapehz gan lai mani eenihītu, kur es neweenam ar nodomu ſauna nedaru?»

«Ra Kan! nerunā tà. Saki atklahti, ko tas tautai ir darijis, kuru wina zeenī un mihlè?» karalis praſija.

«Augitais waldneek! es neſinu, ko lai es tewim ſaku. Waretu buht, ja kahds zits to paſchu daritu, ko es, ka tauta winu daudī maſak eeredietu, nekà mani. Zilweka laime ir debeſchkīga manta. Es domaju, ka ta ir tikai nepelnita laime, ka tauta mani mihlè, un es waretu teikt, ka ari ta ir laime, ka es tautu mihlu. Bet es redſu, ka es ſlimo karalī, kuru es augīti godaju, tikai apgruhtinu ar ſawu runu.»

«Ja, es wehletos gan,» tà karalis dwela, «kaut tu, mans mihlais Ra Kan, iſteiktos ihſi un ſkaidri. Waj tu gribetu nahkt, pehz manas nahwes, manam dehlam un karaleenel-mahtei par padoma deweju? Tu fini, kur tautai fahp, ko wiʀa wehfas, ko wiʀa drihkit wehfetees un prafit? Tu pafihiti wiʀas eerafchas, wiʀas ftipràs un wahjàs pufes. Tà tad tu buhtu wifai noderigs audfinatajs manam dehlam, kuru es wehfetos reif uf fchfs wallts tfoʀa faimigu, t. i. mihfetu un zeenitu no fawas tautas.»

«Ak, karaff! fas ir fmags ufdewums, un ja es to ufʀemtos, fad manim buhtu janes neifpildams peenahkums. Jo redif, karaff, tauta ir fchodeen zita, nekà wakar, un rihtu fa buhs zita, nekà fchodeen! Un fik teefcham, kà es te ftahwu, es azumirkff neffnu, ka wiʀai wajaga un un kas tai kaif, jo es atrodos tahfu no wiʀas. Katru deenu es eju pee wiʀas, meklet tos wahjos, un kad es tos wahjos fafkaifu, tad es finu, zik to ftipro atleek. Un tee ftipree ir tee, kas par mani fmejas un dfeed:

«Luhk, Ra Kans — tas puhfchfotajs —
Brihnas: waj es wehl diihwotajs?
Ja, Ra Kan, es wehl diihwoju,
Ar feewu un behrneem lihgfmoju!»

Defmit reifchu tas ftiprais tà dfeed, gribedams mani peefmeet, bet weenpadfmito reifi es eejahju ar fawu firmo ehfeli wiʀa pagalmà, un wifs ir kfufu. Es eeeju fitabà, un luhk, wiʀfch fawà guftà waid un zihnas ar nahwi. Es wiʀam uffmaidu un fneedfu tam fawu roku. Wiʀfch ari luhko fmaidit; faker manu roku ar fawu drudfchaino un faka: «Ra Kan, zik tu fabs! Defmit reifchu es tewi efmu affdfinis, tewi ffmehjis, bet tu nahz tomehr! Ra Kan, fai augftais Deews tewim to atmakfà.» Bet es aptaufitu wiʀa rokas diihffu, kfaufos wiʀa firds pukfteenus, apfuhkoju wiʀa mehff, nowehroju wiʀa meefas uhdens krahfu. Es apgfaudu wiʀa galwu un eedodu wiʀam balfamu. Tad ftiprais wihrs, ar mokàm galwu pagreefdams, manim aifejot, faka:

«Nudee, Ra Kan, ja es wehf peezefchanos, tewis es nepeemirfifchu! — Tà luhk ir, karaff, ar tautu! Wajaga wiʀu paſtahwigi apmekſet, zitadi newar nemuhſcham ſinat, waj ta ſtipra waj wahja, weſela waj ſlima. Tu domà: tautai ta pate ſirds arweenu! Nemuhſcham! ſchodeen ta weſela, rihtu ſlima, pariht ta ir nedſihwa, aukſta un nepraſa wairs pehz Ra Kana. Bet ja kahds grib, lai tauta wiʀu mihlè, tad tam ari jamihlè paſcham tauta — wairak nekà wiſs zits paſaulè. Tad ir jaatmet katra maſiʀa mihleſtiba uſ weenu waj otru, tad ir jaeet tautà, jamahzas paliht wiʀas zeeſchanas un ſahpes, iſſinat wiʀas domas un juhtas, un wiſur palihdſet un dot, bet nekad ʀemt — mahzitees leelo mihleſtibu. Un tàs ari es neeſmu wehl iſmahzijees, jo es atzeros, ka es no daſcha laba nama eſmu duſmigs un pikts aiſgahjis. Bet tad gan, tiklihdſi es uſluhkoju ſawu wezo, ſirmo, labo ehteli, es atkal atgreeſchos pee ta, kuʀſch mani ſakaitinaja un luhkoju wiſu par labu greeſt. Es, wahrdu ſakot, ſaujos no ſawa ehſela tà wadîtees, ka paleeku beidſot pats par ehteli. Jo teeſa, kas teeſa: ka tauta ir deeſgan nepateiziga, un daſchu labu reiſi eſmu domajis: rauj tewi weins! Bet weins wiʀas nerauj, un es ſtalgaju ſawu wezo zeļu. Un daſchreiſ manim lihſt aſaras, kad es redſu, ſawas tautas ſakrituſchàs buhdas, kuʀu preekſchà rotaļajas netihri, nekopti behrni, ta tehwa behrni, kuʀa es ar ſawu ahrſta mahkſlu neſpehju glahbt, jo ſals un bads to bija par daudi moziſuſcht. Ak, karali! tauta ir behrns, labs un mihlſchs behrns, kuʀu wajag audſinat un kopt, kuʀu wajaga mahzit labeem paraugeem, kuʀa neſaprot augſtu joku un tehwiſchkas nebehdibas. Karali! tauta ir wiſpirms jamihſto, tad wiʀa mihlès»...

«Ja, ja,» karalis drudſchainàm, bet laipnàm azim uſ Ra Kanu luhkodamees runaja un pamahja ſawam dehlam, «waj tu dſirdi, muns dehls, ko Ra Kans ſaka: mihlè ſawu tautu, tad wiʀa tewi mihlès... Mans dehls, praſi Ra Kanam, jautà wiʀu»...

Tad wahrdi uſ wiʀa luhpàm nomira, jo ari pats karalis bija miris. — —

Melnais baltais.

Somiŗa ſtahſts.

Somiŗſch nebija manim ne draugs, ne eenaidneeks, bet weens no teem zilwekeem, kuri ir beſ wiltus. Waj ari manim waretu buht kahds draugs beſ wiltus? Waj ir kahds wiltneeks, kurſch nebuhtu mans eenaidneeks? Bet nerunaſim par to. Te wiſs groſas ap Somiŗa ſtahſtu. Wiŗſch kahdu wakaru atnahza pee manis, apſehdàs, nopuhtàs un praſſja, waj es eſot ar meeru, ja wiŗſch laſot manim preekſchà kahdu no ſaweem ſazerejumeem, kurus neweena redakzija nepeeŗemot. Tà ka es eſot jau paſihſtams «tautas rakſtneeks», no kuŗa warbuht reti kahdu dieſolu atraidot, tad es lai eſot tik labs un ſchŗo wiŗa ſtahſtu iſdodot ſem ſawa wahrda. To nu es labpraht daru, bet neuŗŗemos atbildibas par ſtahſta pateeſigumu. Bet luhdſu, iſlaſeet to.

Indijà dſihwoja diwi brahļi, karaliſki prinſchi, kuru bagatiba bija neiſmehrojama. Kaut gan wiŗi abi bija weena tehwa dehli, tomehr wiŗu rakſturi un daba bija gluſchi ſawadi. Wezakais brahlis, Kaſchŗa, bija dſimis kareiwis un politiķis. Wiŗsch komandeja karaļa kara pulkus, wadija miniſtru ſapulzes, no wiŗa bijàs wairak, nekà no paścha karaļa. Jaunakais — Wiſchutana, bija dſeſliks, melankoliſkas dabas. Tas nöſſehdiàs no trokſchŗainàs dſihwes, eerihkoja ſkatu ſpehles, puļzinaja ap ſewi prahtneekus, rakſtu mahzitajus un mahkſleneekus. Tauta wiŗu mihļeja, jo wiŗſch tai wehl neka nebija ļauna, bet gan daudſ laba darijis. Kad ploſijàs bads un mehris, tad Wiſchutana ar ſaweem pawadoŗeem atſtahja ſawu kluſo pili un apſtaigaja zeeļejus, lai teem palihdſetu. Tauta par to wiŗu deewinaja, un tas bija weens no wiŗŗa galwenajeem eemeſleem, kapehz Kaſchra wiŗu nahwigi eenihda. Warenais Kaſchra wairak reiſchu brahli apſuhdſeja pee karaļa, bet karalis ſawu brahlenu Wiſchutanu augſti zeenija un apſargaja. Tad Kaſchra ķehràs pee ziteem lihdſekleem: uſpirka ļaundarus, kuŗi zehla Wiſchutanam neſlawu un apdraudeja wiŗa dſihwibu. Wiſchutana par to ļoti noſkuma, palika gruhtſirdigs, eeſſehdiàs wairak gadus ſawà pilī un nerahdijàs wairs atklahtibà. Bajaderu dejas un dſeeſmas wiŗa gruhtſirdibu ſikal retumis aiſdſina. Bet weena no bajaderàm wiŗam tà patika, ka Wiſchutana wiŗai nodewàs ar wiſu ſirdi, eezehla wiŗu par ſawu mihļako. Ta bija jaunawa beſ wiltus, bet gudra un zehla ſawàs domàs un juhtàs. Wiŗu ſauza Maju. Wiſchutana pee Majas kruhtim aiſmirſa wiſu paſaules ļaunumu, wiŗas maigums un mihļigums wiŗu aļiweda zità labakà paſaulē, un ſchahdôs brihſchôs wiŗſch ſawai mihłakai praſija, waj wiŗai neeſot kahdu wehlejumos.

«Ne, Wiſchutana, mans dahrgais draugs, manim naw nekahdu wehlejumos, manim ir wiſs, kad es pee tewis atrodos, un kad es eſmu weena, tad es domaju ſikal par tewi!» Maja runaja.

Rotas, kuŗas Wiſchutana wiŗai dahwaja, Maja atdahwinaja zitàm bajaderàm, wiŗa preekſch ſewis patureja ſikal to wiswajadſigako.

324

«Kapehz tu manas dahwanas apsmahdē, Maja?» Wischutana laipni wiņai waizaja.

«Es wiņu neapsmahdeju, bet es wiņu ari nekahroju un labpraht tās atdodu tām draudsenēm, kuŗām rotas preeku dara. Mans preeks un mana laime esi tu, Wischutana!»

Ta bija mihlestiba, kuŗa tā runaja. Bet Wischutana nebeidsa Maju issautat, waj wiņa tomehr ka newehlotees?

«Ja, mans dahrgais draugs!» Maja weenu reisi prinzim atbildeja, «es kaut ko wehlos, bet ne preekschsewis, tikai preekschtewis!»

Wiņa nosarka un apjuka, nesinadama, waj wiņas wehlejumees ir prinzim eespehjams ispildit.

«Nu, saki, mana Maja, es nekaweschos ispildit tawas gribas!»

«Tas ir mans sapnis, zelt tawai baltajai dwehselei peeminekli, tahdu peeminekli, kahds neatrodas nekur Indijā, warbuht ne wisā pasaulē! Scho plaschu dahrsu un koku widū, kuŗi ap tawu pili schalz, uzcel augsitu baltu marmora torni, kurschi lai tawas baltās dwehseles stahstu pausch tawa brahlena walsts laudim us behrnu behrneem...»

«Baltu torni?» Wischutana azis usleesmoja.

«Baltu kā sneegs... selta bumbu galā... ne, selta bumbu ne... ta kahrdinatu skatitaju... Wiszaurt baltu sihdi galotnei, wiszauri no marmora. Un sati koki schalks ap balto torni, dseedās muhschigu dseesmu par balto zeetumneeku...»

«Ja, Maja... es zelschu baltu, baltu torni un mehs kahpsim scha torna galā un skatisimees pahri par wisu, wisu... par sawu bijuschu mahjokli, par dsihwi, kas bija un ir, par wisu, wisu... Tad mehs tur augschā buhsim tuwu debess wahrteem, mehs sweedisim pukes silajās debess. Mehs smeesimees jautri... Es wehl nekad nesmu smehjees, mihlā Maja...»

«Es īmejos gandrihī waj ik katru deenu . . . Bet manim tas ir apnizis. Es tomehr gribetu ar tewi kopā īmeetees. Es gribetu ar tewi ari raudat. Un tad ar tewi kopā klauwet pee līlajeem, leelajeem wahrteem, kuŗi pazelas pahr ſemi un juhŗu, kuŗeem mirdī ſaule palodā . . . Man bija reiſ dwehſele, kad es biju newainīgs behrns. Mana mahte bija nabadſiga. Mans tehws eſot bijis bagats ſirits. Bet mahte par wiŗu nemihleja runat. Wiŗa raudaja. Mahte bija ſlītumīa, neewata. Ari mani neewaja, kamehr es biju maſa. Bet kad es wairs neſpehlejos ar akmentiŗeem un neſkraidiju, kā neſehga, tad mani ſahka apbrihnot. Laikam tapehz, ka es biju ſkaiſta . . .»

«Tu eſi ari tagad ſkaiſta, ſkaiſtaka, nekā tu toreiſ wareji buht . . .»

«Ne, Wilſchutana, toreiſ es biju ſkaiſtaka: Man bija dwehſele. Es biju pate ſewim ſkaiſta. Bet tagad es eſmu neſauka, lipoſtīta, ſamaitata . . .»

«Kas tewi ſamaitaja?»

«Es tewim nupat par to ſtahſtu . . . Bagats wihrs mani nopirka no radeem, kuŗi apglabaja manu mahti, Ņeweens zilweks nenahza muhſu buhdiŗā. Bet mehris eenahza un wahrdſinaja manu mahti, kamehr ta wairs neredſeja un nerunaja. Es ſmilkſteju, klauſiſos, un wehros, waj wiŗa nezelſees. Wiŗa paſika guļot. Muhſu wezais paſiŗa, bads, mani aiſdſina pee radeem, tee dſihwoja ſwehtajai ſtraumeī otrā puſē. Laiwineeki mani pahrzehla . . . Radi nenoſkuma, bet tomehr darija ſawu peenahkumu. Wiŗi mani baroja un apgehrba, bet wiŗi mani ari pahrdewa. Bagatais wihrs mani aiſweda ſawā namā. Wiŗſch mani glaudija, bet manim bija bail. Man bija jakſuhſīt waj ahrprahtigai, kad wiŗſch mani aptwehra ſawām rokām. Es wiŗam dſemdinaju nedſihwu behrnu. Tad wiŗſch ſaſkaitās un mani pahrdewa bajaderu dihditajam, un tas mani pahrdewa ſawam pilspahrwalditajam. Tā es eſmu weenmehr tikuſe pahrdota, weenmehr pahr-

326

doīa. Tās ir tīk meeīas, kuras wiπi pahrdewa. Dwehſele man aīlbehga paſcħā ſahkumā, kad wiπſcħ, tas bagataīs, manī ſatwehra. Šapnī es redīeju, ka mana dwehſele peldeja uī norautas ſotos puķes pa ſwehto ſtraumī uī juhru. Pa juhπu wiπa peld, uī ſilajeem augītajeem wahrteem, kuπu palodā ſpihd ſaule... Un ſapnī es redīeju arī baīto marmora tornī... Baīƚu kā ſneegs... Ƚas ir wiſs, ko es tewim gribeju ītahſtīt...»

«Ƚewī pahrdewa... Waj tu gribī kſuhƚ brihwa? Tu warī eeƚ, Maja, tu eſī brihwa!»

«Ko es eeſahkīchu beī dwehſeles? Es newaru dīīhwoƚ. Es newaru arī nomirƚ — beī tewīs!»

«Beī manīs?»

«Es tewī mihlu, un es newaru aīſeeƚ...»

«Ej, Maja! Un kad baltaīs tornīs buhs uīzelts, kad tas ſpihdēs pahri dahrīeem, tad nahz atpakaſ.»

«Manīs waīrs neeeſaīdīs. Šargī manīs nepaſīhs... Beƚ kapehz tu manī ſuhƚī projam?»

«Cj, mekleƚ ſawas dwehſeles. Ta ƚewim ir waīrak, nekā es. Es tewim apnikīchu, un tu apnikſī man, beƚ tawa dwehſele tewim nekad neapnīks...»

«Ja, ƚas nahkƚu manīm par ſwehtību. Tu manī mihlī, beƚ par maī, ſaī es nahkƚu ſkaidrībā. Es eeſchu mekleƚ dwehſeles, un tu zelſī baīƚo tornī. Ja, es eeſchu...»

«Maja, ne, labak paſeez: tu noſīhkſī juhrā. Ƚu neƚīkſī juhraī pahri. Ƚawa dwehſele buhs aīſpeldejuſe ƚahlu, ƚahlu.»

«Wiπa behg no manīs. Es eeſchu maīgaƚees. Es gaweſchu. Wiπa warbuhƚ aƚgreeſīſees.»

«Tu noſſīhkſī!»

«Ƚas buhs arī wīsſabakī. Es redſu, tu manī par maī mihſē. Tu arī manīs newarī mihſeƚ. Es eſmu ſamaīƚaƚa, beī dwehſeles. Es eſmu īſpoſƚīƚa. Tahdas tu newarī mihſeƚ.»

«Maja, es mihlu gan tewi. Tu to ari sini. Bet tu wari baiditees, ka es tewi beigtu mihlet. Mehs, zilweki, esam nepaitahwigi . . .»

«To es sinu . . . tapehz es eesdiu jau agraki, pirms nenahk neihitais, saitais skuhpits . . .»

«Tad ej . . .»

«Ak kaut es waretu palikt te! Bet es eesdiu. Es nahksdiu atpakal ar dwehseli, un tad tu mani muhsdiigi mihlesi. Jeb waj es nosihksdiu . . .»

«Tad es nolehksdiu no baltà torna gala, es nolehksdiu. Tad naw wehrts dsihwot. Un ja tu atgreesisees ar dwehseli, tad tu manis wairs nemihlesi, jo es buhsdiu pahrwehrtees, wezs, weenaldiigs, druhms. Es airgasdios. Jo waj tad tu, Maja, neredsi, ka lihdi ar tewi taisas ari aiseet mana dwehsele. Ko tad es eesahksdiu?»

«Ar mani atnahks atkal tawa dwehsele. Tu paliksi jauns, kà bijis . . .»

«Maja, mums naw nekur isejas.»

«Klau, jau swana pee sitajeem debess wahrteem. Mana dwehsele ir tur. Es steigsdios, es sauksdiu, lai winas neeelaisdi. Tai janahk atpakal pasaule . . .»

«Maja! Maja! kur tu paliki?»

Wisdiutana atsauza pee sewis Indijas slawenako architektu. Baltà torna ideja architektam soti patika un winsdi prinzim apsolijàs, gahdat par to, ka tornis lai kluhtu idejas zeenigs.

Pagahja septini gadi. Tornis nahza gataws. No balta marmora, kà isleets, tas pazehlàs zehli pret debessim. Wisdiutana preezajàs, kà behrns, un pawehleja sawam pahrwaldneekam, sidalit starp nabageem seelaku naudas sumu. Pahrwaldneeks sakrustoja rokas us kruhtim, noseezàs semu preeksdi printsdia un runaja:

328

«Spodrais, karalifkais prinzi! Atļauj manim, tawam peederigam wehrgam, teikt, ka tawā mantas kambari un pagrabôs naw wairs neweena wehrdiņa. Wisu tawu mantu mehs iſdewām preekſch ſchta forņa. Karalifkais prinzi, tu eſi tikpat nabags, kā deenas algadſis, kurſch ſtrahdā rihtu laukā!»

«Es eſmu nabags?» prinzis nopuhtās, «bet maņs baltais torņis ir uſzelts. Manim ar to peeteek.»

Prinzis atlaida ſawus deenaſtļaudis, bajaderas, atdewa ſawus peederumus, kā algu architektam, un dewàs, nepalihts, paſaulē.

Pa tam ſweſchineeki nahza no malu malām, lai ſkatitu Wiſchutanas brihnuma torni.

»Waj tu jau eſi redſejis Wiſchutanas balto torni?» tā zits zitu mehdſa jautat. Wiſchutanas wahrds gahja no mutes uſ muti, wiņa ſlawa arween tahlak iſpaudās.

Dieeſmineeki un kokletaji dieedaja:

«Wiſchutana, tu Brahmas mihluli,
Kas tu balto torni uſzehli,
Tewi muhſcham mihlès tauta.
Wiſchutana, tu Brahmas mihluli,
Ņahz un ſawā torni uſkahpi:
Waldit, tewis gaida tauta!»

Kaſchra breeſmigi pahrſkaitās, diirdedams, kā ſlaweja wiņa brahli indu tauta.

»Pagaidi, tu glehwuli!» wiņſch klufibā ſpreeda, «es gan atradiſchu lihdſektus, kā iſdſiht tautai ſchto muſkigo ſajuhſmu preekſch Wiſchutana!»

Wiņſch ſaſauza ſawus uſtizamakos draugus un eerehdņus, ſapulzinaja braminus, kuŗus wiņſch algoja un teem atklahti teiza:

«Muhſu karalifkais brahlis Wiſchutana ir uſzehlis torni, lai ſapulzinatu ap to tautu, lai uſmuſinatu to pret mani un karali. Tapehz uſttahſtimees ſtingri pret Wiſchutana wiltu. Wiltu pret wiltu. Brahmani, juhs ejat pa wiſu ſemi un mahzeet, ka Wiſchutana tornis ir meins, kà piķis. Mahzeet: Wiſchutanas tornis ir meins.

Pehz daudi gadeem prinzis Wiſchutana atgreeſàs, nepaſihts, ſawà tehwa pilſehtà. Pirmais gahjeens wiņu weda uf balto torni. Ap to ſehdeja ubagi un ubadſes. Wiņſch labpraht buhtu wiņeem ko dewis, bet wiņſch pats biſa nabags. Wehl reiſ wiņſch gribeja redſet ſawu balto torni, kurſch tagad biſa nopulgots un iſkleegts par meinu, un tad alſeet un wairs neatnahkt. Wiſu deenu wiņſch ſehdeja torna tuwumà, ſehdeja lihdſ krehſla metàs. Ubagi aisgahja, tikai weena ſeewiņa paſika ſehdot. Wiſchutana atzerejàs jaunibas, atzerejàs Majas un wiņſch iſſauzàs:

«Ak, Maja, kauſ tu ari redſetu manu balto torni!»

«Wiſchutana, tu?» ſeewiņa, ſkrandàs tehrpta, eekleedìas.

«Maja, tu? ak kahdôs apſtahkļôs mehs ſateekamees!» Wiņi abi raudaja.

«Un tu dwehſeles neatradi?» Wiſchutana praſija.

«Atradu,» wiņa ſchņukſteja, bet dwehſele mani noſeedſa: teiza Brahmam: luhk, ſchi grehzineeze, zik wiņa ir meina, wiņa apgalwo, ka es peederot wiņai! Es negribu neka ſinat no ſchis palaidnigàs ſeeweetes! — Mani aiſdſina no debeſs wahrteem. Es maldijos pa paſauli. Es atklihdu ſchurp, lai bauditu ſkatu uſ tawu leelìſko, balto torni, kuru wiſa tauta ſauz par meinu. Ja, wiſa ſchi paſaule ir meina. Kahpſim augſchà, baltajà torni, ſchķirſimees no ſchis meinàs paſaules.»

«Kahpſim!» Wiſchutana preezigi iſſauzàs.

Tur augſchà wiņi luhkojàs ſwaigſnès, wehroja nakts dielmes. Wiſs biſa tik meins, tik ſkumjs. Tad Wiſchutana apkampa ſawu mihlako, un abi nokrita no augſituma leſà uſ zeetajeem akmeņeem. No tàs reiſes uſ baltà torņa ſahneem redſ eeſarkanus plankumus. Tee ir zehluſchees no Majas un Wiſchutanas aſinim.

330

Zihnas pehz zihnām.

Imants.
Sela.
Peters Zeleſtins.
Amins.

Łaudis. Gans. Jaunawas. Jaunekļi.

Domas pagalms. Wezas leepas un apſes. Saules ſpihdums.
Pa domas watejām durwim ilīkan kora dſeeſma un ehrģelu ſpehle.

Imants.

(Saploſītām drahnām, eewainots, lihdf nahwei noguris, ulnahk un falimīt uf domas trepēm.)

Kauf buhtu jau iizeeīts!

Koris (bainizā).

Sanctus sanctus Dominus Deus Sabaoth!
Pleni sunt coeli et terra majestatis glori tuae.
Sanctus, sanctus, Dominus Deus Sabaoth.

Imants (aiſſmazis, deklamē).

Sanctus, sanctus Dominus Deus Sabaoth!

Gans (leja dseed).

Mans tehws ir zihnā kritis,
Un mahte ais behdām mira,
Un saimneeks mani ir sitis,
Ikdeenas man asaras bira.
Es pats, manas aitas wehl dsihwas,
Es dseedu, winas blehj schehli.

Imants (tāpat aissmazis).

Un es bes laimes klihitu.

Koris (baīnizā).

— Adoramus te Christi.
Et benedicimus tibi,
— Quia per sanctam crucem tuam redemisti mundum,
Qui passus es pronobis. Domine, domine miserere nobis.

Imants (tschukst).

Man slahpst.

Jaunawa.

(Sinahk is bainizas, eeraudsijuse Imantu, satruhksitas).

Kas tu tahds? Kas tewim notizis? Asinis...

Imants.

Asinis... Naw spehka isteikt... Dod masku uhdens.

Jaunawa (dreboschu balsi).

Tuhlin! es sezeschu un paluhkoschu. (Aissteidsas pahr pagalmu).

Imants.

Man sahp.

332

Amins (neredfams).

Atkahpees no fawàm eedomàm, un tu kluhſi wefels.

Imants (fatruhzees, bet fpehzigaks).

Schi balfs! es winu palihfitu. Tas ir mans eenaidneeks!

(Ehrgelu fkanas peenemas disharmoniką fortissimo.)

Amins (draudofchi).

Es tewis walà nelaidtichu! Tu nihkfi un mirfi, ja tu manim nepadofees.

Imants.

Kas tu tahds efi?

Amins.

Es efmu patera Zelestina kungs!

Imants.

Patera Zelestina? mana behrnibas grehku fuhdzibu peenehmeja.

Amins.

(Ironifki, fkali un fwinigi.)

Ja, patera Zelestina!

Jaunawa.

(Uhdens krahfi rokà, beedrenèm pawadita.)

Schitas uhdens no muhfu bainizas kalna awota. Tas dafchu labu ir jau ifdfeedejis. (Ul beedrenèm). Michas jau laikam belgàs?

Pirmà.

Nefinu. Es tagad bainizà neejmu. Es reif luhdfu

tik kariti par sawu Juri, bet winsch tomehr kaujâ krita. Par fewi paschu es neluhdsu — — (Raud.)

Otra.

Jel stahjees. Te bainizas preekschâ neklahjas. Dabusi zitu.

Imants (sneedi kruhti atpakal).

Es pateizos. Manim paleek labaki. (Uz jaunawâm.) Manim leekas, ka es juhs buhtu jau redsejis.

Trescha.

Ari tu mums esi pasihstams. Ja nemaldos, tu esi Jmants, muhsu bijuschais jaunais skolotajs.

Imants (drudschainu smaidu).

Ja, ja. Jums taisniba. Tas es esmu.

Trescha.

Kopsch pahra gadeem mehs par tewi neka nedsirdejâm.

Pirmâ.

Naw teesa. Mehs dsirdejâm par winu daudsi. Scho to par winu stahstija. Weens teiza, Jmants sehschot zeetumâ. Otrs apgalwoja, winsch esot ahrprahtigs un klihitot noplihsis pa pilsehtas eelâm. Baumas nahza un gahja.

Imants.

Es esmu wehl dsihws Ne dsihwiba ir manim mihla, bet pateesiba. Winas dehl, kâ juhs to sineet, manim bija jaaileet. Jr teesa, es klihdu pa pilsehtas eelâm. Es biju ari noplihsis. Jizehlâs leelâ zihna. Es stahjos to rindâs, kuri ulstahjâs preeksch sawas taisnibas. Mehs klupâm, zehlamees. Nahwe nopsahwa weenu beedri pehz otra pee maneem sahneem. Un es, es biju neseetis: es 334 behgu. . . . Ne kewis dehi, es gribeju wehl reii wiṇu rediet, wehi reii runat – – – Șakai, kur wiṇa ir? Sela?

Wilas.

(Schaukmàm rahda ui durwim.)

Tur eekīchā.

Imants.

Bainizā? (Preezīgs.) Tad wiṇa drihī līnahks. Mi-īchas jau beigās?

Pirmā (nopuhīchas).

Sela wairs neitaigā.

Imants.

Kā? wiṇa wairs naw diihwa?

Otra.

Wakar wiṇa aiimiga ui muīchibu. Mehs wiṇu ee-iahrkoiām, un puiīchi to noiika bainizā. Schowakar mehs dīeedaiim pee wiṇas iahrka.

Imants (kā atmiṇu iaudejīs).

Juhs dieedaieet pee wiṇas iahrka? Juhs mai-daiees. Sela ir nemirītīga. Wiṇas mihīais skais ir muhīchigs.

(ḷaudīs iahk nahkt ii domas. Tee uiluhko iiṇkahrigi Imantu, iarunaias, pakrata galwas un paleek pagaimā.)

Paters Zeleitins.

(Jinahk, iaudis iwehtīdams, ignorē Imantu, talīas pahr pa-gaimu aiīeet.)

Weens (ii iauīchu puhīa).

Pater, muhīu Imants ir te.

Paters Zeleſtins.

Jmants? (Apſtahjas.) Nolahdetais, neſaimīgais Jmants?

Otrs (ſī puhta rahda.)

Luhk, tur wiRſch kwehrn uſ domas trepèm. Wina uſwalks ir ſaploſits, aſinis tek no wina meeſàm.

Paters Zeleſtins.
(Schehlſirdīgā, ſwinīgā balſī).

Eeſim pee wiRa. (Tuwojas no ļaudim pawadits Jmantam). Un tà tu, mans dehls, nahz atpakaļ?

Jmants.

Wiſs weenalga par mani. (SaRemas un zełas augſchā). Es gribu winu redſet. (Sawruhp.) Sela — (Grib eet domā).

Paters Zeleſtins.

Jmant! Tu nedrihkſti tur eet, pirms tu ſawus ſaimus neeſi noſchehlojis.

Jmants.

Aiſmirſtat juhs wiſſ mani. Neuſkrihtat juhs manim. Schee muhri manis dehļ neſabruks. Es gribu Selu redſet. (Eeeet.)

Paters Zeleſtins.

Behrni! ejat mahjā. Manim jaeet wehļ deewnamā. (Rahda uſ domas durwim; peeeet lehnàm pee tàm, kahds no ļaudim peeſteidſas, lai tàs atwehrtu, bet durwis naw atweramas.) Wirſch durwis ir aiſſlehdſis! (Jt kà ſmihnedams nogreeſchas un alſeet; ļaudis ſiklihhit.)

Preekſchkars.

336

Domas galerija. Wakara blahima atspihd logôs. Widû galerijai katafalks ar wateju sahrku. Imants stahw eepretī sahrkam. Ilgu laiku schausmīgs klusums. Katra Imanta kuīstešchanàs rada skalu atbalsi domas telpās.

Imants.

Sela! Weenu soli es stahwu no tewis, un tu mans nedsirdi. Weenu soli es wehl sperschu, tad es buhschu pilnīgi pee tewis. Sela! zik brihnischkigi skaista tu esi. Tewi apraks, bet taws tehls paliks manā atmiņā. Nekas manim naw swehts bei tewis, un wiss ir swehtīts zaur tewi! Sela, es tewi mihlu, tagad wehl walrak, kur tu stahwi tahlaku, augstaku, nekà es. Es gaidu us wisu bei schausmām. Pahrzeetīs es esmu. Manim sahpeja bruhzes, kad es wehl nesinaju, ka tu esi mirusi. Tagad manim wairs nekas nesahp. Aukstu weenaldsibu es wisu ussuhkoju. Naw wairs masa un leela, naw dsīla un sekla, wiss islihdsinas weenaldsibā. Sela -- --

Amins.
(Inahk is pihsaru galerijas; akmens saīts, zeetu seju. Garàs, meinās drahnās.)

Sela ir mana.

Imants (augstprahtigi).

Tawa, ja tawa, tu mans stiprais eenaidneeks, kas dibinajis us meleem un mahneem wisu diihwi! Sela naw nedsi tawa, nedsi mana.

Amins.

Wiņa atteizàs no tewis, pirms sa mira. Wiņa atsina, ka pateesība ir manā pusē, ka tu wiņu biji apmahnijis, apmussinajis. Pirms wiņa mira, skuhpstija scho pateesības grahmatu, (Ismem no mehtesa leelu, smagu grahmatu.) un teiza: Imants ir wiltneeks.

Imants.
Wiltneeks eſi tu, ſwefchais, meinais zilweks!

Amins.
Runà, Imant, tawi wahrdi netop dſirdeti.

Imants.
Es pats winus dſirdu un preezajos, ka es waru runat pateeſibu. Es pats ſewim eſmu wiſs. Un ja tu manim wiſu atnemtu, manis paſcha tu nekad neleekſi un neeemantoſi.

Amins.
Ari Selas deht tu manim nepadoſees?

Imants.
Sela ir tagad ahrpus muhſu paſaules. Winas ſehls paleek mani, un tu ari neweens nepanems.

Amins.
Tu domà, ka Sela ir miruſe?

Imants.
Ko ſkaidri redſi, tas wairs naw zitadi domajams.

Amins.
Tu maldees. Sela ir dſihwa. Wina guļ. Weens pileens no Amina ſahlèm peetika, lai Selu eemidſinatu. Tikai manim ir ſinams pretlihdſekļis, tikai weens pileens no ta, un Sela atkal kļuhs dſihwa.

Imants.
Weinu darbs. Es neduſmojos wairs par weineem. Winu darbi newar buht zitadi, nekà weinifchki.

338

A m i n s (smejas).

Tu tomehr ustrauzees.

Imants.

Neleediu, ir wehl mani paleeki no wezā zilweka. Sela, tu nekreetnu tehwiru upuris, wiru intrigās ir beidsot samirst newainibai! Sela pamostees!

Amins.

Aha! Tatschu ari maneem wahrdeem tu tizi, sepnais Imant! Sauz wiru atpakal, sawu Selu, wira peezelsees, bet ne agraki, eekams tu nebuhsi pats manim pilnigi padewees.

Imants.

Welns, welns, trihskahrtigs welns!

Amins.

Tas te ir sahnu leeta, kas es esmu. Galwenais ir spehks. Un ta manim netruhkst. Tu redsi, es eekaroju ari schis telpas.

Imants.

Ja, es tizu, ka juhs, melnee, ari alī swaiginēm spehjat intriget.

Amins.

Apdomā, laiks ir dahrgs. Drihsi nahks paters Zelestins ar jaunawām un jaunekleem dseedat Selas rekwiemu. — Tad buhs par wehlu. Kad Selu eeliks kapā, tad ari mana wara par wiru beigsees.

Imants (smejas ruhgti).

Kā, tad tu neesi pats welns, kas tasīni pehz nahwes dwehseles us pekli wahzot?

Amins.

Es esmu ihits pilsonis, zilweks, kà tu. Waj tad tu manis nepasihiti? Es esmu Amins, taws sihdiskolneeks, kursch tewi jau skolā apkaroja, kad tu saweem baltajeem neeku sapreem padewees.

Imants (domigi).

Amins? Es lahgā neatzeros. Ak jā! Amins, kursch apsaga un apmeloja sawus beedrus, kuram bija nesawaldams preeks par katru sawa tuwaka nelaimi.

Amins.

Ja, tauns es biju, tapehz ka biju jau tahds dsemdinats. Bet neskatotees us wisu to, es esmu patcha Deewa indirekts kalps, jo paters Zelestins ar mani labpraht sateekas.

Imants.

Paters Zelestins — Selas aiibildnis un mantsinis, wiRsch ar tewi stahw sakarā.

Amins (smejas).

Wiss stahw ar wisu sakarā. Waj galsam naw sakara ar juhru, waj juhRai ar semi? Jr saws sakars ari gaismai ar tumsu. Un kas us zilweku sihmejas, tad tam ir paitahwigi sakars ar grehku.

Imants.

Neprahto, bet saki man, waj tu ar sawu labo kungu nonahwesi teefcham Selu, lai peesawinatos wiRas mantu?

Amins.

Pee teesas apskatees. Selas paraksts leezina, ka ta wisu sawu mantu nowehlē domas sondam.

340

Imants.

Un newis maſturigo ſkolai, kà wiꞃa manim to apſolīja?

Amins.

Ja, redſi, Jmant, zilweka prahts groſas ahtraki par wehju. Un ſewiſchki ſeeweetes prahts lozas, pirms tu to gribi lozit.

Imants.

Juhs pahrſpehjat weinus!

Amins.

Mehs — ſaprotams. Weini ir muhſu dehl. Maſ laika atlizees, Jmant, wehl weena ſtunda. (Aiſ durwim klauwē.) Luhk, paters Zeleſtins jau klaht. War rediet, ka tu teeſcham ſehro, ka eſi eeſſehdſees. Es eeſchu atwehrt durwis!

Imants.

Paleez!

Amins.

Ah! tu gribi kapitulet?

Imants.

Ko tu praſī?

Amins (ſchaulmigi-patetiſki).

Es gribu — wiſu! Es gribu aſinis un aſaras, es gribu zitu mokas un gruhtibas. Es gribu augſti, augſti ſtahwet, un es gribu, lai ari tu preekſch manis ſlimſti uſ zeleem. Tik palemojees ahrigi, zaur zeremoniju, beſ pahrieezibas, plihſti aiſ duſmām, bet lozees manā preekſchā, un manim peetiks.

Imants.

Un Selu tu usmodinasi?

Amins.

Ja tu manim padosees, tad Sela kluhs dsihwa.

Imants.

(Eekschkigi zihnas; pee durwim istpraki klauwè. Wairak balsu dsir-damas.)

Labi, Amin! Lai noteek! Es pasemoschos tawā preekschā, bet tu swehrè pee tawa negoda un tawas ne-gehlibas, ka tu Selu usmodinasi un nekad winai wairs ar tawàm intrigàm netuwosees.

Amins.

To es sosu un swehru!

Imants.

(Nokriht Amina preekschā us zemem.)

Satreez mani pawisam. Jinihzini mani!

Amins (iwinigi).

Tu pasemojees, mans dehls! Nu tu wari pee-zeltees. Tu gribi, lai es tewi isinihzinu. Ne, tew ir ja-dsihwo, jadsihwo preekschi manis. Bet tagad man ir ja-ispilda mans solijums. — (Peeeet pee Selas un no masas pu-delites uspillina pileenu us winas luhpàm; Imants paleek us zemem, ellodams, pahrwehrstu, sahpju pilnu seju.) Sela! usmostees!

Imants.

Es tà saplosits, pasemots, es preekschi negehlibas us zemem! Ak, es nelaimigais! (Pee durwim klauwè nepazeetigi.)

Amins (alseet us durwju pusi.)

Nu juhs brihnosatees.

342

Sela.
(Pazetas lehni, apluhko apkahrini kā pehz tapra.)

Es esmu gulejute fwehtā weetā.

Imants (tibina ahtrumā peezetas).

Sela!

Sela.

Imant!

Laudis.
(Nahk eekīchā dieedadami, preekīchā paters Zeleitins.)

Mahtin, nu us muhschigu dusu,
Nesitim tewi us kapu klusu,
Mahtin, mehs raudam un dieedam.
Sela, tew muhschigu peeminu minam,
Tewi schkihitu un fwehtu sinami
Sela, mehs raudam un dieedam.

Paters Zeleitins.

Kas tas? Waj redseet, wina ir dsihwa!

Imants.

Ja, wina ir dsihwa! Zaur manu nahwi ta kluwa usmodinata. Klausatees laudis! Juhs pasihstat Aminu... (laudis ustraukti saskatas.) Tas salinā ar ziteem — ar ko, to lina ari juhsu paters Zeleitins — eedewa Selai eemidsinoschas sahles. Un manim wajadseja pahrdot winam sawu godu, sawu pahrleezibu, manim wajadseia krist wina preekschā zelōs, un tad winsch sneedsa Selai pretsihdsekli, lai ta atkal pamostos. Es esmu linihzinats. Mans lepnums ir lauits. Bet es esmu winu, sawu weenigo Selu wehl reis redsejis, arwinu runajis, klausijees winas wahrdus, un nu es waru mirt! (Sasimst us katasalka.)

Sela.
(Pahrleezas pahr sahrka malu, saldu, tschukstoschu balsi.)

Mans — mans — Imants — mans —

343

Imants.
(Wehl reif pazeldams galwu.)

Es eſmu nolahdets, bet peeluhkojeet, ka juhs ſopat ſwehtil (Neiſſakamàm ilgàm raugas wehl reiſ uf Selu.) Sela! peemini to, kas es reiſ biju. Sela, peemini — — (Mirit.)

Sela (lauſa rokas).

Sahrkà un diihwaſ ak, beſ wiņa zihràm manim ſchī paſaule naw nekas. Es negribu wairs no ſahrka iſ-kahpt. (Saſlmīt atpakaļ.)

Paters Zeleſtins (meerigā balſī).

Apſedſeet wiņus!

Amins.
(Aiſ pihlareem, ſchauſmīgā balſī.)

Wiſu, es gribu wiſu!

Paters Zeleſtins.
(Nobahlė, paſkatas augſchup.)

Ak, manim wajadſeja zitadi darit! nu ir wiſs par wehlu.

Amins.
(Sauz iſ tahſakas galerijas.)

Pater Zeleſtin! nahz aprehķinatees! (Tuhkſtoſchas at-balſis augſchas telpās.) Nahz! Nahz!

Paters Zeleſtins.
(Saſlmīt uf kataſalka, aprok ſeju rokās.)

Ak, ſchī diihweſ ſchīs intrigu un moku lawinas.

(Tumſā ſaudis kuiſtas ap kataſalku.)

Preekſchkars.

344

Nemirīgee.

Dramatiskas sarunas.

Personas:

Zilweka dehls.
Platons.
Luters.
Napoleons.
Göthe.
Wagners.
Bairons.
Nietzsche.
Pateesiba, jaunawa Elīsija.
Jaunawas. ⎫
Jaunekti. ⎬ Elīsija.
Behrni.   ⎭

Skatuwe: Dīki pakalni Elīsijā. Augstu palmu aleja pret widu aiswed tahlumā us Elīsijas wahrteem. Preekschā laukums, bagats pukēm un zehleem stahdeem. Zehlas, apskaidrotas jaunawas sakehruschās pastaigajas.

Pateesiba

(nahk pa kreisi, pukes rokā; lehna, bet swiniga balsi).

Wahrdi kluwa pateesiba:
Mihlestiba, mihlestiba
Tomehr beidsot pahrnem garu.
Katru pasauligu waru
Beidsot schurpu staigat greeścham
Un zits zitam roku speeścham.
Nahk no zihnām atsihschana,
Un no grehkeem atdsimschana;
Sirdis, kas bij puschu lausitas,
Meesas, kas bij slimas schaustas —

Spirgtu, sahrtu dsihwibu
Eeelpo ar brihwibu.
Ai'ras, no ka waigi bahla,
Nu kà demants pukès mirdi:
Swehtà ilga, kas bij tahla,
Dwehseli ar meeru spirdi.
Tik ar kluseem debess preekeem
Eju preti eenaidneekeem,
Uswaretais laimigs kluhs:
Uswaretajs skuhpstls wiнu,
Un ar Debess Tehwa sinu
Wisi weenreis draugi buhs.

(Alseet pa labi.)

Zilweka dehls
(nahk no labàs puses, pawadits no behrnu pulziнa).

Wiнsch ar Debess Tehwa sinu
Nu par muhsu draugu kluhs.

Maislehns
(Zilweka dehlàm azis luhkodamees.)

Wiнsch muhs wahjos, masos nihda,
Kas bes laimes apkahrt klihda,
Nu par draugu wiнsch mums buhs?

Zilweka dehls
(pamahj, smaididams, gaiwu).

Dsihwe lihdsiba tik bija,
Wiнsch to pilnu isbaudija,
Nu tas sehnàm schurpu nahk.
Pateesiba preti steidsas
Wiнam, lai ta maldi beidsas,
Nu wiнsch manim tizet sahk.

(Tahluma sahk swanit; starp jaunawàm, kusas spehlejas, dsihwaka kustiba; Gōthe un Platons nahk, sarunadamees.)

346

Mais fehns.

>Kas tur fwana?
>Waj tas fkan preekfch Labà Gana,
>Wina godu, flawu teiz?

Zilweka dehls
(lehnf, wairak pee fewis).

>Tas ir nogrimufchais fwans!

(Zilweka dehls, no behrnu pulzina pawadits, ateet tahtaku; wini pee-
beedrojas jaunawu rotatàm).

Göthe
(latu wainagu galwà).

>Nietzfche ir miris... Jau fwana...

Platons.

Winfch drofchi greefa azis pateefibai pretl. Wina azis apfchiba, tapehz winfch wairs beidfot lahgà neredieja... Kà winfch buhs pahriteigts.

(Napoléons un Bairons, peenahk ahtraki, nekà pirmejee).

Napoleons.

Drofchs karotajs... Nietzfche. Winfch mani pahripehja.

Bairons.

Un wina lepnàs wihra juhtas bija manejàm rada. Winfch pihteja wifeem. Nu mehs winu fkatifim waigu waigà.

Göthe.

Sweiki waroni! Juhs ari nahzàt, apfweizinat Nietzfchi?

Bairons.

Saprotams. Winfch mums tik tuwu rada. Mums atmi-
nas wehl diihwo, un kamehr wifi nepeeweenofees Zil-

weka dehlam, tikmehr ari mehs wehl dfihwoſim at‑
minâs... Kurſch Zilweka dehlam pretojas pateeſibas
pehz, tas tomehr teek apſkaidrots.

Luters
(ſtingreem ſoleem un pazeltu galwu peenahk).

Kas ſcheitan noteek?

Bairons.

Juhs neſinat: mehs ſagaidam Nietzſchi.

Luters
(domigi).

Bet winſch jau bija netizigs...

Zilweka dehls
(nahk, wiſi godbijigi pagreeſchas ſahņus).

Winſch bija mans eenaidneeks, bet es ſneegſchu winam
roku. Zik tad man ſemes wirſû ir ihſtu draugu? Juhs
ſineet: neweena... Bet Nietzſchem bija duhſcha, atklahti
to iſteikt, kas tam bija uſ ſirds.

Luters.

Meiſter, winſch bija netizigs.

Zilweka dehls.

Es winam doſchu baltas drahnas. Winſch bija tihrigs...
Winſch bija netizigs? Ja, weenreiſ... Bet tad winſch
nogrima kluſâs pahrdomâs. Winſch kluſeja gadeem un
ſmaidija. Un mirdams winſch juta mihleſtibu...
(Pa widus aleju ſkatotees redſ, ka Eliſijas wahrti atweras; Nietzſche,
no Pateeſibas wadits, nahk).

Jaunawu, jaunekļu un behrnu koris
(dſeed):

Mehs bijàm wahrgi —
Tew eenaidneeki;
Nu mehs tew dahrgi,
Mums debels preeki!
Nu tewi wada
Pateefiba,
Nu tew ir rada —
Mihleftiba!

Zilweka dehls
(eet Nietzfchem preti; Nietzfche nometas zelôs; Zilweka dehls to pazel).

Nu alfmiriti ir tawi maldi,
Nahz, karotajs, pee manas firds —

Nietzfche.

Zik tawi wahrdi atfkan faldi,
Zik brihnifchkigi azs tew mirdi.
Pret tewi ftingri karot gahju,
Es biju tahds, kam zihnu gars,
Es nihdu lauschu diihwi wahju.
Un fwehts bij kaitris gaiimas ftars...

Wagners
(peenahk, ul Nietzfchi).

Tu wari dieedat! tu wari radit faikanu! Talab eli
fweiks! Nahz, apluhko fchis telpas, kur mehs baudam
augftaku, fwehtaku diihwi!
(Abi wezee draugi fkuhpftas.)

Pateefiba.

Tee gadi, kur tu klufeji
Un augftàm domàm duleji,
No ziteem fchkirts, kà weentulis —
Tee tew fchelt pukes dehfilja,
Mums preeka fina wehfitija:
Tas ir ihlts waronis...

(Nietzfche aplweizinajas ar wileem firfnigi; Wagners pazel roku, it kà
gribetu diriget; no augftumeem atfkan fwaigfchnu fimfonija).

Ideāli.

Kaleidoskopiska drama.

Augstu un košu koku aleja klintainā juhrmalā. Saules reeta fahrtums. Sarunu weeta: terase uf krasta klints, no kuras pahrredz juhru un daļu no augligas eelejas. Uf terases, koku ehnā, guļ nedsihws, daiļsch jauneklis. Nahras kahpj augschup, no wiņu baltajeem plihwureem piļ uhdens lahses, noreetošchā saulē wisedamas.

Pirmā nahra (dseedadama). Feniks'! Feniks'!

Nahru koris (ar atbalsim, arweenu klusakām). Feniks'! Feniks'!

Feniks (leesmu sarkans putns lido pahr klintim). Neprasat, nedseedat! seme sehrās.

Pirmā nahra. Feniks'! teiz, kas wiņsch ir? Mirstot wiņa waids muhs no witreem augschup sauza.

Nahru koris (pirmajās nīansēs). Mirstot wiņa waids muhs augschup sauza.

Feniks. Neprasat, neprasat! Wai! (paluhd).

Nahru koris (ar simtām atbalsim). Wai!

Uf juhras parahdas daudf laiwas, gan baltām, gan melnām burām, wisas ņem wirseenu uf terases pusi.

Pirmā nahra (nedroschi tuwojas mironim). Kas wiņsch ir? ak, zik wiņsch daiļsch! Sauzat Fenīksu! Wiņsch pateiks mums wiņa wahrdu.

Nahru koris. Feniks'! Feniks'!

Feniks (neredsams). Wai!

Nahru koris. Wai!

350

Semes trihze. Pehrkoxa graudeeni. Paleek gluſchi tumſchs. Cikai baltàs nahras ſaredi tumſd. Dobjee ruhzeeni ſemes apakſchà atkahrtojas labu brihdi. Tumſa kļuhſt plahnaka. Pee debeſſim atſpihd ugunigeem burteem: Ideals miris. Nahru waſmanas atſkan no juhras apakſchas. Laiwas ſahk peeſtahtees malà. Wihri, garôs mehteļôs tehrpuſchees, gauṭi, degoſchàm ſahpàm rokâ, kahpj uſ ſeraſes.

Platons: Brihnums ir notizis. Nemiritigais ir miris. Nekreetnais ir uſwarejis.

Bugſchà kalnôs atſkan ſmeekli. Ugunigais rakits pee debeſſim nodſeeſt. Mehņeſs, pats wehl nerediams, apſpihd kalnu galotnes. Uſ weenas no tàm ſehſch Semes Kungs, millīga auguma, ſura ſtarp zeſeem ſaſpeeſtu zilweka galwu.

Semes Kungs (kleedſ pahr juhru). Es eſmu uſwarejis!

Atbalſs (kalnôs un wirs juhras). Es eſmu uſwarejis!

(Platons un ziti wihri uſ ſeraſes, raugas augſchup, uſ Semes Kungu).

Platons (ſauz uſ augſchu). Slepkawa newar nekad palikt uſwaretajs preekſch muhſchibas!

Semes Kungs (ſmejàs augſchà). Ak, juhs maſee dſihwneeki, kuri ſen eſat miruſchi. Eedomu paſaule newar pat ſcho waldit, par kuru es waldu. Es neeſmu ſlepkawa. Ideals pats iſdſehra nahwes ſahſſu kauſu. Wiŋſch gribeja mani iſſkauſt iſ paſaules, bet ta wiŋſch newareja un nedrihkſteja, jo ta ir mana, mana muhſchīgi! Wiſadi Ideali luhkoja manu zeetokſni eeŋemt, gan ar dſeeſmàm, gan ar gleinàm un dieju. Bet preekſch maneem kareiwjeem ir ſaldàs koktu ſkaŋas reebigas tichihgas. Te walda griba, un paſcha labums ir par mehrķi! Te danzo uſ ſelta ripàm laime. Un Mamons algo katru zenſoni. Bet juhs ar ſawàm eedomàm, kaut juhs ſel iſputetu!

Dante (pazeſ roku un to krata). Tu eſi Semes Kungs, bet tikai ſemes... Skaiti ſawas deenas, jo taws muhſchs atbalstas us laizibas. Kad laiziba beigsees, tad Ideals pazelsees jaunā godībā.

Semes Kungs. Naw manim patīkas, ar jums wehl tahtak runat, jo juhs esat miron̄i, bet es, es esmu dsihws.

Platons. Dsihws ir tas, kas meklē daiļo pateesību.

Semes Kungs. Kļus' tu, ar tawām leesajām idejām. Un tawa mihlestība ir wehl leesaka: es spļauju us tawęem idealeem.

Göthe. Brangs sihdseklis preekśch neaugligas semes. Jo kur Semes Kungs spļaus, tur daba atpuhśchas un dabū jaunus spehkus. Nahz lejā, mutaini, tu waretu kļuht par labu Mefistofeli, tik tu rahdees buht par daudz weenpulīgs.

Semes Kungs (ņirgajas). Ak, tu tas esi, leelais meister, kas no palaidn̄a un wahjsprahtīga istaisīji swehtuli un prahtneeku. Wehl taws Fausts naw paradīsē, kaut arī skaistās rihmēs tu to winam praweeto. Un melis arī tu esi, jo Greetīn̄ai bija wairak behrnu: Inga, tas bij weens, ko ta dihķi eeśweeda. Bet Leenīte, jei neleedsees, ta bija no tewis. Un tapehz, ka tu biji grehzineeks, tu dariji Faustu swehtu.

Schillers. Winśch labi redz, tas saredz skabargas. (Sauz augśchup.) Waj tewim teeścham ir tahds preeks, par wisu, kas daiļśch, tā smeetees?

Semes Kungs. Tu, Schillerit? Ak, zik tu newainīgs. Tew katra seeweete ir jaunawa bes kļuhdām. Bet pats kā wihrs tu nerahdees buht labs, jo tas, kas Franzi fantasījā rada, tas teeścham ir un paleek negehlis.

Schekspirs. Winśch ir dramatiiks, tas wezis

tur augśchd, kalna galā. Kà Scheiloks tas paftahw uf fawa lihguma un teeftbām. Kà Hamlets tas ir zeeffirdigs pret mihleitibu. Un kā karalis Richards tas bendè dfihwibas. Bet tomehr winfch ir un paleek karikatura. Teiz, Heine, tu winam kahdu prahtigu wahrdu. Un tad nefifim lihki laiwā.

Heine. Ko tu teizi?

Semes Kungs. Jei laujat Indrikim nahrās noluhkotees. Mopafans, Heine un Schekfpirs neka tā nemihlè, kà nahras un zuhkas. Heines idealu es zitadi neefmu redfejis, kà jahfchus uf zuhkas... Waj juhs, tur lejā, efat wifi idealifti, kas atnahkufchi, fawu kungu welt uf kapfehtu?

Nietzsche. Lai pafaule tura fawu wehderu, kad winas kungs fmejas. Teeicham ihftu nopeetnibu war tagad tikai ar pahtagu radit. Nodilufchj rakfturi, nodilufchi motiwi, nodilufchi joki. Un Ideals gui garfchlaukus. Tas ir beigts.

Schopenhauers. Beigts naw beigts, bet ir fahkums no zita. Griba to gribeja beigtu, bet ne objektiwi, fchis ir tik fenomens, bet numenons ir nefibeidfams.

Platons. Tā ari es domaju. Un ari Ideals naw miris, bet tikai pamiris, jo ideja preekfch wina buhtibas fuhks jaunās, daiļās formās pafaules weelu.

Semes Kungs. Kā tad! Juhs gudrineeki. jums taifniba, jo manim ari nahkotnē baribas wajadfès. Es panemfchu wifu. (Kleedf.) Wifu, wifu!

Böcklins. Mironu fala naw tomehr tik leela, ka tur wifus waretu guldinat.

Bifmarks. To es juhtu, jo Gladftons manus fahnus fpeefch, ja es Wilhelmam Leelajam negribu ribas eelauſt un peekļahjīgi wiņam dodu weetu. Mironu ſalā ir teeſcham wairs maſ telpu.

Nietzſche. Kur tad juhs gribat Ideālu neſt?

Semes Kungs. Ļaujat, lai wiņſch truhd.

Heine. Ideāls naw ſchihds, kriſtīgo wajaga apglabāt iwaneem ſkanot, un Herders lai tura kapa runu wiſās ziwiliſētu tautu walodās.

Wagners. Ideāls naw Meyerbera un Heines radeneeks. Wiņſch ir diimis Sakiiſā no iſtīteem wahzeeſcheem.

Li-Hung-Tſchangs. Ne, wiņſch ir ķihneetis. Ķihneeſchi atrada pulweri, grahmatu drukāſchanu, kompaſu un arī ideālu.

Darwins. Ne, beedri un brahļi. Pehz manas teorijas ideāls attihitījās līhdſ ar zilweku.

Lamarks. Uſklauſat Darwinu!

Darwins. Ja, mani brahļi, behrneem, ſiweneem, zahļeem un teļeem ir weens un tas pats ideāls: buht apmeerinateem.

Schillers. Ziſhh! (Swelpj.)

Darwins. Fon Schillera kungs, juhs gribat buht wehſturneeks un neſinat, ka ideāla pehz weda trihsdeſmit gadu karu. Wahziſas ehſtgriba peeņehmās, un wiņa ſahka noſkahrſt, ka Italija grib wiſus ideālus.

Galilejs. Italija nepaſihſt ideālu.

Garibaldijs. Uja, zik nopeetns! Es un Biſmarks waram runat par ideāleem, bet ne Darwins un Galilejs.

354

Semes Kungs. Behgat, kungi, dīhwajee tuwojas. (Tahluma dīrdams leels trokīnīs.)

Nietzsche (kad witi tahk kahpt lejup, neidami Idealu). Kà nahza, tà gahja. Tà ir pareizi. (Peefit ar ahmuru pee klints.) Es leeku pamatu jaunai dīhwei.

Semes Kungs. Steidsatees, dīhwee nahk!
(Witi paluhd aiz klintīm, nokahpdami pee juhras.)

Hauptmanis (nahk pa aleju). Es dīrdeju juhra nogrimulcho lwanu. Ideals ir miris. Ko es eesahkichu bez ideala?

Semes Kungs (smeedamees). Rakiti, rakiti!

Hauptmanis (paichaplinigi, kad dīrdejis balsi no augschas.) Kas tur no kalneem nauza?

Semes Kungs (kleedz). Es!

Fenikss. Es! (Diwas balsis.) Es, es!

Sudermanis (iztruhzees peenahk, wisapkahrt skatīdamees.) Waj tas ir teesa, ka wiRich miris?

Hauptmanis. Deemschehl. Luhk, sche wiRa lihkis gulejis.
(Mehnels pa tam uzkahpis augstaku un apspihd witu terasi.)

Sudermanis. Reiz bija.

Semes Kungs (smeedamees). Pa kaku laipu Ideals nekad naw gahjis. Kapehz tad behdatees?

Sudermanis. Kas tur runà?

Semes Kungs. Laika gars.
(Tolitojs un Illaktims Gorkijs nahk reise.)

Gorkijs. Waj te naw kur nebuht passehpees kahds saules brahlis?

355

Tolstojs. Neweena femneeka te neredi. Tā tad te naw pateelibas.

Gorkijs. Ej! Kas tur?

Sudermanis. Kolegi. Luhk tur wehl ziti nahk. (Bjernsons, Tschechows, Wildenbruchs, Ibsens, Karmen Silwa nahk.)

Tolstojs. Kas tad te notizis?

Sudermanis. Te nomiris Ideals. Bet ne ehnas wairs no ta. Lihki buhs kahds nosadiis.

Ibsens. Ah! tas bija paredfams! Tautas ee-naidneeks. Wini to ir nogalinajufchi. Warbuht wirfch pats ir nogalinajees. Noseegums to apspeeda.

Silwa. Attaujat, ka ari seeweetes iltaka sawu dsili sajufto lihdijuhtibu.

Materlinks (nahk swinigi, seewu pee rokas weidams). Nebaidatees! Neskumiteet. Monna Wanna ir zeribās. Jauns Ideals drihii diims.

Wisi. Urrah! lai dihwo Materlinks!

Semes Kungs (smejas). Ha! ha! ha!

Atbalsis (kalnōs un wirs semes atbalsis). Ha, ha, ha!

(Tahlumā ho mironu talas atskan mironu dseesmas, Idealu apglabajot).

Tolstojs (raugas domigi us juhru). Ko mehs ee-fahkfim? Klau, winfch tatfchu ir miris. Un Monna Wanna newar neka diemdet, jo wina apgaiwo, ka tai ar Prinziwaliju . . .

Gorkijs. Paliksim par baskahjeem.

Silwa. Es juhs, kungi, eeluhdfu pee fewis us wakarinām. Jums warbuht buhs interefe rediet manu 356

rakītamu maſchīnu, kuru es jums, Sudermaṇa kungs,
ļoti eeteizu.

(Schurnala «Die Woche» reporters peeikrej, aileltees, ar foto-
grafijas aparatu rokās.)

Reporters. Luhdſu, augīti godatas dahmas un
augīti godatee kungi, brihdi uſturetees meerigi: jaunakais
uſṇehmums preekſch «Die Woche»!... Tā, pateizos!

(Preekſchkars kriht.)

Tschuhskas.

Dalijàm ar brahļi semi. Brahļis paņem to puši, kur gatawas druwas, kur sateekas ar kaimiņeem. Wiŗsch kulturas zilweks, praktisks, neseekuło paschaisleedsibas. Lai ari ņem. Wiņam seewa, kas breesmigi mihlè sopus. Manim peekriht ziņaji, purwajs ar duskaineem grahwjeem un wihtenèm preedèm. Bet aiz ganibas, kuru brahļa seewa manim labpraht buhtu atņehmuse, tschuhsà klusa, tumscha upe, disti nosłehpusès staignajôs krastôs. Tur wehl walda daba. Un ta manim tà patihk, ka es brahlim labpraht atdodu wisas druwas.

Aiz upes wehl mana teesa. Tur es ar seelkungu robeschneeks. Manas sudraba apses dreb aiz preeka. Pa weenam behrsam. Bet tad aweeschņu daudsi. Un semenes. Tur ir wezi zelmi. Sul wehl pa lihitam kokam, kà neswehtri, kuri gatawi peetruhktees. Apbursti puhkļi. Bet kur tschuhskas nosistas, tur saspraustti maigłu krusti, schkobani, teewi, bet istura wehjus.

Kad nu wiņi wist no sehtas aisbrauz waj aiseet, weens us baisnizu, otrs us zeemu, es aiseju us upi. Tur brihdi stahwejis, redsu, ka neka naw. Uhdens kà bes diihwibas. Pahr seekitèm laipoju wiņpuse. Kà behrns — kahrs us semenèm.

Kur semenes, tur tschuhskas! wezmahte mehdsa teikt. Bet es jau eju trescho swehtdeenu us tschuhkīleenu, un wehl neweena tahrpa neesmu redsejis. Un tur mihtot tahdas odses, ka kostais tik ilgi wehl diihwojot, kamehr kleedseens meschā noskanot. Sudraba apses droschas, bet manim kahjas basas. Behrsi weenôs kreklôs purina plezus un loza sałàs galwas, skatas pahri ziņajeem silajà muhschibà. Saule, aisbridusès, neteek is bahlàs peena tinas laukà. Pakrehschti mahņojas, tikko redsami. Tà daba swin sabatu.

358

Jau kahdu stundu, warbuht ilgaki, sehdu us zelma. Peena tinas nosulajas no saules, istschib, saulīte pilna karstuma. Us kakla deg.

Deesin, kà te seenahsis eeksuwis. Salschi, pakausi atmesteem rageem, tas saschuhpojas un tad zehrtas pahr schagareem. Tepat bija, bet deei' kur paslka. Bet... Nu es wiяa redsu: riteni, krustainu muguru, plakano owalo galwu. Wiяa sildas. Un azis sib kà pelei. Taisni us mani gluhn. Kà tu kustesees, tà wiяa tewim tihsees ap kahsu. Tepat ne sola no manis. Manim pakausi juhk dsirksltes. Apsuhk taureяu bars. Bet es nedrihkstu azu ne pagreest. Jaskatas schal taisni wirsû. Wiяa sagatawojas. Bet es turu rokà zeeschi milnu. Domaju: ja milnu zelschu, wiяa sehks. Manim nogurst azis. Kahsas tirpst. Nu taisni pa galwu! Aste nost, bet galwa lehkà pa gaisu. Milnu speeschu us wida. Wiяa ne schnahz, mehma lokas. Situ wehl reis. Jadomà: nu ir beigta. Wairs nekust. Jhita aussrumneeze. Barchenta tahrps — sligana tehrauda un bronsa raksiteem. Skalstums, saltums un nokuula nahwe. Jasamin galwa. Bet wiяa eedurs papehdi. Apdomajos. Esu meklet meeta. Taislschu maiglu krustu. Kur tschuhska nosīsta, tur jaeesprausсhi krusts par sihmi, ka tas uswaresis.

Sadabujis meetu, nahku atpakal. Odses — nekur. Luhk, wiltneeze! Jsikàs, ka beigta. Jsmeklejos welti. Naw. Wiяa dsihwo. Wiяa peewils atkal. Droschi ween tai ir wesela dsimta. Wiяi wisi sihdis pee tschuhsku karasa, mani apsuhdset. Es tas tschuhskas sitejs. Wiltibas nihdetajs. Schяahkdamas, kà surijas, wiяas skrees manim pakal. Tschuhsku karalim ir puspahrni. Tas pat engeli kodis. Bet grehzineekus, kuri usitahjas pret wiltibu, saltumu, nahwekli un aussrumneeku sunkano gresnibu, dsel praitas odses. Ja odschu apkarotajs ihpaschi kailigs, tad pats karalis barawedis. Wajaga dabas nihdetaju nokoft.

Stahwesu brihdi schausmâs. Tà ween bija ap

duhſchu: ſaſkrees wiſa diimta, wiſas glodenes, ķirſakas, wiſi rahpuļi un mani nokodis. Tik ilgi diihwoſchu, kamehr atbalſs noſkanès ſilâ. Bet nupat warde peelehza. Apkluſa wehjſch. Kariſums peeкehmâs. Pahr upes malàm kuhſeja wehſums un drebeja ɴirbedams, zikzakâs lozidamees.

Es ſchahwos, kà behgdams, uſ upmaļu. Tik weenas domas: ka tik neuſmin odſeſ. Baiļ no nahwigâs mehſes, baiļ no maitajoſchà ſaltuma. Pahrſkreju pa ſeekſtu otrâ kraſtâ. Noſtahjos, kur zeeļaka, kaiļaka weeta un ſkatos atpakaļ. Waj tik puhķis kur nepazels galwas. Bet wiſs meerâ. Tikai no wiſeem kokeem ſkatas tà ſawadi, mahɴi. Șudraba apſes ſkandina ſawus lapu daſderus. Ta ir mana manta, bet puhķis to apſargà. Wiſus ſchos daſderus es ſweeſtu pahri ſilam, paſaulê, lai ta reiſ atpehrkas brihwa, lai atpehrkas no ſemes, pee kuras ta ſaiſtita. Bet odſe jau gluhneja. Un ta jau naw ta weenigà.

Șchauſmigi, ka wiſs tà meerâ. Es līnu, ka tas naw meers. Ta ir wiltiba. Wiɴas lodà kaut kur pa ſahli, ſem ſakahrɴeem un ſchagareem. Wiɴas ſatſchukſtas, ſaſinas. Un tad mani kodis. Es peeſaiſtu ſawai tſchuhſleenei uguni, bet wiſs tik ſaſch, tik ſuſains, tur nekas nedeg. Tàs domas jaatmet. Te es juhtu, ka manâ aſotê kaut kas lodà, ſalts. Es eebahſchu roku un ſaſpeeſchu ſawu maſo odſi, kuɾa jau kopſch gadeem mehdſ eeritinatees manâ ſirdi un iſſeen tad aſotê, kad es kaɾoju pret wiltibu.

«Kuſch», wiɴa ſchɴahz, «ſeez tu tahrpus meerà. Ko tu, zilweks, kaɾo pret wiltibu. Ta ir ſwehts dabas behrns. Beſ tàs neka. Siws peewiſ ſiwi, putns putnu, ſwehrs ſwehru. Wiſi grib diihwot, wiſeem ſlahpiſt, wiſi ſaſkiſt. Beſ wiltibas neka. Janomirſt. Klauſi mani. Eſ ſehtâ, apgahdà ſwaigu peenu, noſeez tſchuhſkàm, lai ſihſch. Tad tewim labi klahſees. Apwiſkſees, kà auſtrumneeks, ſunkanâs bronja brunâs, ſpihdeſi kà leeſmaniſ!» 360

Mana odſe ir maſa, bet ſoti ſkaiſta. Tai ir ſchķeh‐
reta ſkrumſchla mehlite. Un ſchķehrites ſpihd kà diwas
glotainas ſtikla adatiņas. Wiſu kruhti ta manim ſakoduſe.
Bet ſen es tai eſmu iſgreeſis nahwekla dſeedſerſſchus.
Pate odſite mani iſmahzija. Ta bija mani eemihleſuſès,
kahroja pehz manas ſirds. Bet es teizu, atdod nah‐
wekli, tad doſchu tewim mahjas weetu. Wiņa wilzinajàs.
Bet es zitadi nepeelaidos. Tad ta atdewa nahwekli.
Gribeja katrà ſiņà eekļuht manà ſirdi.

Mana odſite koſch, bet nenonahwè neweena. Wiņa
loſchņà pa aſoti. Tik nemeeriga ta nekad naw bijuſe.

«Laid mani,» wiņa ſchņahz, «es lihdiſchu pee ſawas
mahſas. To tu, beſdeewi, ſadauſiji.»

«Sitiſchu, katru ſitiſchu, kuru eeraudſiſchu!» es ee‐
kleedſos.

«Laid!» wiņa eekoſchas.

Es wiņu ſaſpeeſchu un noſweeſchu ſemê. Ņirbe‐
dama ta aiſlokas pa upmalu. Bet es nu manu, ka
wairs naw labi. Sirds tà noguruſe, ſlahba, dſert gribas.
Kà gihbonis nahk. Wehjſch uſgruhſchas. Wiſs meſchs
top duſmigs. Saule atkal eetinuſès peenainòs ſihklòs.
Meegainee padebeſchi grimſt tai wirſû.

Speru waren leelus ſoļus. Sehtas puſê debeſs
pahrkauſeta, ſila iſkaiſta. Leekas, ta noſkan, kad beſde‐
ligas peeſitas tai, laiſdamàs greeſchu eliſpès, kà aites
ſwalgines, beſ noteiktas liſtemas, pa gaiſeem. Kalſ‐
najas preedites twihkſt ſuhnajà. Pahrſuhkuſchàs purwa
meetu. Duhņàs auguſchas un dſihwojuſchas. Nora kariſta,
bet gaiſs atdſiſis, tomehr iſſlahpis. Tahſu ſem ſemes
dun. Aii ſila kalneem nahk milſis, peeſmehlis juhrà
tumſchſilus walgus pilnus ar uhdeni, ſemi dſirdit.

Pa oſnizu brauz brahlis ar ſeewu no bainizas.

361   Nakti pamodos. J pehrkoņa nedſirdeju, tik zeeſchi

biju gulejis. No kiehts jumta pil gauši un neweenadi. Dahriā ahbeles un kiawi reišām nopurinas, šalijušchas šiapjas, imagas. Kad paleek wiłs kiuśu, tad dširdu: ałi durwim pa dehłi kaut kas lošchнā. Tā kā eeraudas. Bet tik kiuši, tik šiahpitošchi, ka šaprotu: tas naw zilweka behrns. Lai raud wiłs, lai šlihkšit ašarās, tikai zilweka manim šchehl. Klehtina eešlodšita piłnigā tumšā. Ešmu tā nošlehpees, ka wiłtiba manis nèwar šatauitit. Sinu, kas tur raud. Ta ir wina. Grib, lai es išeju. Bet tikko es attaišišchu durwis, ka šchl zaps! man kruhtis eekšchā. Tahda wiłtneeze! Lai raud. Sawā širdi es wairs nelaidišchu neweenas tšchuhškas.

Leekas, tumša mani aptauišta, waj es neešmu pašpruzis. Wiна apmeerinas. Es tepat gulu, juhtu, ka ešmu, bet neredšu neka. Un kad wiłs kiušu, kad tšchuhška laukā apšitahjas raudat, tad domaju: kiušums aušim tas pats, kas tumša azim. Tad neka, neka. Labaki ir, kad neka. Tad dšihwoju, kā miris. Kā aprakts, bet šewi šwabads un brihws. Šatweru roku rokā. Abas šateekas. Grib kaut ko twert. Un notirpušchās kahjas grib šleetees pahr lahwas maiu. Tad ta lozekli! Wiłi nemeerā ar mani, ka es tahds tumšonis. Nošeen pee malas un guł! Pagaideet, es zelšchos. Bet lai ta tšchuhška ałišeen. Šiłtā wiłtiba manim nepeedos. Ta išdiers manas ašinis, ja es nešlehpšchos.

Atkal raud. Tagad diwas... trihs... Es jau domaju: ir wešels bars. Un wiнas lodā, gaida tikai uš mani. Bet ja es nešieju, ja es šlehpjos ar gudribu, tad es ešmu pats tšchuhška. Pats tad wiłtibas miteklis!

Atrauju durwis un iłškreju. No jumta nopił šaltas lahłes uš galwas un piezeem. Zaur ahbełu šareem eemirdšas pa šwaiginei. Wiša radiba škumit, bet es ešiadams preezajos, ka ešmu atšwabinajees pats no šawas wiłtibas. Lai mani nokošch, lai nodiel, lai nošchнaudi kā Laokonu. Kamehr atbałis birše noškanès, tikmehr tašichu wehl dšihwošchu. Bet šchl atbałis, ta škanès breešmigi. **362**

Ta modinās wifus mahjeneekus, ta ulzels kaiminus. Wifi funi rees, wifi falkrees pagalmōs, balti kà kehmi. Wifi buhs augſchā no meega. Ji debefs iſſchaus pirmatnibas odſe ſawu ugunigo galwu un ſchnahks. Bet tad wifi redſès, ap ko leeta groſas. Ap tſchuhſkām. Odſes ſpihdumā tee redſès odſes, kā wifs mudſch un tſchum no lunkanām glodenèm, melnām un ſarkanām tſchuhſkām. Beſdeligas iſlidos no pajumtèm, un ſaudis redſès, ka tās naw beſdeligas, bet ſpahrnotas kirſakas. Sirgi un gowis iſlpruks no ſtaſſa, ſweegdami un maudami, un wifi eeraudſis, ka tee ir rijigi puhkļi. Un wiſa ſahle kuſtès kā ſaſti, ſoſſoreſzejoſchi tahrpi ...

Bet neweena neķeras manim klaht. Winas ſchnahz aiſ duſmām, ka es nepaliku tumſā, wiltigs un bailigs. Winas atſihit, ka es tad uſwareſchu, ja tās mani nodſeis un nokodis. Te es eſmu, nahkat, wijateespa mani! Bet tās kuhnajas pa dehli pihnēm ween, kā waiſſa laikā. Wiſu wiſadas: maſas un leelas. Es winu neſkaitu, tik daudſ to ir. Uſlez mehneſis aiſ birſes, un winas wiſas iſſteepj kaklus, apluhko mani kahri. Sahtani! zik ſkaiſtas! Weena laiſtas, kā ſkahbinatā ſudrabā, bet bei aites, ſaſlejas uſ noſiſtā, ſtrupā gaļa un iſſaiſch ſchķehreto mehli. Tā tad tu wehl dſihwa. Tu winas wiſas ſchurp ſaſauzi, mani ſchnaugt.

Te eedſeedas wezaks gailis, mans uſticamais draugs. Winſch ir weenigais, kas bei manis ſehtā nomodā. Tſchuhſkas aiſſchmauz pa dehli, pa dahrſa zeliņu, augſchā uſ ſitabas puſi. Pa waleja logu tarkſch wezais tehwa pulkſtenis diwpadſmit. No tſchuhſkām nu ſchoreiſ waſā. Kahpju pakrehſlim wirſū: eſmu pagalmā, pee akas nodſertees. Tik neſabi. Pee windas peekaltais ſpainis noſchwadi, kā zeetumneeks, tad to laiſchu kā kapā. Neiſprotama twana ſitas no akas dſiſuma augſchā. Jſwindaju ſpaini, uſſpeeſchu to uſ grodeem un puszelos ſaleezees ſuhzu pee apſiſtās, bahrdainās ſpaina malas. Saltas ſchļakas lihit gar walgeem. Bet dſerdams weros turp, kur mehneſs ſkatas: logā. Aiſ loga ſtahw brahla ſeewa, un ſeſā eekarſuſe, glauda meinu tſchuhſkas galwu. Mani eeraudſijuſe, ta paſuhd.

Pirmdeenas preekſchpusdeenu noſehdeju druhms kiehtiɴā. Mahte padewa manim pusdeenu, ta bija tahda paſlikta. Wiɴa labu brihdi ſkuma, bet tad alchi eerunajās, lai ari es wedekiai kahdu wahrdu teizot. Es tak eſot tahds pat ſaimneeks.

«Ko es tur teikſchu,» gribeju ſirunat, «wiɴa jau glauda tſchuhſkas!» bet apķehros. Kapehz tā muldet? Noturès mani par traku. Un tad mahte pawiſam ſanihks.

«Wedekla wiſu noſlehdi,» mahte peeſihmeja, «pagrabu, kiehti.»

Manim ſafkrehjās ſirds. Wehl jau par daliſchanu nekas nebija norakſtits, wehl jau es wareju brahla ſeewai pateikt: tā un ne zitadi! Bet ſchi jau tagad tā rihkojas. Nebuhs tſchuhſka pareiſi iſmahzijuſe.

Mahte gaida ar blodiɴu rokā, ko nu es teikſchu. Bet es neſaku neka. Gribu nogaidit, pazeeſtees, neſauzts palihgā pretwiltibas.

«Gan buhs labi,» es beidſot noſaku un ſleju pa preekſchu. Mahte nopuhſchas un paleek kiehtiɴā.

Pagalmā ſateeku Jahni. Wiɴſch ir uſbudinats un duhſchā.

«Nupat noſitām ſeeſu tſchuhſku!» wiɴſch ſtahſta, un brahla ſeewa nobahlè.

«Kur?» es praſu.

«Tepat aiſ kuhts. Un Peters wehl otru redſejis. Ta aiſſchmaukuſe. Weins wiɴu ſina, kur tàs uſraduſchās. Agraki te ſehtā neweenas neredſeja.»

Bet brahla ſeewa nogreeſchas un aiſlaiſchas uſ kuhts puſi.

364

Mans kruittehws ir miris un manim atitahjis wifu fawu mantu. Kad wifu fafkaitu, tad naudâ fanahk tuwu pee defmit tuhkitofcheem. Mana brahfa feewa aif dufmàm raud, bet kad mani eerauga, tad tik mihti fmaida, it kà kad gribetu manim ap kaklu krift.

«Kad jau mehs te newaram fatikt,» es faku, «tad manim nekas zits neatleek, kà zelt fawu mahju tfchuhkileenâ».

«Ko nu lai dara,» brahfa feewa eeraudas, «wihra mahte jau manis tuhliн negribeja, Jahni uf to ween fkubinaja, lai wehl neprezas, lai pagaida, kamehr atradifees ta ihitâ!»

Manim jafmejas. Mahte jau finaja, kas ta par zilweku.

«Waretu jau nu glufchi labi fadfihwot,» brahfa feewa turpina, «ufbuhwetu pawifam jaunu ehrbegi, katram fawu dfihwokli. Bet fchitâ, kur tu par fewi, wifi teiks: zik naidigi tee dfihwo!»

«Bet tu jau tfchuhfkas glaudi,» es eefakos.

Wiнai aif piktuma afinis azis fafkrejas. «To tu peeminefi!» wiна nodraud.

Tagad ne deenu, ne nakti wairs naw meera. Manim to tuhkitofchu wehl naw rokâ, bet wiнi wifi jau tos eekahrojufchi. Pat Peteris prahto, ko wifu tas buhtu ifdarijis, ja tam buhtu tuhkitofch rubfu. Tahdi zilweki wiнi ir. Eekahro un tikfihdi eekahro, tuhliн runâ un rihkojas wiltigi. Tfchuhfku pilna mahja. Ari mahte prafija: zik tad tu, dehls, manim doti? Labaki buhtu, ka wiнeem atdotu wifu. Kad libehrtu wifu to naudu pagafma widû, lai ifkaujas ap to.

Kahdu wakaru mahte uifeet pee manis, kfehtiнâ, un faka: «Par tewi jau faudis pawifam flikti runâ. Tu efot burwis. Sabuhris wifu mahju. Tfchuhfkas fafauzis. Ne ar weenu nerunajot. Ta efot fihme, ka nelabajam kalpojot.»

Jaimejas. Tas wiſs ir tſchuhſku darbs. Wiнas ſahk atreebtees. Ja wiнas mani nokoſtu, tad es buhtu uiwaretajs. Bet nu wiнas mani nomahz, mani apmelodamas.

Weenu wakaru aiſkawejos wehlu tſchuhkſleenâ. Noſkatîju un aprehķinaju, kur katra ehka buhtu zelama. Nodomaju, zelſchu ihſitu burwju un raganu miteklî, fantaſtiſku, kihneeſchu jumtu, puhķu galwàm korès. Aprehmos behrſius un apſes atſitaht, wiſu apkahrtni meſchonibâ, diihwot uſ wisſchaurako un kaitinat tſchuhſkas, ſpihtet rahpuleem. Labi buhtu, ja beſ tilta waretu iſtikt. Lai paleek meinàs ſeekites, kur pahri ſtaigat.

Purwajâ ſatumſa. Schķidra migla weldſeja waigus. Behrſiu galotnes reti wehl eeſchuhpojàs, tad noſtahjàs. Saitinga wiſs meſchs. Reiſàm dſenis peeklauweja, bet no atbalſs ſabaidijàs, meta meeru. Debeſs bija ſpodri iſberīta, un eнgeli kahpa pa meini ſilàm trepèm, eededſīnaja ſwaigſines.

Schowakar negahju taiſni uſ mahju, bet eegreeſos pa ſila zetu. Tas eet pahr Weina kalnu. No ta, pahri purwajam, redſ muhſiu ſehtu, kaimiнu mahjas. Pate wirſotne nolihīta, kaila. Nabadſīgs romantiſms. Bet naktī te walda ſchauſmigs zehlums. Leſâ, purwajâ, eeſtiguſchi behrſi un preedes, ſihki un kalſneji, pa ſabi un kreiſi, peekalnès ſleenas ſmagi koki, gruhtſirdigi, it kà apnikuſchi ſtahwet. Tur pa gludenàm ſirmàm ſuhnàm es trauzos augſchâ. Breeſchu mahte ar teleem tur redſeta. Te, pa kalna muguru, wiнai wajadſeja eet uſ Weina plawàm ganitees. Gribas redſet brihwa dabas ķuſtoна. Brihdi pabijis augſchâ, krehſlâ redſu, pa zeliнu aiſtek tahrps. Sari kaut kur meſchâ nobrihkſch, domaju: breeſchu mahte nahks. Bet tahrps aiſleen atpakaļ, uſ mani nepaſkatijees. Un breeſchu mahte nenahk. Tſchuhſka wiнai 366

to pateiza, ka es te ſtahwu. Luhk, kà ſwehrī par zil-
wekeem domà.

«Nahz ween,» manim eekſchà kleedī ſirds, «nahz
ar ſaweem teliʀeem un ſtaigà droſchi uī dīertuwi! Ma-
nim naw tſchuhīkas ſīrdī.»

Breeſchu mahte nenahk. Lejà gluſchi tumſchs. Tīk
te augſchà, ʀī Weina muguras, ſcho to ſaredī. Debeſs
atſpihd purwa uhdens blahwà. Manim tikai leekas,
ka tur naw wiſs meerà. Pahr ziʀeem kaut kas kuſtas.
Ce man eeſit pa muguru. Ahtrī apgreeſees redſu, ſee-
weete aiſjahj uī ſlotas, tſchuhīka ap kaklu, gluſchi kà
brahſa ſeewa. Bet manim paleek breeſmigī nelabī.
Wehmeens nahk, un galwa ſahp. Jau tuhliʀ pehz lau-
naga paſika nelabī. Bet nu wehl ſahk wehders ſahpet.
Widu kà wirwèm ſchʀaudī. Ka tīk brahſa ſeewa nebuhs
eedewuſe drīgenes. To tuhkſtoſchu dehī wiʀa gatawa,
manim behres taiſīt. Huſls ſahk ſchwindſet. Peeſleenos
pee preedes un gaidu, kameʀ gihbonīs pahrees. Bet
ilā wiſs ſahk ſchʀaʀīkt. Tſchuhīku azīs ſahk ſpihdet.
Un purwà pamoſtas kà kaʀa ſpehks. Spihganas rihk-
ſtèm dīen tſchuhīkas laukà. Pats tſchuhīku karaſīs, ſpih-
doſchu, ſkanoſchu kroniſī galwà, ſchʀahkdams, leen uī manī.

«Koſchat wiʀu!» brahſa ſeewa, ſlotu jahdama,
kleedī. Pahr purwu līdo leeſmas, un es redſu tuhkſto-
ſchus odſchu, gloderu un ķiriaku. Juhtu, weena jau
tinas ap kahju, otra apwijas ap kaklu un ſneedſas pee
mutes. Wehl reiſ paweru azīs. Redſu: ap debeſs jumtu
aptinuſès leela meſna milſu tſchuhīka. Ca ſawelkas, un
debeſs jumts plihſt. Swaigſnes birſt. Engeſī kleedī.
Milſu leeſmas pazeſas augſchup no purwa.

Brihnums.

Fantasija.

Beſmeega naktis — kluſas un maigas, ſchauſmu pilnas waj wehtrainas, peeder manim. Juhs ſewim iſwehlatees gaiſchàs darba deenas, kur juhs ſpehzigi un droſchi, ſkaſi ſmeedamees, grahbàt pilnas reekſchawas no realàs dſihwes un iſbehràt tàs ſawos apzirkņôs, apdomadami un krahdami, aprehķinadami un ſwehrdami: «zik?» un «kà?»

Es iſnahzu deenas gaiſmà un praſiju: «Kas tad manim?»

Tad weens teiza: «Tewim truhkſt domu!» Otrs teiza: «Tewim nawa ſpehka un iſturibas.» Un treſchais mani teeſchi bihdiſa pee malas un kleedſa: «Schi deena peeder manim!»

Un tà tas notika katru rihtu.

Redſu it ſkaidri: manim nekas nepeeder no ſchis ſlawetàs gaiſmas, no deenas un wiņas bagatàs algas.

Pa deenu es dſihwoju tumſchà alà, un eſpu aſſitureſis, klauſijos, kà pukſt ſemes ſirds, kà dimd apſlehpti uhdens kritumi, un jutu, kà ſehnàm leen zaur ſemes kruhti wiņas iſnihzibas tahrps. Un katru reiſi, kad es, no deenas atſdſihts un pulgots, eebehgu alà un aiſwehlu wiņas durwim akmeni preekſchà, lai taſà neeeſpihdetu ari ne maſakais gaiſmas ſtars, peenahza manim klahtu Nakts un apkampa mani ſawàm ſaltàm rokàm.

«Mihli mani,» wiņa dweſa, «un es tewi dariſchu laimigaku un bagataku, nekà deena ſawus draugus un mihlakos. Aptwer mani zeeſchi un ſtipri, lai ari es reiſ juhtu, kà ir, kad mihlets teek, un es padariſchu, ka tu leetu ihſtenibu apķerſi pareiſaki, nekà tu to redſi, kad ſaule tàs apſpihd?»

«Es nefpehju neka zita mihlet, kà tikai fewi pafchu,» es drofchi eekleedfos, «wifu es gribu tikai preekfch fewis. Tahds pafchmihlis es efmu. Bet es efmu par wahju, lai waretu wifu fagrahbt. Stipree mani paftuhma pee malas, parehma pafchi wifu, un tà es eekluwu fchini alà.»

«Es efmu Nakts. Manis nemihlè neweens. Gan mihlè manus kalpus: Meeru, Meegu, Tumfu. Bet manis neweens. Mihli tu mani!»

Tad es aptwehru nakti un jutu, ka wiras kruhtis ir leelas un pilnas juhtàm, bet aukftas un nedfihwas. Wira fpeeda mani fewim zeefchi klaht, un manim likàs, it kà kad alas greefti pazeltos, un pate Nakts tlauga fchaufmiga un leela. Wehtras fchrahza ap wiras galwu. Bet ari manas rokas auga befgalibà, tà wifu, wifu Nakti es turefu apkampis.

«Tewim peeder wifs,» wira fchalza, «rem un baudi!»

Wehtras fchalkàs un fumfas burimà es atfinu fawu mihfako. Ail pateizibas wira manim glaudija waigus, Tumfa un Meegs mani apbehra meinàm, wifofchàm pehrlèm. Tikai Meers nenahza . . .

«Dod manim Meeru!» es Naktij teizu.

«Rem to!» wira runaja, «un paturi wiru pee fewis, zik tewim tihk!»

Meers apfehdàs pee manas gutu weetas, un es jutu, ka manas domas un juhtas apitahjàs, ka es topu lihdfigs klintim, kuras mani eefiehdfa. Tà es ilgi, ilgi fagulefu.

«Ej,» es Meeram teizu, «tu efi garlaizigs!»

Meers aifgahja. Un es iidfirdu behrnu raudam. Nakts peenahza, uf fchalku wiraeem fchuhpodamàs, un dwefa: «Tas ir taws behrns. Waj dfirdi: wiraich raud, tàpat kà zilwoks, bet plafchaki, tahtaki ifikan wira raudas.»

«Rahdi manim wiru!» es eekleedfos, iibijees aif laimes, kura mana fagrahba.

Bet Nakts paſmehjàs.

«Wiƞa tu nekad waigu waigà neſkatiſi!» Nakts ſobojàs, «Gaiſma ir mana leelakà eenaidneeze, ta nedrihkſt mana behrna apſpihdet!»

«Tu neleetigà,» es kleedſu, «atdod manim manu behrnu, lai es to ſchuhpoju uſ klehpja. Es gribu wiƞu redſet!»

Tad Nakts eewaidejàs, dſiſi, plaſchi, tà ka wiſa ſemes kruhts nodrebeja.

«Reiſ nahks tas brihdis,» wiƞa runaja, «kur taws behrns, kuƙu tu, aiſ aiſmiſuma, aiſ nejauſchibas, pret tawu eekſchejo gribu, eſi ar Nakti radijis, peezelſees ſtiprs un warens. Tas ſees no alas un eekaƙos wiſu ſemi. Wiƞu redlès tikai Nahkotne, Nahkotne, kas apraks Nakti un Deenu, kas nepaſihs eenaida un zihƞu!»

«Padod manim manu behrnu, lai es to aptauſitu, lai es to wismaſ ſawà teeſchà tuwumà juhtu!»

Nakts ſpehra ſoſus un ſalihgoja Tumſas beſdibeƞa wiſƙus. Aukſtas ſweedru lahſes piſeja no alas greeſteem uſ manàm kailàm meeſàm. Es gaidiju drebedams.

Atkal palihgojàs ſemes pamati. Nakts peenahza leeleem ſoſeem un teiza: «Te aukle Tumſa tura tawu behrnu ſawâs rokâs. Aptauſiti wiƞu.»

Es jutos kà ſwehrs, kurſchi gataws ſaploſit katru radibu, lai barotu ſawu iiſalkuſcho behrnu. Jſiteepu roku un ſatauſtiju ſpurainas ſaknes, grumbuſainu koka zelmu. Bet pirms es wareju aiſ ſchauſmàm eekleegtees, manim ſchkita, ka es tauſtu kuſtoƞa galwu, ſpalwainu, ar ſobeem un mehli, bet atkal es peemahnijos, jo tàs bija puſſena guhſchas. Bet pirms es wareju preezatees, manim likàs, ka tàs ir meitenes kruhtis, ſiltas, uſſeedoſchas. Bet tomehr es biju wihſees: teem wajadieja buht eƞgela ſpahrneem no balta barchata. Tauſtiju wehl reiſ, ne, ta bija gaƙa praweeſcha bahrſda. Bet pirms es ſatruhkos par to, ka mans behrns ir dſimis ſirmgalwis, manim likàs, ka es ſakampu miroƞa iiſkaltuſcho galwas kauſu. Sibeƞa 370 ahtrumā gar maneem tauītofcheem pirkīteem wilinajās metamorfoja. Es peetruhkos kahjās un twehru abām rokām. Un brihnifchkīgi flaika jaunawa, lunkana un fprindīīga, guleja uī manām rokām.

«Prom!» laukā īī fchīs alas,» es ītipri kleedīu, «es tewi gribu redīetī!»

Bet Nakts paīmehjās, un mana meita eeraudajās, kā eedīeedas wijoīe ihīta mahkīīeneeka rokās, kā eegaudas wehjīch, weltīgi duhmus jauzīs, pa gaiīu brauzis, īirma pirmatnes oīoīa īarōs.

«Kas tu eīi?» es gaudu, «kā tewi īauz? Es tewis newaru aptwert, newaru tewim atraīt wahrda!»

«Brihnumu!» Mahte, wiɴas īihīchu matus gīahītidama, plīkeem zeīeem manu gurnu īaldedama, īmehjās, «Nakts un zilweka behrns ir brihnums. Es wiɴu noīauzu par Brihnumu!»

Bet aukle Tumīa runaja: «Wiɴa naw nekahds brihnums. Wiɴa ir nahkotnes dīihwiba. Wiɴa īehdīīees uī ruʜzofcha lauwas muguras un iījahs pa naktīm, naīda pahtagu rokā, mahzīt mihīet un dīihwot! Wiɴa nokaus īawu tehwu un eeīīehgs īawu mahti klintīs, bet paīe ees brihwa, īamīnuīe ar kahju lauwas gaīwu, kad darbs buhs padarīts. Wiɴa neīchehlos neweena, kas peeķeras leetām, kas manto un eemanto, wiɴa wiīas leetas atpeīīīs weenu no otras. Wīīi buhs brihwi, wīīi noītahīees, katrs īawā weetā un pilnibā. Āiī miroɴa gaīwas kauīa nahk īeelā Nahkotne. Newis brihnums, bet Nahkotne!»

«Ne, — Brihnums!» Nakts bahrgi teepās un īītwehra manu behrnu īī manām rokām. Leeleem īoīeem wiɴa eeīkrehja ar īawu daīīo naītu alas beīdibenī. No wiɴa gaīorejām aīīkaneja tuhkīitoīchkahrtīga atbalīs: «Brihnums, Brihnums!»

Un ari manas īuhpas mechanīīki notrihīeja: «Brihnums, Brihnums!»

Es tauītīju rokām pa beīgalīgi tumīcho aīu. Līhdu uī preekīchu un atpakaļ. Mekīeju īīeju.

371

Dimdoſcheem ſoſeem Nakts nahza atpakaſ, ſakampa mani un kratīja:

«Ej, ej, nepazeetīgais, neezīgais zilwek! Ej atpakaſ paſauſē! Katru wakaru es tewim ſuhtīſchu ſawu un tawu behrnu, tewi apmekſet. Nerediams tas tewim tuwoſees. Tu wiнu jutīſi, bet neaptwerſi. Muhſchīgas mokas tu tur iſzeētīſi!»

Bet es līrahwos iſ ſaltajàm Nakts rokàm un tauſtīju pehz lieſas. Mans behrns beſgaligà alas dīſtumā ſkaſi un droſchi eeraudaſàs, bet es elpu aiſrahwis, aiſgrahbts baudīju ſchls raudas. Likàs, tas nebija nekas zits, kà uhdeнu ſchнahkoнa ſawā kritumā. Uhdens, kas no muhſchibas zenſchas kriſt no augitumeem dīſi, dīſi, muhſcham dīſiaki, tàpat kà zilweka dwehſele, kuнa nepanes augīto weetu.

«Klauſees,» Nakts aiſ muguras runaja, «tu eſi atkaſ Deenā. Gaidi un wehro. Gaidi! Trejadas leetas es tewim peekodinu. Neklauſi Gaiſmas kaiſlibàm, netizi Gaiſmai un nenes wiнaſ upuru! Ja tu ſchls trihs leetas eewehroſi, tad tu ſawu behrnu eeraudiſi wiſā wiнa daiſumā. Ja ne, tad es buhſchu taws lahits un tewi pametīſchu Deenai par upuri.»

«Tu beſdeewīgà, neſchehlīgà ſeewa!» es eekleedios, «eS eeſchu, ſapulzinaſchu ſpehkus un nahkſchu atpeſtīt ſawu behrnu no Tumſas waras!»

Bet Nakts ſmehjàs, un wiнas ſmeekls, kà ſawiнu dimdoнa, ſatrizinaja alas beſgalibu.

Es nowehlu akmeni no alas durwim un lļgahju. Laukà auſa rihts. Un purpurs reetàs debeſis.

Deena jau ſehdeja uſ ſawa troнa, un mani eeraudiſtjuſe, ta ſauza:

«Labi, ka tu nahz, tu kaiſais! Es tewim doſchu darbu, kuнa neweens negrib darīt.»

372

«Kahds tas darbs?» es iffaizis, no gaifmas apſchilbis, praſtju.

«Redſi, es karoju ar Nakti. Ta ir mana nahwigakà eenaidneeze, un es wiʀu nihitu, tàpat kà wiʀa mani. Ej manà pill, fehrpees gaifmas bruʀeneeku godà, ʀem eerotſchus un nokauj manas eenaidneezes fargus: Meeru, Meegu un Tumfu. Saiiti paſchu Nakti, atwed wiʀu ſchurp, paſemotu, pee manàm kahjàm. Un tu buhſi karals, ſehdiſees manim lihdſâs uf troʀa, un mehs waldifim par laimigu paſauli!»

«Bet Nakts jau ir mana mihſakà!» es eekleedſos, «un Brihnums ir mans behrns!»

«Tu murgoʀa!» Deena pahrſkaitàs, «Nakts ir falta, neaugliga. Wiʀa tewi ir apmahniſufe!»

Es pahrdomaju, ſchaubijos, pahrdomaju wehl reiſ. Notikums alà manim iſiikàs kà drudſcha murgi, kà ſilmigs fapnis. Ja, te gaifmâ, manim bija wiſs kà paſihitams, kà mihſaks.

«Labi,» es teizu, «es eefchu preekſch tewis zihnitees!»

Un kad es nogahju no Deenas troʀa pakahpèm noſt, es wehl diirdeju, kà Deena uf fawas pawadones, Gaifmas, runaja: «Luhk, tas ir ihits, leetojams zilweks: wiʀſch ſchaubas weenâ azumirkli diwreiſ pa labi, diwreiſ pa kreiſi. Wiʀſch klauſa katrai warai.»

Par ſcho peeſihmi es noikumu, bet nu es biju derets kalps, un manim neatiikàs wairs domat, bija tikai jadara.

Apbruʀojees es eelihdu alà, nokawu Meeru un Meegu. Bet Tumfa par mana ſchķehpa zirteeneem paſmehjàs. Wiʀa iſplehtàs alà, wiſàs plaiſchàs telpàs, Naktij preekſchâ, un Brihnums kluſeja. Paf uhdens kritumi alas dibenâ neſchalza.

«Es eſmu neeewaiʀota,» Tumfa pamahzoſchi runaja, «un eſmu nemiritiga, tapat kà Nakts, kura naw faiſtama. Un zilweks welti pazef pret to fawu roku.»

Es jau to fen nojaudu, ka fpehleju komifku tragediju. Atkal bija akmens janowel no alas wahrteem. Nedrofchs es itahweju Deenas trona preekfchā un teizu: «Meeru un Meegu es nokawu. Tumfa un nakts naw uswarami!»

«Slehwufi!» Deena pikti iffauzàs, «tu gribi un newari. Tu zihnees un neka neifkaro. Ej, es tewis newaru leetot!»

Befmeega naktis ir manas. Es winas efmu peewahrejis. Bet tumfa nahk tàpat un pahrklahj mani ar fawu fegu. Stundu pee ftundas es gaidu uf Brihnumu. Waj es jebkad redfefchu fawu behrnu?

Kad wehtra fchaujas pa gaifeem, ahrdidama un ifpuhfdama wifu, kas tai zelā, tad manā galwā eedegas jaufma: Brihnums brauz uf tewi wehja firgeem un mahkonu rateem. Paweros pa logu, bet ais itikla tee pafchi wezee krahmi!

Kad malgas wehfmas glaufchas gar fafalojufcheem klaweem, kad balti un fahrti feedi weras, kà fkaifti un faiftiti dabas wehrgi uf lilo pafaules jumtu, tad mahns atkal eefitas manim galwā: ais zerinu kruhma ftahw mans behrns, aifflehpees. Kairu azumirkli winfch war palehktees, fafift plaukftas un faukt: «Tehtin!»

Ja, es pafinu kahdu mahminu. Winas dehls bij juhrneeks. Wehtra winu guldija okeana klehpi. Bet mahmina arweenu wehl tizeja, ka tas ir dfihws, ka reif winfch pahrnahks fpirgts un wefels, bagats un warens un atpeifis nabaga mahti no nabadfibas un behdām. Rihtôs un wakarôs, pat naktis ta wehrās uf to pufi, kurp tas bija aifgahjis. Ari wina zereja uf brihnumu.

Es nokawu Meeru un Meegu. Winu gari manim, lihdfi nahwei nogurufcham, ufmahzas. Kà fpoki tee ap**374** mani lodā. Un kad nahk ņakts no debels pamales un diweem trijeem soleem ir manim klahtu, lai falta un noflehpumaina pee manis guletu, tad loga stikli nograb, es weros, waj ari mans behrns nenahk manis apzeemot. Bet wils klulu. Tikai pinkainais luns gul ui faruichinatām imiltim un ņurd.

Mihleſtiba dabā un dſejā.

«Deews ir ta mihleſtiba», ſaka bihbele. Schee noſihmigee wahrdi jau, leekas, deeſgan labi definē — noteiz mihleſtibu. Bet tā kā zilweks eſot pehz Deewa ģihmja radits, tad mehs waretum ari teikt, ka ari zilweks ir ta mihleſtiba. Ir peerahdits, ka pat wisleelakais noſeedſineeks, wiskaiſſigakais ſlepkawa ſpehj mihlet, jo mihleſtiba ir dſineklis, kurſch netik ween zilwekus, bet ari ſem wiŗa daudſ ſemak ſtahwoſchus radijumus ſaiſta un pehz ſewiſchkeem likumeem weenu pee otra ſeen. Gete ſaka, ka tas eſot laimigs zilweks, kurſch ſawu diſhwes galu ar wiŗas ſahkumu warot ſaweenot. Man ſchķeet, ka to ſpehj wiswaiŗak mihleſtiba! Tā tad katrs war laimigs kļuht, jo katrs ſpehj mihlet, waj wiŗſch nu buhtu jauns, jeb wezs, wahjſch jeb weſels, meſchons jeb augſti attiſtits paſaules pilſonis. Sinams katra mihleſtiba parahdas ar ſewiſchķu ſpehku, pee idiota kā — rupjſch inſtinkts jeb dſineklis ween, pee iſglihtotā kā inſtinkts, kurſch zaur eſtetiſkām (tas ir daiſtuma) juhtām ir mihkſtinats. Bet atgadas, ka ari ſtarp iſglihtoteem ir mihleſtibas idioti, tas ir tahdi, kuŗi pahŗak kaiſſigi upurē ſkaiſtuma un mihleſtibas deeweetei — Wenerai, noturedami pehdejo par neapmeeŗinajamu prahtu kairinataju. Un ir otradi bijis! Mihleſtiba ir daſchus idiotus — gaŗa nabagus zaur ſchķihſtibu uſ augſtaka pakahpeena pazehluſe. Bet tā kā pee augſtakas kulturas zilwekeem ir diwejadas mihleſtibas ſajuſchķir: 1) dabiſka un 2) dſejiſka, tad wiŗi ari war dabai rupjā wihſē kalpot, beſ ka tee no dſejiſkās, dailās mihleſtibas ko ſaudetu. Bet eekams es ſche no ſchām diwām mihleſtibām, dabiſkās uu dſejiſkās, ſtarp wihreeſcheem un ſeeweeſcheem wisaprobeſchotakā ſiŗā runaſchu, man druſku jaapſkata mihleſtiba kā wispahŗigs ſehdſeens.

Poruka rakſti V.

Werbs «mihlet» zenīchas pehz subjekta, bet arī pehz objekta. Mihlet, ko mihlet: Gaiſmu, ſiltumu, dſerſchanu, darbu waj ſlinkumu?

Pee nenoteikta jehdſeena allaſch objektu atlaiſch, jo tas paīs par ſewi ſaprotams. «Es mihleju», tas ir wispahrīgi iiteikts, tas ir: «es eſmu eemihlejees.» Ja grib kaut ko ſewiſchķu norahdit, apſihmet, tad ſaka: es mihleju to un to zilweku. Ļoti rakīturiſks ir wahrds «mihletees», jo ſche ir mihleſtiba paſchā ſpehkā, ſche kļuhſt subjekti par objekteem un otradi. Tā kā es neeſmu filologs — walodneeks, tad nebuht neeelaidiſchos iiſkaidrojumôs, kahdā wihiē weenai waj otrai mihleſtibai ſekoja wiṉu tihpīſki apſihmejoſchais noſaukums jeb wiṉu mutiſkais iſteikums. Gribeju tikai peeſihmet, ka wispahrīgi wiſas dīhwas walodas, kā manim ſchķeet, ir ſchajā ſiṉā ṅabagas, tapehz ka wahrds «mihlet» ir tikpat tur leetojams, kur no ihīſtas mihleſtibas naw ne wehīts, kā arī tur, kur wiṉa ir apgahnīta un aptraipīta. Kad ſaka: «wiṉſch mihlè peedſertees», tad leetojam to paſchu werbu «mihlet», kuru leetojam pee iſteikuma: «wiṉſch mihlè ſawu lauſatu draudſeni», lai gan jehdſeens pawiſam zits, jo pirmā gadijeenā war teikt: «wiṉſch ſaſuht dſinekli uſ dſerſchanu», jeb «wiṉam tihk dſert.» Swehteem un daiļeem jehdſeeneem waſaga buht ſewiſchķam wahrdam.

Kas gaiſmai ir azs, kas trokſchṉeem un ſkaṇām auſis, tas mihleſtibai ir ſirds...

Ir ſirds! es labpraht gribetu teikt: eſot ſirds! Jo waj gan tik ſirdī mihleſtiba mahjo, par to gan es iſtīprī ſchaubos, jo ſirdij ir wispahrīgi tikdaudſ darba ar proſajiſkām afinīm, ka wiṉai nemaſ neatleek laika par mihleſtibu domat. Gan Heine ſaka, ka wiṉam ſihdī ar mihleſtibu eſot galwa tumſcha un ſirds gaiſcha tapuſe. Bet ka ar to wiṉſch iiteiktu, ka taiſni ſirds ir mihleſtibas mahjoklis, par to es ſchaubos. Mihleſtiba ir, tàpat kā wispahreji ṉemot dàmas, deeſgan koķeta un mihlē greſ-378 numu. Tapehz wiᴚa ari wis negrib tumſchajā ſirſniᴚā miſt, labpraht ta zenſchas uſ gaiſmu, lai wiᴚu tur apbrihnotu jeb wismaſ redſetu. Kad weenam ir ſkaiſitas azis, tad mihleſtiba miht ſchajās azis, kad weenam ir ſkaiſita mute, tad mihleſtiba ſehſch uſ luhpàm, kad weenam ſkaiſiti mati, tad wiᴚa ſchajōs matōs eeᵹeras un dara ſchos wiſus par brihnumeem, jo nu nabaga jauneklis jeb jaunekle neluhko wis uſ ſawa mihlakā ſirdi, bet uſ azim, jo tajās wiᴚi laſa mihleſtibu, jeb uſ mateem, jo mihleſtiba nupat tajōs ſprogas greeſch, jeb uſ muti, jo mihleſtiba runà, runà tik ſaldi, ſirds ir un paſeek ſahnu leeta. Bet ſirds ir gan ta beidſamā mahju weeta, kurā wehl mihleſtiba atrod patwerſmi, kad azu gaiſma jau pa daſai tiſdiſiuſe, kad wiᴚu wairs neweens par ſkaiſtàm negrib atſiht, kad mati nobahlejuſchi, kad luhpas atdiſiuſchas aukſtas, tad mihleſtiba, wiſu bagatibu iſputinajuſe un liſchᵹehrduſe, leen pehdigi nabagu mahjā — ſirdi, jo ſirds ir tikai nabagu un juhtigu ſirdſeju garu mahjoklis. Bet neſtrihdeſimees, kur ihſti mihleſtiba mahjo, waj galwā waj kruhtis, wispahrigi ir deeigan bailigi par ſcho leetu tahlak runat. Es domaju, ka mihleſtibas ſwehtdeenas mahjoklis ir zilweka dwehſele. Tàpat kà deewbijigais ſwehtku brihſchōs mehdi noeet bainizà, tà ari mihleſtiba ſawōs ſwehtajōs brihſchōs miht dwehſelē. Bet nu juhs jautaſeet, ko es ſem dwehſeles ſaprotu. Sem dwehſeles es ſaprotu wiſu peezu prahtu ſakopojumu. Dwehſele ir ſewi atmoſchanās, augſtaka paſchapſiᴚa, ſawas individualitates — ſewis paſcha, ſawa ihpatniguma pilniga ſapraſchana. Kas ſina, kas wiᴚam jadara, lai nepaliᵹtu ſawai individualitatei t. i. ſew paſcham neuſtizigs, tam ir dwehſele, kas neſin, tam wiᴚas truhkſt. Tà tad pehz manàm domàm, neikkatru reii zilwekà mahjo dwehſele, peem. zilwekā, kurſch pateeſibu ſina, bet ar muti melo, tam truhkſt dwehſeles, wismaſ ſchajā brihdi.

379 Ko mehs ikdeeniſchkā diihwē, jeb ko kriſtigā religijā ſem dwehſeles ſaprotam, tas ir zilweka jeb wiſas zilwezes

24*

ideja jeb fakars ar deewibu. «Deews eepuhta zilwekā dfihwu dwafchu!» tas ir, wiafch tam dewa fewifchku nofihmi, deewiba eetehrpa fawu zilwezibas ideju meefàs. Un fchi eetehrptà ideja ir tà nofauktà dwehfele. Kà jau peemineju, es ar wahrdu «dwehfele» apfihmeju pawifam ko zitu. Dwehfele mihlè pateefibu, ihitenibu; kà prahtu fakopojums wira katru azumirkli zilwekam rahda wira kurfu, wira lhfto itahwokli, wira noderigumu un nofihmi zitu zilweku itarpā, wispahrigi pafaulè. Dwehfele ir galwenais iiwilkums li wifa zilweka, wira fatwars. Wira ir zilwekam mikrokofms, kà pafaule tam ir makrokofms, tas ir, dwehfele zilwekam pafneedi pafauli kà mafumiau, kuru baudidams zilweks fajuht leelifkumu, warenibu. Schajà mikrokofmā tad ari mihleitiba «eekorteleta», tàpat kà uniwerfumā fittuma ar gaifmu, jeb fkaidraki teikfs: faule. Kas makrokofmā jeb leelumā remts ir faule, tas mafumà jeb mikrokofmā remts ir mihleitiba. Abas ir raditajas, abas itahw ui weetas, ap kuru wifs greefchas. Kà faule pafaulei, tà ari mihleitiba zilwekam dod augftaku nofihmi. Abas ullez un areet un atkal ullez. Abas aptumfchojas, abas ir no mums pafcheem milligi tahfu, tà kà mehs gan wira abu fittumu juhtam, bet newaram tàs nekad rokām tauftit un ihiti faprait; brihnums, waj ari mihleitiba buhtu tahfu no mums? Sinams tahfu, jo muhfu mihleitiba ir tik atfpihdums no ihitàs mihleitibas faules!

Abàm, faulei un mihleitibai, ir fawi pawadori jeb trabanti. Saulei feme un zitas planetes un mehnefchi; mihleitibai — draudiiba, lihdizeetiba. Saule ifrahdas mums mafa un tomehr ir tik neilmehrojami leela; ari mihleitiba mums leekas mafa, bet tuwak eepafihitotees wira peerem leelifkas telpas un fpehku. Saule apfpihd leelus un mafus, augftus un femus, wahjus un wefelus, waroaus un fakapaftalas; ari mihleitiba apfpihd tiklab weenus kà otrus. Saule tiklab atfpirdfina un nogurdina diihwajos, ari mihleitiba atfpirdfina un turklaht war no-380 gurdinat. Ar weenu wahrdu: mihleſtibai ir tas pats ſaules gars.

Mihleſtibas diihwokli iſpehtijuſchi greeſiſimees atpakaļ pee wiʀas ikdeeniſchkā, wiſpahrejā jehdſeena, lai no ta atſchķirtum mihleſtibu wahrda wisſchauraka īʀā.

Pehdejā buhtu, atʀemot tehwijas, mahtes jeb wezaku mihleſtibu, mihleſtiba ſtarp ſeeweeti un wihreeti, un ſchī atkaļ wahrda wisſchauraka īʀā: mihleſtiba ſtarp jaunu wihreeti un jaunu ſeeweeti.

Nu to tad mehs ihſti domajām,» juhs, zeenijamee laſitaji, garā iſſaukſeet, ſinams to paſchu ari es domaju, jo ſchī ir wiſas muhſu mihleſtibas mahte.

«Behrns ir wihra tehws,» ſaka pahrdroſchi ſeeſais diejneeks Gete. Tomehr ſchim ſawadajam, dihwainajam iſteikumam ir tikpat ſawa pateeſiba. Ari meitene, ſettus glabadama, ir jau mahte, kur tad nu wehl ne jaunekle, kura eemihlejuſès. Jauneklis un jaunekle domā: «naw labi zilwekam weenam buht.» Un teeſcham naw labi! Tā domā papreekſchu zilweks un daba wehl peedomā klaht: «naw labi ari tik diweem ween buht...» Bet mihleſtiba pate pahrdomā pee ſewis: «waj nu ſchoreiſ japaleek weenkahrſchai piſſoʀu mihleſtibai, jeb jaſahk palikt tragiſkai – intereſantai. Puiſens noſkuhpita meiteni, un nu tik daba ſahk rahdit ſawu mihleſtibu un mihleſtiba ſawu dabu. Nu ſahk tantiʀas waj kruſttehtiʀi trillinat ar ſawām ſmalkajām baſitiʀām, un kaſijas klaſchas dābun jaunu weelu, un galu galā ſinahk, ka mihleſtiba naw wis ar pliku roku ʀemama.

Bet ja nu ari zimdus apwelkam un gribam, mihleſtibu notwehruſchi, ſchʀo bailigo un bihſtamo ſwehru apluhkot, ari tad mums ſahk galwa reibt, it kā kad mehs buhtum druſku wairak par mehru dſehruſchi. Ja, mihleſtibas tuwumā uſnahk reibums. Un kā katrā kreetnā reibumā, tā ari ſchajā, mehs redſam weena preekſchmeta weetā diwus, ali zauri ſpihdoſchas miglas paſlehpuſchos. Mums iſſeekas, ka jaunos eemihlejuſchos faifta diwejadas mihleftibas: proti dabifkà jeb realà, un diejiíkà jeb ideala. Un tomehr abas ir kà faaugufchi dwihnifchi. Schķir weenu no otras, tad ari ne weena nedf otra nepaleek wairs diihwa.

Mihleftiba dabā un dieja! Ja, ar kuru lai es papreekfchu fahku, kurai jadod preekfchroka, jo tiklab dabai ir fawa dieja, kā diejai fawa daba. Tapehz fahkfchu un beigfchu ar abàm reifà.

Dabā naw nekas apfams, fur wifs ir ifingri motiwets — dibinats, wifam ir fawa nofihme. Gaifma bei fumfibas buhtu ahrprahtiba, tik zaur to, ka tumfchums aprobefcho gaifchumu un otradi, rodas gleina. Kas mehs buhtum par nofchehlojameem radijumeem, ja mehs tik gaifmu redfetum, gaifmu bei kahdeem preekfchmeteem, kureem nebuhtu pakrehfchtu. Gaifma wispahrigi nebuht naw mehrķis, bet tik lihdfeklis.

Tàpat ari mihleftibā. Kà mihleftiba dabā naw mehrķis, tik weenigi lihdfeklis, lai ufturetu diihwibu, proti diihwibu wifadôs weidôs un dafchadibàs. Diejā furpreti mihleftiba ir mehrķis un zaur to ta dabā top tragifka.

«Du meine Seele, du mein Herz,
Du meine Wonne, du mein Schmerz,
Du meine Welt, in der ich lebe.»

Schee Rückerta wahrdi deeigan labi karaktrife diejifkàs mihleftibas dabu. Sche pafaule ir fafneegufe fawu galu, fche wifs ir peepildijees, nu pafaule war bojà eet, kad diejifki eemihlejufchees weens pee otra kruhts dus! Kà malga nakts grib mihleftiba winus eemidfinat muhfchigā meegā. Sahpes un preeki roku rokā jauzas pa winu dwehfelèm.

«Laż mich fterben» faka Triftans Jfoldes rokàs, Wagnera leelifkā mufikas dramā «Triftans un Jfolde.» 382

«Ja, lauj man mirt!» saka tuhkstošchi ar wiņu, kuri mihlestibu pilnā krahšņumā un warenibā sajuht. Un ja teeścham kahds pateesi un deewischķi mihle, waj tad nebuhtu laiks, no schās grehzīgās pasaules schķirtees? Waj tad nebuhtu sajautā: «waj, ja paleeku dsihws, waj es schī mihlestības swehtuma neapgahnitu? Un daimoniśks — welnischks spehks dsen deewischko mihletaju us nahwi. Bet ja nu ihsitās, dailās mihlestības mehrķis buhtu nahwe, kapehz tad wiņa pate naw nahwe, kas ar skuhpstu usspeestu aukšto klusumu us luhpām un muhschīgo aismiritibu dwehselei? Un teescham, kā mihlestība dabā ir dsihwibu radoscha, tā diesā wiņa ir nahwe, kurai tuhkstošchi un atkal tuhkstošchi kriht par upuri.

Un kura mihlestība lai nebuhtu traģiska? Waj ari tas, kurśch sawu tik sirsnīgi mihleto lāineedsis, katru azumirkli neteek no skaudigās nahwes apdraudets: «Tew jamirst!» Tew jaschķiras. Nu schķirschanās ween jau rada wisu traģiku — behdas un sahpes mihlestibā. Waj agri jeb wehlī, mihlestiba top traģiska!

«Schattenküsse, Schattenliebe,
Schattenleben, wunderbar!
Glaubst du Närrin, alles bliebe
Unverändert, ewig wahr?
Was wir lieblich fest besessen,
Schwindet hin, wie Träumerei;
Und die Herzen, die vergessen,
Und die Augen schlafen ein.»

Tā saka Indriķis Heine! Un wiņam, kā wīsur, kur tas par mihlestibu dseed, taisniba!

Ja mihlakā sawu mihlako atstuhj, tad wiņam meerīgi tas japanes, jo tas jau ir mihlestibas raksturs, ka wiņa zilweku peewil. Wiņa ir kā fata morgana par kuru eemihlejuśchees pahri staigā! Uspuhśch lehns wehjinśch, un wiss sakriht un isjuhd! Kurśch sawa mehrķa nelaineedī un neeemanto lawas līrdspukītes, tas ir deelgan nolchehlojams radījums, bet ne wairak, kā tee, kuri mihleītibas awotu laineegulchi, bauda wiнas wiltīgi laldo alspirdiīnajolcho malku, jo lchis awots ir lagiltets, nahwe tur eelehjuli lawus breelmīgos pīleenus. Zaur mihleītibu eedleram dlihwibu un nahwi rellā — un apbrihnojama ir ta zilweka beelā ahda, kurai nelwihīt zauri nahwes aukltee lweedri, kad wiнlch mihleītibas walgōs krītīs.

«Aber lchōn war es doch!» laka «prahtīgais» wahzeetīs, līrmgalwis, kurlch, lawa nama preeklchā ul loliнa aplehdees, luhkojas leedoнa burwigumā, noluhkojas ari, kā wiнa behrnu behrni, lahrteem waidlineem, pa lmiltīm rulchinajas leb pukītes nopluhkulchi tās wiнam peenes. Un neween wahzeetīs, ari Latweetīs, kreews, polīş, lchihds, wīli lcho tautibu lirmgalwji labpraht atzeras to deenu, kur tee kā jaunekli laldi mihlelulchi. Bet waj lchi naw tragīka, — naw behdu luga, kura ali wiнa muguras rehgojas? Ko nu eli panahzīs? Tikai atmiнas ir laldas, bet kā ar laldajeem baudilumeem? Mihleītiba pate apīmej ītihwo lalto lirmgalwi. Bahli illajām luhpām wīs wairs nepeelihp zītkahrt tīk maigā butlchiнa. Bet lirmgalwis wehl zerè, wiнlch raugas, roku pret peeri turedams, augìchup ul lauli, ul debelim, no kureenes wiнlch wilu lagaida. Wiнlch zerè ul mihleītibu, ul mihleītibu debelīs, tas ir ali kapa! Wiнlch nelpehj, waj tam wīsmal gruhti eedomatees, ka tas wīs, ko wiнlch jaunībā baudilīs, waretu tīkai lapnīs buht. Wiнlch juht, ka drihi ween buhs no lchās palaules jaaileet. Bet zerè, zerè, ka wehl atgreelīlees mihleītiba, wehl reli jaunība! Un tās buhs wiнa debelīs! Lai Deews to dotu! —

Mihleītiba ir tīklab diejā, kā dabā tragilka! Newīs tragīka pate lew, ne, tragīka mihletajeem, zilwekeem. Tas ir: zilweki mihlejot top palchi tragīki. Deews ir ta mihleītiba! Deews, radolchais lpehks, ir muhlchīgs! Wiнlch newar buht tragīks, lai gan dalchu tautu mitologījā wiнlch kà iimitis, warens, bojà eefchanai pretim fteidfofchais fpehks teek tehlots. Dfihwibu war tik ufturet zaur nahwi, tas ir: weenam azumirkfam no faika, feb muhfchigà faika, jamirft, jaifnihkft, lai nahktu zits, jauns wiʀa weetà. Tàpat kà tik iinihziba feb nahwe ufturo laiku fwaigu, tà wiʀa ari uftura mihleftibu! Mihleftibas warijazifas feb mainas ir nefifkaitamas. Un wits tas noteek tik tadeht, lai pafaule nepaliktu weza, mutkiga fiifitereene, lai ta nefahktu ruhfet un puht! Tapehz tragika wifu, kas notizis, ailwed, un humors waj fautriba wed zitas, jaunas perfonas ut pafaules fkatuwes. Jhitam, deewifchkam humoram jeb fautribal peebeedrojas arween tragika, un otradi.

Tà ari mihleftiba tiklab diefà, kà dabà ir wisleelakàs tragikas un wisleelakà humora pilna. Humorifttfka ir wifa mihleftibas attihftiba, tiklab pee weena, kà pee otra diimuma. Wiʀa ufnahk gandrihi rettà ar mafalàm, jeb ihfi pehz tam, kad fehni feb meitenes mafalas feb zitas kahdas behrnu fehrgas ifgulefufchi. Pirmee fimptomi feb pafihfchanas fihmes, ka jaunais pafaules pilfonis eemihlejees, ir, ka wiʀfch fahk patftahwigi domat. Tik mihleftibas pirmà wehfma rada wiʀà pafchapfiʀu, fuhtas; wiʀfch neklaufas wairs ut wezmahtes pafakàm, wiʀfch fahk pats pafakas diefot. Wiʀfch ar Fauftu fahk domat: «Efmu ftudejis ahbezi, Jndijaneefchu ftahftiʀus, bet neefmu tur atradis apmeerinafchanu, efmu tikpat mutkis kà fahkumà, kur wehl neka nepratu.» Un lihdf ar Fauftu wiʀfch fuhkojas pehz fawas Greetiʀas. Bet jau tuhliʀ fahk mihleftiba parahditees tragifka. Wiʀfch dabun pehreenu, mahzibas wairs negrib galwà fiht, jaunà firfniʀa fahk nemeerigi pukftet. Wiʀà moftas ari greiffirdiba, jo malà kaimiʀu Greetiʀa ir fawas fiiàs aztiʀas ut kahdu zitu fehnu metufe. Dafchreif fahk pat domat, waj nebuhtu labak faeet fiihzinatees? Nabaga mafais kehms! Waj tew gan mafak teefiba, mihleftibas deht eet fiihzinatees, nekà peeauguicham fauneklam ar brangàm uhſàm!? Sewiſchki tad tewim ta pate teeſiba, ja pehdejais mihlè platoniſki. Platoniſki! kas tas par wahrdu? Pagaideet, to tuhliņ redſeſim! Platons bija un ir wehl ſchodeen wezo Greeķu prahtneeks. Wiņſch ir tapis ſlawens zaur ſawàm idejàm un ſawu mihleſtibu. Platoniſkàs idejas lai paleek ſchodeen nealiſtiktas, bet ar platoniſko mihleſtibu mums wiſadà wiſſè ſaeepaſihitas.

Nelaimigais Wahzu dſejneeks Nikolajs Lenaus, kurſch, kà zeen. laſitajeeem jau buhs ſinams, tapa ahrprahtigs, jeb labaki ſakot paſaule wiņa ſuhtigo dwehſeli padarija ahrprahtigu. Schim dſejneekam kahdà deenà, kur wiņſch jutees lehnaks un prahtigaks, wiņa draugs rahdijis Platona bildi un jautajis: «Nikolaj, waj tu paſihiti ſcho wihru?»

Lenaus ſmihnejis un pehz tam meerigi teizis: «Das ist der Menſch, der die dumme Liebe erfunden!»

Ļoti prahtigi teikts, kad eewehrojam teizeja gara ſtahwokli. Bet pateeſibà ſchi mihleſtiba naw ikreiſ muļķiba. «Kur domu truhkſt, tur katrà brihdi wiņu weetà rodas wahrdi», ſaka Gete. Tà ari ar mihleſtibu. Kur ihſtàs, warenàs, diihwibu radoſchàs mihleſtibas truhkſt, tur rodas ihſtà laikà platoniſkà mihleſtiba. Platoniſkà mihleſtiba peeder pee anormalàm augſtaku garu mihleſtibàm. Kurſch platoniſki mihlè, tas lihdſinajas daiļu leetu waj mahkſlas raſchojumu krahjejam, kurſch mihlè ſawas daiļàs marmora ſtatujas un ſuhtas ſtarp wiņàm zildinats. Intereſanti ir laſit Platona «Maltiti» kur Sokrats ar ſaweem mahzekļeem pee wihna kauſeem ſarunajas par mihleſtibu. Beidſot, kad katrs no wiņeem ſawu gudribu iſteizis teorijà, parahdas rihta gaiſmai auſtot Alkibiades, kurſch wiſus pahrſpehj — «pahrtrumpè» zaur to, ka wiņſch ir mihleſtibas praktiķis, kuru danzotajas un dſeedatajas pawada. Sinams, ſchahds trakulis, kà Alkibiads, naw nebuht uſſkatams kà ihſtais mihleſtibas paraugs. Labak tad platoniſki, nekà par daudſ trakuligi mihlet. Platona ihitā mihleitibas teorija ir, ka zilweki eesahkumā eiot iawadi iiskatijuichees. Tee bijuichi wareni kā titani, tschetras rokas un kahjas wiāeem bijuichas gatawas eesahkt ar deeweem karu. Deewi, no scheem iemes breeimoāeem bihdamees, eiot katru no wiāeem pahrdalijuichi ui diwi dalām un tad iiklihdinajuichi pa iemes wirtu.

Mihleitiba nu eiot icho puszilweku diineklis, meklet iawu otro pusi un kurich wiāu atradis, tam eiot ialdas, beigaligi ialdas juhtas, kuras wirich tik tapehz iajuhtot, ka eiot iawu otro pusi atradis, no kuras bijis tik ilgi ichkirts. Schai iantaiiikai teikai ir pamata domas ichahdas: Ka liktens zilwekam noiehmis tik weenu weenigu mihlet, ja ichis peem. mirtu, wiāam wairs nebuhtu teeiibas mihlet, jo wiāa tā iauktā otrā puie wairs neatrodas ui paiaules.

Bet ja nu apdomajam, ka par peemehru weena puie diihwo Selandas ialā, otra Iilandē, waj tad teeicham wiāeem buhtu no mihleitibas jaatiakas, ja teem nebuhtu iidewibas iatiktees!? Bet iomehr schai teikai leekas buht iawa taiiniba. Jo daichi ir tā eemihlejuichees, ka weens bei otra neipehj wairs diihwot. Wiāeem gribas waj muhichigi buht weenam pee otra, it kā tee nu buhtu kaut kas pilnigs un weieis tapuichi! Wiāi eet nahwē, wiāi dara wiiu, lai tik wiāus neichkirtu. Schahdi peemehri ir un paieek noiiehpumaini, neuiminami problemi — jautaiumi. Un tomehr ir atkai peemehri, kur karitas mihleitibas dehi apprezas un pehz ihia laika ichkiras. Peemehram mums derēs Wahzu diejneeks Bürgers. Wisretaki atgadas tahdi mihleitibas gadijeeni, kur mihiakais no iawas ilepeni mihletās behg, jeb otradi. Sche naw wis katru reii japeeāem, ka eemeiiis buhtu bahbiba jeb bailiba bijuie. Schahda mihleitiba ir tik pee daiieem gareem iaitopama. Sekoichais wispaiihitamakais Heines diejois rakituro ichahdu mihleitibu:

«Du bist, wie eine Blume,
So hold und schön und rein;
Ich schau dich an und Wehmut
Schleicht mir ins Herz hinein.
Mir ist, als ob ich die Hände,
Aufs Haupt dir legen sollt,
Betend, daß Gott dich erhalte
So rein und schön und hold.»

Schahda mihlestiba apsinas, ka wiņa waretu scho skaistumu un schķihstibu iznihzinat, ja ta taptu rupja dabiska mihlestiba. Wiņa juht, ka daba weenā jeb otrā zilwekā ir tā sakot sasneegusē sawu mehrķi, kur kaut kahda daisa ideja jau pilnigi eesehrpta meesās, negribedama wairs tahlak radit. Schai tihri desiskai mihlestibai ir rada bailigā desiskā mihlestiba, kuru atkal Heine, kā mihlestibas desneeku karalis, apdseed:

«Weil ich dich liebe, muß ich fliehend
Dein Antlitz meiden — zürne nicht!
Nie paßt dein Antlitz, schön und blühend
Zu meinem traurigen Gesicht.
Weil ich dich liebe, wird so bläßlich,
So elend mager mein Gesicht —
Du fändest mich am Ende häßlich —
Ich will dich meiden — zürne nicht.»

Schahds mihletajs nomirst un daschreis ne pat labakais draugs nedabun sinat, kuru tas ihsti mihlejis. Ļoti skaists peemehrs atrodas Turgeņewa nowelē: «Mihlestibas wara».

Anormala, tas ir nedabiska, bet desiska mihlestiba un wiseem seela galwas sagrositaja ir Hamleta, kahds Schekspira dramas waroņa mihlestiba. Sche naw bailiba, sche naw apsinaschanās, ka wiņsch Ofeliju, sawu mihlako nedrihkst tapehz mihlet, ka daba sche ko absolutu jeb wisaugstako zilwezibu sasneegusē, — sche ir genija ismischana! Ismischana, ka wiņa meesigā mahte, kuru tas

388

mihlè un kura wiru mihlè, tomehr par spihti wisam tam
stahw aisdomâs, ka ta palihdsesuse nonahwet wira, Ham-
leta, tehwu un apprezesuse kruittehwu, kursch pee tehwa
slepkawibas bijis lihdsiinatajs! Wira meesigà mahte,
wira mahte, kuru tas mihlé – slepkawa. Proti wehl
tehwa slepkawa! Un Hamlets wairs neustiz neweenai
seeweetei, kaut ta ari wiru Ofelija buhtu!

«Ej klosteri,» wirsch saka Ofelijai. Hamlets juht,
ka tehwa un mahtes grehki aspeesch wehl trescho un
zeturto augumu, wirsch juht, ka zilweks ir un paleek
wahjsch radijums, kura mihlestiba lihdsiinajas rihta rasai,
kas saules karstumā issuhd un ssput. Wirsch nolahd mih-
lestibu, kura naw pratuse ko labaku pasaulè radit. Tra-
gika, wisur tragika, kur mihlestiba. – Mihlestiba, kura tà
sakot atrodas us robeschàm starp dabisko un dsesisko, seb
wirà ta ir pus diejas un pus rupjas dabas, ta ir Bai-
rona «Don Schuanā» tehlota. Kuram gan ne-
buhs schis popularais wahrds palihsitams!? Sewischki
pilsehtneekeem, kuri paschi arwoon seest «Don Schuani».
Ja swaigines marsa eedsihwotaseem eenahktu schodeen
prahtà, israhkot wispahresus uniwersuma mihlesti-
bas swehtkus un luhgtu semes eedsihwotajus, lai ari
wirsi sawu delegatu suhta, – es domaju, ka tiklab diesiskà,
kà ari dabiskà mihlestiba eewehletu weenbalsigi Don
Schuanu par sawu aisstahwi. Tik seela nosihme schim
Don Schuanam. Lai nu gan schee Don Schuani naw tik
nopeetni romantiski un daimoniski, kà peem. Wagnera
«Skresoschais Holandeets» wai Lermontowa «Demons»,
kuri pehz teikas tik weenigi zaur uistizigu mihlestibu war
tikt no breesmigām dwehseles mokām atpestiti, tad tomehr
ari Don Schuans pehz neka zita nedsenas, kā pehz usti-
zigas mihlestibas, lai gan pats ir neustizigs. Nelaimigo
mihletaju geniju tihpi diesā, kā «Skresoschais Holandeets»,
«Demons», pa dasai ari «Fausts», wini wisi ir nopeetna,
melankoliska rakstura! Weenigais, kursch ir tragiski-ko-
misks – ir «Don Schuans»! Tapehz wirsch ir un paleek

interesantaks, nekà wiṉa nopeetnee brahtī! Don Schuanā wispahrigi ir perfonifizeta muhschigā wihrschkiba (das ewig Männliche). Bet man schkeet, ka daba ari par «Donnām Schuanetām» ir gahdajuse! Seeweete daudsreiz mehdfot buht wihrschkiga, tàpat kà wihreets seewschkigs. Wispahrigi par mihlestibu runajot, es sabpraht negribu runā seeweeschus eepiht. Man schkeet, ka mehs wihreeschi tikpat mas seeweeschu dwehseles palihsitam, zik mas mums no nahkamàs diihwes ais kapa sinams. Seeweete ir wihreescham noslehpums, tàpat kà seeweescham ir un paleek wihreetis noslehpums. Es wisu sche apskatu kà weens, kaut ari tapehz partesiski un nepareisi! Bet tas ari naw mans noluhks: paschu pateesibu teikt. Mans rakstneezibas mehrķis ir pateesibu modinat. Tà ari schal gadiseenā es zeru, ka esmu weenam waj otram wiṉa sirdi modinajis pateesibu. Tizeet paschi sew un newis ziteem, kad runa par mihlestibu, un suhs tizeseet pateesibai. Kuṟam kauna suhtas un tikliba aisleedz lihdf ar Don Schuanu staigat, lai tas mihlē kluʃibā un lai noṟaud daschu asariṉu, ja mihlē nelaimigi. Un sewischki jaunawàm, kuṟu mihlestiba manim schkeet leelaka buht, nekà pee wihreescheem, wiṉām neeeteizu wis par daudf Heines diejàs nogremdetees. Heines diejas ir Don Schuana deenu grahmata. Tàpat kà Don Schuans pats, tà ari wiṉa deenu grahmata war jaunekles famaitat. Bet kuṟa juhtas spehziga, kuṟa nebaidas noeet us Salsu un atsegt aisklahto pateesibas bildi, ta lai eet! Ar mihlestibas jautajumu stahw tuwā sakarā ar seeweeschu emanzipazisas jautajums. Ja seeweetes juhtas, ka wiṉas speh̦j ko eewehrojamu radit, ja wiṉas apsinas, ka zaur wiṉu emanzipaziju ihsta pateesa mihlestiba atkal usseedès, tad lai wiṉas tik zenschas! Nowehlesim wiṉām labas sekmes! «Das ewig Weibliche zieht uns hinan,» saka Gete, Faustu beigdams. Warbuht, ka wiss muhs sawās meesās eeslehdfoschais pasaules uniwersums ir seewischka diimuma, jo wiṉsch muhs tà sakot seek sewī attihsitees, muhs wiʃus zilwekus lihdi ar pahrejo dabu, lai mehs peediļmtum weenreiz zitā pasaulē, kur wairs truhkumus nesuhdsam! Pate mihlestiba jau ir seeweeschu dsimuma! Un laikam gluschi dabiski, jo seeweeschu dsimuma ir ari daschi ziti radoschus spehkus jeb warenus kermenus apsihmejoschi wahrdi, kā: saule, seme, pasaule, draudsiba, gaisma u. t. t. Gan ir wahrds «Deews» gandrihz wisās man pasihstamās walodās wihreeschu dsimuma, tas nahk no tam, ka pirmatnē, kur walodas zehlās, jehdieens «Deews» bij soti tahlu, soti ilschkihrās no jehdiena «mihlestiba». Esmu pats pee mahtes kruhtim sihdis un sinu it labi, kas ir mihlestiba! Esmu pats, kā ari ikkatris no jums, zeenijamee lasitaji, mais un wahjsch bijis un pahrleezinajees, ka newis mechanisks muskulu spehks, bet mihlestiba mani audsinaja un baroja. Wisi stipree wehrgi strahdā augstakai kundsibai, kura dailuma un juhtu sinā pahrspehj sawus wehrgus. Ari waroni wihreeschi ir sawā sinā tik wehrgi, kuri ar sawu spehku strahdā muhschigai seewischkibai. Tapehz nepahrsteidsiatees, godajamās dāmas, ja juhs domajeet, ka wihreeschi jums wisur preekschā. Wihreeschi juhs peesuhdi! Waj wini juhs spehj zenigi mihlet, ta es nesinu. Bet kā buhtu, ja juhs winus mihletu, mihletu ustizigi lihdz nahwei, jo tik schi ustizigā mihlestiba spehj wisus schos «skrejoschos Holandeeschus», «Faustus», «Demonus» un beidsot ari «Don Schuanus» atpestit no winu dwehselu mokām. Wihreeschi ir juhsu mihlestibas wehrgi! Ussmaideet wineem, kad wini nogurushi un saihgushi no darba mahjā nahk. Winu darbs un juhsu swehtiba! Ja seeweeschu mihlestiba winus apswehtis, tad usplauks ap sehtu dsejiska daba, tad warēs pehz warenas dsihwes ari wareni mirt! Atgreestees pee dabas! Schis ir swehtās mihlestibas mahjeens! Kur ir daba? Jautajeet sawu sirdi, ta jums wisu teiks. Daba war wisur buht! pilsehtā un us laukeem; daba ir us zeetsemes un us juhras. Wisur, kur daba, tur ir saskana — harmonija! Kur schās saskanas truhkst, tur ir wiltiba un ahrprahtiba. Daba, faſkaҥa, mihleſtiba! Wiſi trihs ir weens un tas pats.

Jau feedonis dabâ, uſieed pukītes, ſalo koki! Saulīte ſpihd tik ſilti, tik mihligi! Ja eſi wahjſch, ja eſi atſtahts, ja netopi mihlets un juhtees nelaimigs, ej turp, kur mihleſtibas tik daudſi, kur wiҥa pahr ſeedu kroniſcheem pluhſitin pluhſit, kur putni wiҥu ilteiz! Tu ſajutiſi jaunu ſpehku, tewi modiſees jaunas zeribas. Un wiſur: meſchâ un plawâs, ari burbulojoſchâ awotâ dabas geniji tſchukſt: «Deews ir ta mihleſtiba! . . .»

Schekspirs waj Gete.

> Muhichibas laikôs un muhichibas
> telpâs walda muhichiga weeniba,
> bet wisu war labot ...

Realee rakstneeki mehdz buht diwejada rakstura: weeni, kuri eeнem objektiwa skatitaja un apluhkotaja stahwokli, kuri paschi saweem darbeem nerauga peedalitees pee diihwes zihнаm, un otri, kuri mehgina is diihwes islasit tipus waj rakiturus mums par idealeem un paraugeem. Pehdejos mehs newaram skaitit pee stingri realeem rakstneekeem. Tee mums uskriht ar teeschu morali un jau par gabalu isschkir sawôs darbôs sihmetâs persоnas ahschôs waj awis. Un tomehr mehs newaram tos nosaukt par usbudinateem idealisteem, jo tuwaki apluhkojot israhdas, ka wiнi attehlojuschi teescham pateesus tipus pateesôs apstahklôs. Tikai zaur to, ka wiнi lasitaja waj skatitaja sirdi pahrwed no weena rakitura us otru bes smalkām modulazijām, atstahdami sihmeto rakituru starpâs tukschas telpas, wiнi muhs pilnigi neapmeerina. Tâ dara peemehram Gete, kursch starp Fausta un Mefistofela rakitureem radijis besdibinu, zaur ko liktęnis: scheem abeem rakitureem satiktees un buht gandriihz pastahwigi weenam pee otra, paleek daschkahrt nesaprotams. Gete wareja wehl it labi starp Faustu un Mefistofeli eestumt weenu persоnu, kura scho abu prinzipu starpâ eenemtu tâ sakot pustoнa weetu, zaur ko kriteens no Fausta ilgu un daisumu augstumeem lihdz Mefistofela skeptizismam un нirgām nebuhtu tik smagi sajuhtams. Gete Faustâ peesit toнus us diihwes klawiaturas diskantâ par daudzi augstu un basê par daudzi semu, zaur ko saskaнas daisums daudzi no sewis saudê. Tamlihdzigas persоnas «Faustâ», kâ famulus Wagners, Greetiнa un wiнas brahlis Walentins newar ispildit nekahdas widutajibas

ſtarp Fauſta un Mefiſtofeļa rakſtureem, jo Greetiņa uſ
ihſu laiku ſtaigā ar Fauſtu weenu zeļu tikai kā ſeeweete,
bet newis kā zilweks ar wiņam radneezīſkeem żenteeneem,
augſtakeem mehrķeem un idealeem. Greetiņa Fauſta
neſaprot un ſweeſchas wiņam tikai tapehz ap kaklu, ka
tas ir ſkaiſts wihreetis un war iſdot naudu ... Walen=
tīnam naw nekahda eemeſla eenihdet Fauſta aiſ prinzīpa,
apkarot to kā preteju elementu: wiņſch atreebj weenigi
ſawu mahſu aiſ ļauſchu weza paraduma. Un famulus
Wagners ir wihrs, kurſch juſtos pilnigi eekſchķīgi apmee=
rinats, ja tas waretu wiſur ahrigi ſpihdet. Weenigais,
kurſch atrodas teeſchā rakſturu pakahpē ſtarp Fauſtu un
Mefiſtofeli, ir jaunais ſtudents, kurſch nahk pee Fauſta
padomu praſit ſtudiju leetās un kuram līnahk ſarunatees
ar paſchu wezi Mefiſtofeli. Schis jaunskungs grib ſinat,
grib ſinat tāpat kā Fauſts, kurſch ſeeldeenas naktī wehlas:

»Daß ich erkenne, was die Welt
Im Innerſten zuſammen hält,
Kenn' alles Wirkens Kraft und Samen
Un tue nicht mehr mit Worten kramen!«

Buhtu Gete ſcho ſkolneeka rakſturu tahļaki zauri
iſwadijis, tad Fauſta un Mefiſtofeļa rakſturi buhtu daudī
peeeeſamaki. Gete wairak weetās it gaiſchi iſſaka domas,
ka ari ļaunajam prinzipam ir ſawi nopelni, bet ſchīs do=
mas paleek kā fragments, kā ſatrizinata klints, kuras
newar pazelt. Wahrdi, kā peemehram: »Hab' nicht zu
gerne, die Sonne und die Sterne, komm folge mir ins
dunkle Reich hinab!« rahda, ka Gete tura tumſcho waſſti
par zeenigu, ka to eewehro; ka tai ir zeeſchs ſakars ar
wiſu to, kas augſchā. Waj wiņſch ar to pat negrib teikt,
ka ari ļaulei un ſwaiginēm ir ſawi noſeegumi un ka to
tapehz newajaga par daudi zeenit un mihlet? Un wahrdi:
»Ich bin der Geiſt, der ſtets das Gute will und ſtets das
Böſe ſchafft!« iſſaka, ka ļaunums naw arween ļaunas
gribas ſekas, bet ka tas iſzeļas zaur diwu preteju ele=
mentu ſadurſchanos. Te Gete ir iſteizis frāſes, aiſ kuŗàm

warbuht slehpjas pateesiba. Tomehr schis irāses muhs nepahrleezina, mehs wiņas tikai apbrihnojam. Un tas weenigi tapehz, ka Gete naw eewedis sawā raksturu skalā (Scala) pustoņus, ka tas neprot harmoniset.

Schekspirs turpreti pilnigi apsinas, ka wisas krahsas ir radneezisikas un ka starp wisām walda weeniba. Liktens wiņam ir spektralanalitisks elements, kursch zilwezi saschkel prinzipōs, raksturōs. Wiņsch nezeenī neweena rakstura augstāku par otru. Jago nodod buhtisko leezibu par sewi: «Es esmu sarkans radits, kas man war dot zitu krahsu?» Wiņsch peerahda, ka mihlestiba naw wisspehziga, ka wisstipraka rakstura war sazelt neustizibu un schaubas. «Wiss ir eesepehjams, tapehz ka wiss noteek!» scho atsinu Schekspirs peerahda konsekwentaki un skaidraki, nekā Gete. Gete ir seels attihstibas deewinatajs. Faustu wiņsch beidsot wed pee absolutas pilnibas, paradises pakalnōs, kur Greetiņa jau apskaidrota mirdz. Gluschi pahrleezinati mehs newaram no ta wisa buht, tapehz ka starp puradisi un dsihwi us semes atrodas tahds pat beidibenis, kā starp Fausta un Mefistofela raksturu. Gaischi mehs scho pakahpu neredsam, pa kureem Fausts uskahpj no muhsu semes paradises kalnōs. Wahrdi «wer immer strebend sich bemüht, den können wir erlösen!» leek mums nojaust, ka zensibai ir teescham seela nosihme, ka ta ari muhs atpestī teescham no daichadām gruhtibām, bet waj no wisām un pilnigi, tas paleek jautajums. Matematiski ņemot Fausts naw weens pats zensees, wiņam palihdseja Mefistofels. Kapehz wiņsch Mefistofelu sauza? Un kapehz ari Mefistofels neteek beidsot apskaidrots? Ja wiss attihstas, kapehz tad ari launais prinzips beidsot «neattisitās» us labu? Un waj Gete gan to uskata par ihstu attihstibu, ja zilweks, kā Fausts, grib apmeerinat sawas kaislibas un iisspehlē beidsamo trumpu: strahdā wispahribas labā, lai winnetu partiju un tiktu atpestits? Un «wispahribas labā», tas ir soti nenoteikts jehdseens. Preeksch wiseem, waj tik preekisch «labajeem» un «labakajeem». Mehs allaīch īaprotani īem wahrda «wispahribas labà» to, kur mehs pabalītam tik par labeem atīihtos prinzipus. Faults beidīot kļuhīt inīcheneers un tirgotajs. Winīch atrauj juhŗal īemi, dibina oītu, — tirdīneeziba un turiba uīīeī. Waj īem ta buhtu jaīaprot preekīchpehdejà pakahpe pee Eliīijas wahrteem, kuŗus atwerot Faults eerauga apīkaidrotu Greetiņu, kuŗa nokawuīe īawu behrnu? . . .

Un tomehr, neīkatotees uī wiīu to, Gete ītahw mums tuwaku, nekà Schekīpirs. Wiŗi tīpi ir mums īimpatiīkaki un wiŗna perīpektiwas ir tahīakas un diītakas. Schekīpirs ir un paleek artīīts, «klauns», kurīch īpehlejas ar zilweku īīrdim, kà zirkū īchongleers ar bumbiŗnàm: iīweizigi un noītahda beidīot pareiīi katru īawā weetā. Bet winīch newehrtè zilweka dīihwibu augīti. Winīch zildina dīihwes raibumus, daīchadibas, jauz zeeīchanas un īahpes ītarp preekeem un wed wiīus beidīot beī īchehlaītibas pee kapa. «Sein oder nicht īein, das iīt hier die Frage? . . .» (Buht waj nebuht, tas īche īautajums). Bet Getem ir tikai weena atbilde: «Sein und īein! und ewig werden!». . . (Buht un atkal buht un muhīchigi tapt). Un tapehz, neīkatotees uī Getes leelajàm techniīkàm kļuhdàm, mehs eīam peeīpeeītī noturet wiŗu par leelaku geniju, nekà Schekīpiru. Pee Getes wahrdeem «Das Ewigweibliche zieht uns hinan!» (Muhīchigā īeewiīchķiba muhs peewelkī), katrs īajuht tuwumà it kà mahtes kruhts maigumu un gahdibu. Wīīas kaiīlibas, wiīi grehki un maldi noīkaidrojas, un dabas mahte, kà apīkaidrotā muhīchigà īeeweetiba (Ewigweibliches) muhs apīkauj un dara laimīgus. Tàs wiīas ir hipoteīas un apgalwojumi, kuŗus mehs newaram matematiīki peerahdit. Bet tiziba ir ītahwejuīe un ītahwès muhīcham īakarà ar neredīamàm pateeītibàm, tiziba, kuŗa mums naw jamahza un jauīpeeīch, bet kuŗa pamoītas muhīōs un ir beī wiīàm mahzibàm un kladīīnaīchanàm. Un ja mehs netizam muhīu dīihwei pehz muhīu nahwes, tad jau wiīeem muhīu dīihwes idealeem, wiſai moraleī naw nekahdas wehrtības, un tas ir tad pilnīgi weenaļga, waj mehs mirſtam ſchodeen waj rihtu. Bet muhſchīgas gaiſmas un dſihwības pahrleezibā mehs nedrihkſtam nokahpt pekles tumſchās telpās, mehs drihkſtam grehkot un malditees, gluſchi weenkahrſchi ſinādami, ka mehs newaram eet bojā... Gluſchi kā Fauſts, mehs waram droſchi ſlehgt deribu ar Meſiſtofeli, kad dſihwe muhs azumirkli neapmeerina un mehs iſſauzamees: «Es möchte kein Hund so länger leben!» (Tā neweens ſuns ilgāk nedſihwotu!). Bet teeſcham labākī ir, ja mehs ar Meſiſtofeli neſlehdſam nekahdas deribas, ja mehs nepawedam Greetīnas un nenodūram Walentīna. Daudſi, daudſi labākī ir, ja mehs ſtaigājam ar maſāk maldeem un maſāk grehkeem, nekā Fauſts mums to rahda, lai kļuhtu tur, kur Gete ſawu waroni beidſot aizwed.

Schekſpirs waj Gete?... Es domāju, ne weens, ne otris ir pilnīgs. Pat ſaule neſpehj wiſur eeſpihdet...

Bet abus paſiht ir mums no leela ſwara. Ja jautājam, kurſch no abeem ir leelāku eeſpaidu darījis uſ zilwezi, tad jaatbild: Gete! Bet zilweze ir darijuſe leelāku eeſpaidu uſ Schekſpiru. Schekſpirs ir pateeſibas attehloſchanā reālāks un apſinīgāks. Bet wiriſch ļauj zilwekam mirt bez apſkaidrības, ar ſewiſchķu iſmiſumu. Tāpehz mums ir atkal Gete mihļāks, ka tas ſaweem waroneem leek mirt apſkaidrōteem: t. i. wiņi mirſt un neſinihkſt, bet pahreet zitā dſihwē, pehz kuras tee zihnījuſchees un ilgojuſchees.

Kas nu ſihmējas uſ tautas audſinaſchanu zaur ſkatuwi resp. zaur dramatiku, tad arween pirmā weetā buhtu japeeſchķir Getem, kurſch tiklab ētikā, kā arī eſtētikā ſtāv pahrſpehj Schekſpiru. Ne bez eemeſla Woltèrs bija Schekſpira eenaidneeks, kuram ſeelais franſchu domātājs pahrmeta, ka tam neeſot nedz ſmalkākas garſchas, nedz morāles. Un pamatīgi Schekſpiru ſtudējot mums ir japahrleezinās, ka tas teeſcham par wiſu grib ſmeetees un wiſu grib nobendet. Un wiszaurī Schekſpira darbōs parahdas par wadofcho motiwu Getes wahrdi: «Denn alles, was besteht, ist werth, daß es zu Grunde geht!» (Wifs, kas paftahw, ir zeenīgs bojā eet.) Woltèrs naw weenīgais, kurfch pret Schekfpiru karoja. Kaut gan Anglijā un Skotijā, kur mehdīja agraki, tapat kā tagad, ehst atsaīnu roitbefu, dfert witkiju un bokfetees, weenmehr ir Schekfpiram bijufchi fawi peekritēji, tomehr Franzijā tas bija zitadi. Frantfchu dāmas teatri pagihba, kad fpehlēja Schekfpira lugas. Tikai rewoluzija parahwa Schekfpira mufai zetu. Pehz tam, kad Parīfes publika bija redfejufe deeīgan zilweku atīnis, winai Schekfpirs strahdijās kā kaut kas foti dabīgs un pateefs.

Lihdī 1776. gadam frantfcheem bija peeeetami tulkojumōs tikai pahris Schekfpira darbu, tee pafchi bija nepilnīgi un zik nezik peemehroti frantfchu garfchai. Minetā gadā trihs frantfchi: Katilans, Lieturnejs un Fontens-Malerbs eefahka ifdot pilnīgu Schekfpira darbu tulkojumu. Tulkojumu pirmajā fehjumā preekfchwahrds flaweja Schekfpiru, kā geniju, kurfch kaislibām peefchkihris dabas walodu, kurfch dfifaki, nekā zits kahds dfejneeks, eefkatijees zilweka sirdi. «Mehs waram Ludwika XIV. laikmeta feelo mahkslu pakatkehmot,» rakstīja Schekfpira tulkotaji, «bet mehs newaram atlaukt atpakaļ fchi laikmeta dfihwibu. Mehs efam peefpeesti, fcha paraugus zeenīt un godināt, bet muhfu kopijas nobahle arween wairak. Reakzijas laiks ir peenahzis. Schekfpirs war drofchi ufstahtees Rasīna, Korneja un Moljēra tehwijā un pagehret few slawu, kuru winfch ari eemantotu, ja tikai winu (Schekfpiru) pasihtu. War līhdfigi feneem romeefcheem uszelt kapitolā fwefchu deewu tehlus, bet ka buhtu par pafchu deewu likteni un tehwijas kultu jabaidas.»

Tā zildināja frantfchu tulkotaji Schekfpiru. Bet Woltèrs, wezais gara millis, rakstīja Darfchentalam: «Waj juhs warat to turet par eefpehjamu: winfch (Deturenejs) flawē Schekfpiru kā pateefas tragedijas augstako paraugu! . . .»

Un tad Wolters lamajas rupji par Schekspiru. Sinams, Wolters bija leelaks audsinatajs, neka dsejneeks. Wiņa poesija ir pahrpildita ar prahtneeka garu. Wiņsch prasa pehz morales, kuras Schekspiram, śtingri ņemot, truhkst. Ja, «Karalis Lihrs» ar sawu morali? Ta ir praktiska morale! Schekspirs parahdas ka genijs, kur tas attehlo dsihwi, bet dot dsihwei jaunus paraugus, spehzinat dsihwi nahkotnei, ta wiņsch newar. Wiłs Schekspira imagums swetas us pagahtni, us iśbijuscho wehsturi. Un japeekriht daschā sinā wezajam Wolteram, kad tas lamajas par Schekspiru, kursch ar saudim apeetas ka ar pehrtiķeem un ihsteem joku petereem.

Ir fakts, ka no Schekspira war daudz ko mahzitees, bet ar nodomu wiņsch lasa morali tikai tur, kur tas war pasokot. No Schekspira war mahzitees, dsihwi tikai nizinat, par to taisit jokus, bet nopeetnus moraliskus spehkus wiņsch teeschi nedz klausitajā, nedz skatitajā newar waitrot. Wiņsch ir leels skatuwes mahkśleneeks, wiņsch muhs aisrauj tapat, ka dsihwe muhs daschkahrt aisrauj sew lihdsi. Bet tā ka mehs nedrihkstam sautees weenmehr aisrautees no dsihwes, tā mehs nedrihkstam ari padotees katrā sinā Schekspiram. Baudas wiņsch mums sagatawo, bet tomehr wiņsch muhs atstahj issalkuschus. Schekspirs gandriht wisur aismirst zehlo, us preekschu ejoscho zilwezes garu. Hamlets mums parahdas simpatisks, ka tehwa atreebejs, ka domatajs, bet loti seksts domatajs, kuram truhkst spehjas saprast, ka daba war sabotees. Tapehz nahwe un wisur nahwe! Ta ir Schekspira parole. Preekśch wiseem noseegumeem tam tikai weena alga: nahwe. Wiņsch aismirst, ka daba nahwi isleeto tikai ka lihdsekli jaunai, salai dsihwibai. Hamlets mirst un lihdsi ar wiņu ta idejas un griba, Osesija mirst un lihdsi ar to wiņas schķihstā, ussizigā mihlestiba. Polonijs mirst, karalis mirst, wisi mirst! Un kas paleek dsihws? Neweens, kursch buhtu zeenigs turpinat dsihwi. Ja Schekspirs beigu skatā weenam atłauj dsihwot un ulſeek ſam kroni galwâ, ſad ſas noteek weenigi ſapehz, ka ſas pee wiſas iſrahditàs tragedijas ſpehleſis paſiwu ſomu, ſas bija uſturejees ſweſchâ malâ, ſur grehkoſis un dſihwoſis, un nu pehdejâ azumirkli ſas eeronas, lai eeṉemtu dſihwi ſó weetâ, kuri patſaban krituſchi nahwei par upuri! Ta, luhk, ir Schekſpira morale, un ſa ir ſoſi ſlikta morale!

Getes muſai ir wairak moraliſka ſpehka. Winſch wada ſawu waroni zaur wiſadàm peklèm, bet winſch to wed beidſot pee ſkaidribas, wismaſakais winſch grib to pee ſkaidribas welt. Tas muhs apmeerina daudſ wairak, ſas dod mums daudſ wairak zeribas dſihwot un ſaboſees. Ja mani kahds jautatu, ko es wisſabaki eeſeiktu ſauſas audſinaſchanas noluhkam: Schekſpiru waj Geti, ſad es katrâ ſinâ balſotu preekſch wezâ Getes. Ar Getes geniju ſtahw ſakarâ neſik ween pagahtne un tagadne, bet ari nahkotne, neſik ween zilwezes, wiſas dabas nahkotne. Winſch Fauſtâ neweenâ weetâ ween iſſaka domas, ka ſtarp wisauglſtako ſabo un wisſemako ſauno prinzipu walda ſinama weeniba, ka wiſam wajaga ſaboſees, ka ſinihkſt weenigi weidi, bet pate buhte pahrgroſas: l a b o‑ ſ a s   l i h d i   p i l n i b a i .

Ka ſas ſeeſcham ſà ir, ta Gete mums neſpehj maſematiſki peerahdit, bet atſaukdamees uſ muhſu morales un daiſuma juhtàm mehs ſam waram ſizeſ un ſikal uſ ſamſihdſigas ſizibas pamaſa mehs zilwekam dſihwneeku waliſi waram peeſchkirſ auglſtako ſtahwokli.

M u h i ſch i b a s   l a i k ô s   u n   m u h i ſch i b a s   ſ e l‑ p â s   w a l d a   m u h i ſch i g a   w e e n i b a,   b e t   w i ſ u   w a r   ſ a b o ſ.

Laboſees, — waj gan muhiſchigi, kas ſo lai ſina?

400

«Salkścha» peesihmes J. Poruka rakśtu śsdewumam.

Noslehdsam ar ścho sehjumu J. Poruka kopotu rakśtu pirmo śsdewumu. Zentamees uźnemt wiźâ pehz eespehjas wairak tos muhśu dsejneeka sazerumus, kuri mums śślikàs nepeezeeśchami, eepaśihśtinot ar wiźu autora talantu un śhpatnibu leelaku laśitaju pulku. Pahrejee śihkakee darbi (śtahśti, apzerejumi), kuri śchim noluhkam warbuht maśak deretu, bija apśtahkļu dehļ jaatleek uś zitu śsdewumu, ko Poruka rakśti, zerams, drihś peedśihwos. — Intereśenteem, kam laśot śchа dsejneeka darbus patiktos ari śinat, kahdi no teem kuŗo gadu nahkuśchi kļajâ pirmo reis, aśśrahdam uś śe peelikto kronologiśko rahditaju par Poruka rakśteem. Gada śkaitlis wiźâ apśihmè, kad śinamâ dsejoļu, śtahśtu waj apzerejumu grupa parahdijuśès drukâ muhśu laik-rakśtôs, śchurnalôs, kalèndurôs waj brośchurâs; śkaitlis (I. — V.) pee atśewiśchka waj ari weśelas sazerejumu wirknes noſaukumeem norahda uś Poruka kopotu rakśtu śehjumu, kuŗâ apśihmetee darbi eeweetoti.

Kronologiśks J. Poruka rakśtu rahditajs.

1890.

Dsejas: Muhśchigais dsejneeks. Behguls. Swejneezes kaps. Behrna luhgśchana. Sapnis («Zik druhma nakts — »). I.

1891.

Dsejas: Akmens tehls. Zeļa juhtis. I.

1894.

Dsejas: Aklais dsejneeks. Draugam. Sahpju śpihtes. Rudens sapnis. Kas ir śahpes, kas ir preeki. Kad buhs aś'ras iśraudatas. I.

Stahīts: Perpetuum mobile. II.

1895.

Dzejas: Sapnis («Pee manām kruhtīm eņģeļs dus —»). Wehtra. Rudens wakarā. Kahds eft, jel paleezi tahds. Seedoņa naktī. Weza gada wakarā. Wehlejumees. Lauwa padebeschōs. Wahjiba. Schaubas. Tarandtas Lihfiņa («Man beedri aiseet —»). Brihtiņsch us Golgata. Nolahdetais. Mihlestibai. Mihlestiba. Sawads awots. Nosklehpumainā. Neruņā par mihlestibu. Kapsehtas puķe. Alpōs. Tiziba. Wenus. Mihlestiba («Aiswer aztiņas un smaidi —»). I.

Stahsti: Pehrtu sweineeks. II. — Sapnis wasaras naktī. III.

Drama: Hernhuteeschi. IV.

Apzēr.: Mihlestiba dabā un dzejā. V.

1896.

Dzejas: Seeweete. Kad kokle tewim peeglauschas. Pelnu ruschķite. Pawasara simfonija. Pasaules zeetumā. Dzeja — mana lihgawa. Sahk attihsitees. Jaunajam gadam. Diehraja dseesma. Kontrasti. Wenusai. Tew sirdī mahjo klusa laime. Kapsehtā. Płahweja. Tu wihtu wehl sahrtus waiņagūs. Kā sapnis tu nahzi us mani. Gluschi nabags esmu dsimis. I.

Stahsti: Grafs Rodensteins. II. — Sirdsschkihsti laudis. Dsihwes mihklas. III. — Atraitne. IV. — Wezais musikants. V. — Kahsas. Dsimtenē. II.

1897.

Dzejas: Jaunajā gadā. Pesimists. Nesaprotami. Ak ko tas meschs par manu mihlestibu. Seemas sweht-kōs. Ji zeetuma. Mihlestibas pawasars. Nu atkal wakars klusts. Es nihkstu. Seedoņa nakts. Krusts. Ar mahti pee baznizas. Kas tewi apmeerinās zensoschs gars. Kaut reisi ween. I.

Stahīti: Maldu pils. Klusetājs. Muhschīgais schīhds. II.
— Nahwes eņģelis. Kauja pee Knipīkas. III.
Mihlestības romans. IV.

1898.

Dzejas: Roschu pahrdeweja. Jīskani, mana dīeesma. Balade. Ubagu mihlestība. Dīeesmu gars. Sahpes. Dehla bilde. Nahks mihlestība un man nebuhs meera. Zelineeks. Pee loga seemas naktī. Wakar un schodeen. Us augschu! Naw ahreenei preekschi tewis dailes. I.

Stahīti: Putekliis. Asaras. Krustmahtes kahsas. III.

1899.

Dzejas: Un ja tu mani teeschām mihlē. Trihs motīwi «pour la symphonie comique». Kahsu nakts. Tarandtas Lihsīna («Es tewi sapni redzēju —»). Wirs miruschām wihtuschām rosēm. Naw mihlu wahrdu. Getes jahjeens us Sosenheimu. Paula Werlēna peeminai. Es sinu, zik tam debeis dahrga. I.

Stahīti: Rihta swaigsne. II. — Krusttehws. III. — Riga. IV.

1900.

Dzejas: Seedonis nahza. Rudens dīeesma. Nahwei. Buhru mahte. Miruschu swehtkōs. Lihts klusi. Biķeris mironu salā. Dillajā wehsajā akā. No seeda us seedu. Pee loga baits balodits klauwē. Jautajumi. Ikweens sew rauga lihgawinu. Karsch. Pa seedona lejām esi gahjis. Pa schauru, schauru zelinu. Tā wasara pehz wasaras. Pee maneem sahneem tu nihkti. Teizi to studu, to brihdi. Bes alpuhtas eet laika gars. Ji zeema mescha widū. Tu tagad manis nesaproti. Zik telksmaini, zik wehsmigi. Ergo bibamus! Kapehz domās us swaigsnēm

Stahīti: īkreet? Sihīchu īagīchā — īelta īkarām. Ka-
pehz tu manim pahrmet. Pee juhras. I.
Kukaschina. Baltā puķe. Pār drupām un gru-
wescheem. Pihtu medibas. II. — Meschineeks.
Ģerakleļa eeīwehtischana. Hamlets. Wakars.
Saules uīlehkschana. III. — Atkalredīeschanās.
Babans un wiņa meita. Slepkawa. Behrnu iī-
wehle Roschu meestā. Sapnis. IV.

Apzer.: Schekīpirs waj Ģete. V.

1901.

Dīejas: Karona laiwā. Frauenlobs. Atikatitees — pa-
īmaidīt. Pee īlimnizas loga. Reala waīara.
Daiļuma mahjweetas. Seedonī («Zik jauka,
zik jauka man zeriba —»). Netizigā Toma
dīeeīmas. I. — Atdīimīchana? Kad tu man,
daiļā, pretī īkumītī. V.

Stahīti: Almaniors. II. — Faķirs. Ubagi gada tirgū.
Slimnizā. Sihmanis Gaigals. Zilweks. Par-
sifals. III. — Mehris. Cavalleria Rusticana.
Weīelī īaudis. Zeema īakītīgala. IV. — Tra-
ģedija. V.

Dram.īk.: Napoleona nahwe. IV.

1902.

Dīejas: Naw lihgīma īirds, kaut gan ta laimiga. Weenu
schaufmigu dīeeīmu. No muhschibas perspekti-
was. Laiku daba. Teatri — diihwē. Weenreis
tomehr satikīimees. Tu mani atītahtī. Pee
tawas az's mirdī airu pehrle. Adagio. Beto-
wens. I.

Stahīti: Demons. Juhtas. Lauwa padebeschōs. Mihle-
stība. III.

1903.

Dīejas: Atkal īaīais pawaīars. Nobeigta un iīmozīta
īirds. Wezais kareiwis. Ar dreboschu roku. 404

Monologi un nepahrkahpjami wahrdu schogi. Fauits. Ar baltu balodiši. Lai seed roses, lai seed liljes. Eesim sasā lapeenā. Nahtre aug us wiʀa kapa. Kad es kliboju, kad es kluhpu. Lotos puķe. Wasara. Schausmas. Amsijons. Tirelijs. Napoleons. Nahwe. Rakstneeks. Ļauns, tik ļauns. Nakts dseesmas. I.

Stahsti: Dwehseles kumedini. Ehrgelneeks. Behrnu simsonija. II. — Baltas drahnas. III. — Laimes brihdis. IV.

1904.

Dsejas: Burwju pihpe. No lauka kur strahdā. Nebijuschais un diwi weentuļi. Seema wisapkahrt. Juhtas. Tur naw ko uswaret. Seedonis 1904. I. — Daugawa. Ko es ar rosi darischu? Wakars («Neka tu nenes —»). Pa nakti us meeru. Nekas netihk. Wehsture. No swehreem pee zilwekeem behgdams. V.

Stahsti: Weesis. II. — Pascheem saws teatris. III. — Bruhklenaju waiʀags. Simts rubļu. Schausmu nakts. V.

1905.

Dsejas: Dsihwe un politika. Eglite. Kaisliba. Karmenites dseesmas. Laikmeta modree. Muhsu laiki Renesanse. Rudens. Seedonis 1905. Swaigines. Weentuliba («Kā dsehrwe es gribetu ssehptees —»). Masā weeschʀa pee wismasakā. Karstām ilgām wiʀa nahza. Tur otra nama logā. Wihrs ar suļinām rokā. Silwestra nakts. Tu prasi, ko pahrnesu. Darbs. Trihs roses. Dianas medibus. Puhsch sehras wehsmas. Jīgahtja dwehsele. Ar sudraba skruhwèm. Tehwijai. Romans («Skumjām saspeesšas luhpas —»). Brihnuma sahits. Kā kaltuschi

405

ſchagari grab. Ikweenam kruhtis akmens karſt. Nahz ſirdi, pawaſars. Es tewi peeſpeediſchu. Pa ſeedu un ſmilgu juhru. Wairak newaru, wairak neſpehju. Jau atkal wiltigee ſeedi. Ak kà galwu ſpeeſch. Es ilgas tew ſirdi zehlu. Siliſana ſirdsdedſe. V.

Stahſti: Odſchinkas purws. Paſuduſchais dehls. Dſimtas plaiſa. Tſchuhſkas. Brihnums. Kokgraulis. Melnais baltais. Npraſcha. V.

Dram. fk.: Ideali. Zihnas pehz zihnàm. Nemirſtigee. V.

1906.

Dzejas: Zeti un tekas. Nakts. Kruſts ſilà. Orients un okzidents. Paralelas. Azeribà. Genijs. Talants. Sila galà puķe ſeed. Neweena ſala lapiņa. Diihras. Reiſ laime nahks. Es domaju, ka tahlumà. Wezs padoms. Weentuliba. Pawaſars 1906. V.

Stahſti: Leelà mihleſtiba. Aiſ muhſchibas. V. — Ji manas diihwes. IV.

1907.

Dzejas: Wilki. Dedſina ſaulite. Deews. Pee Leelà Kunga un Meiſtara. Rihts. Nahz ſeedus ſtrehbt. Tſchiwulits. Augſchà diidrà debeſi. V.

«Salkścha» Grahmatu Apgahdneeziba.
1904—1908.

A. Sauleeścha grahmatas:

Stahsti: Ail śneega un tumsas. 15 kap. Nelaime. 10 k. Nosłehpums. 25 k. Soda deena. 15 k. Purwā. 20 k. Kalejs Indriks. 40 k. Pehrkons. 25 k.

Diejas: Klusas deenas. 20 kap. Dzeltenas lapas. 20 kap. Pa melnu nakti. 20 k. Sneega laukōs. 20 k. Te un tahlī. 20 k.

Kopoti raksti: Pirmais sehjums. Stahsti. (Ispahrdots). Otrais sehjums. Diejas. 1 r. 25 kap.

Sihmejumi A. Sauleeścha grahmatām — no W. Purwīścha, J. Rosentala un J. Maderneeka.

J. Poruka grahmatas:

Kopoti raksti: Pirmais sehjums. Diejas. 1 r. 50 kap. Otrais sehjums. Stahsti. 1 r. 50 k. Trescḥais sehjums. Stahsti. 1 r. 50 k. Zeturtais sehjums. Stahsti. 1 r. 50 k. Peektais sehjums. Diejas un stahsti. 1 r. 50 k.

Sihmejumi un wahku bildes Poruka grahmatām — no J. Rosentala, G. Schkiltera, J. Maderneeka, B. Diena un J. Segnera.

«Salktis» I.—IV.
rakstu krahjumi mahkslai un kritikai.

Stahsti, dramas, diejas — no J. Poruka, A. Sauleeścha, Pludora, Kenina, Fallija, Baltpurwina, Bahrdas, Auitrina, Annas Brigader, Ainas Raimer, A. Smilgas, W. Eglīścha, J. Jaunsudrabina u. z.

Raksti par mahkslu — no J. Rosentala, A. Kenina, Emilu Dahrsina, G. Schkiltera, E. Laubes u. z.

Winjetes un wahku bildes — no J. Rosentala, J. Maderneeka, R. Diena, J. Segnera, A. Strahla, G. Schkiltera u. z.

Mahkslas peelikumi: J. Rosentala originallitografijas: «Mahte», «Kr. Barona gihmetne»; Dahrsina kompositija «Resignazija»; G. Schkiltera oforti: «Pawasars», «Pee laidara».

Maksā katrs sehjums 1 r. 50 kap.

407 Apgahdneezibas adrese: Rigā, Tehrbatas eelā 15/17.

1 rubl. 50 kap.

www.ingramcontent.com/pod-product-compliance
Ingram Content Group UK Ltd.
Pitfield, Milton Keynes, MK11 3LW, UK
UKHW011600120225
455008UK00006B/22